Steenblock | Geschichte der Philosophie

Volker Steenblock

Geschichte der Philosophie

Reclam

Für Frederik

4. Auflage

RECLAMS UNIVERSAL-BIBLIOTHEK Nr. 19634
2002, 2019 Philipp Reclam jun. Verlag GmbH,
Siemensstraße 32, 71254 Ditzingen
info@reclam.de
Gestaltung: Cornelia Feyll, Friedrich Forssman
Umschlagabbildung: Statuen von Platon und Sokrates
vor der Akademie von Athen
Druck und Bindung: Elanders Waiblingen GmbH,
Anton-Schmidt-Straße 15, 71332 Waiblingen
Printed in Germany 2025

ISBN 978-3-15-019634-2
reclam.de

Inhalt

Einleitung

Immer mehr Menschen lassen sich seit den 1990er Jahren vom *Abenteuer Philosophie* faszinieren. Buchhandelsregale präsentieren Neuerscheinungen, eigene Magazine (wie z. B. *Philosophie* oder *Hohe Luft*) erreichen hohe Auflagen, Nachrichtenmagazine berichten über einen »Philosophieboom«, Fernsehsendungen präsentieren die philosophischen Klassiker, und der Berliner »Radiophilosoph« Lutz von Werder schlägt »philosophische Runden« in der Familie und philosophische Partys mit Oliven, Wein und Glücksübungen nach Epikur vor. In den Einrichtungen der Erwachsenenbildung füllen sich Seminare und Kurse zu den »Letzten Fragen« und »Großen Philosophen«. Eine interessante Vermittlung zwischen Universität und Lebenswelt ist das »Studium im Alter«: Philosophische Praktiker wie etwa Gerd Achenbach bedienen ihr weitläufiges Publikum. Studierte wie nichtstudierte Philosophen treffen sich zum »Philosophieren in der Kneipe«. In französischen und deutschen Städten suchen Interessierte in »philosophischen Cafés« das Gespräch. Philosophie bedeutet »Liebe zur Weisheit«, und das ist bescheiden gemeint, denn die Betonung liegt auf der »Liebe« zu Orientierung, Erkenntnis und Reflexion, nicht auf deren Besitz.

Die Selbsteinschätzung der Philosophie zeigt gleichwohl eine bemerkenswerte Bandbreite zwischen reflektierter Bescheidenheit auf der einen und höchstem Bedeutungsanspruch auf der anderen Seite. Philosophie wird aufgefasst als Bewusstsein des Nichtwissens (SOKRATES), als Schau überzeitlicher und überweltlicher Urbilder oder »Ideen« (PLATON) oder schlichtweg als »Wissenschaft« (ARISTOTELES). Sie beschäftigt sich mit den höchsten und letzten Fragen nach Gott und nach dem ewigen Heil in einem Leben nach dem Tode (THOMAS VON AQUIN), kritisiert aber auch die Religion (FEUERBACH, FREUD). Philosophie setzt auf Verstand (DES-

CARTES) und Erfahrung (LOCKE); sie plädiert für Aufklärung (KANT). Philosophie tritt auf als der Ort, in dem eine absolute Vernunft zu sich selbst kommt (HEGEL), als pessimistische Weltsicht (SCHOPENHAUER) oder im Modus einer radikalen quasiästhetischen Lebensform (NIETZSCHE). Philosophie versteht sich als revolutionäre Theorie (MARX) oder als »Projekt« einer emanzipatorischen Moderne (HABERMAS). Sie zielt aber andererseits auch auf die Präsenzerhaltung orientierender Traditionen und Üblichkeiten (LÜBBE, MARQUARD). Die Lehren der großen Philosophen erscheinen so als »Gigantenkampf« (PLATON) großer und aufregender Entwürfe, an denen wir in unseren Versuchen, uns selbst und die Welt zu verstehen, nicht vorbeigehen können. Schließlich sind wir nicht die ersten, die sich Gedanken machen, und wir fangen in der Geschichte des Denkens nicht bei Null an.

Die vorliegende Philosophiegeschichte bietet einen dreifachen Zugang zu diesem Thema:

Philosophiegeschichte als »Arbeit am Logos«. »Logos« (λόγος) bedeutet im Griechischen »Wort«, »Begriff«, »Argument«, »Beweis«, »Gedanke«, »Rede«, »Vernunft«, »Weltvernunft«, im Johannesevangelium sogar »Wort Gottes«. Die vorliegende Darstellung möchte – erstens – das menschliche Denken als »Arbeit am Logos« bzw. »an der Vernunft« zeigen. In seiner Auseinandersetzung mit der Welt bildet der phantasiebegabte menschliche Geist die spannendsten Gedankenformationen aus – Werke ernsthaftester Arbeit, auf die man VICOS Wort anwenden könnte, dass die Menschen sie in ihrer Suche nach Orientierung zugleich selbst hervorbrachten und sich dann daran ausrichteten (»fingunt simul creduntque«). Die Vernunft, die durch uns Menschen in die Welt gebracht werden soll, ist im Vorhinein durch nichts garantiert. Philosophieren bedeutet ein *Bemühen* um die Vernunft, die *Arbeit* am Logos. Die Philosophiegeschichte muss die wirkmächtigen, auch widersprüchlichen Formen des Denkens als Orientierungsarbeit unter historischen Bedingungen zeigen.

Vermittlung zwischen alltagsweltlichem und professionellem Philosophieren. Diese Philosophiegeschichte ist – zweitens – auf eine Vermittlung unserer ureigensten lebensweltlichen Überlegungen mit der akademischen Philosophie aus. Philosophie ist der Versuch, Antworten zu finden auf Fragen, die sich jede(r), sei es allein, sei es im Gespräch, immer schon stellt: nach Glück und einem gelingenden Leben, nach moralischer Verantwortung, nach Sinn und Ursprung der Welt, nach Wahrheit, nach Tod und Weiterleben. Wir können als Menschen gar nicht leben, ohne uns über solche Themen Gedanken zu machen.

Zugleich sind die Philosophie und ihre Geschichte, nicht allein, aber doch primär: eine an Universitäten produzierte und verwaltete Angelegenheit. Obwohl dies nicht eo ipso Relevanz und Geltung des Denkens verbürgt und das Philosophieren nicht an die Universität gebunden ist, ist ein besseres Kennenlernen der akademischen Philosophie zweifellos die beste Korrekturinstanz gegenüber allem Subjektivismus und allen mit Wissenschaft und Diskurs unvermittelten Überzeugungsbeliebigkeiten und »Privatsystemen«. Umgekehrt tut eine solche Vermittlung auch den Expertenkulturen gut, die unsere Gesellschaft sich ja nicht zuletzt zur allgemeinen Bildung leistet. Das aus der Lebenswelt aufsteigende Interesse mit der Professionalität des Denkens zu vermitteln, das Gespräch beider zu erleichtern: das ist eine wichtige Aufgabe der Philosophiegeschichte.

Philosophiegeschichte als Überblick und Weiterführung. Philosophiegeschichte ist schließlich – drittens – ein »hermeneutisches Projekt«. Keine Darstellung könnte behaupten, mehr als zweieinhalbtausend Jahre Geistesgeschichte auszuschöpfen. Aber sie kann, gerade in ihrer handhabbaren Gestalt, gerade in einem lesbaren Umfang, einen *Horizont des Verstehens* schaffen: eine Übersicht und einen Vorbegriff des Ganzen, der Einzelinteressen zu erhellen und hervorzubringen vermag.

Philosophiegeschichte, hermeneutisch-didaktisch betrachtet, muss Zugänge in das faszinierende Feld der Philosophie ermöglichen und zum Weiterlesen animieren. Sie muss auf Vertiefung und Prüfung, auf weitere Erforschung und eigene Themeninteressen neugierig machen. Dies wird im Folgenden in der Anlage der Darstellung, durch prägnante Zitate aus gut erreichbaren Textausgaben – wichtigen Schlüsseltexten der Philosophiegeschichte – sowie durch ein weiterführendes Literaturverzeichnis und Verweise in den Anmerkungen angestrebt.[1]

Angesichts der vielfachen akademischen Spezialisierung ist ein Durchlaufen der gesamten Philosophiegeschichte ein fast schon kompromittierendes Unternehmen, das naturgemäß Einwände geradezu produzieren muss – und darüber hinaus noch die Anmahnung jeweiliger Auslassungen. Für Hilfen und Hinweise bei diesem Wagnis danke ich Angelika Bönker-Vallon, Klaus Blesenkemper, Dietrich Klose, Burkhard Mojsisch, Sven Rohm, Peter Rohs, Ludwig Siep und ganz besonders Ekkehard Martens, ohne den dieses Buch nicht geschrieben worden wäre.

Die Überarbeitungen dieser Neuauflage suchen den Veränderungen Rechnung zu tragen, die sich mit dem Fortschreiten der Philosophie im globalisierten 21. Jahrhundert ergeben. Das betrifft natürlich aktuelle Tendenzen des Denkens und seiner zivilisatorischen Umstände selbst, die ich vor allem in den Plausibilitätsgewinnen naturwissenschaftlicher Weltsicht, in der Entwicklung der Medien und in der schwierigen Rede von einem »Transhumanismus« sehe. Aber auch der Blick auf die Vergangenheit ist ja kein Zugriff, wie die Hermeneutik weiß, der nicht immer auch von der Gegenwart mitbestimmt wäre, in welcher er erfolgt.

Bochum, 2018
Volker Steenblock

I

Nicht nur Europa!
Hinweis auf die Weisheit des Ostens

Dieser erste kurze Abschnitt enthält nur wenige Hinweise auf sehr vielgestaltige und Jahrtausende alte Traditionen und Kulturen. Probleme für unser Verstehen bilden schon die teils sehr verschiedenen Übersetzungen der klassischen Texte, auf die unser Zugang im Allgemeinen ja angewiesen ist. Probleme bildet auch mancher Unterschied im »westlichen« und »östlichen« Denken. Im Gegensatz zur philosophischen Tradition des »Abendlandes« mit ihrem emanzipatorisch-aufklärerischen Charakter trägt das östliche Denken eher religiöse Züge. Für HEGEL etwa begann die Philosophie erst bei den Griechen; fast gleichzeitig aber entdeckte SCHOPENHAUER das östliche Denken für die Philosophie, und die sich entwickelnden Geisteswissenschaften des 19. Jahrhunderts begannen sich für die »Indologie« zu interessieren. Von da an faszinierten Erscheinungsformen östlichen Denkens immer wieder den Westen, vom Dichter, Philosophen und Literaturnobelpreisträger Rabindranath TAGORE (1861–1941) bis zu einem »Bhagwan in Poona«, der Ende der 1970er-Jahre so manchen Sinnsucher anzog. Einige grundlegende Begriffe seien angesprochen.

1. Indien: Hinduismus und Buddhismus

Als »Hinduismus« wird die üblicherweise mit der in Indien verbreiteten Kastenordnung verbundene Religion des südasiatischen Subkontinents bezeichnet. Der Begriff umfasst ein breites Spektrum religiöser Erscheinungsformen. Zu ihnen gehört ein volkstümlicher, extremer und komplizierter *Polytheismus* mit Göttern bzw. deren Reinkarnationen wie Brahma, dem Schöpfer, Vishnu, dem Erhalter, Shiva, dem Zerstörer, der Göttin Kali und schließlich Krischna. Eine unpersönliche und eine persönliche Götter- bzw. Gottesauffassung liegen nicht etwa miteinander im Kampf, sondern sie ergänzen sich und existieren nebeneinander. Zu den zentralen Ausprägungen des Hinduismus gehört das *Kastensystem*, das von der Priesterkaste (den »Brahmanen«) bis zu den »Unberührbaren« (»Parias«) reicht. Die Stellung der Unberührbaren aufzuwerten versuchte der Humanist und Befreier Indiens von der britischen Kolonialherrschaft, Mahatma GANDHI (1869–1948), der sich selbst sehr bewusst zum Hinduismus bekannte.

Bis in das zweite Jahrtausend v. Chr., bis zum Eindringen der »Arier« aus Zentralasien nach Indien, reicht die in Sanskrit verfasste religiöse Ur-Literatur der *Veden* (d. i. geoffenbartes »spirituelles Wissen«, »Weisheitswissen«) zurück, die vor allem aus religiösen Preisliedern, Opferformeln, Sprüchen u. Ä. bestehen.

Als Zweites sind die *Upanischaden* (»geheimen Unterweisungen«) zu nennen, die noch vor dem Auftreten BUDDHAS entstanden. Ihr Hauptthema ist das Verhältnis zwischen »Brahman« (»göttlicher Kraft«, »Weltprinzip«, »Weltseele«, vergleichbar mit »Logos« oder »Tao«) und »Atman« (dem »Selbst«). Beide werden letztlich gleichgesetzt: Es geht um ein Einssein von Individuum und Kosmos, Seele und Welt, Einzelnem und Allgemeinem – nicht, wie in Judentum, Christentum und Islam, um eine Gegenüberstellung von Gott und Mensch, Herr und Knecht. Von diesem Gedanken aus führt weniger eine Welterkenntnis im abendländischen Sinne, sondern eine Abwendung von der Außenwelt und Versenkung zum Ziel, zu einem erstrebenswerten Eigentlichen hin.

Ein Brahmane unterrichtet seinen Sohn Svetaketu:
»›Hol eine Frucht des Feigenbaumes!‹
– ›Hier, Ehrwürdiger!‹
– ›Zerteile sie!‹
– ›Ich habe sie zerteilt, Ehrwürdiger.‹
– ›Was siehst du darin?‹
– ›Diese ganz winzigen Körner, Ehrwürdiger.‹
– ›Zerteile eines von ihnen, mein Guter!‹
– ›Ich habe es zerteilt, Ehrwürdiger.‹
– ›Was siehst du darin?‹
– ›Gar nichts, Ehrwürdiger.‹
Da sprach er zu ihm: ›Diese Winzigkeit, die du nicht wahrnimmst, mein Lieber – wahrlich dieser Winzigkeit entstammend steht dieser Feigenbaum so groß da.‹
Ficus Indica, die Luftwurzelfeige, entwickelt sich, wenn Platz ist, mit der Zeit zu einem ganzen Wäldchen.
– ›Glaube, mein Lieber: *Was diese Winzigkeit ist, das ist das Selbst dieses Universums. Das ist die Wahrheit. Das ist das* [individuelle] *Selbst. Das bist du, Svetaketu.*‹ […]
– ›Der Ehrwürdige möge es mich noch besser begreifen lassen.‹
– ›So sei es, mein Lieber‹, sprach er.
– ›Lege dieses Salz ins Wasser. Dann setz dich morgen früh zu meinen Füßen (zur Belehrung).‹
Das tat er so. Da sprach er zu ihm:
– ›Das Salz, das du gestern Abend ins Wasser gelegt hast, mein Guter, das bring her!‹
Da fühlte er danach und fand es nicht. Wie versteckt, (so war es).
– ›Mein Guter, schlürfe vom Rand dieses Wassers. Wie ist es?‹
– ›Salzig.‹
– ›Schlürfe von der Mitte. Wie ist es?‹
– ›Salzig.‹
– ›Schlürfe vom anderen Rand. Wie ist es?‹
– ›Salzig.‹

– ›Iss etwas darauf. Dann setz dich wieder zu meinen Füßen!‹
Das tat er so mit den Worten: ›Dieses Salzige kommt immer wieder.‹
Da sprach er zu ihm: ›Wahrlich, was tatsächlich in diesem Wasser ist (»das in diesem Wasser *Seiende*«), mein Lieber, kannst du nicht greifen: tatsächlich ist es doch darin.‹ […]
›*Was diese Winzigkeit ist, das ist das Selbst des Universums. Das ist die Wahrheit. Das ist das* (individuelle) *Selbst. Das bist du, Svetaketu!*‹«.[1]

»Das bist du« – »Tat tvam asi« – einer der wichtigen Aussprüche des Hinduismus.

Ein drittes bedeutendes Textkorpus ist als Teil des großen, hunderttausend Doppelverse umfassenden Epos *Mahabharata* die so genannte *Bhagavadgita* (*Des Erhabenen Sang*) oder nur: *Gita*, *Sang* (um 300 v. Chr.), die »Essenz« oder gar »Bibel« des Hinduismus, Lieblingslektüre GANDHIS: »In der Bhagavadgita finde ich Trost, den ich selbst in der Bergpredigt vermisse. Wenn mir manchmal die Enttäuschung ins Antlitz starrt, wenn ich, verlassen, keinen Lichtstrahl erblicke, greife ich zur Bhagavadgita. Dann finde ich hier und dort eine Strophe und beginne alsbald zu lächeln inmitten aller niederschmetternden Tragödien – und mein Leben ist voll von äußeren Tragödien gewesen. Wenn sie alle keine sichtbare, keine untilgbare Wunde auf mir hinterlassen haben, verdanke ich dies den Lehren der Bhagavadgita« (zit. nach MALL, 87 ff.).

In dem mit großer dichterischer Kraft geschriebenen und auch in der Übersetzung in Reimform präsentierten Werk tritt Krischna, Inkarnation des Gottes Vishnu, als Wagenlenker des Panduiden Arjuna in dem großen Kampf der Pandu-Söhne auf. Arjuna erblickt Verwandte und Freunde in den Reihen der Feinde und zögert, mordend gegen sie vorzugehen. Angesichts der beiden einander gegenüberstehenden Heere mahnt Krischna, der sich schließlich als Gott offenbart, ihn in 18 Gesängen an seine Kampfespflicht und daran, die Weltordnung zu akzeptieren, wozu eine Sittenlehre, ja eine Pflichtethik entwickelt wird, die viele Leser an KANT erinnert hat.

> »Nicht freut er über Liebes sich, erschricket vor Unliebem nicht,
> Wer starken Geistes, unbetört, das Brahman kennt und ruht in ihm.
> Nicht hängend an der Außenwelt, findet er in sich selbst das Glück.«[2]

Zum Hinduismus gehört der Kreislauf von Leben und Tod in der *Wiedergeburtslehre* als Transmigration eines unsterblichen Personkerns. Ihr setzte um 600 der Reformer SIDDHARTA GAUTAMA, genannt der BUDDHA, einen konsequent strengen achtfachen Pfad der Selbsterlösung entgegen. Buddha hat für Asien eine ähnliche Bedeutung, wie sie Jesus für das Abendland zukommt. Der Buddhismus ist einer der großen Wege, auf denen Menschen versuchen, die Welt und den Tod zu überwinden.

Wer ist der Stifter dieser Religion? Der indische Fürstensohn Siddharta, der als »der Buddha«, d. h. »der Erwachte« oder »der Erleuchtete«, zum Stifter der buddhistischen Religion wurde, kam um das Jahr 560 v. Chr. zur Welt und soll bis 480 v. Chr. gelebt haben; die buddhistische Zeitrechnung ist folglich der unseren voraus und bereits über ihr Jahr 2500 hinaus.
Der Prinz Siddharta, von dem man in seinem Palast alles irdische Leid und Elend fern hielt, soll mit 29 Jahren in eine seelische Krise geraten sein. Bei vier Aus-

fahrten aus dem Palast begegnet er, so heißt es in einer berühmten Legende, nacheinander einem Greis, einem Kranken, einem Toten und einem Asketen. Diese Konfrontationen lösen bei ihm die Frage nach dem Sinn des Lebens aus. Ihm wird die Vergänglichkeit aller Dinge und die Allgegenwart des Leides deutlich. Weltliches Leben kann letztlich keine dauerhafte Befriedigung verschaffen, irdische Glückszustände sind begrenzt und vom Wissen um ihre Endlichkeit überschattet. Wir wollen das Glück festhalten und müssen doch damit scheitern. Krankheiten, Leid, Alter und Tod können wir nicht überwinden. Beruflicher Erfolg, Familie, Besitz – dies alles ist stets bedroht und vergänglich. Gibt es nicht eine Sinndimension, die all dies übersteigt? Vom Nichtstun und Luxus seiner bisherigen Prinzenkarriere angewidert, verlässt Siddharta Frau und Kind, schert sich Bart und Haare, zieht ein gelbes Büßerhemd an und sucht durch Meditation, Fasten und Kasteiung zur erlösenden Erkenntnis der Frage nach dem Sinn des Lebens und der Überwindung der Vergänglichkeit der Dinge und des Leides zu kommen. Nach sieben Jahren und sieben Tagen geschieht, wie die buddhistische Überlieferung berichtet, die große Wandlung hin zur Erkenntnis. Auf einer Wanderung durch Urvela nahe Patna macht Siddharta Rast unter einem Feigenbaum. Nach einer tranceähnlichen Ohnmacht folgt das befreiende Erwachen im Besitze der Erleuchtung. Dieser Feigenbaum wird zum Bodhi-Baum, zum Baum der Erkenntnis, und aus dem sinnsuchenden Prinzen Siddharta wird der »Buddha« – wie erwähnt, ist dies eigentlich ein Titel. Die hier unter dem Feigenbaum vollzogene Wandlung gilt als die Geburtstunde des Buddhismus. Der Buddha durchzieht nun als Wanderprediger im gelben Gewand und mit Bettelschale Indien, spricht zum Volk, sammelt

Jünger um sich und gründet Mönchs- und Nonnenorden, die nach seinen Regeln in Armut und Keuschheit leben und von den »Laien« mit Nahrungsspenden unterstützt werden. Der Weise versteht, dass er den irdischen Verwirrungen zu entsagen hat.
Aus Mitgefühl mit den Lebewesen, die in ihre leidvollen Existenzen verstrickt sind, zieht der Buddha unermüdlich durch Nordindien und versucht, anderen Menschen zur gleichen Einsicht und Freiheit zu verhelfen. Nach 40 Jahren als Wanderprediger soll er um das Jahr 480 v. Chr., also im Alter von 80 Jahren, gestorben sein. Wie die Mehrzahl der großen Religionsstifter hat er selbst keine schriftlichen Zeugnisse hinterlassen. Die wichtigste und vollständigste Sammlung buddhistischer Texte in mittelindischer Sprache liegt in Gestalt des *Pāli-Kanons* vor, der auf Ceylon, dem späteren Stammland des Buddhismus, fixiert und tradiert wurde und so dem Untergang der Lehre in Indien selbst entging. Das *Pāli* ist eine mittelindische buddhistische Liturgiesprache, ein *Sutra*, aus altindischer Zeit stammend, eine sprachlich einprägsam gestaltete Lehrrede.

Was hat der BUDDHA gelehrt? Nach der Lehre vom »bedingten Entstehen« bzw. von der »Entstehung in Abhängigkeit« hängt alles in einer Art Kausalnexus miteinander zusammen, in den auch wir eingebunden sind. Der Buddhismus rückt von hierher die Abhängigkeit und das Leiden des Menschen in den Mittelpunkt der Betrachtung. Da wir diese nicht durchschauen, reproduziert unser Nichtwissen den Kreislauf von Entstehen und Vergehen immer neu. Wie viele Religionen verweist der Buddhismus darauf, dass weltliches Leben keine eigentliche Befriedigung verschaffen kann, weil alles Glück begrenzt ist, vom

Wissen um seine Endlichkeit überschattet wird und oft genug in Gefühlen der Enttäuschung, der Unzufriedenheit und des Leidens endet. Einen allmächtigen und weltunabhängigen Schöpfer- und Erlösergott wie im Christentum gibt es im Buddhismus nicht; als Religion erhebt der Buddhismus aber durchaus den Anspruch auf Erfahrung und Erkenntnis eines Unbedingten und Absoluten.

Die »Vier edlen Wahrheiten« des Buddhismus lauten, vereinfacht ausgedrückt: 1. Alles Leben ist Leiden. 2. Das Leiden entsteht durch den Durst, das Verlangen nach Lust und die selbstsüchtige Gier nach den vergänglichen irdischen Dingen. Dieser Durst verstrickt das Wesen in die Seelenwanderung, in den nicht enden wollenden Kreislauf der Wiedergeburten, von dem der Hinduismus berichtet. 3. Das Leiden kann aber aufgehoben werden durch die Beseitigung des Durstes nach Lust und der Gier auf die vergänglichen Dinge, also durch eine Überwindung des Begehrens. 4. Der Weg zur Aufhebung des Leidens ist der so genannte »achtfache Pfad«.

Als »Edler achtfacher Pfad« wird eine Folge meditativer und spiritueller Schritte beschrieben, die unternommen werden, um zur Erleuchtung zu gelangen. Er umfasst rechte Schau (Einsicht in das Wesen unserer Existenz, wie der Buddhismus sie sieht), rechte Emotion (z. B. Nicht-Begehren, Nicht-Grausamkeit, Mitgefühl, Gleichmut), rechtes Wort, rechtes Handeln (die fünf ethischen Verbote, nämlich Leben zu nehmen, zu stehlen, sich sexuell zu vergehen, zu lügen, Drogen zu nehmen), rechter Lebenserwerb (der den ethischen Kriterien des Buddhismus nicht zuwiderlaufen darf), rechtes Streben und Sich-Bemühen um eine gute Geistesverfassung, rechte Achtung und rechtes Sich-Versenken (Meditieren). Auf diesem Übungsweg können Menschen ihre Emotionen und Handlungen schrittweise verändern und letztlich ihr Leben ganz und gar umgestalten. Dazu gehört auch, westliche Vorstellungen vom »Ich« und metaphysische Auffassungen von einem individuellen Personkern über Bord zu werfen. Das Ich ist eine Illusion und Ursache des Leidens. Welt und Ich sind vergänglich und relativ – hiervon soll man sich frei machen und Selbstlosigkeit erlangen.

Zwar wird wie auch im Hinduismus eine Wiedergeburt angenommen, sie ist aber eine »Seelenwanderung ohne Seele«. Buddhas Lehre will die hinduistische Verbindung von Wiedergeburt, Seelenwanderung und Kastenwesen überwinden. Er stürzt die Autorität der *Veden* und der Brahmanen. Ziel ist die Überwindung der Wiedergeburten und der Eingang ins »Nirvana«, in die Ruhe, in die Erleuchtung. Das Ziel aller Buddhisten lässt sich freilich schwer mit Worten beschreiben; es ist eine die herkömmliche diesseitige Erlebnisweise überschreitende Erfahrung, von der es heißt, dass sie durch tiefgründige Weisheit, grenzenloses Mitgefühl mit allen Wesen und unerschöpfliche Energie gekennzeichnet sei. Die Grundausrichtung des Buddhismus ist dabei immer praktisch orientiert, auf Erlösung ausgerichtet. Metaphysische Fragen als solche, etwa, ob das Selbst und die Welt ewig oder nicht ewig sind, interessieren nicht: dies sind Fragen, die nicht zur Erlösung führen, der Buddha weist sie ab: »Fürwahr, an solche (Fragen) klammern sich einige Bettelmönche und Priester, und in (diesen) gehen sie unter, indem sie das Eintauchen (ins Nirvāna) nicht erlangt haben« (Mylius 255, vgl. Einleitung, 27).

In seinem Herkunftsland Indien, wo er praktisch keine Rolle spielt, unterlag der Buddhismus dem Hinduismus. Stattdessen wurde er zur Religion des weiteren Fernen Ostens (z. B. in Sri Lanka, Tibet, Birma, Thailand, Korea und Japan). Verschiedene Schulen und Wege entstanden, teilweise in Verschmelzung mit lokalen religiösen Traditionen, auch in Ausbildung klerikaler Hierarchien. Auf die Geisteswelt des Westens, nicht nur auf Schopenhauer, gewann der Buddhismus vielfältigen Einfluss. Heute rücken allein schon durch ihre steigende Zahl, aber auch durch den Einfluss der Medien die Menschen immer mehr zusammen, die

Berührungsflächen zwischen den verschiedenen Kulturen werden immer größer, Beobachter sprechen vom »globalen Dorf«. Auch im Westen wird eine steigende Anzahl von Menschen von den fernöstlichen Weisheitslehren angezogen. Tibet und der Dalai Lama sind bis in Hollywood-Filme hinein populär; allenthalben wird das Schicksal Tibets unter der chinesischen Besatzung diskutiert.

Auch der Buddhismus ist in die politischen und gesellschaftlichen Verhältnisse seiner Heimatländer verstrickt. Dennoch eignet ihm sozusagen ein Image von Friedfertigkeit statt Inquisition, Nirvana-Hoffnung statt Dschihad-Drohung; der Buddhismus führe keine heiligen Kriege. Sein Sinnangebot fasziniert in den säkularisierten, von den eigenen christlichen Traditionen teilweise distanzierten Gesellschaften des Westens. Teils sucht man buddhistische Lehren praktisch unverändert durch Lehrer von Sri Lanka bis Tibet in den Westen zu übertragen, teils will man den Buddhismus in Formen ausdrücken, die den unterschiedlichen Lebensbedingungen in den westlichen Industriegesellschaften angemessen sind, der Essenz des Buddhismus aber treu bleiben. In Deutschland gibt es eine halbe Million mehr oder weniger eng mit ihm verbundener und praktizierender Anhänger in verschiedenen buddhistischen Gemeinschaften, die sich in der Regel in »Zentren« in den Städten und zu »Retreats«, zu längeren Meditations- und Studienzeiten auf dem Lande, in Wohngemeinschaften, Kooperativen usw. organisieren. Bekenntnisformel hierzu und zum Buddhismus ist, die dreifache »Zuflucht« zum Buddha, zum »Dharma« (zur Lehre) und zum »Sangha« (der buddhistischen Gemeinschaft) zu suchen.

2. China: Konfuzianismus und Taoismus

Das Kaiserreich China war als »Reich der Mitte« jahrhundertelang Nabel der Zivilisation, bis die Kanonenboote der Europäer es für einige Jahrzehnte zum Objekt der Geschichte und fast zur Kolonie degradierten.

Die *chinesische Philosophie* hat man als eine Lebenstheorie und deren Anwendung auf die Praxis bezeichnet, der es um die »Grundsätze des Lebens« geht. Nicht so sehr theoretische Philosophie, Erkenntnislehre und Logik, sondern praktische Philosophie, Ethik, Gesellschaftsphilosophie und Politik prägen sie. Als Grundstruktur des philosophischen Denkens in China gilt ein »Streben nach Harmonie«, nach »Maß« und »goldener Mitte«, nach Einklang von Mensch und Kosmos, Mensch und Natur, Mensch und Gesellschaft. Sitten, Künste, Schrift und Weisheitslehre der Chinesen sind hiermit bestimmend geworden für den gesamten Fernen Osten. Der Buddhismus drang erst um 67 n. Chr. aus Indien nach China ein und erlangte dann seine besondere Ausformung im Zen-Buddhismus. Im Folgenden werden die beiden Grundlehren des Konfuzianismus und des Taoismus angesprochen, von denen Europa im 17. Jahrhundert durch Jesuitenmissionare erstmals Kenntnis erhielt (die erste Übersetzung ins Lateinische wurde 1687 in Paris veröffentlicht).[3] Dabei ist zu bedenken: Je mehr aktuell in der Globalisierung die Kulturen einander begegnen, umso wichtiger erscheint es, im Anschluss an ein Konzept von »Heterotopie« und in »differenzmodaler« Weise (François JULLIEN) eine Vorab-Vereinnahmung fernöstlichen Denkens etwa als unterentwickelter Zwillingsgestalt der abendländischen Rationalität zu vermeiden. Umgekehrt mag derjenige, der eine chinesische »Andersartigkeit« gegenüber der in Griechenland/Europa wurzelnden Tradition allzu sehr akzentuiert, im Grunde das Geschäft einer »chinesischen Ideologie« betreiben. Demgegenüber wäre der Gedanke fruchtbar, im Konfuzianismus sehr wohl Anhaltspunkte für einen Menschenrechtsdiskurs zu finden (Heiner ROETZ).

Als *Konfuzianismus* bezeichnet man ein in China entstandenes System von religiösen, philosophischen und vor allem gesellschaftlich-politischen Ideen und Wertvorstellungen, das auf die Lehren des KONFUZIUS zurückgeht, jedoch erst im Laufe der Jahrhunderte zu einem umfangreichen und vielgestaltigen Lehrgebäude ausgebaut und regelrecht zur chinesischen Staatsdoktrin erhoben wurde.

KONFUZIUS ist die latinisierte Form von KONG FUZI, d. h. »Meister Kung«. Meister Kung war ein chinesischer Philosoph, der von 551 bis 479 v. Chr. in der Zeit der »streitenden Reiche«, einer Phase, in der verschiedene chinesische Einzelstaaten um die Vorherrschaft kämpften, im Staate Lu lebte. Konfuzius war damit ungefähr ein Zeitgenosse des Sokrates und des Siddharta Gautama: Er lebte in der von Karl JASPERS so genannten »Achsenzeit« der Weltgeschichte, parallel zum Entstehen der griechischen Philosophie. Aus dem »Altertum« der chinesischen Philosophiegeschichte stammen damit ihre beiden bis heute wirkungsreichsten Philosophien »Konfuzianismus« und »Taoismus«; sie spannen in ihren Ausprägungen und wohl auch Uminterpretationen einen Bogen von zweieinhalbtausend Jahren seit ihrer ursprünglichen Gründung.
Von Beruf »Verwaltungsbeamter«, d. h. höfischer Protokollchef, Zeremonienmeister und Justizminister, verließ Konfuzius 497 v. Chr. sein Land und kehrte erst nach langen Jahren in Ehren dorthin zurück. Als er starb, soll er enttäuscht gewesen sein, dass keiner der Regierenden seine Lehren und Grundsätze tatsächlich und umfassend verwirklichen wollte. Denn angetreten ist Konfuzius mit der Mission, der Menschheit definitive Regeln des Zusammenlebens zu geben, um die Welt vor dem Chaos zu bewahren: »Konfuzius sprach: ›Gäbe es einen Herrscher, der mich mit der Führung

der Regierungsgeschäfte beauftragte – nach einem Jahr hätte ich bereits die ersten Erfolge, und nach drei Jahren wäre alles in Ordnung‹« (*Gespräche* XIII,10).

KONFUZIUS' Lehre ist von seinen Schülern hauptsächlich im *Buch der Gespräche* (*Lun-yu*) schriftlich niedergelegt worden, das keine systematische philosophische Darstellung, sondern eine Folge von Sentenzen und Aussprüchen enthält. Er selbst hat die *Fünf Klassiker* herausgegeben (*Shu Jing, Shi Jing, Yi Jing, Li Ji* und das Annalenbuch *Chunqiu*, das die Geschichte des Staates Lu von 722 bis 481 v. Chr. erzählt). Außerdem soll er dem alten Orakelbuch *I Ging*, dem *Buch der Wandlungen*, ein erstaunliches Interesse gewidmet haben, das dann im Sinne des Konfuzianismus gedeutet und erweitert wurde. Dieses enthält die aus dem 13. bis 11. Jahrhundert v. Chr. stammende Vorstellung, dass es in allem Bestehenden ein »ruhendes, passives weibliches« Element (Yin) und eine Kraft »aktiven, beweglichen, männlichen Geistes« (Yang) gebe. Yin und Yang sind die vielleicht bekanntesten Zeichen der chinesischen Symbolik; sie werden in einem Kreis mit einer hellen und einer dunklen geschwungenen Hälfte dargestellt, wobei jeweils ein Element das andere einschließt.

Die Entwicklung des Konfuzianismus wurde vor allem von MENZIUS (MENG ZI, 372–289 v. Chr.), dem »zweiten Heiligen« des Konfuzianismus, vorangetrieben. Die Lehren des KONFUZIUS sind im »Konfuzianismus« systematisiert, der schließlich zur beherrschenden Philosophie des geeinigten chinesischen Kaiserreiches wurde. Die konfuzianischen Schriften bildeten sogar die elementare Schullektüre in China; tief in den Menschen verwurzelt, prägten sie das Denken einer ganzen Kultur. Die Revolutionen von 1912 und 1949, die die koloniale Abhängigkeit beendeten, beseitigten auch den Konfuzianismus als Staatsdoktrin. Nach

Ansicht von Beobachtern wirkt die konfuzianische Tradition gleichwohl bis heute auch auf die spät- und nachkommunistische Gegenwart Chinas ein.

Im Zentrum des Konfuzianismus steht weniger der Gedanke einer Erlösung von der Welt als vielmehr die Idee der alternativlosen gesellschaftlichen Ordnung. Konfuzius gilt nicht als Gottheit, es gibt keine Priester des Konfuzianismus; die Riten werden von Staatsbeamten und Familienoberhäuptern vollzogen. Der Ahnenkult hat eher gesellschaftliche Funktion, in der Frage nach dem Jenseits herrscht ein gewisser Agnostizismus vor. Konfuzius lehnt es in den *Gesprächen* ab, sich mit Geistern oder einem Jenseits zu befassen, wo doch über das Diesseits und das menschliche Leben definitive Aussagen zu machen schwierig genug sei. Nicht die freie Tat des Individuums, sondern die Einheit und Harmonie des Ganzen stehen im Zentrum des konfuzianischen Denkens. Wesentliche Normen sind Menschlichkeit und Humanismus sowie die Aufforderung, Ehre zu erweisen, etwa den Eltern und älteren Brüdern gegenüber. Zu einem harmonischen Miteinander gehört, sich selbst im Interesse des Ganzen zurückzunehmen. Daneben steht die Praktizierung des Ritus, der eine Gemeinschaft stiftende Kraft entfaltet. War die Zeit der frühen Chou-Dynastie (etwa 1050–770 v. Chr.) zum goldenen Zeitalter utopisch-idealer Weltordnung, Ruhe und Gleichheit der Konfuzianer schlechthin geworden,[4] entwickelte sich hieraus der konservative Gestus der Forderung nach Erneuerung alter Traditionen, die angeblich der Gegenwart überlegen seien.

Menschliches Ideal des Konfuzius ist der »Edle«. In den *Gesprächen* wird er oft dem »Gemeinen« gegenübergestellt: Der Edle »ist mit seinen Pflichten vertraut«, der Gemeine sieht nur den eigenen Vorteil (IV,16, 23). Der Edle »lässt sich nicht wie ein Werkzeug behandeln« (II,12), entfernt sich niemals von den Normen korrekten sittlichen Verhaltens (IV,5), strebt nach inneren Werten statt materiellen (IV,11), ist bedachtsam in seinen Worten und klug in seinem

Handeln (IV,24), lebt einfach und unabhängig von – womöglich unrechtmäßig erworbenen – Reichtümern (VII,16), und er ist ausgeglichen und innerlich ruhig, während der Gemeine innerlich verkrampft ist und stets, so wie in Begierden, auch in Nöten und Ängsten lebt (VII,37). Zwar wurde der Konfuzianismus in China als rückschrittlich und statisch kritisiert, aber ebenso unverkennbar ist seine prägende humane Grundhaltung:

> »Konfuzius fuhr durch den Staat Wei; Ran Qiu lenkte den Wagen.
> ›Wie viele Menschen es hier gibt!‹ sprach der Meister.
> Da fragte Ran Qiu: ›Da es schon so viele sind, was könnte man noch dazutun?‹ Konfuzius erwiderte: ›Sie wohlhabend machen!‹
> Darauf wieder Ran Qiu: ›Und wenn die Menschen wohlhabend sind, was dann noch?‹
> ›Sie bilden!‹ sprach der Meister.« (XIII,9)

Der *Taoismus* oder *Daoismus* ist die zweite große chinesische philosophische Schule. Tao oder Dao heißt »Weg«. Bis heute wurzelt der Taoismus in einer Volksreligion, einer magisch-mystischen Zeremonialkultur: Ritus, Musik, Schamanismus, Götterglaube und Orakelwesen bilden sein Zentrum. Das Tao ist jedoch zugleich einer der wichtigsten und außerordentlich anspruchsvollen Grundbegriffe des philosophischen Denkens in China. Konfuzius hatte, ohne diesen Begriff in den Mittelpunkt zu rücken, unter Tao den Weg des Himmels verstanden, dem der Weg des Menschen entsprechen müsse, um in Harmonie mit dem ewigen Weltgesetz zu leben. LAOTSE dagegen deutet das Tao als den im Grunde unfasslichen Ur-Grund der Welt, als göttliches Ur-Sein, aus dem die Welt entstanden sei und in das alle Dinge wieder zurückkehrten. Im Unterschied zu Konfuzius wird dabei auch ein metaphysisches, auf die Erklärung der letzten Dinge gerichtetes Frageinteresse deutlich.

Als Begründer des Taoismus gilt LAOTSE (LAO ZI, d. i. »Meister Lao«, etwa 571–480 v. Chr.). Er stammte aus dem Staate Chu und war »Bibliotheksbeamter« in der Zhou-Dynastie. Die Legende erzählt, wie Laotse aus Enttäuschung über das Unverständnis seiner Landsleute auf einem Wasserbüffel reitend das Land verlassen will. Vom Grenzwächter wird er jedoch angehalten und nicht eher außer Landes gelassen, bis er seine Gedanken in Form des *Tao-Te-King* (*Dao-De-Jing, Daudedsching*) aufgeschrieben hat.

Der Begriff »Tao« ist aber wesentlich älter; das *Tao-Te-King* wiederum, das Buch (Jing) von »Tao« und »Te«, wird von der modernen Textkritik erst etwa auf das Jahr 300 v. Chr. datiert. Darin werden in 81 kurzen Abschnitten Zentralbegriffe aphoristisch erörtert, etwa das »Tao« als das numinose Ursein, aus dem die Welt entsprang. Dieser Begriff bleibt freilich unscharf, denn er wird vor allem in dunklen Formulierungen negativ bestimmt. Im philosophischen Sinne ist er keine personifizierte Gottheit, nicht greifbar, unbenennbar, »leer« und existierte schon vor Himmel und Erde, unerzeugt, sich selber Wurzel. Tao ist »die Substanz, die alles im Kosmos hervorbringt. Nachdem das Tao alle Dinge auf der Welt erzeugt hat, existiert es innerhalb dieser Dinge und ernährt sie. Dieses den konkreten Dingen innewohnende Tao, das zugleich die vom Tao herstammenden speziellen Regeln oder speziellen Eigenschaften der Dinge darstellt, heißt Te. Te ist also die Existenz- oder Manifestationsform des Tao in den konkreten Dingen« (Shaoping GAN, 70). Ein letztlich sinnvoller und geordneter Kosmos wird vorausgesetzt.

Das *Tao-Te-King* lehrt, dass die Wirklichkeit trotz ihrer Vielfalt aus einem ursprünglichen Ganzen hervorgeht. In diese Urwirklichkeit lösen sich die antithetischen Prinzipien Yin und Yang, d. h. das Weibliche und Männliche,

Wahre und Falsche, Gut und Böse, wieder auf. Grundgedanke des Taoismus ist die Forderung des Nicht-Eingreifens, Nicht-Wirkens, Nicht-Ringens. Wenn der Mensch dem Tao folgt, versteht er es, nicht einzugreifen, still zu bleiben, um auf den Weg ursprünglicher Natur zurückzukehren; Eigennutz und Gewinnstreben, aber womöglich auch Kunst, Kultur und Bildung sind hinderlich und zu verwerfen. Aufgabe des Menschen kann es nicht sein, willkürlich Veränderungen herbeizuführen; vielmehr kommt ihm ruhige Beobachtung des Bestehenden zu (Quietismus). Man muss offenbar das, was seiner metaphysischen Natur nach ist, so sein lassen, wie es ist, es »zuzulassen« versuchen. Indem man es zulässt, »passiert« es. Dann »ereignet« sich sozusagen *Dao*, man begibt sich in den Strom des Dao hinein. Diese Haltung wird mit dem Begriff Wu Wei bezeichnet (Nichts-Tun, nicht-absichtsvolles Handeln im Einklang mit der »Natur« der Dinge). »Schwäche« ist somit die Wirkung des Tao: »Im Gegensinn verläuft des *Weges* Bewegung; in seiner Schwäche liegt des *Weges* Brauchbarkeit« (*Tao-Te-King*, Kap. 69).

Taoistisches Denken wendet sich gegen Geschäftigkeit, gegen aktionistisches Streben und gegen Gewalt; politisch tritt es phasenweise auch antifeudalistisch, antihierarchisch und als Widerpart des Konfuzianismus auf. Grundforderungen des Taoismus sind:

> »Mindert die Selbstsucht! – Verringert die Begierden! – Im Äußeren: Einfachheit; innerlich: Lauterkeit und verschmäht die Künstelei und Klugheit! – Man soll auf seine Zeit warten und der Erfüllung harren, und dann jedes Leid und Unglück, selbst den Tod mit Fassung tragen. – Nicht-Eingreifen! – Reguliert die Wirkungskraft und erreicht die Milde! – Zusammenfassend gesagt, besteht der Leitgedanke des Taoismus darin, dass der vollkommenste Zustand aller Dinge ihr natürlicher Zustand ist, der sich durch Leerheit und Stille auszeichnet.« (Gan, 71 ff.)

II
Philosophie der Antike

Die Philosophie ist dem Wort wie der Sache nach vom griechischen Geist hervorgebracht worden. Man hat vom *miracle grec*, dem ›griechischen Wunder‹ gesprochen (so wenig freilich irgendetwas in der Kultur voraussetzungslos vom Himmel fällt). Schon in den *Göttermythen* der vorgriechischen Hochkulturen, etwa Ägyptens und des Zweistromlandes sowie in der »heroischen« Epoche Griechenlands selbst, werden phantasievolle und groß angelegte Erklärungen über Entstehung der Welt und der Menschen, Sinn und Schicksal ihres Tuns und über herrschende göttliche Mächte abgegeben. In den ersten großen Dichtungen – etwa in HOMERS *Ilias* und *Odyssee* – künden Sänger von den Göttern und ihren Taten, die die Menschen letztlich nicht in Frage zu stellen haben. Dann aber beginnt die griechische Zivilisation, sich durch Schiffsverkehr und Stadtgründungen über die ganze mittelmeerische Welt auszubreiten, drei Erdteile (Europa, Kleinasien, Afrika) dabei verknüpfend. Damit eröffnen ökonomische Faktoren wie Handel und Wohlstand sowie gesellschaftliche und politische Entwicklungen hin zur Öffentlichkeit (verkörpert durch den Marktplatz, die »Agorá«) und zur politischen Ordnung der Stadt (»Polis«) neue historische Möglichkeiten. Man lernt die Errungenschaften der alten Hochkulturen kennen und kommt vielfach mit anderen kulturellen Einflüssen in Berührung. Der oftmals bewunderten »Genialität« der damaligen Ionier und Griechen erschließt sich nun ein Raum der Freiheit und des Vergleiches, in dem philosophisches Fragen möglich wird. Seit der Seeschlacht von Salamis (480 v. Chr.), einem »Nadelöhr« der Weltgeschichte, entwickelt kein monarchischer Großstaat, sondern nach den Griechenstädten Kleinasiens vor allem die Polis *Athen* im perikleischen Zeitalter eine kulturelle und – so eingeschränkt sie aus heutiger Sicht noch erscheinen muss – mit der ersten Demokratie der Weltgeschichte auch eine politische Blüte.

Das Entstehen der Philosophie ist gleichfalls Ausdruck des »außerordentlichen Selbstgefühls«, des »Können-Bewusstseins« (Christian MEIER) dieser Zeit. Wenn ein kritischer Geist sich einer Vielzahl unterschiedlicher und widersprüchlicher religiöser und kultureller Systeme gegenübersieht, wird er ins Grübeln kommen: darüber, welches denn nun die richtige und wahre Ansicht sei, was das Wahre, was Wahrheit überhaupt. Als Denkender mag er diese Angelegenheiten immer weniger nach Autorität, Herkommen und Dogma entscheiden wollen. Vielmehr muss, was Geltung erlangen will, sich argumentativ, mit Gründen (λόγον διδόναι, *lógon didónai* ›Rechenschaft geben‹), vor dem »Richterstuhl der Vernunft«, wie es später bei KANT heißen wird, rechtfertigen können. Hierin vollzieht sich der oft zitierte Übergang vom Mythos zum Logos, von der Dichtertheologie zu Philosophie und Wissenschaft. Indem sie den geschlossenen Horizont des Mythos verlässt, hört die menschliche Vernunft auf, Teil einer immer schon bestimmten Welt zu sein. Mit dem Philosophieren und der Wissenschaft beginnt jener lange Prozess der *ihrer selbst bewussten* kulturellen Arbeit (auch Mythos und Religion sind Medien kultureller Arbeit des Menschen), in denen menschliche Freiheit und Selbstbestimmung begründet sind. Dieser Prozess ist nicht einsträngig und eindeutig, sondern bis und gerade heute vielfach interpretiert, auch dementiert – Kennzeichen eben der andauernden Anstrengungen sterblicher Menschen, die sich in Tradition und Traditionskritik ihre Errungenschaften, Verhältnisse und Orientierungen stets neu zurechtlegen müssen.

1. Anfänge der griechischen Philosophie

Das philosophische Fragen der ersten »Philosophen« noch vor der ersten großen Philosophengestalt des SOKRATES, der »Vorsokratiker«, hatte sich am Anfang der Philosophie auf das Rätsel von Ursprung und Wesen, Woher und Warum der Welt gerichtet, verstanden zunächst vor allem als *Natur*. Was für sie als Gegenstand, in der Handhabbarkeit nach gewissen Regeln und in ihrer Bedeutung für sie »Natur« war, konnten die Menschen der Antike noch unmittelbar sinnlich erfahren. Sie waren vertraut mit den Sternbildern, an denen sie sich, z. B. bei der Navigation, orientierten, mit dem Wechsel der Tages- und Jahreszeiten und ihren unterschiedlichen Erscheinungen. Handwerker wussten, wie Erze zu schmelzen und zu härten sind, Heilkundige verstanden sich auf die Herstellung von Arzneien. Zu Ackerbau, Viehzucht, Weben, Färben, Töpferei, Glas- und Parfümherstellung als ersten Elementen menschlicher Kultur traten die Anfänge der Wissenschaft. Über die mythischen Kosmogonien und Kosmologien (Weltentstehungs- und Welterklärungslehren) hinausgehend, sahen die »milesischen Naturphilosophen« (nach der griechischen Stadt Milet an der kleinasiatischen Küste in der heutigen Türkei) die mythischen Erzählungen wie die bloßen Alltagserfahrungen offenbar für ungenügend an, wenn sie alternativ zu ihnen mehr oder weniger abstrakte »Urgründe« (ἀρχαί, *archaí*) allem Seienden zugrundelegen wollten. Sie vollzogen mit dem Schritt zur Naturphilosophie eine außerordentliche Abstraktionsleistung, indem sie die Vielfalt der Phänomene in der Welt nicht mehr auf göttliches Wirken zurückführten, sondern aus einem ***natürlichen Prinzip*** ableiteten.

Aus »Wasser« entstehe alles, meinte THALES (etwa 625–546 v. Chr.), der, auch in der Mathematik berühmt, zum Erstaunen seiner Landsleute (vermutlich) die Sonnenfinsternis von 585 vorhersagte. Über ihn geht freilich zugleich die Anekdote, er habe sich, bei Betrachtung des Sternenhimmels in eine Grube stürzend, den Spott einer thrakischen Magd zugezogen. Auf ein »Unbegrenztes« (ἄπειρον, *ápeiron*) führte Anaximander (611–546 v. Chr.) alles zurück, auf Luft / belebenden Atem Anaximenes (zwischen 585 und 528–525 v. Chr.), auf ein Urfeuer in wohl auch übertragenem Sinne Heraklit, auf die vier »Urelemente« Wasser, Luft, Feuer und Erde Empedokles (495–435 v. Chr.), schließlich auf »Atome« Leukipp und Demokrit (470–380 v. Chr.). Die Werke der Vorsokratiker sind nur in Bruchstücken erhalten, so dass wir auf ihre Zitierung durch spätere Autoren (etwa Aristoteles in seiner *Metaphysik*) angewiesen sind. Auch die hier angegebenen Lebensdaten der Vorsokratiker sind oft unsicher und deshalb nur zur allgemeineren Orientierung dienlich.

Zudem sind die Vorsokratiker nicht alle nur Naturphilosophen. Vielmehr umfasst der Begriff eine Jahrhunderte überspannende, lange Reihe von Denkern, die man meist wie folgt zu gliedern versucht: Neben den ionischen Naturphilosophen gab es die »Pythagoreer« (nach dem Gründer quasireligiöser Geheimbünde in Süditalien, Pythagoras, der um 570–500 v. Chr. lebte). Die Pythagoreer sahen in der Zahl bzw. in mathematischen Verhältnissen das Wesen der Dinge. Sodann traten die »Eleaten« auf (Xenophanes von Kolophon, 570–470 v. Chr., Parmenides, 515–450 v. Chr., schließlich Zenon, 490–430 v. Chr., ein Meister der Aporie und Paradoxie). Die Eleaten nahmen ein unwandelbares Sein an und bestritten Werden und Vergehen. Weitere Denker sind Anaxagoras (500 oder 496–428 v. Chr.) – er wurde aus Athen verbannt, weil er behauptete, die Sonne bestünde aus glühendem Gestein – der alle Dinge auf eine »Weltvernunft« (νοῦς, *nous*) zurückführte, die bereits erwähnten »Atomisten« und schließlich die »Sophisten«.

Die vielleicht größte Wirkungsgeschichte war Heraklit beschieden. Sein Geburts- und Todesjahr lässt sich gleichfalls nicht genau bestimmen, er lebte aber um die Wende des 6. vorchristlichen Jahrhunderts (vielleicht 540–480 v. Chr.).

Bei ihm finden sich, soweit man dies aus den erhaltenen Fragmenten ersehen kann, Aphorismen und Sentenzen von sehr eigenwilliger und paradoxer Prägung (so dass schon die Antike ihn »den Dunklen« nannte). Heraklit äußert sich zum »Logos«, was »Rede«, aber auch »Weltvernunft« bedeuten kann, und zum Kreislauf des ewigen Werdens und Wandels. Er wendet sich in aristokratischer und esoterischer Manier von der Politik ab und gegen die »Vielen«, die leben, »als hätten sie ein Denken für sich«. In erstaunlicher Weise »empfiehlt« sich der Sprecher, der hier sein Wort vorlegt und zugleich behauptet, dieses Wort könne kein Mensch verstehen: »Diese Lehre hier, ihren Sinn [Logos], der Wirklichkeit hat, zu verstehen, werden immer die Menschen zu töricht sein, so ehe sie gehört, wie wenn sie erst gehört haben«. Dies ist wohl so zu verstehen, dass die Schwierigkeit nicht als »vermeidbare« erscheint, sondern in der Sache, in der Wirklichkeit des Logos begründet ist. Ein Fragment wie das folgende: »Eins, das einzig Weise, lässt sich nicht und lässt sich doch mit dem Namen des ›Zeus‹ (des ›Lebens‹) benennen«, ist nicht einfach paradoxe Rede, sondern korrespondiert der Auffassung vom »Logos« überhaupt: »Da zeigt es sich, dass der Logos im Grunde weiter nichts ist als die Rechnung, die Proportionalität, auf die er immer wieder stößt im Wechsel von Werden und Vergehen als das Bleibende«. Denn Heraklit denkt den gesuchten »Urgrund« und das Erklärungsprinzip der Welt nicht wie andere »Vorsokratiker« vor ihm als konkreten Stoff (z. B.: Thales: Wasser), auch nicht, wie die »Eleaten«, als bleibendes Sein, sondern gerade als Wechsel: Πάντα ῥεῖ (*Pánta rhei* ›Alles fließt‹) und Πόλεμος πάντων πατήρ (*Pólemos pánton patḗr* ›Der Krieg ist der Vater aller Dinge‹) sind seine bekanntesten Sprüche. Prinzip dieses Wechsels an der Scheidelinie von Sprache und Metaphysik (der Lehre vom Sein überhaupt) ist der »Logos«. Heraklits philosophiegeschichtlicher Einfluss reicht weit: von Nietzsche, der sich an der göttlichen Sicht der Harmonie im Widerstrebenden und am »Jasagen zu Gegensatz und Krieg« begeistert, bis zu HEIDEGGER, der im Logos-Denken Heraklits einen »Aufblitz des Seins« erkannt haben will, der dann aber vergessen worden sei, so dass es den Griechen versagt blieb, »das Wesen der Sprache aus dem Wesen des Seins« zu denken.[1]

Im Anschluss an ihre kosmologische und naturphilosophische Eröffnung durch die Vorsokratiker ist die antike Philosophie oft ethisch im Sinne von »Lebenskunst« geprägt und bietet konkrete Konzepte an, wie man sich im Leben in so grundlegenden Fragen wie denen nach »Glück« und »Tod« orientieren kann. Die Frage nach einem erfolgreichen und gelingenden Leben beantworteten zunächst die »Sophisten«, die »Weisen« bzw. »Klugen« – seit PLATON und bis heute wird dieser Begriff oft abschätzig gebraucht –, indem sie z. B. technische Hilfestellungen für ein politisch und wirtschaftlich erfolgreiches Leben gegen Bezahlung zu geben sich anboten. Dies könne, mag man mit SOKRATES einwerfen, wohl nicht wirklich für »gut« gelten, sonst müssten derart »erfolgreiche« Gestalten wie Tyrannen oder Schürzenjäger unbestrittene Vorbilder für uns sein. Gleichwohl hat man auch die Leistungen der »sophistischen Aufklärung« (Wilhelm NESTLE) herausgestellt und von der »Avantgarde normalen Lebens« gesprochen. Die antiken Sophisten sind sozusagen die ersten Berufsphilosophen; sie treten in *Athen* auf, wohin von der kleinasiatischen Küste und von dem griechisch kolonisierten Italien her die Szenerie sich jetzt verlagert hat. Von PROTAGORAS (485–415 v. Chr.), dem wohl berühmtesten aller Sophisten, stammt der »Homo-mensura-Satz«: »Der Mensch ist das Maß aller Dinge«. Dies ist ihm seit Platon als ein verderblicher und gefährlicher Relativismus ausgelegt worden, der zwischen wahr und falsch, gut und böse nicht unterscheiden könne. Man hat den antiken Sophisten aber wiederum auch die Leistung bescheinigt, sie seien in ihrer Thematisierung ethnographischer Fremdartigkeiten zu einer rationalistisch historisierenden Kritik bis dahin unbefragt in Geltung stehender Traditionen vorgestoßen. In ihren *Dialexeis* und *Dissoi Logoi* z. B. stellen sie – unter Verwendung etwa des »empirischen« Materials des Historikers HERODOT – widersprüchliche Ansichten über das Schickliche und Unschickliche in unterschiedlichen Kulturkreisen einander gegenüber. Auf diese Weise lösen sie die umfassende Geltung eines Weltkonzeptes auf. GORGIAS vor allem (480–380 v. Chr.), der sein Porträt im gleichnamigen platonischen Dialog (385) noch zur Kenntnis genommen haben könnte, erscheint als der »Erzsophist«, der mit rhetorischen Mitteln die schwächere Rede in die stärkere verwandeln will (τὸν ἥττω λόγον κρείττω ποιεῖν – *ton héttō lógon kreítō poieín*) – ohne Rücksicht auf ihre tatsächliche Begründbarkeit. Die unter die Sophistik gezählten Lehren schwanken vom »Recht des Stärkeren« (THRASYMACHOS) bis zur Annahme eines Naturrechts, das für Hellenen (Griechen) wie für Barbaren gleich gelte (ANTIPHON). Der Grundton der Sophistik ist jedoch ein oft kritischer, auch entlarvender. So vertritt XENOPHANES aus Kolophon 2400 Jahre vor FEUERBACH, MARX, NIETZSCHE und FREUD eine Art religionsphilosophischer Projektionsthese, wenn er meint, die Rosse stellten sich ihre Götter rossähnlich, die Ochsen ochsenähnlich vor. Er kritisiert die Göttergeschichten HOMERS, etwa wie Zeus den Hephaistos zum Krüppel macht, mit dem Argument, man habe den Göttern menschliches Handeln und menschliche Schwächen angehängt.

Aufklärer oder käufliche Relativisten? PLATON jedenfalls inszeniert sich und seinen Lehrer SOKRATES als Anwälte der Wahrheitssuche (und bald auch der Wahrheit selbst) im Gegenzug gegen die Sophistik und deren verderblichen Einfluss. Dies gilt, obwohl der Figur des Sokrates in den platonischen Dialogen seinerseits oft genug etwas Sophistisches, Wortverdrehendes anhaftet und Sokrates auch bei dem Komödiendichter ARISTOPHANES in den *Wolken* als Sophist erscheint.

2. Sokrates

Er ist eine philosophische Symbolfigur und vielleicht der berühmteste Philosoph überhaupt. Der »tatsächliche« SOKRATES (469–399 v. Chr.) ist allerdings aus den Quellen, die uns vorliegen, vor allem den Dialogen seines berühmten Schülers PLATON, nicht leicht zu erschließen. Er hat keine Schriften hinterlassen.

Sokrates, der als Soldat am Peloponnesischen Krieg teilnahm, ist einerseits der Weise, der durch sein Vorbild wirkt und einen Opfertod für den Erhalt der rechten Ordnung in der Gemeinschaft stirbt: in dieser Hinsicht ist Sokrates geradezu dem Gründer der christlichen Religion verwandt. Andererseits ähnelt er aber auch einem »Satyr«, ist also eine komisch-hässliche Gestalt. Er wird mit aufgeworfener Nase dargestellt und ist, weil ständig philosophierend unterwegs statt seinem handwerklichen Beruf nachzugehen, für seine Frau (die sprichwörtliche »Xanthippe«) bestimmt ein schwieriger Mann gewesen. Bei dieser ersten großen Gestalt der Philosophiegeschichte ist die Philosophie eine öffentliche Angelegenheit – die Philosophie beansprucht einen festen Sitz im Leben. XENOPHON berichtet in seinen *Memorabilien* über Sokrates (I,1,10): »Morgens besuchte er die Wandelhallen und die Ringplätze; in den Stunden, da die Agorá voller Leute war, konnte man ihn dort finden. Den übrigen Teil des Tages hielt er sich immer dort auf, wo er erwarten konnte, die meisten Leute anzutreffen.«

Die Agorá, auf der Sokrates seine Mitbürger mit Philosophie konfrontiert: das ist der Markt, Zentrum des öffentlichen Lebens in Athen. Wenn Sokrates die Menschen anspricht – besonders die vornehme Jugend ist oft genug fasziniert –, beweist sich die berühmte Hebammenkunst (»Mäeutik«), die Einsichten sozusagen an das Tageslicht bringt wie bei einer Geburt. Sein Dialogpartner *Menon* im gleichnamigen platonischen Dialog kommt sich aber auch gelegentlich sophistisch irregeführt und wie von einem Zitterrochen elektrisiert vor. Gegenüber dem selbstgewissen (Schein-)Wissen der Sophisten besteht die »Sokratische Methode« (»Elenktik«) darin, in konkreten Situationen das Nichtwissen der Gesprächspartner zu entlarven. Dieses Vorgehen erscheint zunächst als etwas durchaus Negatives, Kritisches. Die dadurch erzwungene Einsicht in das Nichtwissen ist aber Voraussetzung für die Suche nach wirklicher Einsicht. Wenn das Orakel von Delphi ihn als den weisesten aller Menschen bezeichnet (vgl. *Apologie* 21a–e) und Sokrates meint, das werde sich im Umgang mit anderen Menschen doch leicht widerlegen lassen, ergibt sich, dass diese seine Weisheit gerade darin liegt, dass er sich seines Nichtwissens bewusst ist (»Ich weiß, dass ich nichts weiß«). Die sokratische »Ironie«, das durchaus listige Eingeständnis der eigenen Unwissenheit, lockt die Äußerungen und Thesen des scheinbar Selbstverständlichen hervor und befragt sie kritisch. Dies geschieht aber im Dienst der Selbsterkenntnis. Das sokratische Handeln ist auf Prozesse des Bewusstseinswandels bei dem jeweiligen Gegenüber und in der Gesellschaft hin angelegt. Hierfür steht symbolisch das Bild des »trägen Pferdes«, das von Sokrates wie von einem Sporn oder von einer Stechfliege (μύωψ, *mýōps*) aufgerüttelt, ermahnt und auch gescholten werden muss (*Apologie* 30d). In der *Apologie*, der »Verteidigungsrede« gegen den Vorwurf seiner Athener Ankläger, er verderbe die Jugend und leugne die Götter, lässt PLATON seinen Lehrer dieses Verständnis von der Rolle des Philosophen erläutern. Sokrates, weit entfernt davon, sich im Sinne der Anklage schuldig zu bekennen, beantragt ganz im Gegenteil als Anerkennung seiner Dienste »Ehrenspeisung«, wie sie den berühmten Heroen der Olympischen Spiele gewährt wurde, weil er das, was er philosophierend in Athen trieb, im Dienste der Stadt getan habe.

»Denn wenn ihr mich tötet, dann werdet ihr nicht leicht einen anderen finden, der gleichsam (so lächerlich das klingt) durch göttlichen Ratschluss der Stadt beigegeben ist wie einem großen und edlem Pferde, das indes wegen seiner Größe etwas träge ist und von einem Sporn angestachelt werden muss – so, glaube ich, hat mich der Gott dieser Stadt beigegeben: als jemanden, der euch unentwegt aufrüttelt und mahnt und schilt – jeden einzelnen von euch, indem er den lieben langen Tag überall an euch herantritt. Ein zweiter dieser Art wird euch so leicht nicht erstehen, ihr Männer; wenn ihr also auf mich hören wollt, dann schont mich. Doch ihr seid vielleicht verärgert, wie Schlummernde, die man weckt, und ihr schlagt dann wohl, indem ihr auf Anytos hört, zurück und verurteilt mich ohne Bedenken zum Tode: dann werdet ihr gewiss den Rest eures Lebens im Schlaf verbringen – es sei denn, der Gott schickt euch in seiner Sorge um euch einen anderen. Dass gerade ich jemand bin, den die Gottheit der Stadt geschenkt hat, könnt ihr hieraus entnehmen: es sieht nicht nach Menschenart aus, dass ich mich um alles, was mich betrifft, nicht kümmere und mein Haus seit Jahren verkommen lasse, dafür aber stets eure Angelegenheiten besorge, indem ich an jeden einzelnen herantrete und ihm wie der Vater oder ein älterer Bruder ins Gewissen rede, er solle sich darum bemühen, ein guter Mensch zu sein. Und wenn ich irgendeinen Vorteil davon hätte und euch für Geld diese Ratschläge gäbe, dann wäre mein Verhalten vielleicht begreiflich. Nun seht ihr aber selbst, dass meine Ankläger, die doch in allen anderen Punkten so schamlos Vorwürfe gegen mich erhoben haben, nicht im Stande waren, ihre Vorwürfe auf die Spitze zu treiben und einen Zeugen dafür beizubrin-

> gen, ich hätte jemals Geld von jemandem angenommen oder erbeten. Ich bringe ja, meine ich, einen hinlänglichen Zeugen dafür bei, dass ich die Wahrheit sage: meine Armut.« (*Apologie* 30e–31c)

Sokrates wird verurteilt und stirbt – allerdings bereits ein alter Mann – für seine Überzeugungen. Im *Phaidon* findet sich ein Bericht über den letzten Lebenstag des Sokrates und seine letzten philosophischen Gespräche mit Freunden, die von Tod und Weiterleben handeln; zugleich diskutiert dieser Meisterdialog Platons den für die gesamte abendländische Geistesgeschichte folgenreichen philosophischen Gedanken der Unsterblichkeit der Seele. Sokrates lässt sich erklären, wie man die Wirkung des Giftes erwarten solle, und trinkt dann den Schierlingsbecher. Die Schlusspassage des *Phaidon* lautet:

> »Und von uns waren die meisten bis dahin ziemlich imstande gewesen sich zu halten, dass sie nicht weinten; als wir aber sahen, dass er trank und getrunken hatte, nicht mehr. Sondern auch mir selbst flossen Tränen mit Gewalt, und nicht tropfenweise, so dass ich mich verhüllen musste und mich ausweinen, nicht über ihn jedoch, sondern über mein eigenes Schicksal, was für eines Freundes ich nun sollte beraubt werden. Kriton war noch eher als ich, weil er nicht vermochte die Tränen zurückzuhalten, aufgestanden. Apollodorus aber hatte schon früher nicht aufgehört zu weinen, und nun brach er völlig aus, weinend und unwillig sich gebärdend, und es war keiner, den er nicht durch sein Weinen erschüttert hätte, von allen Anwesenden als nur Sokrates selbst. Der aber sagte: was macht ihr doch, ihr wunderbaren Leute! Ich habe vorzüglich deswegen die Weiber weggeschickt, dass sie dergleichen nicht begehen möchten; denn ich habe immer gehört, man müsse stille sein, wenn einer stirbt. Also haltet euch ruhig und wacker. Als wir das hörten, schäm-

> ten wir uns und hielten inne mit Weinen. Er aber ging umher, und als er merkte, dass ihm die Schenkel schwer wurden, legte er sich gerade hin auf den Rücken, denn so hatte es ihm der Mensch geheißen. Darauf berührte ihn eben dieser, der ihm das Gift gegeben hatte, von Zeit zu Zeit und untersuchte seine Füße und Schenkel. Dann drückte er ihm den Fuß stark und fragte, ob er es fühle; er sagte nein. Und darauf die Knie, und so ging er immer höher hinauf und zeigte uns, wie er erkaltete und erstarrte. Darauf berührte er ihn noch einmal und sagte, wenn ihm das bis ans Herz käme, dann würde er hin sein. Als ihm nun schon der Unterleib fast ganz kalt war, da enthüllte er sich, denn er lag verhüllt und sagte, und das waren seine letzten Worte: O Kriton, wir sind dem Asklepios einen Hahn schuldig, entrichtet ihm den, und versäumt es ja nicht. – Das soll geschehen, sagte Kriton, sieh aber zu, ob du noch sonst etwas zu sagen hast. Als Kriton dies fragte, antwortete er aber nichts mehr, sondern bald darauf zuckte er, und der Mensch deckte ihn auf; da waren seine Augen gebrochen. Als Kriton das sah, schloss er ihm Mund und Augen. Dies, o Echekrates, war das Ende unseres Freundes, des Mannes, der unserm Urteil nach von den damaligen, mit denen wir es versucht haben, der trefflichste war, und auch sonst der vernünftigste und gerechteste.« (*Phaidon* 117c–118a)

Nicht mehr nur die tradierten Ordnungen von Sitte, Staat und Religion, sondern letztlich das Gewissen des mündigen, seine Einstellungen vernünftig-kritisch prüfenden Einzelnen begründet bei Sokrates Moral, Sittlichkeit und rechtes Handeln. Dass diese neue Verankerung der Ethik sich nicht gegen staatliche und gesellschaftliche Ordnung überhaupt richtet, zeigt Sokrates' eigenes Verhalten, der sich der Vollstreckung des Urteils nicht entzieht, sondern den Schierlingsbecher trinkt. Er selbst beruft sich auf eine innere göttliche Stimme (»Daimonion«), die allerdings nur ab-, niemals zurät. Als Philosoph, kann man dennoch wohl sagen, begründet Sokrates das individuelle Gewissen als zentrale Instanz ethischen Handelns. Man hat den Antrieb seines Handelns in einer »Sorge um die Seele« gesehen. Was er tut, geschieht aus einem offensichtlich ethischen, ja: fast therapeutischen Impuls heraus. Es geschieht aus philosophisch-pädagogischer Leidenschaft für ein wahres und gutes Leben.

3. Platon

PLATON (427–347 v. Chr.) beschreibt im autobiographischen *Siebenten Brief*, fast 80-jährig, rückblickend seinen Weg zur Philosophie. Eine schon wegen seiner adligen Herkunft naheliegende politische Karriere in der Polis schlossen die zerrütteten Verhältnisse aus. Zu den Dreißig Tyrannen, die nach der Niederlage gegen Sparta im Peloponnesischen Krieg Athen beherrschten, gehörten mit KRITIAS und CHARMIDES, die Platon auch in seinen Dialogen auftreten lässt, Mitglieder seiner Familie. Doch schloss Platon sich ihnen ebenso wenig an wie der zurückkehrenden Demokratenpartei, die für die Hinrichtung des SOKRATES verantwortlich war. Acht Jahre lang war Platon Schüler des Sokrates; er erlebte dessen Prozess und Tod im Jahre 399 v. Chr. mit. Hiernach unternahm er mehrere Studienreisen, u. a. zu den Pythagoreern nach Italien und nach Ägypten, vor allem aber mehrfach nach Syrakus auf Sizilien, wo er seine Ideen einer Philosophenherrschaft in die Tat umzusetzen versuchte. Dies soll aber, wie der antike Philosophiehistoriker DIOGENES LAERTIUS berichtet, in seinem Verkauf als Sklave geendet haben. Ein Freund habe ihn dann wieder freigekauft. Platon schrieb inzwischen längst an seinen ersten, den so genannten Frühdialogen, die noch eher unter dem Eindruck des historischen Sokrates stehen und häufig aporetisch, d. h. ohne Ergebnis im Sinne einer festen, aufschreibbaren Regel enden. Im Jahre 387 gründete er im Hain des Heros Akádemos vor den Toren Athens die, wenn man so will, erste europäische »Universität« (im weiteren Sinne einer »höheren Lehranstalt«), nämlich die »Akademie« zur Erlangung und Vermittlung theoretischer Erkenntnisse in Lehrvorträgen und Lehrgesprächen. Die Akademie als Institution bestand bei allem Wandel über viele Jahrhunderte. Ihre Schließung durch Kaiser Justinian im Jahre 529 n. Chr. markiert einen gewissen Endpunkt der antiken Philosophie, die Idee ihrer Wiederbegründung im Florenz der Renaissance ein bewusstes Wiederaufleben des Platonismus.

Zur sprachlichen Form des Platonischen Philosophierens. Auch Platon tritt, wie die Philosophie überhaupt, in Distanz zu mythischen Deutungen, wiewohl er sein Philosophieren durchaus häufig in Form mythischer Gleichnisse präsentiert. Die sprachliche Form des »Dialogs« ist der platonischen Philosophie nicht äußerlich, sondern stellt ein konstitutives Element des *argumentativen* Kampfes um die Wahrheit dar. Platon hat sich mehrfach mit Aspekten beschäftigt, die im 20. Jahrhundert unter dem Signum der Sprachphilosophie eine große Bedeutung erlangen sollten.[2]

Im Dialog *Gorgias* konfrontiert Platon den Sokrates mit dem Hauptvertreter der sophistischen Rhetorik GORGIAS und seinem Schüler POLOS. Der Dialog stellt eine Abrechnung dar mit der Rhetorik der Sophisten als manipulierender Sprach- und Redeform, die nach seiner Beurteilung zum Verfall der Polis wesentlich beigetragen hat. Im Gegenzug gegen die den Sophisten vorgeworfene Begriffsverwirrung und Sprachskepsis sowie gegen die Rechtsverdrehung der vor Gericht auftretenden Rhetoren hält Platon an der Betonung der Leistungsfähigkeit der Sprache für Verständigung und Wahrheitsvermittlung fest. Die Einsicht in die eigentliche Erkenntnis, in die höchste Idee des Guten, ist allerdings für ihn sprachlich und methodisch im Letzten nicht einholbar; sie geschieht, wie es im bereits erwähnten *Siebenten Brief* an einer berühmten Stelle heißt, »plötzlich« (ἐξαίφνης, *exaíphnēs*): »Denn das lässt sich nicht in Worte fassen wie andere Wissenschaften, sondern aus dem Zusammensein in ständiger Bemühung um das Problem und aus dem Zusammenleben entsteht es plötzlich wie ein Licht, das von einem springenden Funken entfacht wird, in der Seele und nährt sich dann weiter« (341d).

Platons Wendung gegen die Sophisten ist gleichwohl nicht unumstritten geblieben. So einsichtsvoll seine Kritik der ihnen vorgeworfenen rein instrumentalen Rede ist, so sehr bindet Platon seinerseits die Sprache an einen in sehr bestimmter Weise gedachten Prozess der Wahrheitsfindung im Sinne eines Wissens der »Ideen«. In seiner Kritik der sophistischen Rhetorik vermischen sich sprachphilosophische Momente und handfeste inhaltliche Implikationen. So wie Platon alles, was nicht »Wahrheit« ist, als bloße »Meinung« auffasst, kann gerade er, der doch in besonderer Weise die Dialogizität und den »agonalen« (kämpferischen) Logos zum Medium seiner Philosophie gemacht hat, auch die Sprache nicht einem offenen Prozess der Diskussion anheim geben. Darum weist seine Stellung zur Sprache voraus auf die große Rolle, die sie philosophisch im 20. Jahrhundert spielen wird: Sie präludiert durchaus dem Motiv des Traums von der Sprachregulierung als *der* wahrheitsfindenden und problemlösenden Kraft.

Die Ideenlehre. Von epochaler Bedeutung ist Platons Beantwortung der Frage nach gesicherter *Erkenntnis* durch die Gegenüberstellung von bloßem »Meinen« (δόξα, *dóxa*) und wirklichem »Wissen« (ἐπιστήμη, *epistḗmē*). Hier äußert sich eher der reife Platon, einschlägig sind vor allem die mittleren, die Ideenlehre exponierend, und, angesichts von Problemen diskutierend und spezifizierend, die späten Dialoge. Platon verstand unter »Erkenntnis« die Frage nach »der« unwandelbaren Wahrheit, die man erlangte oder verfehlte.[3] Wirkliche Einsicht ist nicht auf dem Wege einer Erforschung der uns umgebenden und unserer Sinneserfahrung zugänglichen »empirischen« Wirklichkeit zu erreichen. Im Dialog *Menon* wird vielmehr am Sklaven des Namensgebers dieser Schrift und anhand eines geometrischen Problems vorexerziert, dass Erkenntnis eigentlich ein Wiedererinnern (ἀνάμνησις, *anámnēsis*) an ein in einer früheren Existenz der Seele erworbenes Wissen ist. Der platonische *Menon* steht dabei an der Schwelle von den aporetischen Dialogen der Frühzeit zu den Dialogen der Reifezeit (*Phaidon*, *Symposion*, *Politeia*): An die Stelle des sokratischen Nichtwissens tritt, so wird man bei allen sicherlich notwendigen Differenzierungen wohl formulieren können, gerade das Streben nach einem *Wissen* großen Anspruchs und großen Stils.

Die Ausrichtung auf ein fest begründetes Wissen, auf ein Bleibendes in der Welt des Wechsels dokumentiert ein Erkenntnisideal der Erfassung überzeitlicher Wesensinhalte. Das Bemühen um wirkliches Wissen denkt Platon in Kategorien der Unwandelbarkeit, Idealität und Normativität, als Zugang des Denkens zu einer Welt des Seins jenseits von Raum und Zeit, der gegenüber unsere empirisch alltägliche Welt nur kraft »Nachahmung« und »Teilhabe« (μέθεξις, *méthexis*) existiert. Den Status dieser Welt des wahren Seins beschreibt die im Zentrum der platonischen Philosophie stehende »Ideenlehre«, die Theorie von den überzeitlichen und überweltlichen »Ideen«. Diese »Ideen« sind nicht umgangssprachlich als bloße Vorstellungen oder normative Leitlinien zu verstehen, sondern haben in der Art eines »idealen Seins«, als Ur- und Vorbilder aller Dinge in der Welt, einen ontologischen Status von höchster Bedeutung. Sie sind das, was sich »immer auf gleiche Weise« verhält und »niemals und auf keine Weise irgendeine Veränderung« annimmt (*Phaidon* 78d). Dieser Bereich eigentlichen Wissens wird abgesetzt von der sinnlich wahrnehmbaren Welt des Werdens und Vergehens, die bestenfalls eine unvollkommene Abbildung jener ewigen zeitlosen Strukturen sein kann, aber auch als »Schein« oder Bereich bloßer »Meinung« angesprochen wird. In der Einschätzung und Bewertung des Wissens ist Platons Haltung durchzogen von der Trennung zwischen Sein und Wandel, Wirklichkeit und Schein, Echtheit und Unechtheit.

Ihren berühmtesten Ausdruck hat die platonische Metaphysik im »Höhlengleichnis« zu Beginn des siebenten Buches der *Politeia* – Platons Buch über den Staat – gefunden: Sokrates (in der folgenden Übersetzung in Ichform) erläutert seinem Gesprächspartner Glaukon ein Gedankenexperiment.

Zunächst wird die Lage von Gefangenen in einer Höhle beschrieben. Sie sind so gefesselt, dass sie nur die Schatten von Gegenständen an einer Höhlenwand wahrnehmen können. Diese Gegenstände werden hinter einer Mauer vorübergetragen und durch den Schein eines Feuers auf die Wand projiziert. Da sie nichts anderes kennen, ist diese Schattenwelt für die Gefangenen schlechthin die Wirklichkeit. Es kommt dann aber zur Befreiung eines Gefangenen innerhalb des Höhlengefängnisses und aus der Höhle selbst. Angesichts des Lichtes, das die Augen draußen blendet, wird dieser Gefangene dort zunächst nichts erkennen können und wollen und sich zu den vertrauten Schattenbildern der Höhle – die ja die Wirklichkeit darstellen, die er kennt – zurücksehnen. Diese anfängliche irrtümliche Verachtung der wirklichen Dinge und des Lichtes gegenüber den gewohnten Schatten wird aber der befreite Gefangene, so entwickelt es der weitere Text des Gleichnisses, nach allmählicher Erkenntnis der wahren Dinge und des wahren

Lichts nicht aufrechterhalten. Alles, was in der Höhle galt, wird ihm vielmehr gegenüber der jetzt erlangten wahren Erkenntnis irrelevant erscheinen. Ginge er wieder, was er sehr ungern täte, hinab in die Höhle, müsste er aber feststellen, dass er für den internen Wettbewerb dortselbst unbrauchbar geworden ist; die anderen würden ihn lächerlich finden (ein Philosophenschicksal!) und sich seinem Versuch, ihnen das wahre Licht zu zeigen, mit Gewalt widersetzen. Dann löst Sokrates das Gleichnis auf: Wir alle leben in einer solchen Höhle und unsere empirisch-alltäglich-selbstverständlich aufgefasste Welt bietet also die wahre Erkenntnis gar nicht. Mancher verlachte Philosoph und Metaphysiker erscheint uns nur in dieser empirischen Welt so lächerlich: Er aber ist über diese sinnliche Welt hinausgekommen und der wahren metaphysischen Erkenntnis, der »Idee des Guten« – der Sonne im Gleichnis – ansichtig geworden:

> »Dieses Gleichnis, lieber Glaukon«, fuhr ich fort, »musst du nun als Ganzes mit unseren früheren Ausführungen in Zusammenhang bringen; du musst die Welt des Sichtbaren mit der Wohnung im Gefängnis vergleichen und den Schein des Feuers dort mit der Macht der Sonne. Wenn du dann den Weg hinauf und die Schau der Dinge dort oben als den Aufstieg der Seele in die Welt des Denkbaren nimmst, dann triffst du genau meine Meinung, die du ja zu hören wünschtest. Nur Gott weiß, ob sie auch richtig ist. Meine Meinung ist es jedenfalls: In der Welt des Erkennbaren ist die Idee des Guten die höchste, und sie kann man nur mit Mühe schauen; hat man sie einmal geschaut, so muss man daraus folgern, dass sie für die ganze Welt die Ursache alles Rechten und Schönen ist; in der sichtbaren Welt bringt sie das Licht und dessen Herrn hervor, in der Welt des Erkennbaren ist sie selbst Herrin und verschafft uns Wahrheit und Einsicht, und jeder muss sie schauen, der im privaten oder öffentlichen Leben vernünftig handeln will.«

»Ich stimme dir zu«, sagte er, »soweit ich dir folgen kann.«
»Wohlan«, fuhr ich fort, »so stimme mir auch bei Folgendem zu und wundere dich nicht, dass die Menschen, die einmal dorthin gelangt sind, sich nicht mehr am Treiben der Menschen beteiligen wollen; vielmehr streben ihre Seelen nach oben, um immer dort zu verweilen. Denn das ist ja ganz natürlich, wenn es dem soeben geschilderten Gleichnis entsprechen soll.«
»Ja, freilich«, sagte er.
»Wie nun? Findest du es dann verwunderlich«, fuhr ich fort, »wenn einer nach der Rückkehr von dieser göttlichen Schau ins menschliche Elend sich recht ungeschickt benimmt und lächerlich macht, da er, noch geblendet und noch nicht an die Dunkelheit da unten gewöhnt, sich gezwungen sieht, vor Gericht oder anderswo über die Schatten des Gerechten oder über die Bildwerke, von denen die Schatten herrühren, herumzustreiten und sich mit den Vermutungen von Menschen herumzuschlagen, die die Gerechtigkeit an sich noch nie zu Gesicht bekommen haben?«
»Nein, darüber braucht man sich nicht wundern«, sagte er.
»Wer vernünftig ist«, fuhr ich fort, »muss immer bedenken, dass es für die Augen zwei Arten und zwei Ursachen von Sehstörungen gibt, die eine beim Wechsel vom Licht ins Dunkel, die andere beim Wechsel vom Dunkel ins Licht. Erkennt er nun, dass es der Seele ebenso ergeht, dann wird er nicht unüberlegt darüber lachen, wenn er sie verwirrt und unfähig sieht, etwas zu erkennen, vielmehr wird er überlegen, ob sie aus einem lichterfüllteren Leben kommt und sich an die Finsternis noch nicht gewöhnt hat, oder ob sie aus größerer Unwissenheit ins hellere Licht emporsteigt und nun vom strahlenderen Glanz geblendet ist; und so wird er die eine Seele wegen ihres Zustands und wegen ihres Lebens glücklich preisen, die andere aber bedauern [...].« (*Politeia* 517a–518b)

Platon hat den Begriff der Wahrheit als des bleibend Gültigen in der Welt bloßen Wechsels zuallererst geschaffen, in Zustimmung wie Ablehnung eine der wichtigsten und folgenreichsten Errungenschaften der Philosophiegeschichte. Die Spätdialoge (*Theaitetos*, *Parmenides*, *Sophistes*) führen dann die Ideenlehre des »mittleren« Platon, etwa in der Debatte um das Verhältnis von Einzelding und Idee oder in der Hierarchisierung der Ideen, auch an ihre Grenzen.

Ein »Gigantenkampf« um Platon-Interpretation, Einschätzung und Kritik tobt in der Philosophiegeschichte von seinem Schüler Aristoteles an bis heute. Dass sich eine überhistorische Ebene außerhalb unserer kulturellen Entwicklung wohl doch nicht postulieren lässt – Einwände wie dieser geraten erst mehr als zwei Jahrtausende später in den Blick. Für Kritiker besteht die Ideenlehre letztlich in einer bloßen »Hypostasierung« von Begriffen zu Ideen, d. h. in der fälschlichen Zusprechung selbständiger Existenz an etwas bloß Gedankliches (der Begriff der »Hypostasierung« stammt von Kant aus der *Kritik der reinen Vernunft*). »Für seine modernen Freunde« gilt es, wie Tilman Borsche in einem neueren Aufsatz zur *Politeia* formuliert hat, geradezu als unfein, ihrem Philosophen die Behauptung einer »Zweiweltenlehre« zuzumuten. Obwohl Platon selbst nie von einer »Ideenlehre« spricht und seine Angaben über die Ideen selbst »bemerkenswert spärlich« ausfallen, ist jedoch deren entscheidende Rolle für die Fragen des Wissens und Erkennens in seiner Philosophie nicht zu leugnen.[4]

Naturphilosophie. Platons naturphilosophisches Hauptwerk, der Spätdialog *Timaios*, war für Jahrhunderte im lateinischen Westen die einzig bekannte Schrift des Philosophen. Zu ihrer hohen Einschätzung als Platons Hauptwerk mag die scheinbare Antizipation des christlichen Schöpfergottes beigetragen haben, denn die Welt erscheint hier als das Werk eines Handwerker-Gottes, der in bester Absicht die Dinge nach dem Bild der Ideen gestaltet hat, dabei in der Sphäre materialer Notwendigkeiten aber »Abstriche« machen musste. Dieser Demiurg ist denn auch keiner der Götter der griechischen Religion, aber natürlich auch noch nicht der jüdisch-christliche Gott, dem die »creatio ex nihilo« – die Schöpfung aus dem Nichts – das schwerwiegende Problem der Theodizee, d. h. seiner Rechtfertigung angesichts der Existenz des Bösen in der Welt, einbringen wird.

Aufgabe der Naturphilosophie ist die Anschauung (»Theorie«) des ewigen, geordneten und schönen Kosmos. Dabei hat Platon die Ewigkeit und Göttlichkeit der Planeten in einer für die nachfolgende Entwicklung lange bestimmenden Weise mit der Kreisbewegung gleichgesetzt. Platons wissenschaftliches Interesse galt in erster Linie der Mathematik und der Astronomie, sofern sie mathematisch war (in der *Politeia* will Glaukon bei der Erläuterung der Astronomie den Blick zum Himmel richten und wird dafür getadelt); nach und nach hat Platon die strikte Trennung der (einzig wissenschaftsfähigen) Erforschung »idealer« Verhältnisse und der wissenschaftsunfähigen Welt der Erscheinungen relativiert: so in den *Nomoi* für die Welt »über dem Monde«, weil deren scheinbare empirische Unregelmäßigkeiten sich »retten« ließen, d. h. als bloß dem Betrachter so erscheinende zu erklären waren, denen in Wahrheit aber geometrisch erfassbare Regelmäßigkeiten zugrunde lagen. Der *Timaios* thematisiert Naturforschung im kosmologischen Rahmen, wie sie auch in der Akademie betrieben worden sein muss. Platon versteht letztlich jedoch »Natur« »weder als Selbstzweck kosmologischer oder naturwissenschaftlicher Forschung noch als Problemfeld menschlicher Eingriffe (im Sinne unserer zeitgenössischen Ökologie-Debatten, in denen gleichwohl häufig auf Platon zurückgegangen wird), sondern als Grundlage menschlichen Denkens und Handelns«.[5]

Praktische Philosophie. Für Platon ist die idealistische Metaphysik eine auch das *menschliche Verhalten orientierende* Größe. Das Tun des Schlechten erscheint geradezu als bloße Unwissenheit bezüglich des Guten: kennte man es, würde man notwendig danach leben. Wer die Bedeutung etwa der »Tugend« erfasst hat, kennt offenbar deren Wesen und ist dann so von ihm ergriffen, dass er entsprechend handelt. Dabei geht es um ein Wissen, das keine kategoriale Trennung kennt zwischen der höchsten Seinsordnung und den praktischen Ordnungs- und Orientierungsbedürfnissen in der menschlich-geschichtlichen Welt, wie sie etwa in der modernen Unterscheidung zwischen »Sein« und »Sollen« ausgesprochen ist: »Politische Leidenschaft, die sich selbst richtig verstehen gelernt hat, ist die Sehnsucht, ein Bild der unwandelbaren Ordnung im wandelbaren Medium des menschlichen Lebens zu verwirklichen«.[6] Nur von der »Ideenwelt« her können Individuen und Gemeinwesen wieder sittlich ausgerichtet werden; nur wer das Gute als kosmologische Wirkungsmacht erschaut hat, vermag auch das Leben zu ordnen (Walter SCHULZ), »nur wer als Philosoph außerhalb der menschlichen Welt die Idee des Guten erblickt hat, ist überhaupt in der Lage, im Bereich der menschlichen Pragmata vernünftig zu handeln« (Günther BIEN).[7] Dieser Anspruch wird besonders deutlich in dem »utopischen« Entwurf einer Staatsverfassung. Dieser sieht außerordentlich radikale Einrichtungen vor: Güter-, Frauen- und Kindergemeinschaft der obersten beiden Stände und Einteilung des Staates wie ein Großindividuum analog zu den Seelenfunktionen in drei Klassen, in, wie es im Deutschen so einprägsam heißt, »Nährstand«, »Wehrstand« und »Lehrstand«. Platons Anspruch gipfelt in jenem berühmten Ausspruch, dass die Verhältnisse sich in idealer Weise nicht einrichten ließen, »[w]enn nicht [...] die Philosophen Könige in den Staaten werden oder die Könige, wie sie heute heißen, und Herrscher echte und tüchtige Philosophen und wenn nicht politische Macht und Philosophie in eins zusammenfallen« (*Politeia* 473d).

Warum sind die Philosophen zur Staatsführung berufen? Nur sie haben ja Einblick in jene überempirische Ebene, auf die man zur Begründung des Politischen nach Platons Ansicht unbedingt zurückgreifen muss: es gibt für ihn das Urbild der überhistorisch für alle Orte und Zeiten verbindlichen Staatsordnung im Reich der Ideen. Politik heißt, nach dem Vorbild der unwandelbaren Ordnung auf das wandelbare Medium des menschlichen Lebens einzuwirken. Deshalb ist es eher unerheblich zu erforschen, wie die Menschen tatsächlich leben. Die überempirische, normative Idee des richtigen Staates kann nur die philosophische Schau erfassen. Wie stark Platon den Staat als *normative Ordnung* denkt, vermag ein Blick auf den Dialog *Kriton* zu zeigen, in dem es noch einmal darum geht, ob der (wie wir wissen: zu Unrecht) verurteilte SOKRATES sich dem Todesurteil nicht durch Flucht entziehen soll. Um ihn hierzu zu überreden, ist der Namengeber des Dialogs in das Gefängnis gekommen; Sokrates lehnt dies aber ab, weil eine solche Gesetzesverletzung die Staatsordnung genauso untergraben würde, wie es das Fehlurteil tat. In diesem Zusammenhang »deifiziert«, »vergöttlicht« Platon die Gesetze, die er regelrecht auftreten und in »wir«-Form sprechen lässt; es gibt hier kein Widerstandsrecht, denn die Auflehnung gegen die Gesetze der Polis untergrübe die eigene Existenz und wäre zugleich eine Gottlosigkeit: Die Gesetze im Diesseits sind, wie es dann heißt, die »Brüder« jener im Hades, nicht einfach durch Konvention oder durch Vertrag begründet:

> »So höre auf uns, Sokrates, die wir dich aufgezogen haben: miss weder deinen Kindern noch deinem Leben noch irgendetwas anderem größeren Wert bei als dem Rechttun, damit du, wenn du in den Hades kommst, all dies den dort Herrschenden zu deiner Verteidigung vortragen kannst.« (*Kriton* 54b)

Platon träumt zugleich, wie alle Radikalreformer nach ihm, den Traum vom »neuen Menschen« im neuen idealen Staat:

»Wie soll das gehen?«, fragte er.
»Indem sie alle im Staat«, antwortete ich, »die älter sind als zehn Jahre aufs Land hinausschicken, während sie ihre Jüngsten zu sich nehmen und sie jenseits der heutigen Sitten, die auch ihre Eltern haben, in ihrer eigenen Sinnesart und nach ihren Gesetzen, wie wir sie eben besprochen haben, erziehen.« (*Politeia* 540e–541a)

Die Konzeption des Staates von der in der »Ideenlehre« begründeten philosophisch-religiösen Legitimationsdimension her hat einen langen geistesgeschichtlichen Streit um Platons politische Lehre ausgelöst.

Einerseits wollte man ihr ein zeitloses Modell entnehmen, wie das Politische zu denken sei. In der Tradition Platons steht noch die antipositivistische normative Politiktheorie eines Eric Voegelin (1901–1985), die dem gleichen Gestus folgt: Gestiftet in einer Zeit »geistiger Verwirrung«, in der eine Vielzahl hedonistischer, skeptischer, machtrationaler und anderer *Meinungen* über die richtige Gesellschaftsordnung kursierten, habe Platon die politische Wissenschaft als »Leitbild« für die Polisbürger in ihrem bis heute gültigen »Kernbestand« begründet, denn leitend müsse immer noch sein »die Erkenntnis der Seinsordnung bis zu ihrem Ursprung im transzendenten Sein, und im besonderen die liebende Offenheit der Seele zu ihrem jenseitigen Ordnungsgrund«.[8]

Andererseits ist nicht erst seit Karl Popper diese zugleich archaische wie revolutionäre *Politeia* mit ihrer strikt hierarchischen Einteilung in die drei Stände, ihren »sozialistischen« Ideen vom Zusammenleben und ihrer Philosophenherrschaft für viele das Schreckensbild totalitären Einheitsdenkens und einer militärisch eisern organisierten Ordnung, d. h. ein Gegenbild zu Demokratie und »offener« Gesellschaft. Die Platonkritik beginnt auch in dieser Frage bereits bei seinem Schüler Aristoteles.

Ästhetik. Von einer griechischen Ästhetik, so hat der ungarische Philosoph Georg LUKÁCS bemerkt, könne man eigentlich gar nicht sprechen, weil das Ästhetische hier bereits von der Metaphysik vorweggenommen sei. Platon etwa hat ästhetische Fragen einerseits unter metaphysischem, andererseits unter politisch-moralischem Aspekt, nicht aber in kunsttheoretischer oder ästhetischer Hinsicht im heutigen Sinne behandelt. So hat er zunächst die Kunst als unvollkommene Nachbildung der Ideen verstanden: Indem die Künstler die Gegenstände der sinnlichen Welt abmalen, die ihrerseits ihren Stellenwert nur kraft Teilhabe an den Urformen, den Ideen, gewinnen, schaffen sie Abbilder von Abbildern (*Politeia* 597b). Auch denkt der über den Verfall der Polis besorgte Philosoph über mögliche schädliche Folgen der Künste nach. In der *Politeia* zeigt sich Sokrates im Hinblick auf die Erziehung der »Wächter« des Idealstaates empört über all die unmoralischen Dinge, die HOMER und HESIOD von den Göttern erzählen (386a–395b). Gegen derartige Ammenmärchen muss die Zensur der Philosophen und Staatsgründer eingreifen. An anderer Stelle will Platon die Dichter überhaupt aus dem Staat verbannen (397e–398a). Er sieht in ihnen nicht mehr die göttlich inspirierten Erzieher der Griechen, sondern befürchtet, dass das Kunstwerk als sinnenhafte Veranstaltung den »schlechten Seelenteil« anspreche und den Menschen, die Vernunft und die Polis verdürbe. Auch die Musik muss in der Erziehung richtig eingesetzt und kontrolliert werden (401d–e; 424b–d).

Dieser Abwertung der Kunst als Nachahmung oder Gefahr steht aber die Hochschätzung des Schönen im Rahmen des metaphysischen Gesamtkonzeptes gegenüber, wenn etwa im Symposion – entgegen jedem Gedanken an eine Relativität ästhetischer und ethischer Auffassungen – das »erotische« Fortschreiten von den schönen Leibern zum Schönen selbst beschrieben wird, das zugleich das Wesen des sittlich Guten (καλοκαγαθία, *kalokagathía*) und Wahren ist (211e–212a).[9] Die Rede der Diotima (einer wohl von

Platon erfundenen Gestalt) im Symposion entwirft einen grandiosen Stufengang zur Idee des Guten und Schönen, der über die Freude am schönen Körper zum Begriff der körperlichen und von dort zur geistigen Schönheit fortschreitet, um schließlich zum Schönen selbst zu gelangen.

> »[Auf der Suche nach dem Schönen wird man am Ende] ein seiner Natur nach wunderbar Schönes erblicken, genau jenes nämlich, Sokrates, das der Grund der ganzen vorherigen Mühen war, (etwas Schönes), das erstens ewig ist und weder entsteht noch vergeht, weder wächst noch schwindet, und das zweitens nicht auf die eine Art schön, auf die andere hässlich ist und nicht bald schön, bald nicht schön und nicht im Verhältnis zu dem einen schön, zu dem anderen hässlich und nicht hier schön, dort hässlich ist, als ob es für manche Leute schön, für manchen anderen aber hässlich wäre. Auch wird ihm das Schöne nicht als Gesicht und nicht als Hände und nicht als irgendetwas anderes, was zu einem Körper gehört, erscheinen, auch nicht als irgendein Gedanke oder irgendeine Erkenntnis und nicht als etwas, das irgendwie in einem anderen ist, wie zum Beispiel in einem Lebewesen oder auf der Erde oder am Himmel oder in irgendetwas anderem, sondern als ein für sich Seiendes, immer in einer Gestalt mit sich selbst, alles andere Schöne aber (wird sich als etwas zeigen), das an jenem Anteil hat, und zwar auf eine solche Art, dass, während das andere entsteht und vergeht, jenes weder auf irgendeine Weise mehr oder weniger wird, noch ihm sonst irgendetwas widerfährt.« (*Symposion* 210e–211b)

Gibt Platon hier einerseits eine der eindrucksvollsten Darstellungen dessen, was man unter »Idee« zu verstehen hat, so bedeutet das *Symposion* andererseits auch eine der schönsten Würdigungen seines Lehrers SOKRATES. Der strebend-verlangende »Eros« nämlich, Namensgeber unserer, auch im *Symposion* zunächst durchaus sexuell verstandenen »Erotik«, erweist sich bei Platon nicht als die schöne, jugendliche Gestalt der griechischen Mythologie und Kunst, sondern als unansehnliches, »struppiges« Zwischenwesen, das, selbst ein durchaus hässlicher Dämon, doch zugleich dem Schönen, Weisen und Guten verfallen ist und ihm unaufhörlich nachstellt. »Gerade durch seinen Mangel ist dieser Eros reich: Anders als die Götter, die Weisheit und Schönheit besitzen, und anders als die Törichten, die beides nicht vermissen, kann Eros nach Weisheit und Schönheit streben, kann philosophieren – und lieben«.[10] Platon hat mit diesem Eros, dem Streben nach Wahrheit, der Philosophie seine wahre Reverenz erwiesen – und Sokrates, dem philosophischen Satyr.

4. Aristoteles

Platons Schüler ARISTOTELES (384–322 v. Chr.), der »Stagirite«, wurde in Stageira auf der Halbinsel Chalkidike als Sohn eines makedonischen Hofarztes geboren. Seit seinem 17. Lebensjahr, von 367 bis zum Tode Platons 347, also immerhin 20 Jahre, war Aristoteles Mitglied der »Akademie«, danach auf Einladung des Herrschers Hermias dreijähriger Aufenthalt in Assos (Kleinasien), Heirat mit dessen Adoptivtochter Pythias, Geburt einer Tochter gleichen Namens. Nach deren Tod folgte eine lange und leidenschaftliche Beziehung zu Herpyllis von Stageira, mit der er einen Sohn, NIKOMACHOS, hatte, der der *Nikomachischen Ethik* den Namen gab. Am Hofe PHILIPPS von Makedonien war Aristoteles seit 342 Lehrer des Thronfolgers und nachmaligen Welteroberers ALEXANDER. Nach dessen Regierungsantritt kehrte Aristoteles etwa 335 nach Athen zurück und gründete eine Philosophenschule, die nach ihrem Ort, dem heiligen Bezirk des Gottes Apollon Lykeios, »Lykeion« (davon »Lyzeum«) ge-nannt wurde; ihre Mitglieder waren die »Peripatetiker« (»Spaziergänger«, »Umherwandler«). Hier trugen er und seine Schüler in umfassend organisierter Forschungsarbeit alles bekannte Wissen ihrer Zeit zu den Bereichen Philosophie, Politik, Medizin und Naturwissenschaften zusammen. Anders als bei Platon, dessen exoterische Schriften überlebt haben, sind die für ein breiteres Lesepublikum bestimmten Schriften des Aristoteles bis auf Bruchstücke verloren gegangen. Die für den wissenschaftlichen Schulgebrauch verfassten Vorlesungsausarbeitungen, literarisch nicht von sonderlicher Eleganz, sind hingegen erhalten geblieben. Nach dem Tode Alexanders des Großen musste Aristoteles als »Makedonenfreund« aus Athen fliehen, was er auch tat, um nach dem Schicksal des Sokrates, wie es heißt, den Athenern nicht ein zweites Mal die Möglichkeit zu geben, sich an der Philosophie zu vergreifen. Er starb ein Jahr später auf seinem Landgut bei Chalkis auf der Insel Euboia.

Theoretische Philosophie und Erkenntnislehre. Wie für seinen Lehrer PLATON gilt auch für ARISTOTELES: Es gibt eine »erste Philosophie«, die auf Prinzipienerkenntnis ausgeht und die ersten Gründe aller Dinge benennt. Das differenzierte Wissenschaftsspektrum des Aristoteles reicht vom höchsten metaphysischen und theologischen Wissen über das Wissen, das die Einzelwissenschaften in Erfahrung bringen, bis zum praktischen Wissen der Ethik, bei dem man keine derart hohen Exaktheits- und Sicherheitsansprüche stellen kann. Im ersten Buch der *Metaphysik*, das mit dem berühmten und optimistischen Satz: Πάντες ἄνθρωποι τοῦ εἰδέναι ὀρέγονται φύσει, *Pántes ánthrōpoi* *tou eidénai orégontai phýsei* (»Alle Menschen streben von Natur aus nach Wissen«) beginnt, bestimmt Aristoteles die Grundbegriffe des Wissens wie folgt: In einer Stufenfolge listet er »sinnliche Wahrnehmung« (αἴσθησις, *aísthēsis*), Erinnerung (μνήμη, *mnḗmē*) und Erfahrung (ἐμπειρία, *empeiría*, Empirie) auf; die höchsten Stufen sind Kunstfertigkeit/Kundigkeit (τέχνη, *téchnē*) und die (Grund-)Wissenschaft (ἐπιστήμη, *epistḗmē*). Die Erfahrung nähert sich dabei an »Techne« und Wissenschaft an, die aus ihr hervorgehen, wie sie selbst der Erinnerung entstammt. Kennzeichen der Erfahrung ist, dass sie stets nur für den Gegenstand gilt, an dem sie gewonnen wurde: Sie kann z. B. die Regeln, die sich für einen Patienten als hilfreich erwiesen, nicht ohne weiteres auf den nächsten übertragen; vielmehr müssen diese für jeden Einzelnen erneut und spezifisch gewonnen werden. Der Besitz eines Begriffes (λόγον ἔχειν, *lógon échein*) und das Wissen um Gründe (αἰτίας γνωρίζειν, *aitías gnōrízein*), also z. B. »warum« Feuer brennt, nicht »dass« es brennt, macht die Techne im Gegensatz zur Erfahrung und als »höhere Stufe des Wissens« übertragbar und lehrbar, weswegen sie »mehr« Wissenschaft ist, als die bloße Erfahrung es sein könnte. Erfahrung und Techne richten sich dabei hinsichtlich des Erfolgs, also hinsichtlich des Zwecks des Handelns (πρὸς τὸ … πράττειν, *pros to … prátteín*) auf den jeweiligen Einzelfall, so dass man die Techne als theoretisch-praktischen Mischbegriff charakterisieren kann. Dies trennt sie von der Episteme als der höchsten Form des Wissens, die zweckfrei ist (οὐ χρήσεώς τινος ἕνεκεν, *ou chrḗseōs tinos héneken*) (Met. I,1–2).

Von Aristoteles stammt auch eine der ersten »wissenschaftstheoretischen« Schriften. In den *Analytica posteriora* unterwirft er das Erkennen einem strengen Wissenschaftsbegriff: für »wissenschaftlich erkannt« soll gelten, was (a) aus ursächlicher Begründung und (b) mit Notwendigkeit erkannt ist.[11] Platon wie Aristoteles sahen in der Wissenschaft nicht im modernen Sinne ein System aus Hypothesen, das im Zusammenspiel mit der Erfahrung aufrechterhalten oder umgestoßen wird. Ein Wissen, das diesen Namen verdient, ist vielmehr endgültige Kenntnis der Ursachen und der eigentlichen Natur der Dinge. Gleichzeitig freilich betonte Aristoteles, anders als Platon, die Notwendigkeit erfahrungswissenschaftlicher, empirischer Forschung und sein eigenes Vorgehen, etwa in der Biologie, folgt einem stärker induktiven Wissenschaftsbegriff.

Die in der Geschichte der Wissenschaftsreflexion durchgängige Debatte um Induktion und Deduktion findet, wie all dies zeigt, in der aristotelischen Wissenschaftstheorie durchaus ihren ersten prominenten Ort; mit seiner »Syllogistik« als der Lehre von den logischen Schlüssen hat Aristoteles einerseits die formale Logik geschaffen, andererseits mit der »Epagogé« (ἐπαγογή) die Grundform der Induktion beschrieben: er wollte von dem für uns Nächsten (πρότερον πρὸς ἡμάς, *próteron prós hēmás*) zum erklärenden Prinzip, zur Ursache als dem »von Natur aus«, »an sich« Ersten (πρότερον τῇ φύσει, *próteron tē phýsei*), voranschreiten.

Das Verhältnis der Wissenschaften wird von ihrem Aufgabenfeld bzw. Gegenstandsbereich her bestimmt. Dabei geht Aristoteles von der Metaphysik als der höchsten Form der »betrachtenden Wissenschaften« aus und gibt an, was diese im Verhältnis zu allen anderen Formen des Wissens auszeichnet: Sie ist diejenige, die sich mit dem Was-Sein und mit der Existenz der Gegenstände überhaupt beschäftigt, was von den anderen (Einzel-)Wissenschaften immer schon vorausgesetzt wird:

> »Wir suchen die Prinzipien [ἀρχαί, *archai*] und Ursachen [αἰτίαι, *aitíai*] des Seienden, offenbar aber, insofern es ein Seiendes ist. Denn es gibt eine Ursache für Gesundheit und Wohlbefinden, und es gibt für die mathematischen Dinge Prinzipien, Elemente und Ursachen, und überhaupt handelt jede auf Überlegung gegründete oder an

Überlegung teilhabende Wissenschaft in mehr oder weniger strengem Sinne des Wortes von Ursachen und Prinzipien.« (Met. VI,1; 1025b)

In einem weiteren Argumentationsgang wird als Gegenstand der Metaphysik als höchster betrachtender Wissenschaft eine »abgetrennte«, d. h. vom Stofflichen abstrahierte, und »unbewegte« Substanz postuliert und eine Einteilung der Philosophie, die für Aristoteles mit Wissenschaft gleichbedeutend ist, vorgenommen.

Fasst man diese Ausführungen zusammen, erhält man in etwa das folgende triadische aristotelische Wissenschaftsschema: Es gibt theoretische Wissenschaften (Ziel: Erkennen, d. h. »episteme«): 1. Metaphysik als »erste Wissenschaft«, 2. Physik und Mathematik; dann gibt es praktische Wissenschaften (Ziel: φρόνησις, *phrónēsis*, d. i. praktische Klugheit, Handeln): Ethik, Ökonomik (als Lehre von der Hausverwaltung), Politik; schließlich gibt es »poietische« Wissenschaften (von ποιεῖν, *poieín* ›herstellen, machen‹): Poetik, Techne. Auf folgende Aspekte ist dabei besonders hinzuweisen. Erstens, der Vorrang der Metaphysik wird – als Theologie! – vom vornehmsten Aufgabenfeld her begründet; das oberste Prinzip ist das Göttliche. Bemerkenswert ist bei diesem Schema die Ausgrenzung der »Phronesis« aus der Theorie; Gadamer folgend, kann man bereits hier den Keim der späteren Geisteswissenschaften ausmachen. Sie sind quasi von Geburt an mit dem Manko behaftet, dass sie mit dem zu tun haben, was nicht strenge Wissenschaft ist, statt sich auf den Rechtsgrund des Seins zu beziehen, wie es die Theorie tut; freilich kann man zugleich sagen, dass Aristoteles den Exaktheitsgrad in menschlichen Dingen auf das Maß reduziert, das vernünftigerweise hier zu erwarten ist.[12]

Aristoteles als Naturwissenschaftler. ARISTOTELES betreibt wie PLATON Prinzipienwissenschaft, d. h. Erkenntnis des Seins an sich und der Prinzipien, die als Ursachen und Gründe den Dingen im ontologischen Sinne zugrunde liegen. Er findet aber diese Prinzipien nicht in einer zweiten, quasi »überirdischen« Welt (»Ideenhimmel«), sondern er sucht sie in den Gegenständen der realen Welt auf. Aristoteles wirft Platon vor, durch einen χορισμός (*chorismós*), eine Trennung und Absonderung der Ideen, unnötigerweise die Welt zu verdoppeln. Die aristotelische »Idee« hat ihren Ort *im* Sein, sie ist sozusagen das eigentliche Sein des Einzeldinges. Waren für Platon die Sinnesdaten im Grunde nur eine ständig drohende Quelle der Täuschung, war für ihn wahre Erkenntnis nur aus der Sphäre der Vernunft zu erwarten, so besteht für Aristoteles wissenschaftliche Erkenntnis wesentlich eben auch in Verallgemeinerungen von Informationen, wie sie in der Welt empirisch gesammelt werden können. Während aber die neuzeitliche Wissenschaft empirische Gesetzmäßigkeiten sucht, ließ Aristoteles sich von den Erfahrungen auf die ursächlichen Prinzipien hinführen. Seine Naturwissenschaft ist also nicht erfahrungsfeindlich. »Erfahrung« heißt aber für ihn »alltägliche Erfahrung, die jeder Mensch unter normalen Bedingungen mit seinen Sinnen machen kann«, d. h. das, was der passive Beobachter an der sich selbst überlassenen Natur wahrnimmt. Die Natur war für die Griechen nämlich nicht das objektivierte Sein »da draußen«. Sie fühlten sich »umgeben und geborgen in einem Kosmos, das heißt einer lebendigen, durchseelten, schönen, ja heiligen Ordnung« (SCHADEWALDT). Das Erkennen, das einer solchen Grundauffassung entspricht, besteht weniger in einem aktiven Konstruieren von Hypothesen und experimentellen Befragen der Natur – wie später in der neuzeitlichen Naturwissenschaft – , als vielmehr in einem »im Denken geleisteten Nachvollzug der begründenden und einigenden Bewegung, die in der Wesensform als dem eigentlich Seienden wirksam ist« (KAUL-

BACH). Diese Erkenntnismethode »beschreibt« das Sein, indem sie (z. B.) die Naturbewegung nachvollzieht. Die solchermaßen beschriebene Natur ist und bleibt »frei«, weil die Erkenntnis sie dort aufsucht, »wo sie selbst mit ihren Bewegungen den Anfang machen kann.[13]

Aristoteles hat die Wissenschaften in einem formal gültig gebliebenen Sinne begründet. Er ist ein wirkmächtiger Begründer der Physik als einer eigenständigen Wissenschaft. Er kann als erster Biologe gelten durch seine Hinwendung zur Observation und Klassifikation ihres Materials (der Evolutionsgedanke blieb ihm freilich verschlossen). Nicht so sehr Platon, sondern Aristoteles legt die Fundamente, auf denen das Gebäude der abendländischen Wissenschaft ruht. Sein Erkenntnisstreben hat nicht jenen platonischen »affektiven Ton« des »Schauens«, sondern eine »echt-ionische Neugierde, die Lust, kennen zu lernen, wie es sich verhält« (DÜRING). Es gibt bis in die neuere Zeit kaum ein Sachgebiet, auf dem dieser große Wissenschaftler nicht vorgearbeitet hätte; er vereinigt erstmals die Gesamtheit des Wissens und seiner Methoden- und Geltungsfragen in universaler Weise und wird so zum »Lehrer des Abendlandes«. Auf das Denken des Mittelalters, vor allem auf THOMAS VON AQUIN, übt er großen Einfluss aus; erst die Neuzeit wird eine grundlegende Revision seiner inhaltlichen und methodischen Vorstellungen vornehmen.

Für Aristoteles zerfällt der Kosmos in zwei prinzipiell verschieden aufzufassende Regionen: in die sublunare Welt (»unter dem Monde«) und in die Sphären des Himmels, der durch die Bahn des Mondes von der sublunaren Welt getrennt ist. Die sublunare Welt ist weitgehend das Reich der Kontingenz und des Unberechenbaren. Die uns umgebende Natur ist geradezu das, was sich in immer wieder neuer (nicht ewiger) ungleicher Bewegung (κίνησις, *kínēsis*) befindet. Die Welt der Sphären dagegen ist für Aristoteles die der Notwendigkeit und Berechenbarkeit, vor allem die der vollkommenen, weil keinerlei Veränderungen unterworfenen Kreisbahnen. »Über« ihnen steht nur ein selbst keiner Instanz mehr bedürftiges göttliches »erstes Bewegendes« (ἀκίνητον κινοῦν, *akínēton kinoun*, primum mobile). In seiner kosmologischen Lehrschrift Περὶ οὐρανοῦ (*Peri ouranou*, lat. *De caelo*, *Vom Himmel*) hat Aristoteles grundlegende Elemente seines Weltbildes, so die Lehre von der Ewigkeit (dem *Timaios* widersprechend), Einmaligkeit und Begrenztheit des Kosmos, von der Erde im Mittelpunkt und von den natürlichen Bewegungen dargelegt. Er ist der Auffassung, dass »der gesamte Himmel weder entstanden ist noch untergehen kann, wie einige meinen, sondern dass er einer ist und ewig und in seiner ganzen Dauer weder Anfang noch Ende hat und in sich selbst die unbegrenzte Zeit fasst und umgreift«.[14] Diese Vorstellung ist für lange Zeit herrschend geworden.

Die *Grundbegriffe*, mit deren Hilfe Aristoteles die Natur erklären will, unterscheiden sich von denen der modernen Naturwissenschaft. Es sind: 1. Hyleprinzip und Formprinzip (besonders im ersten Buch der *Physik*), d. h. die Vorstellung, dass zu einer »zugrunde liegenden« Materie stets eine bildende Form hinzukommen muss, 2. Dynamis und Energeia (Potenz und Akt) nach *Physik* 1,8 und *Metaphysik* 11,5, d. h. die Lehre, dass ein bestimmter Zustand nur der Möglichkeit nach vorhanden oder aber aktuell verwirklicht sein kann, so dass man neu entstehende Phänomene als Verwirklichung einer in ihnen bereits angelegten inneren Bestimmung deuten kann (Entelechie) und schließlich 3. die Lehre von den vier Ursachen im zweiten Buch der *Physik*,[15] die nicht die moderne Auffassung der Kausalität meint, sondern Stoff, Form, Anstoß eines Tuns und sein Ziel als Ursachen anspricht. Alles, was ist, muss seine Bestimmung verwirklichen, sein Wesen und Ziel (Telos) erreichen. Dieses teleologische, auf Ziele und Zwecke blickende Denken des Aristoteles liegt vor der neuzeitlichen Trennung in ein Sein und ein Sollen. Telos des Buchenschösslings ist es, eine richtige Buche zu werden, des Fohlens, ein richtiges Ross. Ähnlich muss auch der Mensch, das vernunftbegabte Lebewesen (ζῷον λόγον ἔχον, *zṓon lógon échon*), sein Wesen verwirklichen. Das aber gelänge nicht in ungeordneten Verhältnissen – hierfür braucht er die Ordnung des Gemeinwesens, der Polis.

Praktische Philosophie. Diese umfasst Ethik, Politik und die Ökonomik, d. h. die Hauswirtschaftslehre, die sich erst im 18. Jahrhundert bei Adam SMITH endgültig zur Nationalökonomie wandeln wird. Aristoteles korrigiert auf dem Feld der praktischen Philosophie seinen Lehrer PLATON in ähnlicher Weise wie in der theoretischen Philosophie. Nicht die pure Kraft der Einsicht in die ideale Ordnung, sondern der durch Lebenserfahrung gespeiste »empirische« Blick auf die alltäglichen Lebensvollzüge bildet für ihn den Ausgangspunkt ethischer Reflexion. Obwohl beide übereinstimmen in der Hochschätzung der »Theoria«, der kontemplativen Schau des Göttlichen, gibt es darum in ihren Ansätzen signifikante Unterschiede. Dies kann man anhand der Darstellung verdeutlichen, die RAFFAEL in seiner *Schule von Athen* von den beiden Denkern gibt. Platon weist hier zum (»Ideen«-)Himmel; er blickt auf die letzten und höchsten Prinzipien des Erkennens und Handelns und auf die jenseits alles Wandelbaren immerseiende »Idee des Guten«. Aristoteles ist hier »praktischer« (aber nicht, wie dann EPIKUR, pragmatisch). Er geht aus von dem uns Bekannten, von der gelebten Praxis. Platon fühlte sich, wie man vielleicht salopp formulieren könnte, in einer direkten Weise für die Einrichtung aller Weltendinge zuständig, was, glaubt man seinen Kritikern, auch diktatorische Konsequenzen haben kann. Aristoteles hingegen analysiert zunächst einmal die vorfindlichen Lebensformen (βίοι, *bíoi*) und ihre Vorstellungen vom höchsten Glück (εὐδαιμονία, *eudaimonía*; Eudämonie, Glückseligkeit). Aristoteles schreibt:

»Das Gut und das Glück scheint die Menge nicht ohne Grund aus ihrem Leben ableiten zu wollen. Die breite Masse und die Ungebildeten verstehen darunter die Lust; sie schätzen daher ein genussreiches Leben. Es gibt drei Arten der Lebensführung, die besonders hervorstechen: die eben genannte, die politische und drittens die betrachtende [also die Philosophie]. Die breite Masse zieht es vor, wie das liebe Vieh zu leben, und zeigt dabei eine durchaus knechtische Gesinnung; sie können sich aber damit rechtfertigen, dass es vielen unter den Mächtigen ähnlich ergeht wie Sardanapal. Die gebildeten und aktiven Menschen wählen die Ehre. Denn diese ist ja in etwa das Ziel des politischen Lebens. Indessen scheint auch dieses Ziel oberflächlicher zu sein als das, wonach wir suchen, scheint es doch mehr bei denen zu liegen, die die Ehre erweisen, als bei dem, dem sie erwiesen wird; das Gut aber ist unserer Vermutung nach etwas dem Menschen Eigenes und lässt sich nur schwer von ihm trennen. Außerdem scheint man der Ehre nachzujagen, um sich selbst für gut halten zu können. Denn man strebt danach, von den Klugen und von denen, die einen kennen, geehrt zu werden, und das wegen der eigenen Tüchtigkeit. Es ist also klar, dass in ihren Augen die Tüchtigkeit einen höheren Wert hat als die Ehre. Man könnte nun vielleicht diese eher als das Ziel des politischen Lebens betrachten. Aber auch sie erweist sich noch nicht als das eigentliche Ziel. Es scheint ja auch möglich, dass man, obwohl man im Besitz der Tüchtigkeit ist, träge und sein ganzes Leben lang untätig ist und dass man darüber hinaus noch größtes Übel und Unglück erleidet. Wer so lebt, den wird wohl niemand glücklich preisen [...]. Die dritte Art der Lebensführung ist die betrachtende [...].« (*Nikomachische Ethik* I,3)

Für einen philosophischen Menschen ist die θεωρία (*theōría* ›philosophische Schau‹) höchste Bestimmung. Aristoteles definiert die Moral nicht, wie später KANT, aus einer Pflicht oder aus dem universellen Gesollten heraus. Er geht vielmehr aus von dem Gewollten, dem Streben eines jeden Menschen auf ein höchstes Gut, auf die Glückseligkeit hin. Wichtig für die Ethik ist auch die Psychologie. Unsere Emotionen sind durch gegensätzliche Richtungen bestimmt – es kommt darauf an, die richtige Proportion, die »Mitte« zu finden, deren dauerhafte Ausübung Aristoteles »Tugend« nennt. So ist die Tapferkeit etwa die richtige Mitte von Mut und Vorsicht.

Auch in der Politik kritisiert Aristoteles die Methode wie zentrale inhaltliche Auffassungen seines Lehrers Platon: So, wie er sich von der reinen Metaphysik ab- und den menschlichen Dingen und der Welt intensiver zuwendet, ohne sie gleich an der Elle idealer Verhältnisse zu messen, so schwächt er auch in der Politik den normativen und präskriptiven Zugriff ab zugunsten eines »empirischen« Blicks auf die Lebensverhältnisse, in denen sich die Menschen tatsächlich befinden. Dies bedeutet nicht, dass Aristoteles keine »Metaphysik« betreibe. Er »deduziert« aber das Politische nicht aus einer normativen und idealen Dimension, sondern er bestimmt das »Wesen« des Menschen als politisch, wenn er erklärt, »dass der Staat zu den naturgemäßen Gebilden gehört und dass der Mensch von Natur ein staatenbildendes Lebewesen ist«. Aristoteles fährt fort:

> »Derjenige, der aufgrund seiner Natur und nicht bloß aus Zufall außerhalb des Staates lebt, ist entweder schlechter oder höher als der Mensch; so etwa der von Homer beschimpfte: »ohne Geschlecht, ohne Gesetz und ohne Herd«. Denn dieser ist von Natur ein solcher und gleichzeitig gierig nach Krieg, da er unverbunden dasteht, wie man im Brettspiel sagt. – Dass ferner der Mensch in höherem Maße ein staatenbildendes Lebewesen ist als jede Biene oder irgendein Herdentier, ist klar. Denn die Natur macht, wie wir behaupteten, nichts vergebens. Der Mensch ist aber das einzige Lebewesen, das

> Sprache besitzt [...]; die Sprache [...] dient dazu, das Nützliche und Schädliche mitzuteilen und so auch das Gerechte und Ungerechte. Dies ist nämlich im Gegensatz zu den andern Lebewesen dem Menschen eigentümlich, dass er allein die Wahrnehmung des Guten und Schlechten, des Gerechten und Ungerechten und so weiter besitzt. Die Gemeinschaft in diesen Dingen schafft das Haus und den Staat.« (*Politik* 1253a)

Dass der Mensch ein politisches Lebewesen (ζῷον πολιτικόν, zṓon politikón) sei, heißt dabei nicht nur, dass er von Natur aus gesellig und zum Zusammenleben im Staat geeignet ist, sondern bedeutet vor allem, dass »die durch die Freiheit des Bürgers konstituierte Polis das Menschsein des Menschen zum Inhalt hat«.[16] Nur in einem geordneten Zusammenleben mit seinesgleichen kann der Mensch seine Bestimmung verwirklichen, kann Höheres gedeihen. In einer lange Zeit für die Lehre von den Staatsformen gültig gebliebenen Systematik unterscheidet Aristoteles als gute Verfassungen Königtum, Aristokratie und Politie (Demokratie) von den »Entartungsformen« Tyrannis, Oligarchie und Demokratie (Ochlokratie/Pöbelherrschaft) (*Politik* 1279a). Wie in der Tugend wird dabei auch bei den Staatsgebilden das berühmte aristotelische Maß der Mitte favorisiert. Aristoteles bereitet damit das antike Ideal der Mischverfassung vor, das Polybios (201–120 v. Chr.) in der römischen Republik verwirklicht sieht und das Cicero als »regimen mixtum« in seiner Schrift *De re publica* näher ausführt. Platon wie Aristoteles sehen sich allerdings prinzipiell konfrontiert mit der Bedrohung der »Polis« durch interne Erosion und Legitimitätsverlust. Andersartige staatliche Organisationen treten auf, etwa in Großreichen wie dem des Makedonen Alexander.

Nun wäre es zu einfach, Platon zum Ahnvater aller Utopisten, Aristoteles zum Vorfahren aller »Realisten« zu erklären. Auch Aristoteles denkt normativ.

> »Offensichtlich ist also der Staat nicht bloß eine Gemeinschaft des Ortes und um einander nicht zu schädigen und um des Handels willen, sondern dies sind nur notwendige Voraussetzungen, wenn es einen Staat geben soll; aber auch wenn all das vorhanden ist, ist noch kein Staat vorhanden, sondern dieser beruht auf der Gemeinschaft des edlen Lebens in Häusern und Familien um eines vollkommenen und selbständigen Lebens willen [...]. Ziel des Staates ist also das edle Leben, und jenes andere ist um dieses Zieles willen da.« (*Politik* 1280b 29ff.)

Allerdings wird das Politische nicht aus der vom Philosophen erkannten Ideenwelt deduziert, sondern Aristoteles glaubt, dass das Leitbild eines gerechten Staates in der politischen Wirklichkeit sozusagen schon enthalten ist und dass man in ihrer Untersuchung »von Natur aus« geltende Prinzipien bestimmen und von Entartungen trennen kann. Details konkreter Organisationsvorstellungen illustrieren dieses Bild: Platon möchte so viel Einheitlichkeit als möglich im Staat schaffen. Er tritt dafür ein, dass »die Weiber alle allen [...] Männern gemeinsam seien, keine aber irgendeinem eigentümlich beiwohne, und so auch die Kinder gemeinsam, so dass weder ein Vater sein Kind kenne, noch auch ein Kind seinen Vater«; ferner soll auch nach »eugenischen« Gesichtspunkten »jeder Trefflichste der Trefflichsten am meisten beiwohnen«, was man schließlich bei Geflügel, Hunden und Pferden auch so mache (*Politeia* 457c, 459a–b). Aristoteles dagegen hält die Frauen-, Kinder- und Gütergemeinschaft für unpraktikabel. »Ist es nun besser«, fragt er sich, »es so zu halten, wie es tatsächlich ist, oder wie es in Platons Staat geregelt wird?« und er antwortet: »Neben vielen anderen Schwierigkeiten bringt nun die allgemeine Gemeinschaft der Frauen besonders jene mit sich, dass der Zweck, um dessentwillen [...] dieses Gesetz gelten soll, mit seinen Erwägungen gar nicht erreicht wird. Außerdem ergibt sich als das Ziel, das nach ihm der Staat erreichen soll, Unmögliches, so wie er nämlich die Sache formuliert […]. Ich meine dies, dass es das beste sein soll, wenn der gesamte Staat so sehr als möglich eins wird […]. Es ist aber doch klar, dass ein Staat, der immer mehr eins wird, schließlich gar kein Staat mehr ist. Seiner Natur nach ist er eine Vielheit.« Aristoteles erkennt den Pluralismus des Lebens an und argumentiert von lebensweltlichen psychologischen Gesetzmäßigkeiten her: Seine tausend Söhne, die gleichmäßig auch Söhne jedes beliebigen sind, wird der einzelne Bürger auch gleichmäßig vernachlässigen. Der Güterkommunismus verkenne den menschlichen Charakter, dem es unbeschreibliche Lust bereite, etwas als sein Eigentum bezeichnen zu können. Die neue künstliche Einteilung in Stände werde zu Misshandlungen, Unzucht und Mord führen, weil alle natürlichen Hindernisse wegfallen. Statt dass ideale Liebe unter allen Angehörigen des Staates entstehe, würden alle menschlichen Beziehungen zerstört werden (*Politik*, 1261a–1264b).

Auch Aristoteles bleibt freilich Kind seiner Zeit, wenn es etwa um die Rolle von Sklaven und Frauen geht:

> »Da wir nun drei Teile der Hausverwaltungslehre unterschieden haben, das Herrenverhältnis, […] das Vaterverhältnis und drittens das eheliche Verhältnis (so steht es dem Manne zu), über die Frau und die Kinder zu regieren, über beide als über Freie, aber nicht in derselben Weise, sondern über die Frau als Staatsmann und über die Kinder als Fürst. Denn das Männliche ist von Natur aus zur Leitung mehr geeignet als das Weibliche (wenn nicht etwa ein Verhältnis gegen die Natur vorhanden ist), und ebenso das Ältere und Erwachsene mehr als das Jüngere und Unerwachsene […]. Der Sklave besitzt das planende Vermögen überhaupt nicht, das Weibliche besitzt es zwar, aber ohne Entscheidungskraft, das Kind besitzt es, aber noch unvollkommen […]. Es gilt also überall,

> was der Dichter vom Weibe sagt: ›Dem Weibe bringt das Schweigen Zier‹, aber für den Mann trifft dies nicht mehr zu.« (*Politik*, 1259b–1260a)

Ästhetik. In der *Kunst* argwöhnt Aristoteles weniger als PLATON eine den Stadtstaat zerstörende Gefahr. Er zählt auf, was etwa die Musik zu bieten hat: sie erlaubt Vergnügen, ist Erziehungsmittel und verschafft geistigen Genuss in der »Muße«. Wenn Musik zu unterhalten vermag, sieht er darin nichts Verwerfliches, ist sie doch geeignet, zur Erholung von den Beschwerden und Schmerzen der Arbeit zu dienen. Wichtiger aber sind die beiden anderen Aspekte: ihr potentieller Einfluss auf die Charakterbildung des Menschen und ihre Funktion als »edle Geistesbefriedigung« in der Muße. Diese »Muße« ist der Arbeit wie der bloßen Erholung oder dem Müßiggang als zweckfreie Tätigkeit, wahres Glück und seliges Leben vorzuziehen. Auch in seiner *Poetik* lässt Aristoteles bereits Züge der Etablierung einer Fachdisziplin und Methodenlehre erkennen. Dichtung ist nicht nur Staatserziehungsmittel, sondern wird nach internen Kriterien diskutiert. Sie ist »Nachahmung« und darf nur mit äußerster Vorsicht »Unmögliches darstellen«, wie in der berühmten Szene, in der Achill seinen Gegner Hektor dreimal um die gesamte Stadt Troia herum verfolgt. Insbesondere von der Tragödie erhofft sich Aristoteles schließlich eine reinigende Wirkung auf die Gemütsverfassung des Wahrnehmenden (κάθαρσις, *káthursis*).[17]

5. Praktische Philosophie der Spätantike

Nach der »klassischen Zeit« mit Platon und Aristoteles treten Denker auf wie einerseits EPIKUR, andererseits eine Gruppe von Philosophen, die nach einem ihrer Versammlungsorte in einer Säulenhalle (griech. στοά »Stoa«) »Stoiker« genannt werden; zu nennen sind auch die »Kyniker«. Die geistesgeschichtliche und politische Situation hat sich gewandelt. Vor dem Hintergrund des endgültigen Zerfalls des Stadtstaates, der Polis, sowie seinem Aufgehen in das Alexanderreich bzw. dann in das Römische Reich und trotz höchst unterschiedlicher Annahmen im Einzelnen steht nun die Absicht im Vordergrund, *pragmatische Lebensregeln zu geben*. Weil man diese auch heute – in einer kulturgeschichtlich durchaus vergleichbaren Zeit – sehr konkret für sich prüfen und diskutieren kann, hat man sie die »aktuellen Weisheitslehren der Antike« genannt.

Diese Philosophen denken im doppelten Wortsinne »praktisch«: Sie leisten wichtige Beiträge zur »praktischen Philosophie« (im Gegensatz zur theoretischen) und ihre Lehren lassen sich »lebenspraktisch« auffassen. Sie reden beispielsweise von der Lust (ἡδονή, *hēdonḗ*, davon »Hedonismus«), freilich vor allem in der Form der Vermeidung der Unlust.

Die Schule des Epikur. So lehrt Epikur (342–270 v. Chr.) – vor allem im berühmten *Menoikeus-Brief* – eine mäßige Lust, die sich von ihren Genüssen nicht abhängig macht. Einen »Epikureer« nennt man landläufig einen Menschen, der zu leben und zu genießen weiß und der hierin den Sinn seines Daseins sieht: so betrachtet war Epikur eigentlich kein »Epikureer«. Seine Vernunft »kalkuliert«, wägt bei ihren Handlungen zwischen Lust und Unlust, auch die Folgen bedenkend, ab. »Wenn man seine Lehre genauer betrachtet, ist sie sogar sehr streng und fast freudlos«, meinte denn auch der Philosoph Seneca von der stoischen Konkurrenz. Alle Philosophie ist für Epikur im Grund praktische Philosophie: »Leer ist die Rede jenes Philosophen, die nicht irgendeine Leidenschaft des Menschen heilt. Wie nämlich eine Medizin nichts nützt, die nicht die Krankheiten aus dem Körper vertreibt, so nützt auch eine Philosophie nichts, die nicht die Leidenschaften aus der Seele vertreibt.« »Philosophische Medizin« ist für Epikur vor allem Vertreibung von Angst. Indem er der materialistischen Lehre DEMOKRITS folgt, zerfallen für ihn die zufälligen Atomkompositionen Körper und Seele nach dem Tode zu Staub. Und die Götter werden in die Intermundien (Zwischenwelten) und damit in ein wirkungsloses Jenseits hinweg komplimentiert. Man braucht also weder vor ihnen noch vor einem »Jenseits« Angst zu haben und auch nicht vor dem Tod (solange es uns gibt, ist er nicht da, und wenn er da ist, gibt es uns nicht mehr). Epikur rät, sich irdischen Ärger vom Hals zu halten: »Lebe im Verborgenen«, lehrt er, und – sinngemäß – »Finger weg von der Politik«. Die Wende ins Private wird hier deutlich. Mit Freunden philosophiert dieser lebenskluge Philosoph im Garten und lässt Frauen und Sklaven mitphilosophieren.[18] Erst die aus dem Untergang der Polis entstandenen Philosophien der Stoa und des Epikureismus überwinden die noch bei PLATON und ARISTOTELES spürbare Ausgrenzung von Ausländern, Sklaven und Frauen und das Ideal des autarken, ständisch gegliederten Kleinstaates zugunsten einer Gleichheit der Menschen und eines Weltbürgertums. Die mechanistisch-materialistische Naturphilosophie Epikurs hat der römische Dichter LUKREZ (97–55 v. Chr.) in seinem philosophischen Lehrgedicht *De rerum natura* (*Über die Natur der Dinge*) dargestellt. In 7409 lateinischen Hexametern wird hier die Aufklärungsleistung des Epikur gefeiert, die in der Befreiung von Todesfurcht und religiösen Ängsten besteht.[19]

Die Stoiker. Um das Jahr 300 v. Chr. gründet ZENON aus Kition auf Zypern in der »Stoá poikíle«, der »bunten Säulenhalle« auf dem Markt von Athen, öffentlich und mietfrei, seine nach eben diesem Ort benannte Philosophenschule. Bedürfnislos lebend, ist ihm die Welt gleichwohl ein sinnvoller Gesamtzusammenhang. Stoizismus – Haltung derer, wie man gefragt hat, die vom Leben nicht allzu viel erwarten und ihre denkerische Kraft darauf verwenden, diesen Zustand zu rechtfertigen und zu überhöhen? Immerhin legt Zenon, von dem nur wenig überliefert ist, die Grundlagen zu der nach Akademie, Peripatos und Epikureismus vierten großen antiken Philosophenschule, der wir bemerkenswerte Auffassungen zu einem allen Menschen gemeinsamen Naturrecht verdanken, zum Recht, das »mit uns geboren ist«, wie GOETHE im *Faust* formuliert. Eindrucksvolle Gestalten bringt die Stoá im Laufe der Jahrhunderte hervor. Der römische Stoiker Lucius Annaeus SENECA (4 v. Chr. – 65 n. Chr.), wohlhabender Politiker, Dichter, Philosoph, ist Erzieher Neros. Er wird am Ende von seinem Zögling zum Selbstmord gezwungen. Seneca lehrt die Ausschaltung der Affekte und Leidenschaften und die Macht der Vernunft über eigene Triebe und äußere Schicksalseinflüsse mit dem Ziel »stoischer Ruhe« (»Ataraxie« – Gemütsruhe, Unerschütterlichkeit als Resultat geistiger Kraft). Die Welt ist keine sinnlose Zusammenballung von Atomen. Der Stoiker fühlt sich als Bürger einer vernünftigen Kosmosordnung, er will »gemäß der Natur« – »Natur« hier in einem metaphysisch und normativ verstandenen Sinne – leben,[20] worüber NIETZSCHE später spotten wird. Ferner ist der Stoiker Kosmopolit und Humanist: Alle Menschen, auch Sklaven, sind Weltbürger. Weitere hervorragende Vertreter der Stoa sind außer SENECA etwa der *Sklave* EPIKTET (etwa 55–135 n. Chr.), Verfasser des *Handbüchleins der Moral* (*Encheirídion*),[21] aber auch der Kaiser MARC AUREL (121–180). Von den Anhängern Epikurs und von den Kynikern unterscheiden sich die Stoiker vor allem durch den Pflichtgedanken, der sie auch in die Politik führen kann: aus Pflicht hat wohl Seneca eine Zeit als Lehrer Neros die Geschicke des römischen Reiches geleitet, aus Pflicht führt Marc Aurel im unwirtlichen Germanien Krieg zur Sicherung des römischen Reiches.[22] Durch alle Passagen der *Selbstbetrachtungen*, die der Kaiser im Feldlager schreibt, zieht sich ein skeptischer Grundton.

Immer wieder behandelte Themen sind die Nichtigkeit und Vergänglichkeit menschlichen Wollens, Abscheu vor der körperlichen Beschaffenheit des Menschen und seiner Verletzbarkeit – als sei durch den »Schmutz des irdischen Lebens« sein ästhetisches Empfinden beleidigt – sowie seine Betroffenheit durch Leid und Tod:

> »Denk einmal zum Beispiel an die Zeiten unter Vespasian; da wirst du all das sehen: Menschen, die heiraten, Kinder großziehen, krank sind, sterben, Krieg führen, feiern, Handel treiben, ihr Land bestellen, solche, die schmeicheln, anmaßend, argwöhnisch oder heimtückisch sind, die anderen den Tod wünschen, über die Gegenwart jammern, lieben, Schätze anhäufen oder Konsulate und Königswürden erstreben. Und vom Leben all dieser Menschen nirgends mehr eine Spur. Gehe dann wieder zu den Zeiten Trajans. Abermals wirst du hier alles genauso finden. Tot ist auch dieses.«

Die Welt erscheint dem Stoiker Marc Aurel einerseits als determinierter Ablauf und wird in ihrer ganzen Grausamkeit gesehen; andererseits wird der Kosmos gedacht als durchwirkt von einer göttlichen Allnatur, Allvernunft, gemäß der man leben soll:

> »Entweder Notwendigkeit und unausweichliche Ordnung oder gnädige Vorsehung oder heilloses Durcheinander ohne Leitung. Wenn nun unausweichlicher Zwang, was widersetzt du dich dann? Wenn aber Vorsehung, die sich gnädig stimmen lässt, dann mach dich selbst der göttlichen Hilfe würdig. Wenn aber Durcheinander ohne Führung, dann sei zufrieden, dass du selbst in einem solchen Wogensturm einen leitenden Geist in dir hast.«

Gegenüber dem Tod demonstriert Marc Aurel Gleichmut:

»Mensch, du hast dich in dieser großen Stadt politisch betätigt. Was macht es dir schon aus, ob es fünf oder hundert Jahre waren? Denn die Betätigung nach den Gesetzen ist für jeden gleich. Was ist denn schlimm daran, wenn dich kein Tyrann, kein ungerechter Richter aus der Stadt wegschickt, sondern die Natur, die dich ja auch hineingeführt hat? Es ist, wie wenn der Beamte einen Schauspieler, den er angestellt hat, aus dem Theater entlässt. ›Aber ich habe nicht fünf Akte gespielt, sondern erst drei.‹ Richtig. Doch im Leben sind die drei Akte das ganze Drama. Denn das Ende bestimmt derjenige, der damals für die Zusammensetzung und jetzt für die Auflösung verantwortlich ist. Du aber bist für beides nicht verantwortlich. Scheide also heiter von hier. Denn auch der, der dich entlässt, ist heiter.«

Philosophie ist bei Marc Aurel Kunst des rechten Lebens. Die Betrachtung der menschlichen Dinge rät, sie nicht so wichtig zu nehmen. Bei aller Skepsis, ja Verachtung gegenüber der Welt gibt es aber bei Marc Aurel nicht den persönlichen Gott AUGUSTINS, nicht die (freilich auch bei Augustin am Ende verzweifelte?) Hoffnung auf ein Jenseits. An deren Stelle tritt der Pflichtgedanke des Kaisers. Dieser erhofft nicht »Platons Staat«, was zu einer gewissen Enttäuschung über den Philosophenkaiser geführt hat, der doch seine Machtmittel im Sinne philosophischer Prinzipien hätte einsetzen können. Marc Aurel, der das Kaisertum eher wie ein Joch trug, war weder innen- noch außenpolitisch, noch in der Nachfolgefrage (er gab das bewährte System der Adoptivkaiser zugunsten seines unfähigen leiblichen Sohnes auf) ein überragender Kaiser. Andererseits hat der berühmte englische Historiker GIBBON die Zeit seiner Regierung als die glücklichste des Imperiums bezeichnet.

Der Kynismus. Über die Gestalt des DIOGENES VON SINOPE (4. Jh. v. Chr.), den legendären Tonnenbewohner, erzählt vor allem – sechs Jahrhunderte später – sein Namensvetter

Diogenes Laertius im sechsten Buch seiner Philosophiegeschichte. Der »Kyniker« (von κύων, *kýōn* ›Hund‹) Diogenes betreibt »zynische« Kritik an den Mächtigen, an den herrschenden Sitten und Traditionen, an der Religion und an anderen Philosophen. Er kritisiert die überzogenen Dignitäts- und Wahrheitsansprüche Platons (er sehe nur Tisch und Becher, aber nicht »Tischheit« und »Becherheit«) und spottet, wie an anderer Stelle überliefert wird, über die erhabenen Tragödienstoffe (»Ödipus blendete sich selbst und irrte blind durchs Land, als wenn er nicht auch sehend durchs Land hätte irren können«). Er erfüllt die Rolle einer kritischen gesellschaftlichen Opposition: die kynische Philosophie verbindet Zivilisationskritik mit dem philosophischen Ziel, »auf jede Schicksalswendung gefasst zu sein«. Hierzu bedarf es der »Autarkie« (Unabhängigkeit), Autarkie wiederum erringt man durch Bedürfnisreduktion und Askese. Diogenes habe, so heißt es, seinen Becher noch fortgeworfen, als er sah, wie ein Kind aus der hohlen Hand trank. Die wohl berühmteste Anekdote über ihn erzählt, er habe Alexander dem Großen auf die Frage, ob er einen Wunsch habe, geantwortet: »Geh mir aus der Sonne!« Seine Position erscheint aber bei aller grandiosen Unabhängigkeit im »Sozialverhalten« problematisch wegen des konsequenten (womöglich egozentrischen, individualistischen) Rückzugs ins Private, ein Vorwurf, wie ihn Herbert Marcuse auch gegen Epikur erhoben hat.[23] Stark auf individuelle Lebenskunst ausgerichtet, bekomme eine solche Position das Los anderer kaum in den Blick und verbessere im Sozialen nichts.[24]

Andere Philosophen, Eklektiker. Im Folgenden lässt sich lediglich noch an einem einzelnen Beispiel erwähnen, wie Denker sich aus den bereits kursierenden Lehren Elemente »heraussuchen« und neu kombinieren (»Eklektiker«). Als im Wesentlichen zusammenfassend und eklektisch gilt die römische Philosophie.[25]

Hierzu soll an dieser Stelle der römische Politiker, Philosoph und berühmte Redner Marcus Tullius CICERO (106–43 v. Chr.) genannt werden. Cicero fordert in der Schrift *De re publica* (*Vom Staat*) zur Sicherung des Staates von seinen Bürgern die Orientierung des rechten Verhaltens an den historischen Vorbildern, d. h. am »mos maiorum«. Hierauf kommt es gerade in seiner Zeit an. Denn Cicero, der, selbst ein sozialer Aufsteiger (»homo novus«), die alte Nobilitätenrepublik gegen Catalina erfolgreich verteidigt hatte, lebte gleichwohl in der Phase ihres Untergangs. Die sozialen Ungleichheiten waren unter den Gracchen als Volkstribunen auch politisch manifest geworden; vor allem aus diesen Erschütterungen und den darauf folgenden Bürgerkriegen entstand dann die Herrschaft der Kaiser. Die Schrift gipfelt bezeichnenderweise im berühmten »Somnium Scipionis« (Traum des Scipio), in dem der alte Scipio Africanus Maior seinem Enkel den Himmel als Aufenthaltsort der um das Vaterland verdienten Männer zeigt. Auf ihre göttliche Seele wartet nach dem Tod eine ewige Glückseligkeit. Cicero beklagt einerseits, dass nun nicht mehr solche hervorragenden Männer an der alten Sitte und den Einrichtungen der Vorfahren festhalten und dass man das Gemeinwesen wie ein altes Gemälde in den Farben habe verblassen lassen (V,1–2). Zugleich enthält die Schrift über den Staat eines der eindrucksvollsten Bekenntnisse zum Naturrecht, das der politische Diskurs kennt:

> »Das wahre Gesetz ist die rechte Vernunft, die mit der Natur im Einklang steht, die allen Menschen zuteilgeworden ist, beständig, ewig gültig; sie ruft durch Gebote zur Pflicht, schreckt durch Verbote von Arglist ab. Rechtschaffenen erteilt sie Befehl und Verbot nicht vergeblich, Ruchlose kann sie weder durch Gebieten noch durch Verbieten bewegen. Diesem Gesetz durch Gegenantrag etwas von seiner Gültigkeit zu nehmen, ist Frevel; nicht das Geringste darf man von ihm abhandeln noch es

ganz außer Kraft setzen. Auch können wir wahrlich nicht durch Senats- oder Volksbeschluss von diesem Gesetz entbunden werden, und wir brauchen auch nicht nach einem Erklärer oder Ausleger, einem Aelius Sextus [berühmter Rechtslehrer, V. St.] zu suchen, und es wird dieses Gesetz in Rom nicht anders sein als in Athen, auch nicht jetzt anders als späterhin, sondern alle Völker wird zu allen Zeiten ein einziges, ewiges, unveränderliches Gesetz zusammenhalten, und einer wird sozusagen der gemeinsame Lehrer und Gebieter aller sein: Gott. Der ist dieses Gesetzes Erfinder, Schiedsrichter, Urheber; wer diesem nicht gehorcht, wird vor sich selbst fliehen und eben dadurch, dass er die Menschennatur verleugnet, die schwersten Strafen erdulden, auch wenn er den übrigen Strafen – die man für solche hält – entronnen ist.«[26]

Die Skepsis. Diese »negative Philosophie« (von griech. σκέπτομαι, *sképtomai* ›spähen, prüfen, untersuchen‹), der philosophische *Zweifel gegenüber aller Erkenntnissicherheit*, bildet nicht, wie die meisten bisher angesprochenen Lehren, eine eigene Schule im engeren Sinne. Sie tritt vielmehr schon in der Sophistik auf, sie beherrscht lange die Akademie, pflanzt sich über die Jahrhunderte fort und bleibt eine wichtige philosophische Option bis heute. Dabei bevorzugt der Skeptiker als literarische Form Essay und Aphorismus, das darstellende System entspricht ihm weniger. Pyrrhon von Elis (um 360–271 v. Chr.) gilt als der erste Skeptiker, der angesichts der konstatierten schwierigen Erkenntnislage wie Epikur und die Stoiker (sonst aber, weil sie doch so viel von der Welt zu wissen glauben, mit ihnen uneins) die »Ataraxie« (Gemütsruhe, Seelenfriede) empfiehlt. Der griechische Arzt Sextus Empiricus, der in der zweiten Hälfte des 2. Jahrhunderts n. Chr. in Alexandria lebte – wieder hat sich unser Schauplatz verlagert, weg von Athen, Rom ist in der Antike sowieso keine eigentlich philosophische Stadt –, ist dabei mit einem interessanten und über die Jahrhunderte bis heute noch vielfach als Argument vorgebrachten Problem konfrontiert: Ob sich eine als quasi »objektive Erkenntnis« präsentierte skeptische Position nicht, weil widersprüchlich, selbst aufhebe – eine »Falle«, in die er nicht geht, denn der Skeptiker muss ja gerade nicht seine kritischen Erfahrungen im Ton letzter Wahrheit vortragen, wie so mancher ultimative Philosoph vor und nach ihm es selbst gerne getan hat und bis heute tut.

In der Spätantike kommt es durch die Völkerwanderung nicht nur zu politischen, sondern auch zu ökonomischen Umbrüchen, die geistesgeschichtliche Veränderungen im Gefolge haben. Nun scheint es immer fragwürdiger zu werden, ob der Mensch sich um sein Glück selbst bemühen könne. Die Welt beginnt sich in bloße Tatsächlichkeiten aufzulösen, sie ist kaum mehr verstehbar und handelnd zu bewältigen.[27] Eine philosophische Neuzeit, im Vertrauen auf die Leistungen der Vernunft, ist von hierher kaum möglich. Eine *religiöse* Suche nach Rückgebundenheit an eine höhere Macht ist für die bewusst wie unbewusst arbeitende kollektive menschliche Selbst- und Weltdeutung nunmehr über Jahrhunderte die eigentliche Lebensoption. Erst als am Ende des Mittelalters dieses Vertrauen in die »transzendente Vorsorge« (HOSSENFELDER) nicht mehr genügend Sicherheit bietet, muss der Mensch sein Schicksal wieder selbst in die Hand zu bekommen suchen.

6. Religiöser Ausklang der Spätantike

In der Spätantike gewinnt das antike Denken einen deutlichen, der vorangegangenen griechischen Philosophie eher fremden religiösen Unterton – mit eminenten Auswirkungen auf die vielgestaltigen philosophischen und theologischen Gedankenformationen der folgenden Jahrhunderte bis zur Renaissance des Aristotelismus im Mittelalter.

PHILON von Alexandria (etwa 25 v. Chr. – 50 n. Chr.), auch Philon Judaios, ist zugleich von seiner jüdischen Tradition geprägt wie von der damaligen griechisch-hellenistischen Kultur im ägyptischen Alexandria. Hier war ab dem dritten vorchristlichen Jahrhundert bereits eine Übersetzung des Alten Testaments ins Griechische, die »Septuaginta« (von lat. »siebzig«) entstanden. Diese wurde, so will es die Legende, von 72 jüdischen Gelehrten aus Jerusalem in 72 Tagen in Alexandria angefertigt. Philon verwendet zur Darstellung seines jüdischen Glaubens die Vorstellung, die Ideen Platons ließen sich als Gedanken bzw. Kräfte Gottes auffassen. Das wird besonders im so genannten »Neuplatonismus«, der vom 3. bis 6. Jahrhundert herrschend wird, Schule machen.

Der Hauptvertreter des Neuplatonismus PLOTIN wurde 203 n. Chr. in Lykopolis in Ägypten geboren; gestorben ist er 269 in Rom. Studium in Alexandria, dann Lehrtätigkeit in Rom, wo er Schüler um sich sammelte und so hohes Ansehen bis hin zum Kaiser genoss, dass offenbar von Plänen zur Gründung einer Philosophenstadt nach Platons Prinzipien (»Platonopolis«) die Rede war. PORPHYRIUS, sein Schüler, fasste seine Schriften in sechs Gruppen zu je neun Büchern (*Enneaden* von ἐννέα ›neun‹) zusammen.

PLOTIN gilt als einer der letzten bedeutenden antiken Philosophen. Philosophisch an PLATON anknüpfend, erdachte er doch ein ganz eigenes System. Wie für Platon gibt es auch für ihn mehrere »Stufen« der Wirklichkeit. Man muss dabei eine ganz andere Denkrichtung einschlagen, als es uns neuzeitlichen Menschen nahe liegt, für die das sinnlich nicht Wahrnehmbare etwas immer »Dünneres«, eher Wesenloses wird. Über die begrenzte Welt der Sinneserfahrungen hinaus gebührt eigentliches Sein vielmehr einer Stufenfolge ideeller Entitäten, an deren Spitze als höchstes Prinzip und letzter Grund für alles die Gottheit steht, das »Eine«, wie Plotin es nennt. Wie eine Sonne, ohne selbst an Substanz zu verlieren, ausstrahlend, strömt dieses Höchste, Ursache alles Seienden, gleichsam über (»Emanation«), so dass alles andere in einem komplizierten System übersinnlicher Wesenheiten aus ihm hervorgehen kann – bis hinunter zur irdischen Welt, die wir in der Konsumgesellschaft heute so schätzen, Plotin aber gar nicht. Von ihm heißt es, er habe die Geringschätzung des Leiblichen und Irdischen so weit getrieben, dass er sich geschämt habe, »im Leib« zu sein.

In den Zusammenhang der spätantiken Philosophenschulen gehört auch die faszinierende Gestalt der Wissenschaftlerin HYPATIA (370–415). Auch sie lebte in Alexandria, das sich zu einer der wichtigsten Metropolen des hellenistischen Zeitalters entwickelte. Nachdem die griechische Kultur zur Zivilisation der damaligen Welt überhaupt geworden war, wurden die Herrscherhöfe, z. B. der des Ptolemaios Soter im vom Makedonenkönig ALEXANDER in Ägypten gegründeten Alexandria, zu Zentren der Macht und Kultur. Im »Museion« (»Haus der Musen«; vgl. unser heutiges »Museum«) und in seiner berühmten Bibliothek sowie der »Zweigbibliothek« im Serapeion blühten Dichtung und Wissenschaften. Die Bibliothek verfügte über vielleicht eine halbe Million Buchrollen, Übersetzungsabteilung und Katalog. Cäsars Kriegsunternehmungen in Ägypten, der christliche Mob bei der Zerstörung des Serapeions, des bedeutenden Tempels und Zentrums antiker paganer Theologie und Gelehrsamkeit, und schließlich die islamischen Eroberer haben sie vernichtet.[28] Hypatia, von deren Schriften nicht viel bekannt ist,[29] war Neuplatonikerin, Beispiel für den nicht eben häufigen Fall in der Geschichte, dass eine Frau sich in der lange währenden Männer-Domäne von Philosophie und Wissenschaft durchsetzen konnte. Ihr Schicksal ist geeignet, ein kritisches Licht auf das Verhältnis von Gelehrsamkeit einerseits und bestimmten Erscheinungsformen der Religion andererseits zu werfen, denn sie ist von christlichem Mob unter grauenvollen Umständen ermordet worden.

In der Nachfolge CICEROS und als Wissenschaftler verstand sich in einer nochmals grundlegend veränderten historischen Situation nach dem Ende des (west)römischen Imperiums BOETHIUS (480–524), der einer der alten Senatorenfamilien Roms entstammte; in Alexandria studierte er Philosophie. Der Ostgotenkönig Theoderich, im Zuge der Völkerwanderungen damals Herr über Norditalien, ernannte den kaum 30-Jährigen zum Konsul des Jahres 510. Im Zuge der Auseinandersetzung mit Ostrom und seinem Kaiser Justinian wurde Boethius dem Theoderich, dessen Herrschaft hiervon in ihrer Grundexistenz bedroht wurde, später aber verdächtig: Er ließ ihn einsperren und schließlich hinrichten. In der Haft schrieb Boethius das Werk, das die Zeiten überdauert hat: *De consolatione philosophiae – Vom Trost der Philosophie.*[30] Allegorisch als Frau aufgefasst, besucht die Philosophie den Gefangenen. Es geht um die Unbeständigkeit und Vergänglichkeit aller irdischen Güter und des scheinbaren Glücks sowie um die wahre Glückseligkeit und das Gute, die nur in der Teilhabe am Göttlichen zu finden sind; angesichts der ewigen Ordnung des Kosmos ist alles irdische Glück und Unglück nichtig. Bleiben die Guten unbelohnt, die Bösen und Ruchlosen unbestraft? Dieser Eindruck trügt, lässt die allegorische Dame erkennen, denn das genaue Gegenteil ist richtig: Die Bösen fallen aus der Seinsordnung heraus, und gerade diejenigen, die nicht wenigstens durch ihre Bestrafung (!) noch einen Anteil am Guten haben, unterliegen dieser Entfernung vom Weltsinn am vollständigsten. Das Werk argumentiert ganz in der klassischen philosophischen Tradition, nicht in dem neuen Denkhorizont des Christentums, für das Boethius gleichwohl eine wichtige Referenzgestalt ist. Die Philosophie, nicht der Glaube steht Boethius zur Seite.

In der ausgehenden Antike hat sich jedoch die allgemeine soziale und geistesgeschichtliche Lage grundlegend verändert. Die Menschen spüren in ganz neuer Weise die Dimension einer anderen geistigen Sinnwirklichkeit. Die Frage: »Wie kann ich ein gutes, glückseliges, lustvolles bzw. unlustfreies Leben führen?« wird abgelöst von der Frage: »Wie kann ich in der rechten Beziehung zu Gott leben?« Mehrere Religionen wetteifern in dieser Lage sozusagen um die Gunst der Stunde, etwa auch der Mithraskult. Das Christentum aber setzt sich durch. Der spätantike Intellektuelle und spätere Kirchenvater AUGUSTIN (354–430), ursprünglich kein Verächter der Lust und des gelehrten wie weltlichen Lebens, ist eine symptomatische Figur für diese neuen metaphysischen und religiösen Bedürfnisse. Augustin bemüht sich nicht mehr um philosophische Glückstechniken für das Diesseits, sondern er ringt um das Verhältnis zur Transzendenz Gottes. Dies tut er zuerst unter dem Einfluss des Manichäismus, der Lehre vom Kampf zweier Grundmächte, einer guten und einer bösen, dann im Zeichen des Christentums. Die diesseitige Welt, die man vorher so wichtig genommen hatte, ist nun nicht mehr von entscheidender Bedeutung. Sie ist abhängig von ihrem Schöpfer und wird vergehen, wenn er es will. Wer dies versteht und sich Christus zuwendet, ist zu einer grundlegenden Umkehr in seinem Leben und in seinem sittlichen Verhalten aufgerufen: zur Liebe zu Gott dem Herrn und zum Nächsten (Mt. 22,34–40) und sogar zur Feindesliebe (Mt. 5,38–40). Ein diesseitiges Glück wird dadurch nicht garantiert; letztlich kann nur der Friede des ewigen Lebens wirkliches Glück verheißen. In einem Brief des Jahres 414, gleichsam in einem Grabgesang auf die Philosophie der Antike, hat Augustin sich über das törichte Unterfangen der heidnischen Philosophen geäußert, Glückseligkeit schon in diesem Leben und auch noch aus eigener Kraft erlangen zu wollen.[31] Die Philosophie, die von Gott nichts wissen konnte oder wollte, ist am Ende:

»Jene aber, die in diesem trübseligen Leben, in diesem sterblichen Leibe, unter dieser Last des verweslichen Fleisches die Urheber ihrer Glückseligkeit und gleichsam deren Schöpfer sein wollen – meinen sie doch, sie aus eigenen Kräften erlangen zu können und gleichsam schon zu besitzen, ohne sie von jener Tugendquelle zu erbitten und zu hoffen –, konnten von Gott nichts merken, da er dem Stolze widersteht.«

III
Philosophie des Mittelalters

Die Philosophie des Mittelalters reicht nach allgemeiner Einteilung etwa vom 5. bis zum 15. Jahrhundert, von AUGUSTIN bis zu NIKOLAUS VON KUES / CUSANUS (wobei auch diese Epochengrenzen vielfältig diskutiert und umstritten sind). Der Begriff »Mittelalter« findet sich, wie Burkhart MOJSISCH herausstellt, zum ersten Mal bei Giovanni Andrea BUSSI, von 1458 bis 1464 Sekretär eben dieses Cusanus, der in einer 1469 besorgten Ausgabe des APULEIUS von den »mediae tempestatis homines«, den »Leuten aus dem Mittelalter«, sprach. Mit dem Begriff geht die Distanzierung von dem mit ihm Bezeichneten im Bewusstsein des Anbruches einer neuen Zeitepoche einher, die die vorherige zu einer »mittleren« zwischen Antike und Neuzeit macht.

Wer diesen Begriff verwendet, muss also auch von den Projektionen dieser Epoche, von den verschiedenen Mittelalterbildern sprechen. Dem Mittelalter haben erleuchtetere Zeiten bescheinigt, dass es »dunkel« gewesen sei. Als weitere Assoziationen ruft diese Zeit das Bild einer übermächtigen Herrschaft des Religiösen über alle Lebensbereiche und den Gedanken an eine aller Erfahrung gegenüber feindliche und darum fruchtlose, bloß »abschreibende« Bücherwissenschaft in uns hervor, bewacht von einer Priesterkaste, die in Klosterschulen und Universitäten fast allein an den Schaltstellen der Produktion und Verteilung des Wissens und der Macht saß und beides im Sinne einer offiziellen kirchlichen Lesart kontrollierte. All dies ist nicht falsch, und gegenüber einer modischen »Mittelalter-Romantik« braucht man nur an die sozialen Unterschiede in der Feudalgesellschaft und auch an manches Einzelschicksal zu denken, um sich die Fremdartigkeit und Härte der Zeit vor

Augen zu führen. Gleichwohl gibt es »das Mittelalter« nicht, und das mittelalterliche Denken hat, wie einer seiner renommiertesten Erforscher meint, »eine wirkliche, zuweilen dramatische Geschichte gehabt« (FLASCH 1987, XII).

Um 700 war in Mitteleuropa das Leben völlig anders als heute: riesige Wälder, kaum Straßen, längst zerstörte Brücken, Aberglaube und Hunger, eine menschenarme Wildnis, wenig Bücher, und wenn ein Buch, dann ein frommes, das auch die Mönche oft nicht richtig lesen konnten. Wie dem mittelalterlichen Menschen seine als unveränderlich angesehene Stellung in der Welt, seine Grundüberzeugung von der Vergeblichkeit und Hinfälligkeit des Lebens erscheinen konnte, vermag ein Blick auf jene Traktate *De contemptu mundi* (*Von der Verachtung der Welt* bzw. *Vom Elend des menschlichen Lebens*) zu illustrieren, von denen besonders eines, aus der Feder des späteren Papstes und Machtpolitikers INNOZENZ III., des damals noch jungen Kardinals LOTARIO DEI CONTI DI SEGNI, zu erwähnen ist. Von der Empfängnis in Sünde über das Aufwachsen in einem Körper, der nur Kerker der Seele ist, zu einem kurzen, von Sünden wie Trunksucht und Unzucht und von Krankheiten und Folter bedrohten Lebens in einer ungerechten Welt, dann zu den Unannehmlichkeiten des Greisenalters und zum Tod und Vermodern des Leichnams und darüber hinaus zur unsäglichen, niemals erlösten Not der Verdammten spannt sich der Bogen der Diesseitsverachtung.[1]

Um 1400 hat sich die Welt des Mittelalters dann schon stark verändert: »Städte mit Fernhandel und Bankwesen, mit Hospitälern und Papiermühlen, mit Uhren und – vergessen wir auch das nicht – mit den ersten Feuerwaffen. Als Kolumbus in See stach, nahm er geographische Bücher mit und vor allem einen Kompass; er besaß Landkarten und Tabellen mit dem Auf- und Untergang der Sterne. Es muss also zwischen 700 und 1400 einiges passiert sein. Die ›Statik‹ kann nicht ganz so ›statisch‹, die Kontrolle nicht ganz so effizient gewesen sein. Darauf beziehen sich die Korrekturen der Spezialisten. Ihre Forschungen seien hier zugrunde gelegt, ohne dass darüber das Mittelalter angehimmelt werden soll. Denn dazu besteht heute wieder eine gewisse Neigung: Die frühmittelalterliche Klostermedizin, für die Alltagsbeschwerden vielleicht menschenfreundlicher als unsere Medikamentenberge, zieht Sympathien auf sich. Dagegen hilft nur eins: Man muss sich klarmachen, dass die mittelalterliche Medizin bei fast allen schweren Krankheiten versagte, nicht erst bei der Pest. Die durchschnittliche Lebenserwartung lag außerordentlich niedrig: für Männer bei 28, für Frauen bei 23 Jahren [...]. Die Zeit zwischen dem Untergang der alten Welt und den Kreuzzügen, also das frühe Mittelalter, entspricht noch am ehesten dem gängigen Bild: Eine vorwiegend agrarische Zeit, die Bildung lag ausschließlich in der Hand von Mönchen. Allerdings gab es noch keine Inquisition. Der Papst war weit weg, und erst gegen Ende dieser Zeit, also gegen 1100, beanspruchte er eine ideologische Kontrolle. Die Bibel bestätigte die auf die Alltagserfahrung beschränkte Weltsicht: die Erde unten, das Firmament als ein Zelt darüber gespannt, ganz oben Gott, als Himmelskaiser mit seinem Hofstaat«.[2]

Bei aller Statik enthält so das scheinbar homogene »Mittelalter« bereits den Keim der Veränderung. Gar von einer *Aufklärung im Mittelalter* spricht FLASCH im Untertitel eines neueren Sammelbandes mit dem Titel *Das Licht der Vernunft* im Hinblick auf Auffassungen von der Diesseitigkeit des Glücks, auf die Formulierung »Gott ist tot« und auf die Verurteilung – damit aber offenbare Existenz! – aristotelischer »neuheidnischer« Thesen im Paris des Jahres 1277, so etwa der, dass der christliche Glaube offenbar märchenhafte Elemente enthalte, dass man nicht beten solle und dass die Philosophie – nicht die Theologie – die eigentlich relevante Wissenschaft sei. Das Mittelalter, einst Inbegriff des Rückständigen und Fremden, erscheint damit kulturgeschichtlich als geradezu faszinierend und »modern«. Dies gilt besonders für seine Spätzeit, seit ein WILHELM von Ockham etwa das Vorbild zu Umberto Ecos berühmtem Roman *Der Name der Rose* abgibt. Ein Blick auf die Widersprüchlichkeit der vom Humanismus über die Romantik bis heute vielfach projizierten und konstruierten Mittelalterbilder ließe womöglich eine gute Applizierbarkeit des Respektlosen, Kritischen, »Unheiligen« in unserer gegenwärtigen »Moderne ohne Illusionen« vermuten. Sie hat aber offenbar ihr *fundamentum in re* in einer Zeit, für die eben bei aller Dominanz der Religion in gewisser Weise auch gilt, was für unsere Gegenwart charakteristisch ist: Widersprüchlichkeit und Vielgestaltigkeit des Denkens und die Existenz nonkonformistischer und innovativer Köpfe, die sich nicht mit einem bestimmten Mittelalterbild lediglich »frommer Beter« vertragen. »In strengem Sinne« verbietet sich sowieso die Rede von ›der‹ Philosophie des Mittelalters, »da vieles noch der Erforschung bedarf. Unzählige Dokumente liegen noch unentdeckt in den Handschriftensammlungen bedeutender Bibliotheken (in Madrid, Oxford, Paris, Rom, um nur einige zu nennen)« (Mojsisch).

1. Judentum – Aufstieg des Christentums

Liegt eine Wurzel des mittelalterlichen Denkens in der antiken Philosophie, so entstammt eine andere jenem »Lande Kanaan«, in das Moses um vielleicht 1300 v. Chr. die Israeliten aus Ägypten führte. Hier vollzogen die Juden die revolutionäre und für die Geistesgeschichte außerordentlich folgenreiche Wendung zum Monotheismus, zum Glauben an den einen Gott (»Du sollst keine anderen Götter haben neben mir«; 2. Mose 20,3). Die religiöse jüdische Tradition besagt, dass Jahwe in Abraham und wiederum am Sinai das Volk Israel zum Bund erwählt hat. Zeichen dieses Bundes ist die Beschneidung. Im Zentrum der religiösen Vorstellungen steht nicht ein individuelles Weiterleben nach dem

Tod, sondern die Erfüllung dieses allen Juden gemeinsamen Erwählungsauftrages. Heiliger Text sind vor allem die fünf Bücher Mose (*Pentateuch*), die im Thoraschrein der Synagogen in oft prachtvoll verzierten Schriftrollen verwahrt werden. Daneben steht der »Talmud«, Niederschlag der Deutung und Interpretation der »Thora«. In Palästina entstand nach langen Kämpfen mit den ebenfalls dort eingewanderten Philistern in prekärer Lage zwischen den ägyptischen und babylonischen Großreichen ein israelitischer Staat (um 1000 v. Chr.: Könige Saul, David und Salomo; Bau des Ersten Tempels). Nach der »Babylonischen Gefangenschaft« in der Mitte des 6. vorchristlichen Jahrhunderts und dem Bau des Zweiten Tempels 515 drang im 3. Jahrhundert v. Chr. hellenistische Bildung nach Palästina. Zugleich erfolgte die Übersetzung des *Pentateuch* aus dem Hebräischen ins Griechische durch die legendären 72 Gelehrten (*Septuaginta*). Lag das Bevölkerungszentrum des Judentums in der Antike wie heute, nach dem Holocaust, in Palästina, so entwickelte es sich nach der Vertreibung und Zerstreuung durch die Römer und weitere Vertreibungen und Wanderungen im Mittelalter zu einem europäischen Phänomen. Heute lebt ein großer Teil der Juden in den USA.

Neben dem Hinweis auf die unschätzbare Bedeutung des monotheistischen Erbes für die abendländische Geistesgeschichte seien zur Andeutung des Einflusses jüdischer Traditionen und einzelner jüdischer Philosophen die folgenden Beispiele herausgegriffen: Als »Kabbala« (hebr. für *Überlieferung*) bezeichnet man eine mystische jüdische Tradition, die aus frühesten Anfängen vor allem im 13. Jahrhundert in Südfrankreich und Spanien entwickelt wurde und über die Jahrhunderte vielfältige Formen annahm.

Von der eher spekulativen Kabbala-Tradition unterscheiden sich die im Austausch mit dem Wissenschaftsniveau des arabischen Kulturkreises stehenden jüdischen Aristoteliker. SALOMON GABIROL oder IBN GABIROL (Sohn Gabriels), auch AVICEBRON oder AVENCEBROL genannt, gilt als ältester jüdischer Philosoph des Abendlandes. Geboren 1021 in der südspanischen Hafenstadt Malaga, gestorben 1070 in Valencia, verband Gabirol die jüdische Tradition mit aristotelischer und platonischer Philosophie und erlangte mit seinem *Liber fontis vitae* (*Buch von der Lebensquelle*) Einfluss auf die Scholastik. Mit dem großen Aufschwung, den die islamische Welt seit dem Ende des 8. Jahrhunderts nahm, verbesserte sich zunächst auch die Lage der Juden, die wie die Christen als Anhänger von »Buchreligionen« in Grenzen geduldet wurden, etwa in Spanien. Als in späteren Jahrhunderten eine strikte Islamisierungspolitik einsetzte, kam es zu Verfolgungen, derentwegen als kleiner Junge auch MOSES BEN MAIMON, lat. MAIMONIDES (1135–1204) nach Kairo fliehen musste. Dort erwarb er als Vorsteher der jüdischen Gemeinde und Arzt am Hofe hohes Ansehen. Moses Maimonides war Erbe des arabischen Aristotelismus eines IBN SINA (AVICENNA) und eines IBN RUSCHD (AVERROES). Mit seinem zunächst auf Arabisch, dann in hebräischer und lateinischer Übersetzung erschienenen *Führer der Unschlüssigen* (*Dalalat al-Ha'irin*, 1190, *More Nebuchim*, vor 1480, *Dux neutrorum* 1629) schuf er eines der wichtigsten Werke der mittelalterlich-jüdischen Philosophie, welches das in der *Thora* geoffenbarte Gesetz der Juden und ein philosophisches Denken zu vereinen sucht. Dieses Werk ist in der scholastischen Philosophie stark rezipiert worden; ALEXANDER VON HALES und ALBERTUS MAGNUS haben dieses Buch ebenso gelesen wie THOMAS VON AQUIN und JOHANNES DUNS SCOTUS.[3]

Dem Judentum entstammt das Christentum. Von dessen Gründer erfahren wir Näheres fast ausschließlich über die in der zweiten und dritten Generation nach seinem Tod entstandenen *Evangelien* des *Neuen Testamentes* der *Bibel*; außerbiblische Zeugnisse bestätigen aber immerhin das Faktum seiner Existenz als historischer Persönlichkeit. Die

Evangelien sind kein direkter, historisch genauer Augenzeugenbericht, sondern mit religiös-normativen Interessen geschriebene Überlieferungsinterpretationen aus der Rückschau. Was berichten sie? Nach der Taufe durch Johannes den Täufer zog JESUS in einer kurzen Zeit öffentlicher Wirksamkeit (ein oder zwei Jahre), ohne einen festen Wohnsitz zu nehmen, vor allem durch Galiläa, wirkte durch Krankenheilungen, Exorzismen und die gesuchte Gemeinschaft mit den Verachteten der Gesellschaft (den »Zöllnern und Sündern«). Er sammelte eine Gruppe von »Jüngern« um sich, bevor er als Gotteslästerer in Zusammenarbeit von jüdischer Oberschicht und römischer Verwaltung etwa im Jahre 30 »nach Christi Geburt« durch die damals übliche Kreuzigung hingerichtet wurde.

Trotz der anfänglichen Bestürzung nach Jesu Tod wurde die noch schmale Anhängerbasis zum Ausgangspunkt eines welthistorischen Erfolgsweges; in der Interpretation dieses Faktums scheiden sich religiöses und nichtreligiöses Bewusstsein. Für den Gläubigen wirkt das Christentum fort, weil der Auferstandene bestimmten Zeugen erschien. In den Jahrzehnten nach Jesu Tod, in denen die Erwartung einer baldigen Wiederkehr (»Parusie«) enttäuscht wurde, kam es in einem sehr wirkungsmächtigen Prozess zu einer Übertragung (bei gleichzeitiger Umdeutung) jüdischer Heilstitel auf Jesus, um der Auferstehungserfahrung Ausdruck zu verleihen und das neutestamentliche Geschehen als Vollendung und Überbietung zugleich des *Alten Testaments* zu beschreiben.

Seinen historischen Erfolg hat das Christentum vor allem dem Apostel PAULUS zu verdanken, der es, wenig jünger als Jesus, dem er selbst nicht mehr begegnet ist, nach seinem Berufungserlebnis in Damaskus (vom »Saulus« zum »Paulus«) in Mission und nichtjüdischen Gemeindegründungen (»Heidenchristen«) auf seinen Reisen im Mittelmeerraum verbreitet hat. Schließlich wurde er gefangen genommen, nach Rom gebracht und im Alter von etwa 60

Jahren hingerichtet. Seine Briefe an die von ihm betreuten Gemeinden, zugleich die wichtigsten Quellen unseres Wissens über ihn, sind die ältesten des Neuen Testaments, älter als die Evangelien. Sie antworten auf theologische Probleme, regeln aber auch praktische Fragen oder sind, wie der zweite Korintherbrief, in dem Paulus sein Apostelamt rechtfertigt, gelegentlich Ausdruck eines Konflikts zwischen ihm und der Gemeinde. Paulus hat das Gesicht des abendländischen Christentums entscheidend geprägt. Für manche ist er freilich bereits weniger der Interpret als der Verderber der Lehre Jesu. Was hatte Paulus den Menschen zu verkünden?

Den Heiden sagt Paulus im *Römerbrief*, dass sie grundsätzlich der Sünde unterliegen, solange ihr Verhältnis zu Gott entweder so ist, dass sie ihn »zum Objekt machen« und durch Bilder bannen wollen oder sich in »Selbstverwirklichung« der Welt, statt ihrem Schöpfer, zuwenden. Sünde ist diese grundsätzliche Verkehrtheit im Verhältnis zu Gott, die schon in diesem Leben mit Versklavung an die »Begierden« bestraft wird. Vor allem aber: Das Gesetz als solches vermag nicht mehr zu Heil und Leben zu führen. Nur der Glaube an Jesus Christus vermag dies. Mit dieser für Juden wie auch für die Christen seiner Zeit unerhörten[4] neuen Lehre löst Paulus das Christentum einerseits aus den Armen seiner jüdischen Mutterreligion. Andererseits bedeutet es überhaupt eine »Umwertung aller Werte«, indem alle Kategorien und Errungenschaften der menschlichen Tradition nun nicht mehr für allzu viel gelten gegenüber diesem einen zentralen Gesichtspunkt des Glaubens an Christus. Paulus entwickelt die Christusbotschaft als Botschaft von der Rechtfertigung allein aus dem Glauben; in den christlichen Kirchen ist es lange Tradition gewesen, der jüdischen als der »Religion des Gesetzes« die christliche als die der Gnade und Liebe gegenüberzustellen. »Richtet euer Leben auf den Glauben an Christus aus«, so war jedenfalls die fundamentale frohe Botschaft, die Paulus der ganzen

Welt zu übermitteln hatte, »dann könnt ihr ewiges Heil erlangen«. Sie entwickelte eine geistesgeschichtliche Kraft, die über zwei Jahrtausende bis heute Kultur, Geist und Moral nicht nur im Abendland geprägt hat. Zugleich werden aber auch Sünde, Schuld und Opfer christliche Grundbegriffe, Grundbegriffe auch der in anthropomorpher Rede vorgetragenen Satisfaktionslehre, der zufolge Gott als Vater das Opfer seines Sohnes am Kreuz annimmt stellvertretend für alle Menschen. Er tut dies, um die von seinen eigenen Geschöpfen auf sich geladene Schuld sühnen zu lassen und so die ewige Rettung, das kommende Heil in einem außerweltlichen Reich zu ermöglichen. Aus der späteren islamischen Sicht hat das Christentum damit die ihm zuteil gewordene Offenbarung des einen Gottes zugunsten eines (unter Einbezug des »Heiligen Geistes«:) »Tritheismus«, also eines Glaubens an drei Götter, verlassen. Nur als »Prophet«, nicht als Gottes Sohn findet Jesus im Islam Anerkennung.

Als eigentlichem Gründer der christlichen Theologie ist Paulus der Vorwurf der Frauen- und Leibfeindlichkeit gemacht worden. Die Stelle, die der Kirchenvater Augustin, wie wir sehen werden, in seiner berühmten »Bekehrungsszene« aufschlägt und die vor Völlerei und Unzucht warnt, stammt aus dem *Römerbrief*; die Hinwendung zur Wahrheit und zu Gott wird von beiden zugleich als Abkehr von der Sexualität verstanden und diese mit Sünde und Bösem identifiziert. Auch für theologische Interpreten hat Paulus »zu einer bedenklichen Abwertung der Geschlechtlichkeit im christlichen Allgemeinbewusstsein beigetragen« bzw. »sehr karge Worte über die Ehe« gesprochen. Er predigte und betrieb Askese für einen unvergänglichen Siegespreis.[5]

Zugleich freilich sind Paulus Worte zugeschrieben, die zu den schönsten Passagen der Weltliteratur gehören, nämlich das so genannte *Hohelied der Liebe*:

> »Wenn ich mit Menschen- und mit Engelszungen redete und hätte die Liebe nicht, so wäre ich ein tönendes Erz oder eine klingende Schelle.
> Und wenn ich prophetisch reden könnte und wüsste alle Geheimnisse und alle Erkenntnis und hätte allen Glauben, so dass ich Berge versetzen könnte, und hätte die Liebe nicht, so wäre ich nichts […].«[6]

Indem das Christentum sich im Römischen Reich und auf die germanischen Völker auszudehnen verstand, hat es Weltgeltung erlangt. Zugleich hat sich die Form der religiösen Erfahrung von der Zeit der ersten Christen bis zur Moderne freilich auch gewandelt. Das Christentum hat zunächst die ausgehende Antike und dann das Mittelalter des Abendlandes zu einer der großen religiösen Epochen der Weltgeschichte gemacht. Herausragendes inhaltliches Merkmal des Denkens dieser Zeit in Europa ist grundsätzlich der religiöse (jüdische, christliche, islamische) Einfluss: Die Lehre Christi etwa ist nicht die Suche nach der Wahrheit, sondern deren Besitz; dieser »Besitz« prägt den das Mittelalter leitenden Gedanken einer »veritativen Gemeinsamkeit« (Jan P. Beckmann). Diese Gemeinsamkeit verpflichtet das Denken auf den der Antike fernliegenden Gedanken eines personalen Gottes, der die Welt in freier Willenssetzung aus dem Nichts erschaffen (Schöpfergott) und das Schicksal des Menschengeschlechtes in Gang gesetzt hat, auf den der Sinn allen Daseins und die Verheißung eines möglichen ewigen Lebens sich beziehen (Erlösergott) und von dessen Offenbarung her das Denken bestimmt sein muss. Als »Theologie« verwissenschaftlicht, übernimmt dies Denken die Begriffe und die Logik der antiken Philosophie und Wissenschaft und stellt sie als »Magd« in ihren Dienst. Die in dieser Zeit entscheidende Frage war nicht, wie sich das Universum der wissenshungrigen Betrachtung präsentiere oder welcher das irdische Glück befördernde Nutzen aus dem Leben zu ziehen sei. Der Christ musste vielmehr hauptsächlich auf das Heil seiner Seele bedacht sein. Wie die Dome die mittelalterlichen Städte überragten, so hat die christliche Kirche das geistige Leben des europäischen Mittelalters geprägt.

2. Kunst und Religion: Vom Bilderverbot zum Bau der Kathedralen

An mehreren Stellen des *Alten Testaments* begegnet das Bilderverbot der Juden, vor allem natürlich im zweiten Gebot. So heißt es im Buch Exodus, Vers 20,4: »Du sollst dir kein Gottesbild machen und keine Darstellung von irgendetwas am Himmel droben, auf der Erde unten oder im Wasser unter der Erde.« Berühmt ist ferner die Geschichte vom Tanz um das goldene Kalb (2. Mose 32), die möglicherweise erst in der Zeit des Untergangs des Nordreiches ihre eigentliche erklärende Bedeutung gewann. Es ist also offensichtlich weniger ein generelles Kunst- oder gar Kulturverbot gemeint, sondern ein Verbot bestimmter heidnischer Kulte, die Gott im Bild bzw. in der Plastik präsent haben wollen, obwohl doch ein solches Holzstück, wie es Jes. 44 heißt, verbrennt wie jedes andere. Das Bilderverbot lässt sich also im Wesentlichen theologisch erklären: durch die Absicht, Gott nicht kultisch »verfügbar« zu machen bzw. durch die damit verbundene Abwehr fremder Götter und die Profilierung des eigenen Gottes als eines qualitativ anderen. Im Christentum hat sich nun im Zuge des »Bilderstreites« eine Wendung von der Übernahme des Bilderverbotes hin zu einer Akzeptanz der Bilder vollzogen. Wenn Paulus im *Römerbrief* den »Heiden« vorwarf, sie hätten statt der Herrlichkeit des unvergänglichen Gottes das Abbild eines vergänglichen Menschen verehrt (Röm. 1,23), so spielte dies auf die Überzeugung an, im Kaiserbild sei das Numinose gegenwärtig.

Gegen diese antike kultische Auffassung kritisierte der Kirchenvater TERTULLIAN (160–220) mit asketisch-rigoroser Strenge in der Schrift *De idololatria* (*Über den Götzendienst*) die Herstellung und Verehrung von Kultbildern; JOHANNES VON DAMASKUS (675–794), eine bedeutende Gestalt der Ostkirche, verteidigte dagegen die Bilder mit dem Argument, dass durch die Menschwerdung Gottes eine bildhafte Darstellung nicht als Selbstzweck, sondern als anschaulicher Verweis auf die Heilswahrheiten der Religion – z. B. für die, die nicht lesen können – möglich geworden sei. Er setzte sich trotz anfänglicher Verurteilung mit dieser Ansicht schließlich bis in die Zeit reformatorischer Bilderstürme durch. Aber auch schon lange vor Johannes hat das Christentum das einstmals verpönte Bild wie auch kultische Praktiken der Heiden für sich selbst in Gebrauch genommen.

Für die Ausbildung der mittelalterlichen Ästhetik und die Rettung des Schönen aus vormaliger »heidnisch-stoischer Verekelung« und der angesprochenen christlich-apologetischen Verdächtigung spielt unter anderen die einflussreichen Gestalt des DIONYSIOS PSEUDO-AREOPAGITES eine große Rolle. Dieser soll ein angeblich vom Apostel Paulus in Athen bekehrtes Mitglied des Rates (Areopag) der Stadt gewesen sein. Die unter seinem Namen tradierten Schriften sind aber erst um 500 in Mönchskreisen in Syrien entstanden, weshalb in der Literatur auch vom »angeblichen«, vom »Pseudo-Areopagites« die Rede ist. Dionysios, der in der abendländischen Religions- und Geistesgeschichte überhaupt große Bedeutung gewann, denkt Gott zwar christlich als den Schöpfer der Welt, zugleich aber neuplatonisch als sich in sie ergießend (Emanation). Über solche theologischen Aussagen hinaus wird die Erfahrungsweise Gottes in einer für die gesamte Entwicklung der Mystik folgenreichen »negativen Theologie« jenseits aller weltlichen Darstellung und jenseits menschlichen Denkens und menschlicher Sprache angesiedelt, was nicht verhindert, dass Dionysios zugleich sehr detaillierte Vorstellungen von der »himmlischen« und »kirchlichen Hierarchie« entwickelt. In seiner hymnischen Schrift *Von den Namen Gottes* entfaltet Dionysios hinsichtlich Erkenntnis, Darstellung und Namengebung des Religiösen die Lehre, dass kein Name auf Gott zutrifft; zugleich aber passen alle Namen, da er in allem Seienden ist.

> »[Wir] wenden uns den Strahlen zu, die uns in der Heiligen Schrift entgegenleuchten. Von ihnen werden wir zu den urgöttlichen Lobpreisungen lichtvoll geführt, indem wir durch sie auf überweltliche Weise erleuchtet und nach den heiligen Lobgesängen geformt werden, damit wir sowohl die urgöttlichen Lichter schauen, die uns in angemessener Weise durch dieselben geschenkt werden, als auch den gütespendenden Ursprung aller heiligen Lichtausstrahlung preisen, wie er selbst es über sich in der Heiligen Schrift überliefert hat.«

Die Lichtästhetik des Dionysios gilt so als eine Grundlage der Bildsprache der mittelalterlichen gotischen Kathedrale, nämlich des Programms, das Licht des »himmlischen Jerusalem« – auf Kosten von Mauer- und Wandflächen – durch gesteigerte Fensterflächen sinnlich-symbolisch nachzuvollziehen. Als »Geburtsort« der Kathedrale gilt das französische St. Denis bei Paris. Der byzantinische Kaiser Michael II. hatte 827 ein griechisches Exemplar der *Areopagitica* dem französischen König Ludwig dem Frommen geschenkt. Weil man nun den in St. Denis beigesetzten französischen Nationalheiligen und ersten Pariser Bischof Dionysios, den in der Apostelgeschichte erwähnten Dionysios und den unbekannten, neuplatonisch beeinflussten Verfasser der Schriften identifizierte, gewannen die *Areopagitica* namentlich in Frankreich große Beachtung. Abt Suger von St. Denis hat in ihnen die philosophisch-theologische Inspiration und Rechtfertigung seiner Vorliebe für Bilder und alles strahlend Schöne gefunden. Im Anschluss an PLOTINS (205–270) spätantike Lehre vom Aufstieg vom Vergänglichen und Leiblichen zum höchsten göttlichen »Einen« und Schönen kann man nach Dionysios, wie er zu Beginn seines Hauptwerkes *Über die himmlische Hierarchie* sagt, sichtbare Dinge als »materielle Lichter« und damit als Hinführung zum himmlischen Licht und zu Gott verstehen: »Denn unser menschliches Denken kann sich nicht direkt zu jener Nachgestaltung und geistigen, von jedem Bezug zu materiellen Vorstellungen freien Schau der himmlischen Hierarchien aufschwingen, wenn es sich nicht vorher der ihm gemäßen Führung durch konkrete Vorstellungen bediente und sich die sichtbaren Schönheiten als Abbildungen der unsichtbaren Harmonie bewusst machte [...] und als Bild der immateriellen Gabe des Lichts die immateriellen Lichter.« Dies hat Abt Suger in seinen Versen für das Portal der Kathedrale von St. Denis zum Programm gemacht:

> »Wer immer du seist, wenn du strebst, zu erheben den Ruhm dieser Tore,
> Staune nicht an das Gold und den Aufwand, sondern die Arbeit.
> Edel erstrahlt das Werk, doch das Werk, das edel erstrahlet,
> Möge erleuchten die Geister, dass sie eingehen durch die wahren Lichter
> zum wahren Licht, wo Christus das wahre Tor ist.
> Welcherart es im Inneren sei, bestimmt diese goldene Pforte:
> Der schwache Geist erhebt sich zum Wahren durch das Materielle
> Und sehnend erhebt er sich durch das Licht aus seiner Versunkenheit.«
>
> (Zit. nach: Assunto, 150)[7]

3. Patristik und Augustin

Zunächst traf die Heilsbotschaft Jesu Christi, zu deren Ausbreitung über die heidnische Welt vor allem der Apostel Paulus sehr viel beigetragen hatte, auf die antiken Ausprägungen der Philosophie als eine unterschiedene und fremde Geistesmacht. In der Verteidigung (»Apologie«) der geoffenbarten Glaubenswahrheiten den Nichtchristen und ihrer Philosophie gegenüber griffen die dem neuen Glauben anhängenden Theoretiker aber zunehmend auf die Instrumentarien eben dieser Philosophie zurück; auch die christliche Epoche führt damit die Tradition der Philosophie und Metaphysik fort. Zu den »Kirchenvätern« (die Bezeichnung »Patristik« stammt von lat. *patres* ›Väter‹), Leuten, die oft noch als Heiden geboren waren, zählt man Justin den Märtyrer (100–165), Tertullian (150–220), der mit allem heidnischen Denken hart ins Gericht ging, sowie Clemens (150–215) und Origenes (185–254) von Alexandrien. Ein weiterer »Vater« war Cyprian (gest. 258), der sich unter anderem Gedanken darüber machen musste, wie mit den bei der Verfolgung durch Kaiser Decius abgefallenen, aber wieder zur Kirche zurückdrängenden Christen (*lapsi*) zu verfahren sei. Schließlich ist Laktanz (250–325) zu erwähnen, der als betagter Mann 315 noch an den Hof von Trier als Erzieher des Sohnes Kaiser Konstantins gerufen wurde. Kaiser Konstantin machte das Christentum zur Staatsreligion, womit sich die Apologie im engeren Sinne erledigt hatte. Auch Eusebius (265–339) war Zeuge dieses Sieges.

Zu den späteren Vätern gehören etwa die so genannten Kappadozier (aus Kleinasien) Basilius von Caesarea (330–379), Gregor von Nazianz (326–390) und Gregor von Nyssa (335–394), sowie Ambrosius von Mailand (339–397), dessen Predigten Augustin hörte, vor allem aber Augustin selbst.

Die Zeit der Patristik ist eine Zeit vielfacher innerkirchlicher wie zwischenkirchlicher und theologischer Kontroversen und Häresien (Abweichungen vom offiziell sich durchsetzenden Weg der Kirche). So nahmen MARKION VON SINOPE (gest. 160, zeitweiliges Gemeindemitglied in Rom), dessen Kirche sich im gesamten Mittelmeerraum ausbreitete, der »Manichäismus« (eine Schöpfung des Persers MANI aus dem 3. Jahrhundert, die christliche und vorislamische persische religiöse Elemente mischte) und die »Gnosis« (als Form eines geheimen religiösen Erlösungswissens) einen Dualismus und Kampf zweier gleich ursprünglicher und gleichgestellter Mächte, von Gutem und Bösem, Gott und Materie an. Zeitweise bildeten sich eigene Theologien und Kirchen, wie etwa im 4. nachchristlichen Jahrhundert der »Donatismus« in Nordafrika, mit dem Augustin sich auseinandersetzen musste. Es gab zahlreiche Glaubensstreitigkeiten, so im 4. Jahrhundert die zwischen Arianern und Athanasius-Anhängern um die Frage, ob der Gottessohn dem Vater wesensgleich, wesensähnlich oder eher unähnlich sei (auf dem Konzil von Nizäa 325 zugunsten der Wesensgleichheit entschieden). Konflikte brachen auf, etwa zwischen Radikalen und gemäßigten kirchlichen Amtsträgern. Von einer Religion der Verfolgten wurde das Christentum schließlich zur Staatsreligion – freilich eines alsbald untergehenden Staates, des Imperium Romanum.

Das Christentum sprang weiter von den Mittelmeervölkern auf die eindringenden jungen Völkerschaften über, die unter ganz anderen Voraussetzungen lebten, auf die sich zugleich aber einiges von der Macht und dem Erbe des Imperiums übertrug. So entstand schließlich die Welt des Mittelalters. Das »Heilige Römische Reich Deutscher Nation«, das große Universalreich des Abendlandes, trat die Nachfolge des Römischen Reiches an. Angesichts all dieser Entwicklungen und unter all den angesprochenen Bedingungen war im Laufe der Jahrhunderte so etwas wie eine Kircheneinheit und -geltung erst einmal zu sichern und zu festigen. Oft genug sollten diese Einheit und Geltung des Christentums noch in Frage gestellt werden: etwa durch die

Entfremdung und die 1054 erfolgte Trennung zwischen Ost- und Westkirche, Byzanz und Rom, oder durch die Verluste, die das Christentum im Mittelmeerraum durch die neu aufkommende Offenbarungsreligion des Islam erlitt.

Indem sich das frühe Christentum zu einer argumentativ schlagkräftigen und anspruchsvollen Ausformulierung der christlichen Lehre in Auseinandersetzung mit den Geistesmächten Philosophie und Wissenschaft gezwungen sah, begann eine ebenso spannende wie spannungsreiche *gemeinsame Geschichte philosophischen und christlichen Denkens* zwischen »Ausformulierung« und »Gestaltung« (Verfälschung?), die man im Allgemeinen unter dem Stichwort der »Hellenisierung des Christentums« verhandelt. Die christliche Philosophie und Theologie des Mittelalters entstammt, wie man gesagt hat, dem Hügel der Akropolis (also der griechischen Geistesgeschichte) ebenso sehr wie dem Hügel Golgatha (als der Stätte, an der Christus gekreuzigt wurde). Im Hochmittelalter war es dann Aristoteles, dessen zwischenzeitlich verlorenen und über die Araber wieder zugänglich gewordenen Schriften wiederum in Herausforderung wie Übernahme das christliche Weltbild prägten. Freilich wurde die Philosophie im spezifisch christlichen Sinne verändert: Platons »Demiurg« und Aristoteles' »unbewegter Beweger« werden zum persönlichen Schöpfer- und Erlösergott, die »Ideen« werden zu Gedanken Gottes bei der Erschaffung der endlichen Dinge. Vom sprichwörtlichen »Credo quia absurdum est«, das man dem Kirchenvater Tertullian, entwunden aus dem Affekt gegen die Akademien und Säulenhallen, zugeschrieben hat (»ich glaube, gerade weil es gegen menschliche Vernunft ist«), bis zu Anselm von Canterbury (1033–1109; »Credo ut intelligam« – »ich glaube, damit ich erkenne«) vollzog sich eine »Intellektualisierung«. Die Gelehrsamkeit der frühen abendländischen Christenheit war freilich in den Dom- und Klosterschulen zunächst kaum, wie in der

Antike, von einem Erkenntniswillen an sich und auch nicht, wie später vor allem bei Francis BACON, vom Gedanken an die technische Verwertbarkeit der Erkenntnisse geprägt, sondern sie war theologisch und moralisch eingebunden. Wissenschaftliche Erkenntnisse waren von untergeordneter Bedeutung; sie dienten oft nur als Illustrationen für religiöse und moralische Lehren. Dennoch gereicht es den religiösen Institutionen zum Verdienst, dass sie viel vom antiken Erbe in den Klöstern und Domschulen bewahrt und auf die in das Blickfeld der Geschichte neu eintretenden keltischen und germanischen Völker übertragen haben, als die antike Weltordnung zusammenbrach. Bis durch die Vermittlung und Übersetzung der Araber das antike Bildungsgut wieder in größerem Umfange zugänglich wurde, waren es diese Schulen, die auf der Basis der noch bekannten antiken Texte so etwas wie ein Bildungsbemühen weiterführten. Im Mittelpunkt des Wissens standen die in dieser Form aus der Antike übernommenen »Sieben freien Künste« (mit Bildungsfunktion nur für »freie« Stände im Unterschied zu den eher verachteten »artes mechanicae«, den »Handwerkskünsten« mit Nutzanwendung im alltäglichen Vollzug): Grammatik, Rhetorik, Logik/Dialektik (»Trivium«), Arithmetik, Geometrie, Musik und Astronomie (»Quadrivium«).[8] Sie lieferten zunächst den Lehrstoff der Kloster- und Lateinschulen und wurden später als Propädeutik für die höheren Fakultäten Theologie, Medizin und Recht an den »Artistenfakultäten« der Universitäten gelehrt. Hieraus entwickelte sich die bis heute fortwirkende Organisation des Bildungswesens.

Aurelius AUGUSTINUS, Rhetorikprofessor in Mailand, begann sein Leben in Thagaste im heutigen Algerien 354 und beendete es im von den Vandalen belagerten Hippo Regius im heutigen Tunesien als Bischof dieser Stadt 430. Augustin ist für die Kirchen- und Geistesgeschichte von gar nicht zu überschätzender Bedeutung. Seine Synthese von Christentum und Philosophie prägte nicht nur die Theologie des Mittelalters ganz entscheidend, sondern wirkt bis heute fort – auch noch da, wo er heftig kritisiert wird. Augustin war der Sohn eines kleinen römischen Verwaltungsbeamten, des Heiden Patricius, und der Christin Monica. Die heilige Monica hat ihn zunächst allerlei andere Wege als eben christliche gehen sehen, bevor sie, ihrem Sohn nach Italien nachreisend, sich kurz vor ihrem Tod mit ihm im Glauben einig wissen konnte. Augustin ist nämlich nicht von Anfang an Christ gewesen, sondern Manichäer, Skeptiker, Neuplatoniker; auch nach der Bekehrung gibt es Brüche, so im Jahr 397 die einschneidende Hinwendung zu einem zutiefst pessimistischen Menschenbild.

Sein Bekehrungserlebnis im Jahre 386 hat der Rhetorikprofessor in den stilistisch glänzenden und für jeden am Phänomen der Religion Interessierten äußerst lesenswerten *Confessiones* (*Bekenntnissen*) in einer der berühmtesten Passagen der Weltliteratur wirkungsvoll geschildert, in der ihn die in der Verzweiflung gehörte Stimme »Nimm und lies!« zur Bibel und zum *Römerbrief* führt:

> »*Nicht in Schmausereien und Trinkgelagen, nicht in Unzucht und im Bett, nicht in Streit und Neid, sondern zieht den Herrn Jesus Christus an und sorgt euch nicht um das Fleisch und seine Begierden.* Weiter wollte ich nicht lesen; es war nicht nötig. Denn sofort, als ich den Satz zu Ende gelesen hatte, strömte das Licht der Gewissheit in mein Herz, jegliche Finsternis des Zweifels war verschwunden.« (Conf. VIII,12,29)

Den Ausgangspunkt des Augustinischen Philosophierens bildet einerseits der Rückbezug auf die, modern formuliert, »existentielle Innerlichkeit«. Augustins berühmte Worte sind: »Noli foras ire; in te ipsum redi: in interiore homine habitat veritas« (»Wende dich nicht nach draußen, sondern kehre in dich selbst zurück: im inneren Menschen wohnt die Wahrheit«).[9] Den anderen Pol bildet Gott. Dazwischen, so wird vielfach kritisiert, kommen die Welt und das Leben, kommen auch Kultur und Wissenschaft zu kurz. Nicht aus Ignoranz: Augustin ist ein Gebildeter und »Intellektueller«; es spricht für die Überzeugungskraft des Christentums, wie es für das geistige Klima in dieser Zeit bezeichnend ist, dass es eine solche Persönlichkeit zu fesseln vermag. Die Betonung der Andersartigkeit Gottes und der menschlichen Seele gegenüber der Welt, den Körperdingen und dem Leib übernahm Augustin vielmehr bewusst aus der Lektüre der »platonischen Bücher« (PLATONS und des Neuplatonismus, die er nicht unterschied) in der Zeit, bevor er sich zum Christentum durchrang. Dieser Dualismus schließt an die manichäische Zweiteilung (Reich des Lichts – Reich der Finsternis) an und bereitet die Übernahme der paulinischen Zweiteilung (Fleisch – Geist) vor: Augustins leidenschaftliches Denken folgt den Kategorien von »Entweder – Oder«. Die durch Christus vermittelte Gnade ist für Augustin nicht über Forschung und Welterkenntnis zu haben. Die eigentlich den Menschen betreffenden Fragen sind durch Rekurs auf Welt und Geschichte nicht zu beantworten, weltliche Dinge wie etwa das Theater oder selbst die Wissenschaft werden in ihrer Bedeutung abgewertet.

Augustin als Erkenntnis- und Sprachtheoretiker. Nach seiner Taufe setzt der ehemalige Rhetorik-Lehrer das Argumentationspotential der Philosophie für die Darlegung der Wahrheit des Christentums ein. In der Schrift *Über den Lehrer*, die als Dialog mit seinem Sohn, dem »von

Gott gegebenen« Adeodatus, gestaltet ist, geht es um die grundsätzliche Frage, ob Erkenntnis der (religiösen) Wahrheit durch Lehre, d. h. durch Vermittlung der Sprache, möglich ist. Die Schrift nimmt damit die Thematik des platonischen *Menon* (Lehr-/Lernbarkeit des Wissens) auf, gibt ihr jedoch eine christliche und zugleich sprachskeptische Wendung. Belehrung existiert nämlich nur als »innere Belehrung«. Der Zugang menschlicher Bemühungen »von außen« kann – wie mutatis mutandis im *Menon* – nur einen Anstoß bilden. An die Stelle der Anamnesis-Lehre (Erkennen als Erinnerung der wiedergeborenen Seele an etwas, das sie im Jenseits bereits geschaut hat) tritt die augustinische »Illuminationstheorie«: die Lehre von der in die Seele wirkenden Erleuchtung (»Einstrahlung«) durch Gott. Für Augustin existiert dabei – wiederum wie bei PLATON – eine »vorgegebene«, absolute Wahrheit; die Welt der Ideen als »Gedanken Gottes« aufzufassen, liegt hierbei nahe. Augustins Sprach- bzw. Kommunikationsskepsis bezüglich der Glaubenserfahrung hängt eng zusammen mit seinem philosophisch-theologischen Grundansatz beim Problem der »existentiellen Innerlichkeit«, das dazu tendiert, ein diskursives sprachliches Verfahren der (heute müsste man wohl sagen: geschichtlich-kulturell vermittelten) Bemühung um die Wahrheit durch die totalisierende Erkenntnis »innerer Wahrheit« zu ersetzen. Kurt FLASCH konstatiert einen Dualismus zwischen »konventioneller Schulgrammatik« einer- und von jedem Sprachbezug gelöster Logosmystik andererseits. Augustins eigentliche Absicht sei es letztlich, die Sprache hinsichtlich ihrer Tauglichkeit zur Wahrheitserkenntnis abzuwerten: »Augustin gibt mit der Sprachlichkeit der Vernunft, die Platon bedacht hatte, zugleich ihren diskursiven Charakter auf und setzt an seine Stelle unmittelbare Erkenntnisse, entweder sinnliche oder intellektuelle Anschauung«.[10] Hatte Platon die diskursive Reichweite in jener berühmten Stelle des *Siebenten Briefes* eingeschränkt, die die letzte und höchste Erkenntnis als nichtdiskursive

Erkenntnis bestimmte (was ja nicht bedeutete, dass ein um die Wahrheit »kämpfender«, »agonaler« Dialog und argumentatives Bemühen nicht ein ganzes Stück weit führen können), so radikalisiert Augustin diesen Standpunkt noch einmal, ist doch sprachliches Bemühen für ihn offensichtlich besseren Falls noch ein Ausgangspunkt zur Erlangung der göttlichen Erleuchtung, deren Eintreten man aber letztlich der göttlichen Vorherbestimmung überlassen muss.

Politik und Geschichte. AUGUSTIN gehörte einer Welt im Umbruch an. Als er Kind war, suchte Kaiser Julian noch einmal die alte römische Staatsreligion wiederherzustellen. Der »Apostat« blieb Episode: 380 wurde das Christentum Staatsreligion; Augustin war schon Christ, als jeder heidnische Kult verboten und zunehmend konsequent verfolgt wurde. 410 wurde Rom von den Westgoten erobert. Auch seine nordafrikanische Heimat fiel zuerst an die Vandalen und später endgültig an die islamischen Eroberer. Es war die Spätzeit einer verfallenden Welt. Diese allgemeine politisch-soziale wie geistesgeschichtliche Situation veränderte sich erst mit den neuen Staatenbildungen des Mittelalters.

Wie ist die Stellung des christlichen Denkers in dieser Welt? Augustin geht auch in seiner Einschätzung der Geschichte und des Politischen von der im *Alten* und *Neuen Testament* geoffenbarten und im Gegensatz zu den unwahren heidnischen allein wahren christlichen Religion aus, welche die Welt als Schöpfung aus dem Nichts, vorgenommen durch einen dieser Welt gegenüber transzendenten und souveränen Gott, erweist. Dieser Gott ist zugleich für die Zukunft des Menschen in einem zugesagten ewigen Leben einzige Referenzinstanz. Dies impliziert eine in der griechisch-römischen Antike undenkbare Abhängigkeit der Welt und der menschlichen Angelegenheiten von diesem höchsten Wesen. Für Augustin ist der Mensch im Rahmen dieses Schöpfungs- und Erlösungsprozesses ein Bürger zweier Reiche, des himmlischen und des irdischen. Die politische Frage des frühen Christentums ist, wie es sich zum konkret bestehenden Staatswesen stellen soll. Gemäß der Formel seines Gründers, »dem Kaiser, was des Kaisers, und Gott, was Gottes ist, zu geben«, war es zunächst einmal weit davon entfernt, sich auf eine bestimmte politische Ordnung festzulegen, und souverän genug, dem Staat sein Recht zu lassen: Ihm ging es um andere Dinge.

Es traten aber dann Theoretiker einer christlichen »Reichstheologie« auf, so Eusebius von Caesarea (185–253/254), die die christliche Heilsgeschichte und das römische Weltreich zu identifizieren begannen. Der Erfolgszug des Christentums seit Konstantin legte den Gedanken nahe, die Überwindung der Vielzahl kleiner Staaten durch das Imperium sei eine Veranstaltung Gottes gewesen, die der christlichen Mission auf diese Weise den Weg habe ebnen wollen. Von hieraus wiederum mochte man überhaupt die theokratische Idee eines »christlich-römischen Gottesreiches« entwickeln, deren Reflex im »Heiligen Römischen Reich Deutscher Nation« ebenso nachzuspüren ist, wie sie den Keim des Konfliktes von »sacerdotium« und »imperium« in sich trug, der sich dann im Abendland im berühmten Investiturstreit zwischen Kaiser und Papst ausgemünzt hat. Solcher Verknüpfung stand Augustin fern. Er hat eher zur Trennung von Religion und Politik als politischer Leistung des Abendlandes beigetragen, indem »grundsätzlich der Bruch mit jeder ›politischen Theologie‹ vollzogen (wurde), die die christliche Verkündigung zur Rechtfertigung einer politischen Situation missbraucht«.[11]

Man übersetzt den Titel der hier einschlägigen augustinischen Schrift *De civitate dei* am besten mit »Von der Bürgerschaft Gottes«, denn die Bezeichnung »Gottesstaat« lässt das »irdische« Missverständnis anklingen, in dem man in bestimmten Interpretationen der »Zwei-Reiche«-Lehre konkrete Staaten oder Institutionen, z. B. die Kirche, mit der »civitas dei« hat identifizieren wollen, was Augustin so nicht gemeint hat. Konkreter Anlass für das im Alter verfasste Werk ist die Eroberung Roms durch die Westgoten Alarichs im Jahre 410. In der Zeit der Schrift *De vera religione* (391) war noch die freie Selbstentscheidung des Menschen zugunsten der Selbst- oder Gottesliebe Kriterium für die Zugehörigkeit zu den beiden Reichen gewesen. Seit der Gnadenlehre (396) bestimmte hierüber nur noch die göttliche Wahl. Indem Augustin das Christentum gegen den Vorwurf verteidigt, der Abfall von den alten Göttern habe den Untergang der Stadt verursacht, ist er noch einmal Apologet, Verteidiger des Christentums gegen heidnische Vorwürfe. Zunächst zeigt er, dass die alten Götter weder zum irdischen noch jenseitigen Heil verhelfen können. Dann folgt seine Lehre von jenen zwei »Bürgerschaften«, deren Angehörige er in der Weltzeit und im irdischen Geschehen miteinander vermischt sieht: der »civitas dei« der zur Erlösung prädestinierten, Gott zugewandten Menschen und der »civitas terrena«, der zur Verdammung bestimmten, in sündigem Eigensinn abgefallenen Geister. Dies wendet sich gegen die christliche »Reichstheologie«. Bei Augustin besteht ein strikter Dualismus zweier Bereiche ganz unterschiedlicher Qualität und damit auch eine Zweiteilung in Profangeschichte auf der einen und Heilsgeschichte auf der anderen Seite. Ist für erstere das immanente historische Geschehen der Referenzgegenstand, so kann für die zweite nur der extramundane Standpunkt Gottes ein adäquates Deutungsmuster darstellen. Augustin gilt damit als Begründer der christlichen Geschichtsphilosophie, die gegen den Kosmosgedanken sowie die Kreislaufvorstellungen der Antike und im Zuge einer »Universalisierung« der jüdischen, ethnisch-national begrenzten Geschichte des Heilsplans wie der Straftaten Gottes die Weltgeschichte erstmals als lineares Drama dachte – eine für die Geistesgeschichte epochemachende Innovation.

Erbsündenlehre. Als Bischof und in der Auseinandersetzung mit den Feinden der Kirche wie mit kirchlichen Oppositionsgruppen, den Manichäern, Donatisten und den »Pelagianern«, die die Erbsünde leugnen und auf der Freiheit des Menschen bestehen wollen, zwischen Vollkommenheit und Sündigkeit zu wählen, wird der späte AUGUSTIN immer mehr zum Theologen und Kirchenlehrer. Entscheidend wird dabei die Ausprägung seiner »Gnadenlehre«. In der Auseinandersetzung mit PELAGIUS, der sich seine Askese im Heil vergüten lassen will, und dessen Anhängern, von denen er sein Lebenswerk bedroht sieht, betont Augustin, dass es keine freie Willensentscheidung zum Guten oder Bösen gebe, weil die göttliche Gnade bereits für den Willensakt, das Gute anzustreben, erforderlich sei. Für Augustin sind Welt und Mensch an sich schon von Verderbnis bedroht; prägend für seine Theologie ist, wie bereits angesprochen, das Denken im paulinischen Dualismus von »Fleisch« und Geist, dessen theoretische Schraube er mit der »Prädestinations-« und der »Erbsündenlehre« noch einmal kräftig festerzieht – in offenbarem Widerspruch zur Lehre *Vom freien Willen*, die er selbst in dem gleichnamigen Dialog zunächst verteidigt hatte. In der ausgehenden Antike beschäftigte viele Menschen die Frage, wie die Erfahrung des Bösen in den von der griechisch-römischen Philosophie thematisierten Kosmos zu integrieren sei. Augustin meint, dass der Ursprung des Bösen im menschlichen freien Willen liegen müsse, es also kein ewiges böses Prinzip geben bzw. der Fehlgang der Welt nicht von Gott her erklärt werden könne. J. B. METZ, einer der wichtigsten deutschen Theologen des 20. Jahrhunderts, hat herausgestellt, welche Folgeprobleme Augustin in Kauf nehmen muss, um im Zusammenhang mit der Erklärung des Bösen von jeder Diskussion der Gottesfrage abzusehen. Um die naheliegende häretische, gnostische und manichäistische Lösung eines Dualismus im Gottesbegriff (nämlich zwischen Schöpfer- und Erlösergott) zu vermeiden, spricht

Augustin die Last der Verursachung und Verantwortung für die Übel in der Welt ausschließlich dem Sündenfall des Menschen zu: »Angesichts der Leidensgeschichte der Welt gibt es keine eschatologische Rückfrage an Gott; es darf keine geben, da sie schnurstracks zu Markion führen würde, zu dessen Dualismus zwischen Schöpfung und Erlösung«.[12]

Augustin vertritt damit eine, wie man gesagt hat, »pessimistische Anthropologie«. Denn das folgenschwere Konstrukt einer von einem ersten Menschen begangenen und fortan »übertragenen« Erbsünde, zurechenbar jedem Einzelnen fürderhin wie eine Tat des eigenen freien Willens und folglich strafbar an jedem Einzelnen wie an der ganzen Menschheit wie ein Verbrechen, hat Konsequenzen: Gott *kann* die Strafe erlassen; er *muss* es durchaus nicht, und nach der persönlichen Erwartung Augustins wird er auch bei weitem nicht jedem Menschen diese Strafe erlassen (von zehn Menschen, so hieß es im Mittelalter, werden acht verdammt und zwei gerettet). Für das Menschenbild Augustins bedeutet dies: Durch eine vor dem jeweiligen individuellen Leben vollzogene schuldhafte Handlung werden alle Menschen immer schon von vornherein zu Schuldnern. Tod und Leid in ihrem Leben sind die Folge. Dieser Folge zu widersprechen, ist unmöglich, denn der Mensch muss »lernen, sein Elend als Strafe zu begreifen«.[13] Die Ausarbeitung der Erbsündenlehre ist eine theologische Innovation Augustins, dem dabei der *Römerbrief* vorlag, den aber bisher noch niemand in dieser radikalen Weise interpretiert hatte. Alle Menschen verdienen ewige Qual. Wenn die ohne Grund und ohne Verdienst Erretteten im Blut der Leidenden ihre frommen Hände waschen, bevor sie Jubellieder singen (Ps. 57,11), entspricht dem, so jedenfalls Flasch, dass auch buchstäblich das Blut abweichender Sünder fließen darf. Ihm zufolge wurde Augustin zum »Klassiker der religiösen Intoleranz« und »Weltverdüsterung«, sein Gott einem spätantiken Imperator immer ähnlicher. In der belagerten Stadt Hippo ist Augustin in einem Zustand »religiöser Verdüsterung« gestorben. Sein Schüler POSSIDIUS berichtet, er habe ständig und überströmend geweint – »Sah der Sterbende sich im Netz seiner eigenen Gnadenlehre verfangen?«.[14]

4. Aristotelesrezeption und arabische Vermittlung – Islam

Die weitere Entwicklung der europäischen Philosophiegeschichte ist ohne den Einfluss der Araber schwerlich zu verstehen,[15] ein Einfluss, der weiter reicht als die militärische Konfrontation, die neben dem »heiligen Krieg« und der Ausbreitung des Islam und den Kreuzzügen vor allem in der Rückeroberung des bis zum 11. Jahrhundert teilweise islamischen Sizilien und des noch bis in 15. Jahrhundert teilweise islamischen Spanien bestand.

Die Entstehung des Islam vollzog sich auf der riesigen, vielfach von Wüsten bedeckten arabischen Halbinsel. Hier gelang es MOHAMMED (570–632), ein in nomadisierende Clans zersplittertes Beduinenvolk zu einer Einheit von ungeheurer Durchschlagskraft zusammenzuschweißen, die sich schon bald nach seinem Tod berufen fühlte, aus der neuen arabischen Nationalreligion, auch durch Dschihad (»heiligen Krieg«), eine Weltreligion zu machen.

»Islam« bedeutet »Unterwerfung unter den Willen Gottes«; er ist die von Mohammed und in der Folgezeit vornehmlich aus jüdischen und christlichen Lehren gebildete Religion, deren heutiges Verbreitungsgebiet sich bei weitem nicht mehr auf ihren arabischen Ursprung beschränkt. Mit 40 Jahren, also nach christlicher Zeitrechnung im Jahre 610, sei Mohammed der Engel Gabriel als Gesandter Allahs erschienen. Seine Lehre ist in den 114 Suren des *Koran* formuliert. In ihrer ursprünglichen arabischen, nicht zu verfälschenden Form sind sie für jede muslimische Gemeinde auf der Welt als direkt und in einem einmaligen Akt übermitteltes Wort Gottes verbindlich. Der Koran prägt bis heute die privaten und öffentlichen, auch politischen Lebensvollzüge der Muslime. Neben dem Koran steht als gleichfalls autoritative Glaubensquelle die »Sunna« (»Gewohnheit«), die Aussagen und Berichte über das Handeln oder auch das Dulden Mohammeds in Traditionssammlungen enthält. Da er mit seinen religiösen Reformbestrebungen den Götzendienst Mekkas störte, musste Mohammed im Jahre 622 die Stadt verlassen; mit der »Hedschra«, der Flucht nach Medina, beginnt die islamische Zeitrechnung. 630 kam er als Eroberer nach Mekka zurück und bestimmte diese Stadt zum zentralen Heiligtum des Islam. Zu den vorgeschriebenen Gebetszeiten, die sich über den ganzen Tag verteilen, verneigen sich die Gläubigen in aller Welt stets gen Mekka.

Hatten die Araber zur Zeit Mohammeds so gut wie keine schriftliche Kultur, so wurden sie im 7. Jahrhundert im Zuge der Eroberung Persiens und Ägyptens die Erben der dortigen Wissenschaft und Buchkultur, und damit auch der griechischen. Hippokrates und Galen etwa dienten der Entwicklung der arabischen Medizin; ab dem 10. Jahrhundert besaß man, anders als der Westen, den vollständigen Aristoteles auf Arabisch. Über die Jahrhunderte brachte die islamische Welt verschiedenste, orthodox-religiöse wie kritische Denker hervor. Im Osten lebte Alfarabi (um 870–950), arabischer Philosoph, Mathematiker und Mediziner. Alfarabi lehrte in Bagdad und Damaskus und schrieb den ersten Kommentar zu den logischen Schriften des Aristoteles im arabischen Kulturkreis. Es gab umfangreiche Bibliotheken, so im Westen, in Spanien, im kulturell blühenden Córdoba, wo im Jahre 1126 Ibn Ruschd, lat. Averroes, geboren wurde, der neben Avicenna (Ibn Sina) wohl bedeutendste arabische Philosoph. Der in Persien lebende Avicenna (980–1037), auch Arzt und Autor des einflussreichen *Kanons der Medizin*, beherrschte im Mittelalter die ärztlichen Anschauungen. Der Vermittler des Aristoteles wurde jedoch von den islamischen Theologen abgelehnt.

Gleiches gilt für Averroes, obwohl er als Leibarzt seines philosophisch interessierten Herrschers eine durchaus wichtige Position bekleidete. Averroes wude nach 1195 angeklagt, seine Philosophie sei gegen den Islam gerichtet, über Jahre verfolgt und aus Córdoba erst nach Lucena, dann nach Marrakesch verbannt. Gegen die Kritik des Theologen Al Gazzali (1059–1111), der in seinem Werk *Widerlegung der Philosophen* (*Destructio philosophorum*) in folgenreicher Weise die vernunftgläubige Philosophie attackiert hatte, verfasste Averroes seine *Tahafut al-Tahafut (Destructio destructionis, Widerlegung der Widerlegung).* Genüsslich vermerkte er, wie – ein performativer Selbstwiderspruch! – selbst ein solcher »Versuch, gegen die Vernunft zu polemisieren, sich doch der Vernunft bedienen müsse«. Mit dem Tod des Averroes freilich ging die Zeit der wissenschaftlichen Überlegenheit der Araber zu Ende. Mancher Kommentator setzt mit diesem Datum auch das Ende der Philosophie überhaupt im Islam an, in dessen zivilisatorischer Entwicklung es demnach keine Renaissance, keine Aufklärung, keinen Historismus und keine Moderne in der Weise gegeben habe, wie sie dann, auch durch Averroes-Rezeption (und Averroes-Stilisierung) in Europa zuallererst in Gang gekommen sind. Auf die vielfachen Traditionen islamischer Rechtsgelehrtheit, Theologie und Mystik kann in unserem Zusammenhang nur verwiesen werden. Vor dem gelegentlich kolportierten eindimensionalen Islam-Bild ist zu warnen. Weder sind Traditionalismus oder (davon zu unterscheiden) Fundamentalismus ausschließlich die Erscheinungsformen nur *einer* Religion, noch lassen die vielfach verschiedenen Ausprägungen des Glaubens sich auf simple Formeln bringen. Auch muss die kognitiv und emotional weitgehend als Gegenmoderne auftretende und leidvoll mit ihr konfligierende Erscheinungsform einer statisch-patriarchalischen Offenbarungsreligion mit geringem theologisch-hermeneutischen Spielraum, wie der Islam in der Gegenwart oft genug erscheinen mag, nicht deren letztes Wort in der Geschichte sein. Die Philosophie (*falsafa*) freilich, auch institutionell nicht fest – etwa an Universitäten – verankert, findet kaum Widerhall im islamischen Kulturkreis, nicht zuletzt aufgrund des theologisch-orthodoxen Schlages des Al Gazzali. Das Christentum dagegen wird bis heute in einer zunehmend säkularisierten Staatsverfassung (Trennung von Staat und Religion) in eine langwährende Auseinandersetzung mit Philosophie und Wissenschaft gezwungen.

Gefährlich wie seinen islamistischen Kontrahenten erschien Averroes freilich auch den Christen, die ihn, »den Kommentator« des Aristoteles, doch zugleich so nötig brauchten. Wenn er etwa gut aristotelisch lehrte, die Welt sei ewig, so gefährdete das die christliche Schöpfungslehre. Gleiches galt, wenn er die individuelle Unsterblichkeit der Seele bestritt. Seinen eigentlichen Widerklang findet Averroes gleichwohl im Westen; ein aufgeklärtes Bewusstsein hat sogar, dies wohl unberechtigt, über den Aristotelismus hinausgehende, außerordentlich kritische Theoreme vermutet, so die Lehre von der »doppelten Wahrheit« (der Philosophie und des Glaubens) oder gar die Rede von den »drei Betrügern« (Moses, Jesus und Mohammed); Voltaire nannte ihn mit Wohlgefallen, der kritische französische Religionswissenschaftler Ernest Renan (1823–1892) widmete ihm eine nach wie vor einschlägige Darstellung.

5. Scholastik und Thomas von Aquin

In der Epoche der *Scholastik* findet das mittelalterliche Denken seine kennzeichnende Ausgestaltung. Von den Dom- und Klosterschulen führt die Entwicklung zu den Universitäten (Bologna 1119, Paris 1150, Köln 1388). Hier blüht die Sammlung und Abschrift von Texten antiker Autoren und der Kirchenväter, die in Vorlesungen (*lectiones*) und Diskussionen (*disputationes*) Gegenstände des Unterrichts werden. All dies gipfelt in der Hochscholastik schließlich in den *Summen*, systematischen Behandlungen eines Wissensbereiches: »›Scholastik‹ bedeutet wesentlich ›Wissenschaft‹ im Sinne rationaler, methodisch reflektierter Weltvergewisserung in schulmäßig institutionalisierter Form« (BECKMANN, *Mittelalter* 48f., 86). Freilich ist die mittelalterliche Gelehrsamkeit, wo sie sich dann entwickelt, allgemein geprägt durch einen rezeptiven, auf Autoritäten sich berufenden Charakter. Die berühmte Definition der scholastischen Methode, die der Philosoph und katholische Theologe Martin GRABMANN (1875–1949) gegeben hat, lautet:

> »Die scholastische Methode will durch Anwendung der Vernunft, der Philosophie, auf die Offenbarungswahrheiten möglichste Einsicht in den Glaubensinhalt gewinnen, um so die übernatürliche Wahrheit dem denkenden Menschengeiste inhaltlich näher zu bringen, eine systematische, organisch zusammenfassende Gesamtdarstellung der Heilswahrheit zu ermöglichen und die gegen den Offenbarungsinhalt vom Vernunftstandpunkte aus erhobenen Einwände lösen zu können. In allmählicher Entwicklung hat die scholastische Methode sich eine bestimmte äußere Technik, eine äußere Form geschaffen, sich gleichsam versinnlicht und verleiblicht.« (*Geschichte der scholastischen Methode* 2,36f.)

Um die Epoche der Scholastik einzuteilen, unterscheidet man: erstens die noch eher neuplatonisch geprägte »Frühscholastik« vom 9. bis zum 12. Jahrhundert (vor allem ANSELM VON CANTERBURY und der durch seine unglückliche Liebesgeschichte mit Heloïse bekannt gewordene scharfsinnige Denker ABAELARD, 1079–1142); zweitens die von Aristotelesrezeption und -rezeptionskritik geprägte »Hochscholastik« des 13. Jahrhunderts. Zu ihr zählen die Franziskaner ALEXANDER VON HALES (gest. 1245) und BONAVENTURA (Giovanni di Fidenza, 1221–1274), der gegenüber bloßer Gelehrsamkeit skeptische Mystiker. Der Hochscholastik gehören ferner die Dominikaner ALBERTUS MAGNUS, THOMAS VON AQUIN und DIETRICH VON FREIBERG (1250–1320) an. Der Franziskaner JOHANNES DUNS SCOTUS (1265–1308) studierte und lehrte in Oxford, Cambridge, Paris und Köln, wo sich in der Minoritenkirche auch sein Grab befindet. In seiner Bedeutung als Metaphysiker neben THOMAS gestellt, wurde er seiner feinsinnigen (auch Thomas gegenüber:) sprachkritischen Analysen wegen »doctor subtilis« genannt.

Drittens spricht man für das 14. und 15. Jahrhundert von der »Spätscholastik«. Zu ihr gehören vor allem WILHELM VON OCKHAM und weitere Denker, die in ihrer Behandlung vor allem von Logik, Naturphilosophie und Politik dem Durchbruch der Naturwissenschaften und des Humanismus vorarbeiteten.

Von all diesen eher vernunftmäßig-argumentativ-diskursiv orientierten Denkbemühungen setzt man häufig, ob zu Recht oder Unrecht, die »Mystik« (von griech. *mýein* ›die Augen schließen‹ oder *mystikós* ›geheimnisvoll‹) ab. Mystik ist die in vielen Kulturen anzutreffende Bestrebung, durch intuitive Versenkung in das eigene Innere eine »unio mystica«, eine Verschmelzung mit der Gottheit, zu erreichen. Hauptvertreter der christlichen (es gibt auch eine islamische und eine fernöstliche) Mystik des Mittelalters sind etwa BERNHARD VON CLAIRVAUX (1091–1153) und MEISTER

ECKHART (um 1260–1328), der als einer der ersten seine Predigten und Abhandlungen auch im (Mittelhoch-)Deutschen verfasste. Für Meister Eckhart, gegen den ein Inquisitionsverfahren angestrengt wurde, ist die Mystik aber keine antiintellektuelle Sondererfahrung. Sie ist vielmehr als besondere Form spekulativ-radikalen Denkens charakterisiert worden.[16]

Einen symptomatischen Einblick in Charakter und Entwicklung der Scholastik gibt eines ihrer berühmtesten Probleme, der so genannte »Universalienstreit«. Dieser entwickelte sich im Anschluss an die *Isagoge* (*Einführungsschrift*) des PORPHYRIUS (um 232 – nach 300) zu den »Kategorien«, einem Werk des ARISTOTELES. Porphyrius war ein griechischer Philosoph aus Tyros und ein Schüler PLOTINS gewesen. Es ging um die Problematik des Begriffs: Haben die Allgemeinbegriffe ein »reales« Sein, oder sind sie bloße Abstraktionen bzw. »Namen«, während nur die Einzeldinge wirklich existieren? Obwohl die Forschung gerade in jüngerer Zeit eine Vielzahl auch anderer Kontroversen im Mittelalter untersucht hat, ist der »Universalienstreit« deswegen nach wie vor von großer Bedeutung, weil in ihm unter anderem die Frage nach dem Verhältnis von Bewusstseinsinhalten, Sprachstrukturen und der »objektiven« Realität zur Debatte stand. Die Hochschätzung abstrakter Begriffe macht für die mittelalterliche Metaphysik auf ihrem Höhepunkt einen Wirklichkeitsbegriff möglich, der durch ein großes Erkenntniszutrauen in die Wirklichkeit in Gott geprägt ist. Auf dem Spiel steht also sozusagen die »Festigkeit der Welt«. Während der an PLATON anschließende (Begriffs-)Realismus die Wirklichkeit der Universalien *vor* dem Einzelding (*ante rem*, vor der Sache) lehrte, ließ der sozusagen gemäßigte aristotelisch-thomistische Realismus die Universalien *im* Ding selbst (*in re*) präsent sein. Der »Nominalismus«, der sich am Ende des Mittelalters durchsetzte und damit das große Vertrauen in Gottes Welt zerstörte, sieht in den Universalien nur »Namen« für das primäre Einzelding (*post rem*, nach der Sache). Die begriffsrealistischen Erkenntnisambitionen des Hochmittelalters zeigen sich auch in den Gottesbeweisen. Am berühmtesten ist der »ontologische Gottesbeweis« des englischen Primas und Erzbischofs von Canterbury, ANSELM (1033–1109; *Monologion* [*Selbstgespräch*], 1076, *Proslogion* [*Anrede*], 1077/78), demzufolge Gott als »größtes« und »perfektestes« Sein gerade diese Rolle nicht ausfüllen könnte, wenn er nur im Verstand und nicht notwendig existierte.[17] Die mittelalterliche Metaphysik übernimmt so die grundlegenden Dualismen der antiken – nach wie vor dominiert eine Auffassung, die die Wirklichkeit sozusagen in zwei Teile »zerlegt«: in die »irdische« und in die überirdische Wirklichkeit, in die bloß sinnliche und in die geistige Wirklichkeit, in die der Zeitlichkeit unterworfene und in die ewige, in die wandelbare und in die unveränderliche Wirklichkeit. Die Metaphysik, schon von ARISTOTELES auch mit der Theologie identifiziert, fällt nun weitgehend mit der ausgearbeiteten Theologie zusammen.

Nach AUGUSTIN sicherlich der bekannteste mittelalterliche Philosoph ist THOMAS VON AQUIN. Der heilige Thomas (1225–1274) wurde als jüngster Sohn einer italienischen Adelsfamilie in Roccasecca bei Aquino in Süditalien geboren. Er studierte Philosophie an der aristotelisch orientierten kaiserlichen Universität zu Neapel sowie Theologie an Ordensschulen in Paris und Köln. Gegen den heftigen Widerstand seiner Familie wurde Thomas Dominikanermönch, dann Universitätslehrer in Paris. Er verfasste die Werke *Summa contra gentiles* (*Zusammenfassendes Lehrwerk gegen die Heiden* – eine Auseinandersetzung vor allem mit dem Islam) und *Summa theologiae* (ein monumentales theologisches Handbuch). Der Thomismus wurde offizielle Philosophie des Dominikanerordens, Thomas wurde 1322 heiliggesprochen, 1879 wurde der Thomismus offizielle Philosophie der katholischen Kirche insgesamt.

Thomas' Lehrer ist ALBERTUS MAGNUS (1193–1280) gewesen. Albert,[18] mit den Lebensstationen Padua, Paris, Köln und Regensburg, hatte den Beinamen »doctor universalis«. Er war ein Erforscher der Natur, der ihre Erscheinungen genau untersuchte und beschrieb. Albert beschritt angesichts der durch das Eindringen der griechisch-arabischen Wissenschaft hervorgerufenen veränderten Situation neue Wege, die auf Thomas' Lösung vorweisen: die wissenschaftlichen Errungenschaften des ARISTOTELES, dem er seine Kommentare widmete, aufzugreifen, ohne in Kernfragen des christlichen Weltbildes Zugeständnisse an ihn zu machen. In der Kölner Kirche St. Andreas steht sein Sarkophag.

Albertus Magnus und Thomas von Aquin lebten in einer gegenüber der Frühzeit des Mittelalters veränderten Zeit. Mit den neuen Staatenbildungen hatten sich die gesellschaftlichen, politischen und kulturellen Verhältnisse, mit denen etwa AUGUSTIN sich auseinandergesetzt hatte, gewandelt. Das Christentum, in seiner Geschichte oft genug Opfer und Täter politischer Machtausübung zugleich, wurde durch den päpstlichen Machtanspruch selbst zu einem wesentlich politischen Faktor. Nach Aufstieg und Niedergang des Karolingerreiches, den zerstörerischen Einfällen der Wikinger und Ungarn begann der lateinische Westen sich politisch und ökonomisch zu erholen und, mit den Kreuzzügen, gegenüber der nicht-lateinischen und nichtchristlichen Welt »initiativ« zu werden. Hiermit verknüpft ist die Selbstvergewisserung in einem herrschenden Wirklichkeitsverständnis mit dem Anspruch, allen Erscheinungen und Ereignissen in einem umfassenden Weltbild ihren Platz und ihre Deutung zuzuweisen. Dieses sah sich durch das Bekanntwerden eines großen Bestandes aristotelischer Schriften, die von den »Heiden« tradiert worden waren, in der Zeit des Thomas jedoch zugleich herausgefordert. Neben seinem Lehrer Albert dem Großen stellte THOMAS sich als einer der Ersten an die Spitze der »aristotelischen Revolution«. Thomas behauptete nicht nur die Vereinbarkeit dieser heidnischen Philosophie mit dem Christentum, sondern sogar, dass diese Einbeziehung die Christlichkeit sozusagen vollenden könne. Indem er jedoch die aristotelische Philosophie solcherart auf das Christentum bezog, veränderte und relativierte er sie auch in gewisser Weise: man sagt, Thomas habe ARISTOTELES »getauft«.[19] Auch wenn Thomas' Lehre auf den Philosophien Platons und Aristoteles' und der Theologie Augustins fußt, gilt sie eher als eine »großartige Synthese« denn als bloßer Eklektizismus. Der »Thomismus« setzte die »reformistische« Aristotelesrezeption gegen Widerstände innerhalb der katholischen Kirche durch: Er überstand nach seinem Tode und auf Dauer sowohl »konservative« Einwände von Aristotelesfeinden auf der einen Seite wie auch auf der anderen Seite »radikalere« Lektüren des Aristoteles wie die Thesen von 1277.[20]

1277 verurteilte nämlich der Bischof von Paris, Etienne TEMPIER, 219 von Aristoteles inspirierte philosophische Thesen als Irrlehren, von denen er behauptete, dass man sie an den wichtigsten Universitäten der Christenheit verbreite. Deren Verfasser hatten offenbar gefunden, dass Albert und Thomas die Aussagen der Griechen, etwa zu Themen der sittlichen Lebensformen, harmonisierend gelesen und damit faktisch abgeschwächt hatten. Die

Ethik des Aristoteles, so fiel nun auf, bezieht sich nicht auf das Jenseits und fordert weder Armut (These 170: »Wer arm ist an äußeren Gütern, kann nicht moralisch gut handeln«) noch Keuschheit. Weitere Beispiele: These 150: »Der Mensch darf sich nicht mit der Autorität zufrieden geben, um in irgendeiner Frage zur Gewissheit zu kommen«; These 152: »Die Reden des Theologen sind in Fabeln begründet«; These 153: »Das theologische Wissen bringt keinen Erkenntnisgewinn«; These 154: »Weltweise sind allein die Philosophen«; These 168: »Enthaltsamkeit ist nicht ihrem Wesen nach eine Tugend«; These 172: »Sexuelle Lust verhindert nicht die Ausübung oder die Anwendung der Einsicht«; These 175: »Die christliche Religion verhindert den Wissenszuwachs«; These 176: »Die Glückseligkeit gibt es in diesem Leben, nicht in einem anderen«.

Wissenschaft. Neben seinem Lehrer ALBERT war es vor allem THOMAS, der die zwischenzeitlich verlorenen, nun wieder bekannt gewordenen Schriften des ARISTOTELES produktiv aufnahm und eine Vermittlung von christlicher Theologie und aristotelischer Philosophie und Wissenschaft formulierte. Es begann die »Allianz der Kirche mit dem Stagiriten« (A. KOESTLER). Thomas suchte auf diese Weise die Kluft zwischen Glauben und Vernunft so weit als möglich zu schließen, ohne ihren Unterschied zu verwischen. Im Hochmittelalter wird die Tendenz bemerkbar, gegenüber der augustinischen Abwertung die Welt für den Menschen wieder »berechenbarer« zu machen, sie zu »rationalisieren«. Es entwickelt sich die Vorstellung, dass das Wissen ein Nachzeichnen der göttlichen Ordnung des Universums sei, womit auch das Weltwissen einen berechtigten Platz einnehmen konnte. Eine zeitgenössische Darstellung zeigt die nun geltende Hierarchie der Wissenschaften. Nach dem Schema von »oben« und »unten« werden die Wissenschaften in allegorischer Darstellung sortiert. Die »Grammatik«

hält dem Schüler eine Tafel mit dem Alphabet vor und nähert sich mit einem Schlüssel in der anderen Hand dem Turm der Wissenschaft, durch dessen Fenster man in den unteren beiden Geschossen Unterrichtsszenen erkennen kann. Im nächsthöheren Geschoss schauen die Symbolfiguren von Logik, Rhetorik und Grammatik aus ihren Fenstern heraus, über ihnen hausen Musik, Astronomie und Geometrie, darüber Physik und Ethik. Zuoberst thront die Theologie.

In seiner *Summa theologiae* stellt auch Thomas die Theologie als die wahre Wissenschaft dar. Wegen der einzigartigen theoretischen und praktischen Relevanz ihres Wissens ist sie, wie er im fünften Artikel ausführt, zugleich die höchste und eigentliche Wissenschaft vor allen Profanwissenschaften. Dabei geht Thomas in der *Summa theologiae* methodisch stets so vor, dass er zu den einzelnen Punkten zunächst Autoritäten »contra« und »pro« aufführt, sodann in einem Hauptteil, eingeleitet durch »Ich antworte ...«, seine eigene Position zur Darstellung bringt und von dieser eigenen Antwort aus das Für und Wider im Lichte der gefundenen Antwort erläutert. Die mittelalterlichen Kathedralen, die in ihrer Symbolsprache für ein geschlossenes Weltbild stehen, können als Versinnbildlichung für diese Synthese in einem Systemdenken aufgefasst werden. Das gesamte Bildungswesen blieb jedoch auf das Studium antiker und christlicher Autoritäten gerichtet.

»Wahrheit« hat Thomas dabei als »adaequatio intellectús et rei« (Übereinstimmung des urteilenden Geistes und der Sache) definiert und sich damit in das Genre der so genannten »Korrespondenztheorien« der Wahrheit eingeordnet: Das Wesen der Wahrheit ist solchen Theorien zufolge eine Entsprechung zwischen der formulierten »Erkenntnis« und einem als entsprechend angesehenen Teil der Realität. Diese Realität ist für das Wirklichkeitsverständnis des Mittelalters eine Gesamtordnung mit wesentlich auch »übersinnlichen« Seinsbereichen, d. h. einem »idealen Sein«, wie es nur mit den empirischen Sinnen nicht wahrgenommen werden kann.[21]

Ethik. Auf die bestimmende Macht der Religion (im Orient des Islam, im Abendland des Christentums) auf die gesamte Kultur, so auf die Bereiche von Erkenntnis und Wissenschaft, Kunst usw., ist schon verwiesen worden. Dies gilt auch für den Bereich der sittlichen Lebensformen. Man hat diesen prägenden Einfluss verglichen mit dem Bild der mittelalterlichen Stadt: aus dem engen und niedrigen Häusergewirr stiegen die Kathedralen auf zu einer Höhe, die die Menschen schwindlig machen musste; mit ihren Pfeilern, Altären, Reliquien und der Farbigkeit ihrer Fenster waren sie Abglanz des Himmlischen Jerusalem. In einer Welt, die die Sensationen der Moderne noch nicht kannte, musste all dies überwältigend wirken, etwa wenn der mittelalterliche Mensch in einer prachtvollen Prozession zu einem hohen kirchlichen Fest durch das große Westportal den gewaltigen Dom betrat, um durch das Langschiff hin zum Chor und zum Allerheiligsten zu schreiten. In vielen Darstellungen stellten die klugen und törichten Jungfrauen (Mt. 25,1–13) die zu Stein gewordene Frage: Wie sieht es in deinem Leben mit den Glauben aus? Bist du vorbereitet? Wirst du dereinst im Buch des Lebens stehen? Auf diese entscheidende Frage nach dem Heil hat das irdische Leben sich auszurichten. Im 48. Kapitel seiner *Summa contra gentiles* (*Summe gegen die Heiden*) weist auch THOMAS darauf hin, dass die letzte Glückseligkeit für den Menschen in diesem Leben nicht zu haben ist. Thomas wirft den heidnischen Philosophen, vor allem ARISTOTELES, vor, darum das wahre Glück nicht bestimmen zu können, und setzt dagegen als eben dieses wahre Glück die Perspektive des Christen, der im Jenseits Gott schauen wird wie die Engel (Kap. 51):

»Diese unmittelbare Schau Gottes wird uns in der Schrift 1. Kor. 13,12 verheißen: ›Nun schauen wir durch einen Spiegel rätselhaft: dann aber von Angesicht zu Angesicht.‹ Dies in körperlicher Weise zu verstehen, so dass wir uns bei der Gottheit selbst ein körperliches Angesicht vorstellen, ist unzulässig: denn es ist dargelegt worden (I,27), dass Gott unkörperlich ist, und es ist auch nicht möglich, dass wir mit unserem körperlichen Angesicht Gott schauen, weil der körperliche Gesichtssinn, der in unserem Angesicht Sitz hat, nur körperliche Dinge erfassen kann. So werden wir also Gott von Angesicht zu Angesicht schauen, weil wir ihn unmittelbar schauen werden wie einen Menschen, den wir von Angesicht zu Angesicht sehen. Gemäß dieser (unmittelbaren) Schau aber werden wir Gott im höchsten Maße verähnlicht und haben an seiner Seligkeit teil: denn Gott selbst erkennt durch sein Wesen seine Substanz, und darin besteht seine Glückseligkeit. Daher heißt es 1. Joh. 3,2: ›Wenn er aber erschienen ist, werden wir ihm ähnlich sein und ihn sehen, wie er ist.‹ Und Lk. 22,29f. sagt der Herr: ›Ich bereite euch den Tisch, wie mir mein Vater den Tisch bereitet hat, auf dass ihr esset und trinket an meinem Tisch in meinem Reich.‹ Darunter kann aber nicht Speise oder Trank für den Körper verstanden werden, sondern etwas, das man am Tisch der Weisheit zu sich nimmt, von dem die Weisheit Spr. 9,5 sagt: ›Esst meine Brote und trinkt den Wein, den ich euch gemischt habe.‹ Am Tische Gottes also essen und trinken jene, die dieselbe Glückseligkeit genießen, in der Gott glückselig ist, da sie ihn auf jene Weise schauen, auf die er sich selbst schaut.«

Diese Vision macht Gemeinsamkeiten wie Unterschiede von Antike und christlichem Zeitalter deutlich: das platonisch-aristotelische Ideal eines der Wahrheitsschau (*theoria*) gewidmeten Lebens wird zur seligen Schau Gottes im Jenseits umgeformt.

Politik. Als Quellen für THOMAS' Ansichten in politischen Fragen kommen neben der *Summa theologiae* vor allem seine Schrift *De regimine principum* und sein unvollendet gebliebener Kommentar zu ARISTOTELES' *Politik* in Betracht. Als Ergebnis einer Untersuchung besonders des *Fürstenregiments* lässt sich etwa das Folgende sagen: Thomas denkt die Begründung politischer Ordnung mit Gott als notwendige Bedingung; sein Staat ist aber nicht die »Zuchtrute«, mit der der sündige Mensch zu bändigen ist. Als beste Regierungsform empfiehlt Thomas eine durch aristokratische und demokratische Elemente gegen den Absturz in die Tyrannei gesicherte Monarchie, von der er ein Idealbild entwickelt. In der Monarchie kommt das »metaphysische Prinzip« der Regierung der Vielheit durch das Eine am besten zum Ausdruck: so wie Gott die Welt und die Seele den Körper regieren, regiert der Fürst seinen Staat. Auch hier kann man behaupten, dass gegenüber AUGUSTIN bei Thomas eine »Rationalisierung« und möglicherweise sogar »Humanisierung« des menschlichen Verhältnisses zu Gott stattfindet. Unter dem Einfluss des Aristoteles wendet sich das Interesse der Welt zu; bei ALBERT eher den Naturwissenschaften, bei Thomas eher der politisch-sozialen Welt. Die Dichotomie von »Gottesstaat« und »sündiger Welt« ist relativiert, aristotelische Bestimmungen, z. B. die Auffassung vom Menschen als einem »zõon politikón«, einem auf Gemeinschaft und vernünftige politische Institutionen bzw. den Staat angewiesenen Lebewesen, fließen ein und knüpfen Glaubensdimension und Weltwissen harmonisierend zusammen. Gesellschaftshierarchie, Hörigkeit, Leibeigenschaft und Dämonenglaube freilich werden für Thomas so wenig zum ethischen Problem wie für Aristoteles die Sklaverei.

Die Entwicklung nach Thomas. Deutung und Formgebung von kirchlicher und weltlicher Herrschaft wandeln sich von der Patristik bis zum Spätmittelalter. Der höchste

Anspruch des päpstlichen Absolutismus wird am 18. November 1302 in der Bulle *Unam sanctam* von Papst Bonifaz VIII. erreicht, die nicht nur auf Thomas, sondern vor allem auf AEGIDIUS ROMANUS (*De ecclesiastica potestate*) fußt, dessen Lehre in dem Satz gipfelt, die Gläubigen seien »Sklaven der Kirche«, weil diese sie von der Macht des Bösen losgekauft habe.[22] Anders als bei AUGUSTIN, aber nicht ohne Konsequenz aus seiner Lehre, werden Gottesstaat und Kirche identifiziert. Die Wiederentdeckung der *Politik* des ARISTOTELES, die ganz ohne Rekurs auf Offenbarung die Ordnung des menschlichen Zusammenlebens diskutiert, stellt dieses theo- bzw. besser »papokratische« Modell auf Dauer vor eine große Herausforderung, in deren Folge es ins Wanken gerät. Bereits der Dichter DANTE ALIGHIERI (1265–1321) widerspricht ihm vehement in seiner Schrift *De monarchia* (um 1310) im Interesse einer neuen universalen Staatsordnung. Ebenso tut dies MARSILIUS VON PADUA (1275–1342) in seinem *Defensor Pacis* (*Verteidiger des Friedens*, 1324), der gegen den päpstlichen Machtanspruch Argumente ins Feld führt, die auf den Gedanken der Volkssouveränität (auch übrigens des Kirchenvolkes) vorweisen.

6. Spätscholastik: Ausgang des Mittelalters

Neue bedeutende Veränderungen der Auffassungen und der Methoden brechen sich im Werk von Forschern wie Robert GROSSETESTE (um 1168–1253), Roger BACON (um 1219–1292) und WILHELM VON OCKHAM (1285–1349) und in der Person des Kaisers FRIEDRICH II. von Hohenstaufen (1194–1250) Bahn; diese Veränderungen weisen auf die wissenschaftliche Revolution des 17. Jahrhunderts voraus. BACON etwa wandte sich gegen den gängigen scholastischen Wissenschaftsbetrieb, der nun zum hart kritisierten und verspotteten Gegenbild aller Neuerer wurde. Von epochaler Bedeutung war aber vor allem WILHELM VON OCKHAM, weil er die Tendenz des Hochmittelalters, gegenüber der fast ausschließlichen augustinischen Konzentration auf das Heil auch *die Welt* insgesamt für den Menschen wieder »berechenbarer« zu machen, nun wiederum zerstörte.[23]

Wilhelm wurde um 1285 in Ockham (südlich von London) geboren. Nach dem Studium der Philosophie und Theologie in Oxford hielt er dort Vorlesungen. 1323 erhob der Oxforder Kanzler Johannes LUTTERELL vor dem päpstlichen Hof in Avignon Anklage in 56 Punkten. Das politische und geistesgeschichtliche Umfeld war gekennzeichnet durch die Rolle der Franziskanerspiritualen, einer Armutsbewegung, die sich gegen die verweltlichte Kirche, den Papst und die Geschäfte der »Konventualen« aus dem eigenen Orden richtete. Wilhelm von Ockham gehörte der Delegation an, die zur Verurteilung nach Avignon befohlen war. Ihre Mitglieder flohen jedoch. Wilhelm gelangte unter dem Schutz von Kaiser Ludwig dem Bayern 1330 nach München und verteidigte diesen in mehreren Schriften in der Auseinandersetzung mit der weltlichen Macht des Papstes. Er starb 1349 in München an der Pest.

Bei WILHELM von Ockham vollzieht sich eine Verlagerung der philosophischen Thematik hin zu einer kritischen Untersuchung der menschlichen Erkenntnis und zur Theorie des Wissens. Das muss die Rolle der Theologie als Wissenschaft, wie Thomas sie konzipiert hatte, treffen. Mit seinem berühmten Rationalitätsprinzip, das die Minimalisierung der zur Erklärung eines Umstandes aufgebotenen Kategorien verlangte, dem so genannten »Ockhamschen Rasiermesser« (in einer Formulierung: »frustra fit per plura quod potest fieri per pauciora«[24]), steht Wilhelm in neuen

Kontexten des Denkens. Er zerstört den thomistischen Kosmos als eine mit den denkerischen Methoden der Scholastik rational und sprachlich weitgehend zugänglichen Gesamtordnung. In der Theologie ist Wilhelm in diesem Zusammenhang für die Lehre vom uneingeschränkten (absoluten) Willen Gottes (»Ockhamscher Willkürgott«) berühmt geworden. Obwohl die Einordnung Wilhelms heute zwischen einer eher »beschwichtigenden« Auslegung[25] und einer, die die neu angelegten Potentiale heraushebt, schwankt, lässt sich der Umbruch doch greifen, der sich in dieser faszinierenden Gestalt gegenüber dem thomistischen Welt- und Wissenschaftsbild vollzieht: Die Welt verlor an »metaphysischem Glanz« (Kurt FLASCH). Den geistesgeschichtlichen Hintergrund dieser Zeit hat der bedeutende niederländische Spätmittelalterforscher und Kulturtheoretiker Johan HUIZINGA (1872–1945) als »Herbst des Mittelalters« bezeichnet. Angesichts verstärkter Kontingenzerfahrung (Krise der Kirche, Hunger, Pest) schwindet der theologisch-wissenschaftliche Glaube an die Berechenbarkeit der göttlichen Ordnung. Die Kluft zwischen Glauben und Wissen, die THOMAS möglichst weitgehend hatte schließen wollen, bricht wieder auf. Von der Situation, wie sie zu Zeiten AUGUSTINS bestand, unterscheidet sich diese Zeit jedoch durch die Konsequenz, die aus diesem Verlust an Zutrauenschancen zu ziehen war: Im Sinne der berühmten Formulierung von der »Legitimität der Neuzeit«, die der Philosoph Hans BLUMENBERG im 20. Jahrhundert geprägt hat, wird die Wissenschaft nun gerade zum Instrument menschlicher Selbstbehauptung in der Welt. Der Wissenschaftsbegriff beginnt sich in den profanen Bereich zurückzuziehen und zugleich neu freizusetzen.

Wie bei Wilhelm von Ockham hatte sich ein neuer Geist auch bereits in den teilweise fatalen Experimenten eines Mannes angekündigt, den seine Zeitgenossen nicht ohne einen Beiklang von Schaudern »Stupor mundi« – das Staunen der Welt – nannten. Kaiser FRIEDRICH II. von Hohenstaufen (1194–1250), einer der bedeutendsten Herrscher des Mittelalters, verfasste nicht nur ein Buch zur Falkenjagd in empirisch-experimentellem Stil, vielmehr wird auch erzählt, er habe beobachten wollen, in welcher (»Ur«-)Sprache Menschen zu reden anfangen, mit denen zuvor noch niemand sich unterhalten habe:

> Die Chronik des Minoriten SALIMBENE VON PARMA, der als Anhänger des Papstes und der Kirche dem Kaiser, der mit diesen Instanzen in beständige Auseinandersetzungen verwickelt war, nicht wohlgesonnen war, berichtet von seiner »Wahnidee«, »dass er in Erfahrung bringen wollte, welche Art Sprache und Sprechweise kleine Kinder nach ihrem Heranwachsen hätten, wenn sie (vorher) mit niemandem sprächen. Und deshalb befahl er den Ammen und Pflegerinnen, sie sollten den Kindern Milch geben, also sie an ihren Brüsten saugen lassen, sie baden und waschen, aber in keiner Weise mit ihnen kosen oder zu ihnen sprechen. Er wollte nämlich erforschen, ob sie die hebräische Sprache sprächen, die ja die erste gewesen ist, oder die griechische oder die lateinische oder die arabische oder aber die Sprache ihrer Eltern, von denen sie abstammten. Aber er mühte sich vergebens, weil die Kinder oder vielmehr die Säuglinge alle starben. Denn sie könnten nicht leben ohne das Händeklatschen und Winken, das fröhliche Lächeln und die Koseworte ihrer Ammen und Näherinnen«.[26]

Auch in der spätscholastischen Naturphilosophie, bei Johannes BURIDAN (gest. 1358) und Nicole ORESME (gest. 1382) ist schon viel unternommen worden, was einem neuen Weltbild zugute kommen musste. Ersterer wurde wegen seiner physikalischen »Impetustheorie« diskutiert als »Vorläufer« GALILEIS, Letzterer aufgrund seiner Erwägung der Erddrehung als »Vorläufer« des KOPERNIKUS.[27]

Kontinuität und Diskontinuität im Übergang zur Neuzeit sind insgesamt umstritten. Unter den Frauen in der Philosophiegeschichte des Mittelalters ragt neben HILDEGARD VON BINGEN (1098–1179, Äbtissin und Heilige, die in verschiedenen Schriften ihre mystischen Erfahrungen, eine Tugendlehre sowie ihre medizinischen und naturwissenschaftlichen Kenntnisse darlegte: *Liber Scivias – Wisse die Wege*) vor allem CHRISTINE DE PIZAN schon als eine Gestalt der neuen Zeit heraus. Sie wurde 1365 als Tochter eines Astrologen in Venedig geboren und starb 1430. Mit der Familie übersiedelte sie nach Paris, wo sie, um nach dem Tod ihres Mannes ihren Lebensunterhalt und den ihrer Kinder zu verdienen, zunächst mit Abschriften, dann mit dem Verfassen eigener Texte begann. In den Jahren nach 1400 verfasste Christine de Pizan ein 23636 Verse umfassendes philosophisches Gedicht unter dem Titel *Le Livre de la Mutacion de Fortune* (*Das Buch von den Wechselfällen des Lebens*). Weitere Werke befassen sich mit politischen Themen; ihr Hauptwerk ist *Die Stadt der Frauen*.

NIKOLAUS VON KUES (1401–1464) gilt als letzter großer Reformer und Denker vor der Reformation, zugleich ist er auch bereits eine Gestalt der Neuzeit. Obwohl über Jahrhunderte eher vergessen, scheint er doch seiner Zeit voraus und ist heute einer der Philosophen, die auch im Gespräch der Gegenwart sehr präsent sind. Er wurde im Weinort Bernkastel-Kues an der Mosel als Nikolaus Cryfftz (Krebs) geboren. In Kues stiftete Nikolaus später ein Armenhospital; ein Wandbild der Kapelle zeigt ihn, kenntlich am Krebswappen, als kniende Stifterfigur. Im Obergeschoss hat sich über ein halbes Jahrtausend hinweg der spätgotische Raum der Bibliothek mit seinen Büchern erhalten. Das letzte Kapitel seiner *Docta ignorantia* (*Vom gelehrten Nichtwissen*) schrieb er 1440 in seinem Elternhaus, nur wenige Fußminuten vom Hospital entfernt direkt an der Mosel. Das Grab des Cusaners ist in der Kirche S. Pietro in Vincoli in Rom, in der sich übrigens auch Michelangelos *Moses* befindet. Nikolaus studierte in Heidelberg, Padua und Köln, griff auf dem Basler Konzil (1431) in die bestehenden kirchenpolitischen Spannungen ein, war später Kardinal und Bischof in Brixen, schließlich Beamter seiner Kirche in höchstem Rang in Rom, Diplomat und gelehrter Philosoph. In seiner Brixener Zeit geriet er mit Herzog Sigismund von Tirol in unerquickliche Auseinandersetzungen, aber nie hinderte ihn all das am Philosophieren. Nikolaus von Kues schrieb Schriften mit den Titeln *Der Laie über den Geist* (*Idiota de mente*) und *Der Laie über die Weisheit* (*Idiota de sapientia*), aber auch *Über das Augenglas* [der Vernunft] (*De beryllo*, davon übrigens: Brille).

Dieser Laie, den Cusanus in seinen Schriften zum Ausgangspunkt nimmt, ist nicht der unverbildete »Mann von der Straße«, sondern steht deutlich in der sokratischen Tradition eines »wissenden Nichtwissens«, in die auch der Cusaner sich stellt. Er betreibt keine dogmatische und systematische scholastische Theologie mehr. Am Beispiel der Kunst des Löffelschnitzers zu Beginn des zweiten Bandes des *Laien über den Geist* macht er deutlich, dass der menschliche Geist – bei ihm noch als Abbild des unendlich tätigen göttlichen Geistes – durch sein besonderes schöpferisches, ja weltschaffendes Vermögen ausgezeichnet ist. Dies ist ein wichtiger Gedanke der sich anbahnenden Renaissance. Neu mutet auch an, dass Nikolaus von Kues von der Anerkennung der Vielheit und Verschiedenheit der Glaubenssätze und Überzeugungen ausgeht. Aber diese Pluralität muss als Zeichen der Einheit aufgefasst werden.

Der »Denker der Koinzidenz« kennt keine relativistische Vielzahl von Wahrheiten, sondern nur eine einzige, die Gott selbst ist. In ihm fallen alle Gegensätze zusammen (*coincidentia oppositorum*).

Der Reformator Martin LUTHER (geb. 1483 und gest. 1546 in Eisleben) schließlich beendet die weitgehende Einheit des katholischen Europa. Er schließt an PAULUS und AUGUSTINUS an mit der Lehre, dass die »Rechtfertigung« des Sünders nur Geschenk Gottes, nicht aber Folge eigener Leistung oder eines kirchlich vermittelten Heilshandels sein könne. Für ihn ist es auch nicht, wie später für die Theodizee-Debatten, die Frage, ob man Gott »beweisen« oder gar, angesichts der Übel, »rechtfertigen« kann. Nach einem bei heftigem Gewitter abgelegten Gelübde tritt Luther 1505 in den Orden der Augustiner-Eremiten in Erfurt ein, bevor die Auseinandersetzung mit dem Papst und Kaiser Karl V. schließlich zur Entstehung des Protestantismus als eigener christlicher Konfession führt. Luther prägen, Auslöser und Begleiter seiner Zeit als Mönch in Erfurt, das Gefühl der Sünde, die Angst vor einem unbußfertigen Tod, das Ringen um einen gnädigen Gott und schließlich die Einsicht in Gottes Gerechtigkeit nicht als Maßstab, sondern so, dass der barmherzige Gott gerecht macht durch den Glauben. Die Rechtfertigungslehre des Augustin wird damit durch ihren Einfluss auf Luther noch ein zweites Mal zur christlichen »Initialzündung«. Sie prägt auch die protestantischen Konfessionen, indem sie – zugleich mit dem Rekurs auf die Bibel – gegen die Tradition und Autorität der etablierten katholischen Kirche und das metaphysische Konstrukt ihrer den Abstand zwischen Gott und Mensch füllenden Heilsmittlerschaft ins Feld geführt wird.[28]

IV

Philosophie der Neuzeit: Renaissance, Humanismus, Barock

Während die philosophiegeschichtlichen Epochen »Antike« und »Mittelalter« bei aller notwendigen Differenzierung im allgemeinen Bewusstsein vergleichsweise einheitliche Vorstellungen hervorrufen, ist die Konturierung der Folgezeit deutlich schwieriger. Der deutsche Begriff »Neuzeit« etwa ist erst seit Beginn des 20. Jahrhunderts nachzuweisen.[1] Wie der Begriff »Moderne« führt er bis heute Konnotationen des Aktuellen und Fortschrittlichen mit sich. Es wird einmal mehr deutlich, dass Epochenbezeichnungen theoretische Konstrukte oder sogar selbst Formen ideenpolitischer Auseinandersetzungen und Arten der Selbstinszenierung sind. Sie sind aber zumindest die ebenso kühnen wie verzweifelten Versuche, äußerst vielgestaltige und divergente geistesgeschichtliche Verhältnisse zusammenzufassen und für unsere Orientierung nutzbar zu machen.

Dennoch gibt es deutliche Kriterien, die eine Kennzeichnung auch dieser vielgestaltigen Epoche erlauben. Solche Kriterien sind: Die Hinwendung zur Antike und ihren Sprachen, das Nachlassen des universalen Einflusses der Religion auf das Geistesleben, das zur »Entdeckung der Welt und des Menschen« führt, schließlich der Beginn der spannungsreichen Interaktion der Philosophie mit den neu entstehenden Wissenschaften. Der Buchdruck, im 15. Jahrhundert von Johannes Gutenberg in Mainz erfunden, fördert dabei die Verbreitung neuer Ideen.

1. Renaissance und Humanismus: Von der Wiederkehr der Antike zur Geburt einer neuen Zeit

Kennzeichnend für die neue Zeit ist vor allem eine bewusste »Kulturwende« fort vom Mittelalter. Hierfür stehen die Begriffe »Renaissance« und »Humanismus«. »Renaissance« etwa bedeutet »Wiedergeburt«, »Erneuerung«. Das Neue besteht zunächst in der Wiedergewinnung der antiken Kultur und Philosophie. Dennoch bedeutet die Neuzeit, wie vor allem Hans BLUMENBERG herausgearbeitet hat, nicht einfach eine Konservierung der heidnischen Antike, von der sie zunächst viel lernt, sondern steht für einen eigenen und neuen Ansatz der Vernunft. Der Begriff »Renaissance« wird vor allem auf Italien angewandt. Ihr Beginn wird etwa mit der Dichterkrönung PETRARCAS in Rom 1341 oder der Eröffnung der »Platonischen Akademie« in Florenz 1459 angesetzt und man lässt sie mit deren Schließung 1521 oder auch der Verbrennung Giordano BRUNOS auf dem Scheiterhaufen im Jahre 1600 enden. Als Italien um 1500 bereits in die Epoche der Hochrenaissance eintritt, nehmen auch Frankreich, Deutschland, die Niederlande sowie andere Länder die Impulse der italienischen Renaissance auf und wandeln sie zu nationalen Stilen um.

Es entstehen bis heute gefeierte Werke der Dichtung, Malerei und Baukunst. In Florenz setzt BRUNELLESCHI dem gotischen Dom ARNOLFO DI CAMBIOS die große Kuppel auf. Exemplarisch ablesbar an RAFFAELS (1483–1520) *Sixtinischer Madonna* vollzieht sich mit der Renaissance für die Kunst ein Wandel, in dessen Verlauf in der Malerei und Plastik das Bild seine religiöse »Präsenz als Original« verliert und sich zu einem Vorstellungsbild wandelt, das sich nun aus der Imagination des Künstlers rechtfertigt und sich an diejenige des Betrachters wendet (Hans BELTING). Damit verlassen Kunstentwicklung und Kunstreflexion ihre wesentlich religiös bestimmte Phase und begeben sich in eine neue Vielzahl von Deutungen ihrer Identität und ihres Selbstverständnisses. In der Renaissance entsteht ein zunehmendes Selbstbewusstsein der Künstler, die als Individuen aus den mittelalterlichen Kollektiven heraustreten und sich verstärkt theoretisch äußern: am berühmtesten wohl LEONARDO DA VINCI (1452–1519) über die Notwendigkeit anatomischer Studien und Albrecht DÜRER (1471–1528) in einer *Unterweysung der Messung mit Zirkel und Richtscheyd in Linien, Ebenen und ganzen Körpern.*

In Rom stellt Papst JULIUS II. (1443–1513), der kriegerische »furchtbare Alte«, nicht nur den in Auflösung begriffenen Kirchenstaat wieder her und erreicht die Vertreibung der angreifenden Franzosen aus Italien, sondern fördert auch die Kunst. RAFFAEL malt sein Porträt, das in den Uffizien in Florenz hängt, und die Stanzen im Vatikan, darunter die berühmte Darstellung der philosophischen *Schule von Athen.* MICHELANGELO ist der Schöpfer der Decke der Sixtinischen Kapelle und des Juliusgrabes. BRAMANTE schließlich nimmt 1506 den Neubau des Petersdoms in Angriff; Michelangelo lässt dessen gewaltige Kuppel wölben. Auf Julius II. folgt der Mediceer LEO X.; sein von RAFFAEL gemaltes Bild hängt ebenfalls in den Uffizien. In dieser Zeit freilich ist Rom auch »zur Buhldirne geworden«, wie ein ernsthafter Mönch aus dem Norden, Martin LUTHER, auf seiner Pilgerfahrt in die Stadt mit Entsetzen zur Kenntnis nehmen muss. Luther war, wie wir gesehen haben, in seinem Bemühen um die Wiederherstellung eines intensivierten und ernsthaften Glaubens im Rückgriff auf AUGUSTIN ebenso eine Gestalt des religiösen Zeitalters wie zugleich Teil des entstehenden Neuen. Zu seinem Kampf gegen den vom Handelshaus der Fugger mitbetriebenen Ablasshandel und gegen die römisch-katholische Tradition tritt das neue Prinzip der *individuellen Glaubens- und Gewissensverantwortung*, zu der er mit der Bibelübersetzung in die deutsche Sprache zugleich die Mittel bereitstellt. Dies macht den Protestantismus zugleich zu einem Parallelphänomen der neuen Zeit.

»Humanismus« ist ein auf CICERO und auch auf die »humanistae« des 14. Jahrhunderts zurückgehender neulateinischer Begriff aus dem 19. Jahrhundert (von lat. *humanitas* ›Menschsein, Menschlichkeit, menschliche Natur‹). Das Wort bezeichnet die durch Quellenstudium (Sammlung und Kommentierung der Überlieferung) ermöglichte Wiederentdeckung und Wiederbelebung antiken Gedankengutes, die mit der Neuzeit wirkungsmächtig einsetzt. Dieses genaue und philologisch zunehmend exakte Studium der Quellen ist Teil einer Hinwendung zu den menschlichen Angelegenheiten und Kulturentwicklungen. Nicht mehr so sehr Theologie und Metaphysik interessieren jetzt, sondern die »studia humanitatis«, die »Humaniora«, die »Wissenschaften vom Menschen«: Philologie, Historie, Rhetorik – Ursprünge der heutigen Geistes- oder Kulturwissenschaften. Genauere philologische Arbeit und Textlektüre ermöglichen es etwa einem Lorenzo VALLA (1407– 1457), die so genannte »Konstantinische Schenkung«, ein für die Kirche einstmals sehr vorteilhaftes Dokument, als Fälschung zu entlarven. Es kommt aber auch zu eigener neuer Produktion aus dem Geiste der Antike. Zentrale Bedeutung gewinnt die Entdeckung des Individuums, das aus den festen Gemeinschaftsformen des Mittelalters heraustritt, um sich als umfassende Persönlichkeit auch nach ethischen Maßgaben auszubilden (Humanitätsgedanke). Die Hinwendung zur Antike führt zu einer Befruchtung der jeweiligen Gegenwart und hat eine Förderung der Ideale der Gelehrsamkeit, Beredsamkeit und Weisheit im Gefolge. Humanismus und neue Philosophie blühen in Italien auf und breiten sich dann über die Alpen und nach Spanien aus. Vertrieben durch die türkische Eroberung Konstantinopels im Jahre 1453, kommen viele byzantinische Gelehrte nach Italien, wo sie das Wissen von der Antike entscheidend befördern. Der italienische Humanismus glänzt vor allem am Hof der Medici in Florenz, aber auch im Mäzenatentum der Päpste in Rom. Im Folgenden werden einige wichtige Vertreter von Renaissancephilosophie und Humanismus vorgestellt.

Bereits 1439 war Georghios Gemisthos PLETHON zu einem Vereinigungskongress der Ost- und der Westkirche angesichts der Türkengefahr nach Florenz gekommen. Bei dieser Gelegenheit gewann er großen Einfluss auf COSIMO DE MEDICI. Plethon gab durch seine Vorlesungen über PLATONS und PLOTINS Philosophie den Anstoß zur Neugründung der »Platonischen Akademie« auf italienischem Boden im Jahre 1459. Eigentlich vor allem ein loser Zusammenschluss von Gelehrten, sollten durch die Akademie die antiken Philosophen, vor allem Platon und der Neuplatonismus, wiederbelebt werden. Marsilio FICINO (1433–1499), Übersetzer Platons und Plotins, war Lehrer an der Akademie von Florenz. Der bereits 31-jährig verstorbene Renaissancephilosoph Giovanni PICO DELLA MIRANDOLA (1463–1494), ebenfalls Mitglied der Platonischen Akademie, versuchte einen (dann vom Papst verbotenen) »Weltkongress der Philosophen« einzuberufen, wozu er 900 Thesen zur Diskussion stellen wollte. In seiner Rede *De hominis dignitate* (*Über die Würde des Menschen*), die diesen internationalen Gelehrtenkongress hatte eröffnen sollen, hat er die Stellung des Menschen eindrucksvoll beschrieben, der zum Tier entarten oder sich zum Göttlichen hin erheben kann. Es ist die *Freiheit* des Menschen, die Pico herausstellt. Der Mensch wird fast zum zweiten Gott. Auch CUSANUS hatte ja die schöpferische Tätigkeit des denkenden Subjekts als Nachahmung der unendlichen Schöpferkraft Gottes begriffen. Die hier zu konstatierende Steigerung des menschlichen Selbstgefühls setzt sich zu Gott und zum Kosmos neu in Bezug. Dieses Menschenbild strahlt auf den gesamten europäischen Humanismus aus.

Gegen Ende seines kurzen Lebens wurde PICO stark beeinflusst durch den fanatischen Mönch SAVONAROLA (1452–1498), der angesichts des Sittenverfalls der Renaissancezeit in radikaler Weise zu Armut und Buße aufrief und vom Kloster San Marco aus, in dem man heute noch seine Klosterzellen besichtigen kann, kurzzeitig die Herrschaft der Medici durch eine radikale Theokratie ersetzte, bevor er 1498 in Florenz verbrannt wurde.

Pietro POMPONAZZI (1462–1525) war Professor für Naturphilosophie in Bologna, Ferrara und Padua. Er lehnte es ab, das Naturgeschehen durch Annahme übernatürlicher oder verborgener Kräfte zu erklären, ohne freilich schon über die Möglichkeiten der modernen Naturwissenschaften zu verfügen. Von ARISTOTELES inspiriert, bezweifelte er die Annahme einer Unsterblichkeit der Seele nach Maßgabe der natürlichen Vernunft. Damit löste er einen gewaltigen Skandal aus, auch wenn er die Unsterblichkeit nach der Lehre von der »doppelten Wahrheit«, der wissenschaftlichen und der religiösen, als theologischen Satz stehen ließ. Auch ohne himmlischen Lohn, so argumentierte er, muss der Mensch das Gute um seiner selbst willen tun und ist das Schlechte an sich schädlich. Ein weiterer Aristoteliker war Giacomo ZABARELLA (1533–1589). Schon am Ende der Renaissancephilosophie steht schließlich der Naturphilosoph Giordano BRUNO (1548–1600). Ursprünglich Dominikaner, fiel er 1592 in die Hände der Inquisition und wurde vor allem wegen seiner pantheistisch gefärbten Lehre von der Unendlichkeit der Welt und der Vielzahl der Weltsysteme angeklagt, die den Ansichten des ARISTOTELES übrigens ebenso widersprach wie denen der christlichen Kosmologie. Nach siebenjähriger Haft wurde er am 17. Januar 1600 auf dem Campo de fiori in Rom verbrannt. Brunos Ordensbruder Tommaso CAMPANELLA (1568–1539) ist vor allem durch die »kommunistische« Staatsutopie *Der Sonnenstaat* von 1623 bekannt geworden.[2]

In *Frankreich* zählen zu den Humanisten Jakob FABER STAPULENSIS (Jacques Lefevre d'Etaples, 1435–1536) und Petrus RAMUS (Pierre de la Ramée), der 1572 in der »Bartholomäusnacht« ermordet wurde, einem Massaker an den französischen Protestanten. Das größte Interesse aber beanspruchen wohl bis heute die *Essais* von MONTAIGNE.

Michel Eyquem de MONTAIGNE (1533–1592), zeitweilig Bürgermeister von Bordeaux, zog sich 1570 in den Turm seines Schlosses im Périgord zurück, um sich nunmehr ausschließlich seinen Studien und Betrachtungen zu widmen. Dort schrieb er die fast tausend Seiten der *Essais* (»Versuche«), die sich mit dem »Menschlich-Allzumenschlichen« beschäftigen und als »entspannt«, als vertraulich, durchaus subjektiv-persönlich, als »angenehme Schwätzerei« (Lichtenberg) bezeichnet worden sind. Aber sie sind vor allem auch von der Antike inspirierte Denk-Versuche, skeptisch-scharfsinnig, in ihrer knappen Form fernab aller schweratmigen Fachsystematik, Begriffsscholastik und Rubrizierungslast. Die persönlich formulierten *Essais* sind voller Lebensnähe: Diesseits statt Jenseits, Individuum statt Kollektiv stehen im Vordergrund. All dies bedeutet eine grundlegende Abwendung vom Mittelalter.

Montaignes Wirkungsgeschichte in der Philosophie ist enorm. »Dass ein solcher Mensch geschrieben hat, dadurch ist wahrlich die Lust, auf dieser Erde zu leben, vermehrt worden« (NIETZSCHE). Im 19. Kapitel des ersten Buches rät Montaigne unter der Überschrift »Philosophieren heißt sterben lernen« für den Umgang mit dem Tod,

> »[…] uns an ihn zu gewöhnen, nichts anderes so oft wie den Tod im Kopf zu haben, ihn uns in unserer Phantasie immer wieder in den verschiedenen Erscheinungsformen auszumalen; wenn ein Ziegel vom Dach fällt, wenn ich mich irgendwie steche, immer wieder sage ich mir dann: »So, und wenn das nun der Tod selber wäre!« Darauf können wir mit trotziger, mit männlicher Haltung reagieren. Im lauten Jubel und in der stillen Freude, immer können wir einen Ton hören, der uns mahnt, was der Mensch ist; wenn wir noch so sehr genießen, immer einmal sollten wir doch daran denken, wie diese Fröhlichkeit rings vom Tod bedroht ist, wie leicht er da hineingreifen kann. So dachten die alten Ägypter: beim Fest, wenn es am höchsten herging, ließen sie ein Menschengerippe in den Saal tragen, als Mahnung für die Gäste.« (*Essais*, 1984, 54 f.)

Deutsche Studenten lernten den Humanismus in Italien kennen. Zu den Humanisten nördlich der Alpen kann man den bereits erwähnten NIKOLAUS VON KUES (1401–1464) zählen, sowie Rudolf AGRICOLA (d. i. Roelof Huysman, 1444–1485) und Johannes REUCHLIN (1455–1522); Letzterer beschäftigte sich auch mit der »Kabbala«, der geheimnisvollen Welt jüdischer Mystik und Theosophie (d. i. eine mystische Gotteslehre mit teils okkultistischen und pantheistischen Elementen). Reuchlin trat für die von dem Konvertiten Pfefferkorn angegriffenen Juden ein. In diesem Streit wurde er von Ulrich von HUTTEN unterstützt, der sich seinerseits an den berühmten satirischen *Dunkelmännerbriefen* beteiligte. Von Hutten (1488–1523) stammt der das Selbstgefühl der Zeit illustrierende, bemerkenswerte Ausruf: »O Jahrhundert! O Wissenschaften! Es ist eine Lust zu leben!«.

ERASMUS VON ROTTERDAM (1466–1536) bemühte sich um eine Synthese von undogmatischer christlicher und antiker Bildung. Von hintergründiger Ironie ist sein *Lob der Tor-*

heit (1511). Mit LUTHER diskutierte er über die menschliche Willensfreiheit (*De libero arbitrio,* 1524), die er im Geiste des Humanismus höher anzusetzen geneigt war als der Reformator (*De servo arbitrio,* 1525). Gleiches gilt für Philipp MELANCHTHON (1497–1560), der Humanismus und Reformation verbinden wollte. Als »praeceptor Germaniae« (Lehrer Deutschlands) berühmt, machte er zusammen mit LUTHER Wittenberg, wo er ab 1518 Professor war, zu einem geistigen Zentrum des protestantischen Deutschland. Sosehr die Reformation als sozusagen parallele Formation zu Renaissance und Humanismus ihrerseits die Verantwortung des Menschen im Verhältnis zu Gott auf Kosten der Vermittlungsfunktion von Tradition und katholischer Kirche aufwertete, so sehr blieb ihr Reformanliegen aber doch ein religiöses, das sich von der primär weltlichen Bildung des Humanismus unterschied.

In *England* verfasste THOMAS MORUS den Idealstaatsentwurf *Utopia* (»Nirgendland«, 1516), mit der er seiner Zeit einen kritischen Spiegel vorhielt. Er wurde als romtreuer Katholik unter dem heiratsfreudigen und die anglikanische Kirche von Rom ablösenden Heinrich VIII. hingerichtet, dessen Lordkanzler er war.

Die Durchsetzung der Reformation, das Aufkommen des Glaubensstreites und auch der Aufstieg der Volkssprachen setzten der Epoche des Humanismus und der Renaissance ein Ende. Das Entstehen nationaler philosophischer Traditionen und auch philosophiefähiger nationaler Sprachen weist auf weitere Entwicklungen voraus. So mag man in der Folge Pragmatik und Empirismus vielleicht in England, einen abstrakteren Rationalismus eher in Frankreich, die Entdeckung der Geschichte schließlich in Deutschland finden. In Deutschland greift dann auch im 19. Jahrhundert mit dem Neuhumanismus noch einmal eine bedeutende geistige Strömung das Gedankengut des Humanismus produktiv und fortentwickelnd auf.

2. Neues politisches Denken bei Machiavelli und Hobbes

Der Mensch ist ein zum Zusammenleben geneigtes und geeignetes Lebewesen, ein »zōon politikón«, so hatte es Aristoteles gelehrt. Der politische Diskurs der Neuzeit setzt anders an. Das politische Denken will mit dem Staat auch keine mittelalterliche »Heilsgemeinschaft« mehr etablieren. Es beurteilt die menschlichen Dinge nüchtern und illusionslos und blickt eher skeptisch auf das politische Kräftespiel der oft genug unmoralischen Wirklichkeit. Der Italiener Niccolò Machiavelli (1469–1527) zum Beispiel interessiert sich für die konkreten Faktoren, die in der Regel politische Macht gewinnen lassen und sie erhalten, und folgt dabei dem Prinzip der Staatsraison, nicht den Anliegen von Moral und Gottesfurcht. Dies hat ihm bis heute den Ruf eines Theoretikers skrupelloser Machtpolitik (»Machiavellismus«) eingetragen. Machiavelli, Opfer auch seiner eigenen Direktiven: gestürzt, gefoltert, rehabilitiert und dann mit den Medici, von denen er die Einigung Italiens erwartete, endgültig gefallen, nimmt in der Schrift *Il Principe* ganz den Standpunkt eines Fürsten ein, wenn er konstatiert:

> »Einen Fürsten darf es daher nicht kümmern, der Grausamkeit bezichtigt zu werden, wenn er dadurch bei seinen Untertanen Einigkeit und Ergebenheit aufrechterhält; er erweist sich als milder, wenn er nur ganz wenige Exempel statuiert, als diejenigen, die aus zu großer Milde Missstände einreißen lassen, woraus Mord und Raub entstehen; denn hierdurch wird gewöhnlich einem ganzen Gemeinwesen Gewalt angetan, während die Exekutionen auf Befehl des Fürsten nur gegen einzelne Gewalt üben.« (*Der Fürst*, 1986, 129f.)

Angesichts von Herrschaftsansprüchen – wie denjenigen des sich ausprägenden Absolutismus und der unbeschränkten Königsmacht – gelangt die Frage nach dem, was der Herrscher tun darf und was nicht, in die Diskussion. Bei dem französischen Staatsrechtler Jean BODIN (1530–1596) machen die Lehre von der Souveränität und die Theorie der absoluten Monarchie da Halt, wo der Fürst gegen Gott und Naturrecht handelt. *Monarchomachen* (»Fürstenbekämpfer«) nennt man dagegen Theoretiker aus verschiedenen europäischen Ländern, die im 16. Jahrhundert als Gegner des Absolutismus und als Anwälte des Widerstands gegen eine nicht mehr als gottgewollt angesehene Staatsgewalt auftraten. Gegenpole zu Machiavelli bilden auch die folgenden Denker: Der ursprünglich aus Hessen stammende Calvinist Johannes ALTHUSIUS (1557–1638), Emdener Stadtsyndikus, war einer der Begründer der Lehre von Staatsvertrag und Volkssouveränität. Wie UBBO EMMIUS (1547–1625), Rektor erst der Lateinschule in Leer (Ostfriesland), dann der Universität Groningen, verfocht er das Recht der ostfriesischen Bürger und Bauern gegen den Adel. Auch der niederländische Jurist und Staatsmann Hugo GROTIUS (Hugo de Groot, 1583–1645) hat mit seinen drei Büchern *De iure belli et pacis* (*Vom Recht des Krieges und des Friedens*) die Entwicklung der Rechts- und Staatstheorie maßgeblich beeinflusst. Er nahm ein Naturrecht an, dessen Kenntnis dem Menschen gleichsam ins Herz geschrieben ist.

Eine neue Sicht der Dinge erzwingt auch neue Problemlösungen. Weil weder eine Begründung des Politischen im Blick auf eine ideale Seinsordnung (PLATON) oder von einer geselligen bzw. zur Gemeinschaft bestimmten Menschennatur her (ARISTOTELES) noch eine religiös motivierte Auffassung wie bei AUGUSTIN und THOMAS mehr plausibel erscheint, suchen die Theoretiker der Neuzeit den Staat durch Konstruktionen rationaler Art, nämlich durch *Vertragstheorien* zu begründen. Die berühmt gewordenen und bis heute meistdiskutierten Lösungen von Hobbes, Locke und Rousseau (vgl. Kap. V: »Aufklärung«; im vorliegenden Band S. 168ff.) unterscheiden sich jedoch in ihren näheren Ausführungen. Der Staatsphilosoph Thomas Hobbes (1588–1679), der im England Cromwells und des restaurierten Stuartkönigtums lebte, prägte die berühmt-berüchtigte Formel vom »bellum omnium contra omnes« (»Krieg aller gegen alle«), um einen vertragslösungsheischenden Grundzustand zu bezeichnen, als dessen Lösung die Bürger ihre politischen Rechte an einen souveränen Herrscher abzutreten hätten (»Begünstigungsvertrag« zugunsten eines Dritten):

> »Der einzige Weg, eine solche übergeordnete Macht zu errichten, die die Menschen gegen eine Invasion von Fremden verteidigen und gegenseitiges Unrecht verhindern kann und die dadurch in der Lage ist, ihnen in einer solchen Weise Sicherheit zu gewähren, dass sie sich von den Früchten der Erde ernähren und zufrieden leben können, ist folgender: All ihre Macht und Stärke muss auf einen einzelnen Menschen oder auf eine Versammlung von Menschen übertragen werden [...]. [E]s ist eine tatsächliche Einheit von ihnen allen in ein und derselben Person, zustande gekommen durch ein Abkommen eines jeden Menschen mit jedem anderen, und zwar in der Weise, als ob jeder zu jedem sagte: *Ich bevollmächtige diesen Menschen oder diese Versammlung von Menschen, indem ich ihm oder der Versammlung mein Recht, mich zu regieren, unter der Bedingung übertrage, dass du dein Recht ebenso überträgst und den Vertreter in der gleichen Weise zu seinen Handlungen bevollmächtigst.* Ist dies geschehen, so nennt man die in dieser Weise in einer einzigen Person vereinigte Menge ein Gemeinwesen, auf Lateinisch civitas. Das ist die Entstehung des großen Leviathan oder eher (um ehrerbietiger zu sprechen) jenes *sterblichen* Gottes [...]. Derjenige, der diese Person verkörpert, wird der Souverän

genannt und hat, wie man sagt, souveräne Macht. Jeder andere außer ihm ist sein UNTERTAN. (*Leviathan*, 2013, 2. Teil, Kap. XVII)

Hobbes, der im Gegensatz zu ARISTOTELES nicht an die gesellige und gemeinschaftsfähige Natur des Menschen schon qua anthropologischer Ausgangslage glaubt, argumentiert unter dem Eindruck des Endes des mittelalterlichen Gottkönigtums und des englischen Bürgerkriegs. Schon seine Geburt stand im Zeichen des schreckenerregenden Angriffs der spanischen Armada: »My mother did bring forth Twins at once, both Me, and Fear.« Wie MACHIAVELLI bricht Hobbes mit der klassischen Politiktheorie. Seine Lösung besteht in der Erzeugung des »Leviathans«, eines alttestamentlichen Ungeheuers (Hiob 40 und 41), der ihm zum sterblichen Staatsgott von fast religiöser Dimension wird. Die das Politische konstituierende Frage lautet: »Wer ist in der Lage, mich als Bürger zu erhalten?« Dies leisten zu können, begründet Souveränität: Souverän ist, wer Gesetze setzt und durchsetzt (*auctoritas, non veritas facit legem*). Erst das Versagen bei dieser Funktion begründet ein Widerstandsrecht. Ob Hobbes, der eine durch und durch materialistische Philosophie vertrat und den Menschen wie das Universum überhaupt letztlich nach der Funktionsweise einer Maschine begriff, als alter Atheist und Tyrannenanwalt oder als Vorläufer einer immer noch wegweisenden Politiktheorie einzuschätzen ist, bleibt bis heute umstritten. Auch seine Sprachreflexion ist wesentlich politisch motiviert: Sprache dient zwar einerseits zur Organisation der individuellen Rationalität, sozusagen zur adäquaten Zurechtlegung der Gedanken, andererseits aber vor allem der gesellschaftlichen Einheitsstiftung: sie ist Bedingung der Möglichkeit des friedlichen Zusammenlebens. Ohne Erfindung der Sprache hätte es »bei den Menschen weder Gemeinwesen noch Gesellschaft noch Vertrag noch Frieden gegeben, nicht mehr als unter Löwen, Bären und

Wölfen (*Leviathan*, 2013, 1. Teil, Kap. IV). Sprache sichert nach innen Kontinuität und organisiert die innere Rationalität, nach außen erzeugt sie Verständigung – beide Male unter dem Aspekt der Selbsterhaltung, die für Hobbes angesichts der politischen Umstände in seiner Zeit das seine Philosophie bestimmende Problem war.

3. Bacon, Galilei, Newton: Von der spekulativen Naturphilosophie zur modernen Naturwissenschaft

Im Sinne einer »Legitimität der Neuzeit« (Hans Blumenberg) wurde die neuzeitliche Wissenschaft zum Instrument menschlicher Selbstbehauptung in der Welt. Die Integration von (damaliger, aristotelischer) Naturwissenschaft und Theologie durch Thomas von Aquin warf dabei zunehmend schwerwiegende Probleme auf, weil nämlich »jeder Angriff auf die Wissenschaft des Aristoteles als ein Angriff auf das Dogma der katholischen Kirche erscheinen musste«.[3]

Seit dem Spätmittelalter, vor allem aber in der frühen Neuzeit veränderten sich die Vorstellungen vom Aufbau der Welt, das Bild wissenschaftlicher Forschung und die Methode und die Einschätzung dessen, was »Wissenschaft« sei und leisten könne. Dieses ist kein einliniger Prozess, denn die Renaissance ist zugleich auch eine hohe Zeit der spekulativen Naturphilosophie. Agrippa von Nettesheim (Heinrich Cornelius, 1486–1535), neben dem historischen Doktor Faustus eines der Vorbilder von Goethes »Faust«, suchte nach einer Wissenschaft des Okkulten bzw. der Magie (*De occulta philosophia sive de magia*, 1533), schrieb aber auch die von Skepsis geleitete Schrift *De incertitudine ac vanitate scientiarum* (*Über die Unsicherheit und Eitel-*

keit der Wissenschaften, 1527). Der Schweizer Arzt PARACELSUS (d. i. Philippus Theophrastus Bombastus von Hohenheim, 1493–1541) war als Leser des AGRIPPA vertraut mit hermetischem (»geheimnisvollem«, »dunklem«, d. i. hier dem naturphilosophischen), magischem und astrologischem Gedankengut. Der Mensch wird als Mikrokosmos in einem Bezug zum Makrokosmos, zum Weltganzen, gesehen; so wie Gott Letzteres betreut, muss der Arzt sich eingedenk dieses Bezuges um den Einzelmenschen kümmern. Jacob BÖHME (1575–1624), der »Philosophus Teutonicus«, neben PARACELSUS einer der ersten deutsch schreibenden Philosophen, war ein christlicher Mystiker mit Erleuchtungszuständen und Vertreter einer spekulativ-dialektischen naturphilosophischen Lehre vom inneren Zusammenhang der Gegensätze.[4]

Als viel wirksamer aber erwies sich der Aufstieg der modernen Naturwissenschaften. Man spricht von einer »wissenschaftlichen Revolution«. Ob diese durch das Christentum selbst, das zugunsten des einen welttranszendenten Schöpfer- und Erlösergottes die Natur entgöttert und damit zur Manipulation freigegeben habe, hervorgerufen wurde oder durch die Auswirkungen von Humanismus, aufstrebendem Handwerkertum und Frühkapitalismus, muss offen bleiben. Der Zusammenbruch des Feudalsystems und seines Wirtschaftens, der Aufstieg des Bürgertums zur entscheidenden Schicht und die Etablierung der kapitalistischen Ökonomie bildeten ebenso den fördernden Antrieb der weiteren Entwicklung, wie sie selbst ohne die Möglichkeiten, die die wissenschaftlichen Erkenntnisse eröffneten, nicht denkbar gewesen wären. Endgültig mit dem 19. Jahrhundert wird sich die maschinell-technologische Umsetzung des erfinderischen Wissens durch Unternehmer in voller Breite durchsetzen, die in der Antike (u. a. wegen der Verfügbarkeit billiger Arbeitskraft durch die Sklaverei und wegen der gesellschaftlichen und philosophischen Geringschätzung der Materie und folglich des Umgangs mit ihr) und im Mittelalter (u. a. wegen der korporativen Bindung des Handwerks und des Wirtschaftens im System der Zünfte und religiöser Wirtschaftshemmnisse) keinen Sinn ergeben hätte.

Einer neuen Sehweise und handwerklichen Gestaltungsfreude eröffnete sich im 15. und 16. Jahrhundert, wie die Skizzen des Malers und Erfinders LEONARDO DA VINCI zeigen, eine Vielzahl oft noch phantastischer und unsystematischer, aber prophetisch anmutender Ideen, die die Möglichkeiten technischer Entwicklungen andeuten. Indem die großen Astronomen zuerst das geozentrische Weltbild (KOPERNIKUS) und dann auch noch die seit PLATON mit hoher spekulativer Bedeutung besetzte Kreisform der Planetenumläufe preisgaben (KEPLER), nahmen sie einen gegenüber dem Weltbild des Mittelalters völlig neuen Beobachtungsstandort ein.

LEONARDO DA VINCI (1452–1519), als einer der »Künstler-Ingenieure der Renaissance« bezeichnet, entwickelte in der Lehrzeit bei seinem berühmten Lehrmeister VERROCCHIO neben der Malerei auch solche Fertigkeiten, die es ihm erlaubten, sich 1481 erfolgreich um die Stelle eines Militäringenieurs bei dem Mailänder Herzog Ludovico Sforza zu bewerben. Hier entwarf er Kriegsmaschinen, Festungsanlagen, Kanalbauten und Denkmäler für den Herzog, beschäftigte sich mit Physik, Anatomie, Mechanik, Aerodynamik und der Möglichkeit von Flugmaschinen. Da seine Notizen seinen Zeitgenossen und der folgenden Entwicklung aber unbekannt blieben, ist Leonardos wissenschaftliches Werk, das in uns heute in vielen Ideen den Eindruck genialer Antizipation erweckt, ohne Einfluss auf die Wissenschaftsgeschichte der Neuzeit.[5]

Der Name des Nikolaus KOPERNIKUS (1473–1543), Domherr und Pfründeninhaber im preußischen Frauenburg mit Deutsch als Muttersprache und prägender Bildungserfahrung im polnischen Krakau, steht mit der Wiederaufnahme der Theorie vom heliozentrischen Weltbild ebenfalls für die kühne und umwälzende Durchsetzung neuer Ansichten über die Welt. Die moderne wissenschaftshistorische Analyse hat aber gezeigt, dass Kopernikus eher einem »konservativen« Forschungsprogramm folgte. Er behielt die Annahme »perfekter« Kreisbewegungen, die die Planeten um die Sonne verfolgen sollten, stets bei.[6]

Für Johannes Kepler (1571–1630) war das, was mit Hilfe der Mathematik beschrieben werden kann, Äußerung der von Gott angelegten Weltstruktur. Naturforschung bedeutete für ihn den Versuch, Gottes Gedanken zu lesen: Keplers Astronomie war, wie sein Verhältnis zu den Kirchen und zur Theologie, durch undogmatische, aber tiefe Frömmigkeit und Religiosität geprägt. Der junge Astronom hatte mit seinem Erstlingswerk versucht, die Abstände der konzentrisch um die Sonne gelagerten (damals bekannten) Planetensphären von Saturn, Jupiter, Mars, Erde Venus, Merkur durch einge- bzw. umschriebene, so genannte »platonische Körper« (nämlich – in dieser Reihenfolge – Würfel, Tetraeder, Dodekaeder, Ikosaeder und Oktaeder) zu bestimmen – eine, wie er selbst später erkannte, unhaltbare Spekulation. In seiner *Astronomia Nova* berichtet er, wie er in seinem »Kampf« mit der Marsbahn schrittweise die platonische Kreisbahnvorstellung aufgab und das erste (demzufolge die Planetenbahn eine Ellipse darstellt, in deren einem Brennpunkt die Sonne steht) und zweite »Keplersche Gesetz« entwickelte, nach dem die Verbindungslinie Sonne–Planet in gleichen Zeiten gleiche Flächen überstreicht.

An der Umkehr bislang gültiger Auffassungen von der richtigen Art und Weise, Wissenschaft zu betreiben, arbeitete sodann vor allem Francis Bacon (1561–1626), englischer Lordkanzler. Bacon verfasste mit seinem *Neuen Organon der Wissenschaft* eine Kampfschrift gegen den bisherigen Wissenschaftsbetrieb und ein Plädoyer für eine verbesserte Wissenschaftsorganisation, für Empirie und

Experiment. Bacon kritisierte darin die Wissenschaftstradition seit ARISTOTELES, die seiner Ansicht nach nicht auf Erfahrung beruhte, und stellte ihr sein Konzept einer planmäßigen und kontrollierten Empirie und einer durchzuführenden adäquaten Organisation des Wissenschaftsbetriebes dagegen. Er wollte durch »wahre Induktion«, durch ein Verfahren, das »von den Sinnen und dem Einzelnen ausgehend die Sätze« ermittelt, »indem man stetig und stufenweise aufsteigt, so dass man erst auf dem Gipfel zu den allgemeinsten Sätzen gelangt«, die Wissenschaft zum »Nutzen für die Größe der Menschheit« befördern. In diesem Zusammenhang schwärmte er von Feuerwaffen, Maschinen, Antriebsvorrichtungen, Kleidungsherstellung, Kompass, Buchdruckerkunst, Schifffahrt usw. Bacons Empirismus blieb freilich allgemein, die für die weitere Entwicklung der Wissenschaft so wichtige Mathematik kommt bei ihm nicht vor und die proklamierte glückliche Beförderung der menschlichen Verhältnisse erweist sich bis heute als ambivalent.

Inbegriff der neuzeitlichen Revolution wissenschaftlicher Welterfassung ist aber die Gestalt Galileo GALILEIS (1564–1642) geworden.[7] Sein Fall hat paradigmatische Bedeutung. Als Verteidiger des kopernikanischen Weltsystems steht er an der Wende vom mittelalterlichen zum neuzeitlichen Weltbild. Der Kampf um dieses Weltbild wirft wichtige Fragen auf: nach dem Verhältnis von »Wahrheit« und Macht, nach der Geltung konkurrierender Paradigmata der Weltdeutung, nach der Art des Wahrheitsanspruches von Religionen, aber auch nach dem, was Wissenschaft »darf« oder »nicht darf«.

Galileis traditioneller oder neuer, »naturphilosophischer« oder »empirischer« Zugriff auf die Natur ist in der Forschung umstritten. Das bahnbrechend Neue seines Denkens ist wohl dies: Galilei fragt nicht nach dem »Warum« des Falles der Körper (worauf eine »aristotelische« Antwort, nämlich: »weil sie ihrem natürlichen Ort entgegenstreben«, fällig gewesen wäre), sondern nach dem »Wie«, also: »welche Entfernung in welcher Zeit?« Er ersetzt eine »teleologische«, die Vorgänge der Natur in Analogie zu dem absichts- und zielgelenkten Handeln von Lebewesen begreifende Erklärung durch eine rein quantifizierende. »Vollzieht« das antike Erkenntnisparadigma den Wurf oder Fall eines Steines, wie er in der Natur oder in Lebenszusammenhängen vorkommt, sozusagen »nach« und »nimmt« dabei das Naturgegebene »hin«, so stellt Galilei auf seiner schiefen Ebene im Experiment die Bewegung der Kugel für seine Erkenntniszwecke zuallererst her. Das Naturphänomen wird nicht mehr als ein Ganzes respektiert, sondern zerlegt, bestimmten Bedingungen unterworfen; die gewonnenen Einsichten werden mathematisch formuliert. Auf den philosophischen Begriff hat kein geringerer als Immanuel KANT dieses Naturverhältnis in der folgenden berühmten Passage der Vorrede zur zweiten Auflage seiner *Kritik der reinen Vernunft* gebracht:

> »Als Galilei seine Kugeln die schiefe Ebene mit einer von ihm selbst gewählten Schwere herabrollen [...] ließ, [...] so ging allen Naturforschern ein Licht auf. Sie begriffen, dass die Vernunft nur das einsieht, was sie selbst nach ihrem Entwurfe hervorbringt, dass sie mit Prinzipien ihrer Urteile nach beständigen Gesetzen vorangehen und die Natur nötigen müsse auf ihre Fragen zu antworten, nicht aber sich allein von ihr gleichsam am Leitbande gängeln lassen müsse.« (KrV B XIII)

Der Engländer Isaac NEWTON war derjenige, der die »Staffel« der neuen Vorgehensweise, empirische Phänomene nach mathematischen Verhältnissen zu messen, aufnahm und aufgrund seiner großen Entdeckungen die neue Wissenschaft endgültig etablierte, sie zum siegreichen »Paradigma« machte und damit ungeheuren Ruhm gewann.

Newton gehört in etwa der Nachfolgegeneration der Programmatiker und Forscher DESCARTES, BACON, KEPLER und GALILEI an; er wurde 1643 in Woolthorpe, Lincolnshire geboren – 1642 nach dem damals in England gültigen Julianischen Kalender, so gesehen also im Todesjahr Galileis: hier liegt das »Weihnachtsfest der neuen Zeit« (GOETHE) –, und er starb 1727. Drei Leistungen sind vor allem mit seinem Namen verbunden: die Gravitationstheorie, die sowohl Galileis Erdphysik als auch Keplers Himmelmechanik umfasst und erklärt, seine Theorie des Lichts und die Infinitesimalrechnung. Diese erfand gleichzeitig mit ihm auch Gottfried Wilhelm LEIBNIZ (1646–1716), was zu einem erbitterten Prioritätsstreit führte.

Die Legende erzählt von jenem berühmten Apfel, der im Garten des elterlichen Hauses vom Baum fiel und Newton auf die Idee der im ganzen Weltall wirkenden Gravitation gebracht habe. Fünfzig Jahre später schreibt er über diese Zeit:

> »Zu Beginn des Jahres 1665 fand ich die Methode zur Reihenentwicklung und die Regel, um jede Potenz eines Binoms in eine solche Reihe überzuführen. Im Mai desselben Jahres fand ich die Tangentenmethode von Gregory und Slusius, verfügte im November desselben Jahres über die direkte Fluxionsmethode, im Januar des nächsten Jahres über die Farbentheorie und im darauf folgenden Mai über den Zugang zur umgekehrten Fluxionsmethode. Im selben Jahr begann ich auch über Gravitation nachzudenken, die ich auf die Mondbahn ausdehnte; nachdem ich herausgebracht hatte, wie die Kraft, mit der ein im Innern einer Kugel rollendes Kügelchen auf die Oberfläche der Kugel drückt, zu bestimmen ist, leitete ich aus der Keplerschen Regel über die periodischen

Umlaufzeiten der Planeten, die in anderthalbfacher Proportion zu ihren Abständen vom Zentrum ihrer Bahnen stehen, ab, dass die Kräfte, die die Planeten auf ihren Bahnen halten, umgekehrt proportional zu den Quadraten ihrer Abstände von den Mittelpunkten sein müssen, die sie umlaufen. Dabei verglich ich die Kraft, die erforderlich ist, um den Mond auf seiner Bahn zu halten, mit der Gravitationskraft auf der Erdoberfläche und fand, dass sie sich ziemlich gut entsprechen. All dies trug sich in den beiden Pestjahren 1665/1666 zu. Denn zu dieser Zeit befand ich mich auf dem Höhepunkt meiner Erfindungskraft und beschäftigte mich mit Mathematik und Naturphilosophie mehr als zu irgendeiner Zeit seither.[8]«

Aber erst spät hat Newton seine Forschungen veröffentlicht. Auf Drängen vor allem von Edmond HALLEY (und auf dessen Kosten) fasste er seine Ergebnisse in der nachmalig so genannten »Bibel der Naturwissenschaftler« zusammen: 1687 erschienen die *Principia Mathematica Philosophiae Naturalis* – bei Newton heißt die exakte Naturwissenschaft, die er betreibt, immer noch »natural philosophy« – und 1704 die *Opticks*. Newton erlebte schließlich einen großen gesellschaftlichen Aufstieg, wurde Aufseher und Direktor der Königlichen Münze, Parlamentsmitglied und geadelt (»Sir«), erhielt ein Staatsbegräbnis und wurde 1727 feierlich in Westminster Abbey beigesetzt. Man begrub ihn, wie der anwesende junge VOLTAIRE meinte, wie einen König: Der Lordkanzler, zwei Herzöge und zwei Grafen geleiteten den Sarg. Newton schuf jene Auffassungen, welche die Naturwissenschaften prägen sollten und dann im 18. und 19. Jahrhundert eine dominierende und als »Weltbild« zementierte Stellung gewannen. Für zwei Jahrhunderte wurde sein Name synonym mit der »Klassischen Physik«. Erst mit dem Namen Albert EINSTEIN (1879–1955) und der allgemeinen Relativitätstheorie ist ein ähnlich weitreichender »Umsturz im Weltbild der Physik« verbunden.

4. Rationalistische Systeme des 17. Jahrhunderts: Descartes und der Einspruch Pascals – Spinoza – Leibniz

Die Neuzeit ist schließlich auch die Zeit der »Barocksysteme« der Philosophen DESCARTES, SPINOZA und LEIBNIZ/WOLFF.

René DESCARTES, geboren 1596 in La Haye (Touraine), war Zögling der Jesuitenschule in La Flèche. Nach dem Studium der Rechte lebte er als Privatmann, hielt es aber nie lange am selben Ort aus. Ausgedehnte Reisen in der Zeit des Dreißigjährigen Krieges führten DESCARTES durch ganz Europa, und so auch 1619 nach Frankfurt zur Kaiserkrönung Ferdinands II. und im Winter 1619/20 nach Ulm, wo seine Ideen Gestalt anzunehmen begannen. Als Freiwilliger trat er in die Truppe des Herzogs von Bayern ein, die 1620 in der Schlacht am Weißen Berge den »Winterkönig« Friedrich von der Pfalz um seine Krone brachte, und hielt sich danach in Italien und Frankreich auf. Schließlich ging er in das tolerante Holland, das nach dem Sieg über Spanien militärisch, wirtschaftlich und wissenschaftlich aufblühte. Eben noch hatte ja die Inquisition an GALILEI ihre Macht bewiesen. 1649 rief ihn Königin CHRISTINE VON SCHWEDEN (1626–1689) nach Stockholm, wo er allerdings schon nach wenigen Monaten im Jahre 1650 an Lungenentzündung starb.

Seine weithin im Stile einer intellektuellen Autobiographie verfasste Schrift *Discours de la méthode* (*Abhandlung über die Methode*) erwartet sich allen Fortschritt in der Philosophie vom Denken selbst und aus dessen Methodisierung nach dem Vorbild der Mathematik. Das Denken soll dabei »more geometrico«, d. h. »nach Art der Geometrie«, und genauso sicher operieren:

> »Jene langen Ketten ganz einfacher und leicht verständlicher Gründe, deren sich die Geometer zu bedienen pflegen, um ihre schwierigsten Beweise zustande zu bringen, hatten in mir die Vorstellung geweckt, dass alle Dinge, die Gegenstand menschlicher Erkenntnis sein können, in der gleichen Weise aufeinander folgen, und dass es – vorausgesetzt man sieht davon ab, etwas als wahr zu akzeptieren, was es nicht ist, und man behält immer die Ordnung bei, die notwendig ist, und das eine aus dem anderen abzuleiten – nichts so Fernliegendes geben kann, zu dem man nicht doch schließlich gelangte, und nichts so Verstecktes, dass man es nicht doch entdeckte.« (*Bericht über die Methode*, 2001, 19).

Als besonderen Charakter französischer Philosophie hat man ein solches Vorgehen gelobt: es zeichne sich durch Klarheit, Methodenbewusstsein und Rationalität aus. Indem er den Ursprung der Erkenntnis in der menschlichen Vernunft sucht, prägt Descartes die rationalistische (d. h.: die auf die reine Kraft des Denkens setzende) kontinentale Tradition entscheidend mit. Auch er selbst geht ja so vor, im deutschen Winterquartier »am Ofen« sitzend und sich mit der reinen Kraft des Geistes gedanklich vergewissernd. Descartes macht dabei vor allem eine neue Grundlegung des Wissens jenseits der aristotelisch-scholastischen Tradition zu seinem Anliegen. Er erhebt den Anspruch, alles von Grund auf umzustürzen und von einem zu findenden neuen festen Fundament aus neu aufzubauen. Ein solches neues Fundament scheint ihm aufgrund der Ergebnislosigkeit bisheriger Forschungen und wegen des Streites der Positionen erforderlich.

Die folgenden Punkte führt Descartes, auch Altes aufnehmend, in die neuzeitliche Philosophie ein: das Prinzip des Selbstbewusstseins, d. h. den letzten Rekurs auf eine intuitive Evidenz, der ihre Gegenstände »clare et distincte« erscheinen sollen, den Methodengedanken als kontrolliertes Universalverfahren mit »schrittweisem« Vorgehen, das zu den ersehnten »klaren und deutlichen« richtigen Ergebnissen in der Wissenschaft führen muss, die Sorge um die Gewissheit, d. h. die Suche nach einem »archimedischen Punkt« der Erkenntnis und die Orientierung auf »Letztbegründung« und von dieser abgeleitete fortlaufende Sicherheit, die im Vorgehen der Mathematik verkörpert ist, schließlich gerade zu deren Zwecke das Prinzip des methodischen Zweifels.

In seinem metaphysischen Hauptwerk *Meditationes de Prima Philosophia* (*Meditationen über die Erste Philosophie*) wird zunächst dargelegt, dass alle Urteile über Gegenstände prinzipiell in Zweifel gezogen werden können (erste Meditation). Ist nicht vielleicht die ganze Welt ein bloßes Phantasieprodukt unseres Bewusstseins bzw. eines bösartigen betrügenden Geistes? Ist nicht womöglich, was wir für »Wahrheit« halten, ein bloßer Traum? Descartes, dessen Skepsis sich zunächst auf alles bezieht, was wir in der Welt vorzufinden meinen, findet in der Unbezweifelbarkeit des Aktes des Zweifelns selbst jedoch einen letztinstanzlichen Haltepunkt. Die berühmte Formel hierfür lautet: »Cogito ergo sum« (»Ich denke, also bin ich«). Dies ist nicht in der Art eines Syllogismus oder logischen Schlusses zu verstehen (»Alle Menschen, die denken, sind; Descartes denkt; also existiert er«), sondern als »meditativer Akt« der Selbstgewissheit. Indem ich denke, erfahre ich mich als einen, der an seiner Existenz nicht zweifeln kann (zweite Meditation). Mit diesem neuem Rekurs auf das menschliche Subjekt und in Abwendung von einer vorgegebenen metaphysischen Weltordnung lässt man gern den »Geist« der neuzeitlichen Philosophie beginnen. Denn die Metaphysik bekommt nun eine neue, vom erkennenden Subjekt aus fragende Richtung. Diese sieht den Theoretiker nicht mehr als bloßen

Korrespondenten einer vorgegebenen Wahrheit an. Im »cogito ergo sum« wird der »Referenzort« für »Wirklichkeit« vielmehr in das denkende Ich verlegt (auch wenn im Zuge seiner weiteren Argumentation Gott für Descartes weiterhin eine große Rolle spielt).

War bislang »wahre Erkenntnis« als von außersubjektiven Instanzen garantiert gedacht, so sieht man im Allgemeinen die Rückversicherung im erkennenden Subjekt als revolutionären Zug der Neuzeit an. Hierfür steht der Name Descartes. Er ist *der* Philosoph der Neuzeit. Jedoch gerät die Art und Weise unter Beschuss, in der Descartes nach allem Zweifel dann wieder die »Realität« der Welt begründet. Denn die Idee eines absolut vollkommenen Wesens bzw. Gottes kann, so wird es in der dritten Meditation entwickelt, nur durch ein solches Wesen selbst verursacht sein. Diese theologische »Letztbegründung« des zweifelsfreien Weges der Erkenntnis, so modern sie durch ihren Ausgang vom Erkenntnissubjekt schien, weist doch wieder auf das Mittelalter und die unhaltbare Tradition der Gottesbeweise (etwa des ANSELM VON CANTERBURY) zurück. So wird der vollkommene Gott unseren (angeblich so von Grund auf neu Fundamente errichtenden) Philosophen nicht täuschen können (»in dubio«, so könnte man sagen, »pro Deo« – im Zweifel für Gott).

Zentrale Lehre in Descartes' Metaphysik ist der Dualismus zweier Substanzen, nämlich der des Geistes bzw. Bewusstseins (»Denksubstanz«: *res cogitans*) und der materiellen Welt (»ausgedehnte Substanz«: *res extensa*). Diese Zweiteilung ruft freilich ein gewichtiges Problem hervor: Wie ist das Zusammenspiel dieser beiden Substanzen, besonders im Menschen, zu denken? In der Zirbeldrüse hat Descartes diese Verbindungsinstanz zwischen dem als Maschine aufgefassten Körper und der Seele gesehen. In der Ethik entwickelt Descartes eine »provisorische Moral«, bei der umstritten ist, ob sie wirklich als »Moral auf Zeit« sozusagen nur eine vorübergehende Unterkunft sein soll, bis der von Grund auf neue Hausbau der Ethik analog zu dem der theoretischen Philosophie erstellt wäre.

Wie BACON sieht auch Descartes sich als einen »Kolumbus des Geistes«, der Neuland entdeckt und verplant; aus dem mittelalterlichen Fortuna-Rad wird dabei ein Schiff mit dem neuzeitlichen Menschen am Steuerruder. Sein aus dem Dualismus von *res cogitans* und *res extensa* resultierender Reduktionismus in der Erfassung der Natur führt Descartes zu einem die Gegenstände distanzierenden und verdinglichenden, mechanistischen Denken; den bis ins 19. Jahrhundert sich steigernden Erfolg dieser Denkweise in Gegenstandsvorstellung und Methode der Wissenschaften hat er vorgeprägt. Galt vor Descartes »die Seele als das die Materie zu Organismen gliedernde und innerhalb von Organismen bewegende Prinzip«, so wird sie jetzt »abgelöst durch Druck und Stoß; in dieser buchstäblich seelenlosen Physiologie, die nicht nur bei HOBBES, sondern auch bei Descartes sogar die Theorie des Staates als eines aus Korpuskeln statt aus menschlichen Individuen zusammengesetzten Großmenschen beeinflusst, ersetzt man die Seele durch Gesetze, und diese neue Leibauffassung hat die Biologie, die Psychologie, die Medizin, die Soziologie und nicht zuletzt das Selbstverständnis des Menschen, dessen Seele plötzlich etwa die Hälfte ihrer Funktionen verlor, ganz nachhaltig beeinflusst. Die Folgen sind wahrscheinlich heute um keinen Deut weniger aktuell als vor hundert Jahren; der Psychiater, den das ›Psychische‹ interessiert, der Schulmediziner, der sich auf die Behandlung ›organischer Leiden‹ beschränken will, der Physikalist, der das Phänomen des Lebens physikalisch zu erklären sucht, wenngleich nicht mechanisch, der Kybernetiker und selbst der Privatmann, der sich ›körperlich herunter‹ fühlt – sie alle bedienen sich einer Möglichkeit, die vor Descartes nicht in der Welt gewesen ist und die [...] in ihrer ersten Stunde entscheidende Vorteile bot, vor allem die Aussicht, die Medizin vermöge sich zu einer so exakten Wissenschaft wie der

Mechanik und die Reparatur der Leibesmaschine zu einem so kontrollierbaren Vorgang wie der Reparatur einer Taschenuhr zu entwickeln« (Specht, 107f.).

Der cartesianische Rationalismus und sein Verstandesglaube blieben nicht unwidersprochen. So wandte sich der Mathematiker und Religionsphilosoph Blaise Pascal (1623–1662) unter dem Eindruck seiner »Vision« in der Nacht vom 23. zum 24. November 1654 und seiner Kontakte zu der katholischen Frömmigkeitsbewegung des »Jansenismus« gegen den in der Philosophie des Descartes begründeten Vorrang des Intellekts. Pascal verwies auf die »Logik des Herzens« und das Mysterium der Glaubens, in dem allein die Sicherheit des Menschen verankerbar ist. Zur Stellung des Menschen in der Welt hat Pascal einige Skepsis, aber auch eines der berühmtesten Bilder der Philosophiegeschichte beigetragen. Obwohl ein sterbliches Nichts, ist der Mensch eben durch dieses Bewusstsein des eigenen Todes dem All gegenüber noch überlegen: Nur ein zerbrechliches Schilfrohr ist der Mensch, aber ein Schilfrohr, das denkt. Wenn das All ihn vernichten würde, so stünde der Mensch doch höher als das, was ihn zerstört, denn er weiß, dass er stirbt, das Weltall aber weiß nichts davon (*Gedanken*, 1987, 81). Hinsichtlich des irdischen, menschlichen Glücks ist Pascals Position, wie schon Voltaire kritisierte, von tiefer Skepsis, ja Verzweiflung geprägt. Das Glücks- und Sinnbegehren des Menschen kann nur in einem anderen Leben jenseits der verderbten Welt erfüllt werden.

Baruch de Spinoza (Benedictus Spinoza, Baruch d'Espinosa) wurde im Jahre 1632 als Sohn eines wohlhabenden jüdischen Kaufmanns im Ghetto von Amsterdam geboren. Der Name entstammt dem Städtchen Espinosa; die Familie war, wie viele jüdische Emigranten, von der Pyrenäenhalbinsel nach Holland eingewandert, um der religiösen Verfolgung zu entgehen. Spinoza studierte den Talmud, aber auch die Scholastiker, Latein, den Descartes und die Naturwissenschaften. Außerdem erlernte er das Handwerk des Schleifens optischer Gläser. Heinrich Heine bemerkte, spätere Philosophen sähen durch die Brille, die Spinoza für sie geschliffen habe. 1656 schloss man den 23-Jährigen wegen angeblicher Irrlehren aus der Synagoge aus; er wurde auf Betreiben der Juden vom Magistrat aus Amsterdam verbannt. Die letzten sechs Jahre seines Lebens verbrachte er in Den Haag; einen Ruf an die Universität Heidelberg lehnte er ab. Er starb 1677, also bereits im Alter von 45 Jahren, nachdem ihn Leibniz einige Monate zuvor noch besucht hatte.

Spinoza veröffentlichte außer einer Schrift über Descartes vor allem den für die moderne Bibelkritik bahnbrechenden *Tractatus theologico-politicus* (*Theologisch-politischer Traktat*, 1670 anonym erschienen). Auch tritt diese Schrift für die Freiheit der Philosophie ein. Spinozas Hauptwerk *Ethica ordine geometrico demonstrata*, die »Ethik, nach der geometrischen Methode dargestellt«, eigentlich ein Buch vor allem über Metaphysik, erschien 1677 aus dem Nachlass. Der Titel »Ethik« trifft deshalb eigentlich nur auf die beiden letzten der insgesamt fünf Teile zu. Insgesamt beschäftigt sich das Werk mit Metaphysik, Kosmologie, Erkenntnistheorie und Psychologie. Eine Besonderheit ist, wie der Titel bereits erwähnt, die »geometrische«, methodisch strikte Anlage des Werkes mit Definitionen, Axiomen, Propositionen (Lehrsätzen), Demonstrationen (Beweisen), Corollarien (weiteren Folgerungen).

Spinozas Philosophie wurzelt in einer Umbildung des cartesianischen Dualismus (als Lehre vom Aufbau der Welt aus zwei Substanzen) in einen Monismus, in ein Verständnis der Welt aus nur einer Substanz. Spinoza geht auch nicht, wie Descartes, vom Ich, sondern von einer Instanz aus, die als Ursache ihrer selbst allem zugrunde liegt. Spinoza fordert, alle Dinge aus Gott bzw. der Perspektive des Absoluten heraus zu erkennen – »sub specie aeternitatis«.[9] Es gibt nur eine solche Substanz, von deren unendlich vielen Attributen wir nur zwei erkennen: Denken und Ausdehnung. Diese Substanz ist zugleich mit dem gesamten Universum identisch, wie Spinoza in seiner berühmten Formel sagt: *Gott oder die Natur* (»Deus sive natura«). Eine solche Identifikation von Welt und Gott bedeutet eine radikale Kampfansage an die platonische wie die jüdisch-christliche Annahme einer zweiten, wahren Sphäre des Eigentlichen bzw. des Göttlichen »über« der Welt. Sie begründet das »Abenteuer der Immanenz«. Der »Pantheismus« (Lehre, der zufolge Gott und alles Seiende eine Einheit bilden), auf den dies hinauslief, ist es aber auch, der Spinoza unter Verdacht bringen musste, denn der mit der gesamten Natur gleichgesetzte Gott kann kein persönliches Wesen sein. Von gar nicht zu überschätzender geistesgeschichtlicher Bedeutung und wichtig für die Wirkung der Lehre Spinozas ist eine Schrift des Glaubensphilosophen Friedrich Heinrich Jacobi (1743–1819) mit dem Titel *Über die Lehre des Spinoza in Briefen an den Herrn Moses Mendelssohn* (1785). Darin erzählt Jacobi von Gesprächen mit dem Dichter Gotthold Ephraim Lessing kurz vor dessen Tode, in denen dieser sich zu der pantheistischen Philosophie des Spinoza bekannt habe. Hieraus entwickelte sich der so genannte Spinoza-Streit, in dem es letztlich darum ging, ob Spinoza als Mechanist und Atheist einzustufen sei, wie Jacobi anders als Mendelssohn, Goethe und Herder und andere fand. Obwohl Jacobi einen »Spinozismus« zugunsten eines wahren Glaubens an den überweltlichen, personalen Gott hatte kritisieren wollen, löste er eine ungeahnte Wirkung der Metaphysik Spinozas aus, die von Goethe über die Romantik und den deutschen Idealismus bis heute reicht und die die Faszination einer Deutung des uns umgreifenden Ganzen als des Göttlichen und der Präsenz des Göttlichen in allem demonstriert.

Gottfried Wilhelm Freiherr von LEIBNIZ, der letzte der großen rationalistischen Barockphilosophen, war nicht nur Philosoph, sondern auch ein hervorragender Mathematiker (unabhängig von NEWTON entdeckte er die Differential- und die Integralrechnung), Naturwissenschaftler, Rechtsgelehrter, Diplomat, Historiker und damit überhaupt ein Universalgelehrter.[10]

Leibniz wurde 1646 in Leipzig geboren, also zwei Jahre vor dem in Münster geschlossenen Westfälischen Frieden, der den Dreißigjährigen Krieg beendete. Leibniz starb 1716 in Hannover. Das frühreife Genie befasste sich als Kind bereits mit Logik und Theologie und studierte mit 15 Jahren Philosophie und Rechtswissenschaft; eine ihm angetragene Professur schlug er aus. Mit 20 Jahren fuhr er für den Kurfürsten von Mainz in diplomatischer Mission an den Hof von Versailles. Er verfolgte das Ziel, die Eroberungslust Ludwigs XIV. auf Ägypten statt auf das schon lange nicht mehr einheitliche und handlungsfähige Deutsche Reich zu lenken, was aber nicht gelang. Man beschied ihm am glanzvollen Hofe des »Sonnenkönigs«, der bestens mit den Türken gegen den Kaiser in Wien paktierte, Kreuzzüge seien aus der Mode gekommen. Immerhin konnte Leibniz diesen Aufenthalt zu wissenschaftlicher Arbeit nutzen. Leibniz war persönlich bekannt mit SPINOZA, NEWTON und dem niederländischen Physiker Christiaan HUYGHENS (1629–1695), der durch seine Theorie von der Wellennatur des Lichts bekannt geworden ist. Ab 1676 war er Bibliothekar und Hofrat des Herzogs Johann Friedrich von Hannover, also Hofmann und Hofbeamter von Beruf. Er unternahm zahlreiche Reisen und pflegte umfassende Beziehungen zur gelehrten Welt und zu den Höfen von Wien, Berlin und St. Petersburg. Einheit der christlichen Konfessionen, Interesse an China (bis hin zur Glorifizierung der chinesischen Sprache), Modernisierung Russlands – es gibt auch kaum ein politisches Thema der Zeit, zu dem er nicht beitrug. 1691 wurde Leibniz die Leitung der Bibliothek in Wolfenbüttel übergeben. Von großer Bedeutung war für ihn die Freundschaft zu der Kurfürstin Sophie und ihrer Tochter Sophie Charlotte, der späteren Königin von Preußen, mit deren Hilfe er im Jahre 1700 die »Societät der Wissenschaften« zu Berlin, die Berliner Akademie, gründete. Er wurde ihr Präsident auf Lebenszeit. Viel von seiner Arbeitskraft kostete ihn seine Aufgabe als Historiograph des Welfenhauses (seit 1685). 1713 wurde er vom Kaiser zum Freiherrn und Reichshofrat ernannt. Die letzten Jahren seines Lebens waren aber durch Intrigen am Hof und die unerfreuliche Auseinandersetzung mit Newton überschattet.

Leibnizens Metaphysik wurde als »Leibniz-Wolffsche Philosophie« das abschließende klassische System des Barock. Der in Breslau geborene Christian Wolff, nach allerlei Streitigkeiten aus Halle vertrieben und 1740 von Friedrich dem Grossen von Preußen dorthin zurückberufen, arbeitete Leibnizens Philosophie zu einem umfassenden rationalistischen System aus. Während Leibniz noch französisch geschrieben hatte, verfasste Wolff seine Werke auf Deutsch und erwarb sich damit Verdienste um eine deutsche philosophische Terminologie. Gerade für Leibnizens Wirkung, der ja selbst einen Lehrstuhl ausgeschlagen, eine ganz andere Profession gewählt und so zur systematischen Ausarbeitung seiner Gedanken kaum Gelegenheit gefunden hatte, erfüllte Wolff eine wichtige Funktion.

Zu dem umfangreichen philosophischen Werk Leibnizens gehören zunächst kleinere Schriften wie der *Discours de métaphysique* (*Metaphysische Abhandlung*, entstanden 1686, dt. 1780) und das *Système nouveau de la nature* (*Neues System der Natur*, 1695, dt. 1787). Bedeutend ist auch sein überaus umfangreicher Briefwechsel.

Davon abgesehen gab Leibniz zu Lebzeiten selbst nur eine einzige Schrift heraus. Dies war die für seine Schülerin Sophie Charlotte von Preußen geschriebene *Theodizee* (d. h. *Essais de théodicée*, *Abhandlungen zur Rechtfertigung Gottes*), eines der wichtigsten Werke des 18. Jahrhunderts. Diese Schrift ist durchaus optimistisch. Sie versucht eine Rechtfertigung Gottes angesichts der Übel, die es in der Welt gibt. Die von Gott geschaffene Welt ist die beste aller möglichen Welten. Wäre die vorhandene Welt nicht die bestmögliche, hätte Gott eine bessere entwickelt. Denn als Allwissender muss er die bestmögliche Einrichtung der Welt kennen, als Allmächtiger sie auch umsetzen können und als Allgütiger dies auch wollen. Nun sehen wir zwar, dass in der Welt nicht alles richtig läuft. Leibniz unterscheidet das metaphysische, das physische und das moralische Übel. Das metaphysische Übel besteht in der Endlichkeit der Welt. Wie beim physischen Übel, Leiden und Schmerz, gilt hier: Gott konnte sie nicht vermeiden, wenn er eine »Welt« schaffen wollte. Die moralischen Übel ließen sich schließlich nicht umgehen, wenn Gott dem Menschen die Gabe der Freiheit verleihen wollte. VOLTAIRE hat die Vorstellung von der besten aller möglichen Welten in seinem Roman *Candide* kritisiert.

Ein wichtiger Text für Leibnizens Metaphysik ist die *Monadologie* (1714), die eine hochspekulative Vorstellung entwickelt, die sich nicht zuletzt vor den Hintergrund der zuvor entwickelten »Barocksysteme« von DESCARTES und SPINOZA verstehen lässt. Leibniz nahm nicht, wie Descartes, zwei »Substanzen« zur Erklärung der Welt und des Menschen, eine »denkende« und eine »materielle« an, aber auch nicht, wie Spinoza, nur eine, sondern er postulierte eine unendlich große Zahl von Substanzen, die er »Monaden« (von griech. *monas* ›Einheit‹) nannte. Obwohl sie zunächst an die seit der Antike diskutierten Atome erinnern könnten, sind diese Monaden doch mit aristotelisch-teleologischen Elementen »aufgeladen«. Die Monaden sind sozusagen »Atome mit Seelen«. Sie verfügen über Beiklänge von »Kräften« und sind »Individuen«. Monaden sind also keine naturwissenschaftlich aufgefassten Größen, sondern »metaphysische Punkte«. Alles, was mit der Monade geschieht, ist ursprünglich schon in ihr von Gott in einer »prästabilierten Harmonie« angelegt; Monaden brauchen deshalb »keine Fenster«. Die höchste Urmonade ist Gott. Dies bedeutet, dass der spinozistische Pantheismus aufgehoben ist und wieder die »theistische« Vorstellung eines über der Welt stehenden Gottes in ihr Recht tritt. Leibniz selbst erklärt seine Vorstellungen über die Monaden wie folgt:

> »1. *Die Monade*, von der wir hier sprechen werden, ist nichts anderes als eine einfache Substanz, die in Zusammensetzungen eingeht; *einfach* heißt: ohne Teile.
> 2. Und es muss einfache Substanzen geben, weil es Zusammensetzungen gibt; denn das Zusammengesetzte ist nichts anderes als eine Anhäufung oder ein Aggregat von *Einfachem*.
> 3. Nun gibt es da, wo es keine Teile gibt, weder Ausdehnung noch Figur, noch die Möglichkeit einer Teilung. Und diese Monaden sind die wahren Atome der Natur oder, mit einem Wort, die Elemente der Dinge.
> 4. Es ist auch keine Auflösung zu befürchten, und es gibt

> überhaupt keine vorstellbare Art, durch die eine einfache Substanz auf natürliche Weise vergehen kann.
> 5. Aus demselbem Grunde gibt es keine Art, wodurch eine einfache Substanz auf natürliche Weise beginnen kann, da sie nicht durch Zusammensetzung gebildet werden kann.
> 6. Also kann man sagen, dass die Monaden nur auf einen Schlag beginnen oder enden können, das heißt, sie können nur durch Schöpfung beginnen und durch Vernichtung enden, während das Zusammengesetzte mit Teilen beginnt oder endet.« (*Monadologie*, 1998, §§ 1–6)

Diese Konzeption ermöglicht es Leibniz immerhin, eines der Hauptprobleme in der Zwei-Substanzen-Theorie von Descartes, nämlich das Verhältnis von Leib und Seele, in ganz anderer Weise anzugehen:

> »Diese Prinzipien haben es mir erlaubt, auf natürliche Weise die Vereinigung oder besser die Übereinstimmung von Seele und organischem Körper zu erklären. Die Seele folgt ihren eigenen Gesetzen und der Körper den seinen, und sie stimmen überein kraft der *prästabilierten Harmonie* zwischen allen Substanzen, da sie alle Vorstellungen eines und desselben Universums sind.« (§ 78)

Von den nachgelassenen Schriften sind die *Neuen Versuche über den menschlichen Verstand* am wichtigsten. Diese *Nouveaux Essais sur l'entendement humain* entstanden von 1701 bis 1704 und waren als Antwort auf Lockes *Essay concerning Human Understanding* von 1690 gedacht. Der Diskussionsbeitrag erübrigte sich freilich durch den Tod Lockes im Jahre 1704; deshalb sind die *Nouveaux Essais* erst 1765 erstmals veröffentlicht worden. Das Werk ist als Dialog zwischen »Philaletes« (»Wahrheitsfreund«, d. i. Locke) und »Theophil« (»Gottesfreund«, d. i. Leibniz) aufgebaut. Es folgt sowohl in Anzahl und Thematik der Bücher bis hin zur Paragrapheneinteilung dem Essay Lockes. Leibniz referiert zunächst die im jeweiligen Abschnitt des Bezugswerkes vertretene Auffassung, indem er sie dem »Wahrheitsfreund« in den Mund legt, und lässt dann – stellvertretend für sich selbst – den »Gottesfreund« darauf antworten. Vergleicht man die Schriften miteinander, so finden sich Übereinstimmungen, vor allem aber gravierende Differenzen in den zur Verhandlung kommenden Aspekten: Für Leibniz bringt in der Tradition des DESCARTES der Verstand letztlich alles, auch die »Ideen« aus sich selbst hervor. Damit wird das lockesche Modell hinfällig, dem zufolge Inhalte von außen in das Bewusstsein dringen. Das durch eine solche Position entstehende Problem der Entsprechung von Denken und Realität wird wieder durch den Kunstgriff einer angenommenen »prästabilierten Harmonie« gelöst: Gott hat Erkenntnissubjekt und Erkenntnisobjekt so aufeinander abgestimmt, dass die »eingeborenen Ideen« im Seienden eine punktgenaue Entsprechung finden. Dieser Rekurs auf Gott in zentralen erkenntnistheoretischen Belangen hat die Forschung auch von »Theorationalismus« sprechen lassen (Friedrich KAULBACH).

In Leibniz gipfelt noch einmal der metaphysische Systemgedanke des »Barock«. Ein neues Zeitalter wird mit den Erkenntnismöglichkeiten und der Metaphysik kritischer verfahren.

V
Philosophie der Aufklärung

Was ist »Aufklärung«? Umgangssprachlich reden wir von der Aufklärung im Gegensatz zum Unwissen. Gemeint ist die Klärung und Erhellung zuvor »dunkler« oder geheimnisvoller Vorgänge sowie zuvor unbefragter Einrichtungen und Überlieferungen. Alle wissenschaftliche und philosophische Erkenntnis kann also »Aufklärung« sein – als geistige Bewegung tritt ein solches Engagement in verschiedenen Kulturen zu bestimmten Zeiten auf. Wir sprechen aber auch davon, dass der Himmel »sich aufklärt«. Hier wird deutlich, dass der Begriff, wie auch im Englischen (»enlightenment«) und Französischen (»lumières«) die *Metapher vom Licht* enthält, das in die Dunkelheit vor- bzw. unaufgeklärter Verhältnisse zu bringen ist. Dies kann nach der Überzeugung der Aufklärer durch die Kraft der »autonomen« menschlichen Vernunft geschehen, die auf keine dogmatische Belehrung durch fremdbestimmende »heteronome« Instanzen angewiesen und zur vernünftigen Einrichtung der menschlichen Gesellschaft durchaus fähig ist. Ein Grundansatz der Aufklärung ist es darum, den Glauben an äußere Mächte und an das Schicksal aufzuheben und das Schicksal des Menschengeschlechtes in die eigenen Hände zu nehmen. Die wohl berühmteste Definition der Aufklärung findet sich in Immanuel Kants Schrift *Was ist Aufklärung?* (*Akademieausgabe* VIII,35):

> »*Aufklärung ist der Ausgang des Menschen aus seiner selbstverschuldeten Unmündigkeit. Unmündigkeit* ist das Unvermögen, sich seines Verstandes ohne Leitung eines anderen zu bedienen. *Selbstverschuldet* ist diese Unmündigkeit, wenn die Ursache derselben nicht am Man-

> gel des Verstandes, sondern der Entschließung und des Mutes liegt, sich seiner ohne Leitung eines andern zu bedienen. *Sapere aude!* Habe Mut, dich deines *eigenen* Verstandes zu bedienen, ist also Wahlspruch der Aufklärung.«

Liest man Kants Forderung genau, erkennt man die potentielle Sprengkraft des von ihm geforderten Selbstdenkens: gegen Fürstenwillkür, für das Menschenrecht auf Selbstbestimmung, gegen Herrschaftsverhältnisse, die nicht von den Beherrschten legitimiert werden, gegen ein Verständnis von Religion und Kirche als blindem Autoritäts- und Jenseitsglauben. Noch das so genannte Barockzeitalter war auch die Zeit von Religionskriegen, Inquisition und Hexenwahn gewesen, bis vor allem Friedrich von SPEE (1591–1635) in seiner *Cautio Criminalis* (1631) dagegen protestierte.[1] Mit »Aufklärung« bezeichnet man nun eine grundlegende Neuorientierung im Geistesleben. Aufklärung greift Platz in Literatur, Philosophie und Wissenschaften. Etwa um 1700 beginnt dieser Wandel, der seither das Selbstverständnis der Moderne sowie Politik und Gesellschaft bis in die Gegenwart prägt.

1. Aufklärung und Empirismus in England: Locke, Berkeley, Hume

Eher nüchtern und pragmatisch, so heißt es, habe sich das allgemeine geistige Klima in England entwickelt. Vor allem orientiert es sich an der Erfahrung (Empirie) als Grundlage des Wissens und der Philosophie. Die englische Neigung zur hohen Bewertung der Erfahrung hat man bis auf die Scholastiker Roger BACON und WILHELM VON OCKHAM zurückverfolgt und geradezu einen philosophischen Nationalcharakter daraus gemacht. Auch die politische Lehre des

Thomas Hobbes war aller metaphysischen Spekulation abhold gewesen. Die englische Aufklärung fährt in diesem Sinne fort.

John Locke, geboren 1632 in Wrington (bei Bristol), gestorben 1704 in Oates (Essex), studierte Philosophie, Naturwissenschaften und Medizin in Oxford; ab 1662 war er dort Dozent für Rhetorik und Philosophie. Seit 1667 als Sekretär, Arzt und Erzieher in Diensten Lord Ashleys, des späteren Earl of Shaftesbury, erhielt er auf dessen Betreiben ein Staatsamt, hielt sich danach aber länger in Frankreich und Holland auf. Als Wilhelm von Oranien englischer König wurde, kehrte Locke nach England zurück.

Sein philosophisches Hauptwerk ist die erkenntnistheoretische Schrift *Essay concerning Human Understanding*. In ihr vertrat er gegen das Konzept »angeborener« Ideen (*ideae innatae*) die Auffassung, dass alle unsere »Ideen« aus der Erfahrung stammen (Empirismus, von griech. *empeiría* ›Erfahrung‹). »Idee« ist nach Locke Bewusstseinsinhalt im weitesten Sinne und Inbegriff aller Daten der inneren (»reflection«) wie der äußeren Wahrnehmung (»sensation«). »Sensation« und »reflection« sind also die alleinigen Quellen, die das zunächst völlige leere Bewusstsein (»tabula rasa«) mit Inhalt füllen. Locke unterscheidet die »einfachen Ideen« (»simple ideas«) von den im Verlauf des Erfahrungsprozesses zustandekommenden Vorstellungsgefügen (»complex ideas«), die dann Gegenstandsvorstellungen zu bilden vermögen. Unter »Empirismus« kann man – mit allem Vorbehalt[2] – eine Erkenntnis- und Wissenschaftstheorie verstehen, in der entscheidend für die Erkenntnis die »Erfahrung«, nicht eine Leistung des Verstandes aus sich heraus ist. Im Fortgang der hobbesschen Tradition sieht auch Locke in der Sprache das gemäß dem Schöpfungsplan Gottes »hauptsächliche Werkzeug« und »gemeinsame Band der Gesellschaft« (»the great instrument and common tie of society«).

So radikal wie Machiavelli und Hobbes wandten sich längst nicht alle Theoretiker von der aristotelisch-thomistischen Tradition ab. Dies gilt z. B. für die Theoretiker des Natur- und Völkerrechts Hugo Grotius (1583–1655) und Samuel Pufendorf (1632–1694). Auch John Locke hielt am Naturrecht fest. Zwar ist für ihn wie für Hobbes der Staat eine rationale Konstruktion zur Überwindung des Naturzustandes und nicht von Gott einem Monarchen übertragen. Dies zeigt der erste Teil von Lockes *Traktat über die Regierung*, der sich mit Robert Filmers Versuch auseinandersetzt, die Staatsgewalt patriarchalisch als Recht des Königs bis auf Adam zurückzuverfolgen. Während Hobbes aber den Naturzustand derart skeptisch ansetzt, dass jeder beliebige Staat im Grunde besser ist als kein Staat, gibt es für Locke natürliche Rechte an Freiheit und Eigentum. Das Naturrecht bindet sowohl den Einzelnen wie auch den staatlichen Souverän, dessen Gesetze es sichern sollen. Wenn nun jedoch der Mensch im Naturzustand frei ist, Herr seiner eigenen Person und seiner Besitztümer und niemandem untertan, so fragt sich Locke, warum soll er auf seine Freiheit verzichten? Der Grund hierfür liegt in Folgendem: Ausgehend von dem Gedanken, dass jeder Eigentum an seiner Person und damit auch an der Arbeit seiner Hände habe, entstehen durch die Vermischung dieser Arbeit mit Naturprodukten Aneignung von Dingen und »Eigentum«. Durch die Erfindung des Geldes kann aufgrund unterschiedlichen Fleißes und Geschicks verschieden großer Besitz angehäuft werden (die Einführung des Geldes bringt es mit sich, dass ein Mensch mehr besitzen darf, als er nutzen kann). In einer »zweiten Phase« des Naturzustandes entstehen dann allerdings Besitztrieb und Kampf um Anteile; der ursprünglich eher friedliche Naturzustand wird zum Kriegszustand, woraus das Interesse der Menschen an einer Regelung ihrer Vergesellschaftung folgt: »zum gegenseitigen Schutz ihres Lebens, ihrer Freiheiten und ihres Vermögens«. So kommt es nach Locke zum Staat, und zwar zu einem, in den der Einzelne präzisere Rechte mitnimmt als in Hobbes' Staat. Der Zweck des Staates besteht für Locke nur darin, die Rahmenbedingungen für eine freie Entfaltung der Bürger sicherzustellen, was, wie er im *Toleranzbrief* verdeutlicht, auch die Religionsfreiheit einschließt (Atheismus ist allerdings nicht erlaubt).

Locke hat auf das Gesellschafts- und Staatsdenken des 18. und 19. Jahrhunderts damit großen Einfluss ausgeübt. Er wurde zum Wegbereiter des Liberalismus. Er legte nicht nur den Grund für die politische Theorie der bürgerlichen Gesellschaft, sondern trug auch bereits einiges zu ihrer – kapitalistisch orientierten – wirtschaftlichen Organisationsform bei und machte damit, wie MARX bemerkte, den bürgerlichen Verstand zum menschlichen Normalverstand. Denn weder ein antiker Polisbürger hätte in der von den eher verachteten Handwerkern unternommenen Bearbeitung von Objekten der rohen Natur den Keim des Politischen zu erblicken vermocht, noch leuchtete seine Auffassung den Sozialisten ein, die sich mit den Folgen der weiteren Entwicklung der von Locke auf den Begriff gebrachten bürgerlichen Gesellschaft konfrontiert sahen. »Ihm schwebte die harmonische, an den Gesetzen der Natur orientierte Gesellschaft vor«, so meint Lockes Interpret Walter EUCHNER, »aber die Dynamik der von ihm beschriebenen und gerechtfertigten, aus egoistischen Individuen bestehenden Gesellschaft verhinderte diese Harmonie. Seine politische Theorie ist der gescheiterte Versuch, eine Theorie der bürgerlichen Gesellschaft mit der klassischen naturrechtlichen Lehre vom guten und gerechten Zusammenleben der Menschen im Staate zu versöhnen«.[3]

Lockes Wirkung zeigt sich jedoch in der folgenden Episode. Der begüterte Farmer George Mason, Nachbar von

George Washington, griff, die Situation seiner eigenen Sklaven großzügig übersehend,[4] bei der Formulierung der *Virginia Bill of Rights* vom 12 Juni 1776 auf den englischen Philosophen zurück. Dessen Formulierung der Rechte des Individuums, die von der Staatsbildung nicht aufgehoben werden, münden in die bekannte Formel »Life, Liberty and the pursuit of Happiness« und in die amerikanische Unabhängigkeitserklärung vom 4. Juli 1776.

Der irische Philosoph George Berkeley (1685–1753), der auf den Bermudas ein Priesterkolleg für Eingeborene gründen wollte und dann Bischof von Cloyne wurde, leugnete in Radikalisierung des Empirismus eine von der Wahrnehmung und dem Denken unabhängige Existenz der realen Außenwelt. Eine solche Position nennt man »Solipsismus«. Die nur scheinbar existenten Dinge der Außenwelt seien nichts anderes als Vorstellungen des Geistes. Hierfür steht die berühmt gewordene Formel: *esse est percipi* (»Sein ist Vorgestelltwerden«). Was aber ist mit der permanenten Existenz der Dinge, wenn sie gerade nicht wahrgenommen werden? Die Antwort des Bischofs: Gott nimmt sie ja immer wahr.

Der schottische Philosoph, Historiker und Nationalökonom David Hume wurde 1711 geboren, studierte zunächst Jura in Edinburgh, wechselte aber bald zur Philosophie über und bereiste den Kontinent. Philosophieprofessuren in Edinburgh und Glasgow wurden ihm verweigert. 1752 wurde er schließlich Bibliothekar in Edinburgh und 1763 Gesandtschaftssekretär in Paris, wo er mit den Enzyklopädisten zusammenkam, später auch mit Rousseau. Das letzte Jahrzehnt seines Lebens verbrachte Hume als (endlich) wohlhabender Mann in Edinburgh, wo er 1776 (nach Abschluss seiner kurzen *Autobiographie*) starb.

Hume ist einer der wichtigsten britischen Philosophen des 18. Jahrhunderts und der Vollender des englischen Empirismus. Sein erstes Hauptwerk *A Treatise of Human Nature* (*Abhandlung über die menschliche Natur*) erschien 1739/40. Aus seiner Umarbeitung entstand 1748 das Werk *Enquiry Concerning Human Understanding* (*Untersuchung über den menschlichen Verstand*). 1754–62 erschien eine sechsbändige Geschichte Großbritanniens. In seinem philosophischen Hauptwerk fragt Hume nach dem Ursprung der menschlichen Vorstellungen, die er in »Wahrnehmungen« (»impressions«) und »Vorstellungen« (»ideas«) teilt. Das menschliche Denken kann nur diejenigen Daten handhaben, die durch äußere (Sinneswahrnehmung) und innere Erfahrung (Erinnerung, Einbildungskraft) gegeben sind; ein substanzielles »Ich« im Sinne Descartes' gibt es nicht. Hume ist auch berühmt für seine Ablehnung »substanzieller« Kausalität. Unseren Eindruck, dass es Ursache und Wirkung gibt, führt er vielmehr auf Gewohnheit zurück. Da das Wissen um die Vorgänge der Natur nur auf Erfahrung beruht, ist auch der Schluss von einer »Ursache« auf eine »Wirkung« nur der »Macht der Gewohnheit« aufgrund häufig gleicher Erfahrungen zu verdanken. Mit all dem hat er später Kant nach dessen eigener Aussage aus dem »dogmatischen Schlummer« geweckt. Hume war ein Skeptiker, ein großer Denker kritischer Aufklärung. Postum erschienen seine *Dialoge über natürliche Religion*, eine der wichtigsten Schriften zur Religionskritik.

In der Moralphilosophie ist Hume vor allem für eine Unterscheidung bekannt geworden, die er in seinem *Treatise of Human Nature* (III,1,1) fast beiläufig anführt:

> »In jedem Moralsystem, das mir bisher vorkam, habe ich immer bemerkt, dass der Verfasser eine Zeitlang in der gewöhnlichen Betrachtungsweise vorgeht, das Dasein Gottes feststellt oder Beobachtungen über menschliche Dinge vorbringt. Plötzlich werde ich damit überrascht, dass mir anstatt der üblichen Verbindungen von Worten

mit »ist« und »ist nicht« kein Satz mehr begegnet, in dem nicht ein »sollte« oder »sollte nicht« sich fände. Dieser Wechsel vollzieht sich unmerklich; aber er ist von größter Wichtigkeit. Dies sollte oder sollte nicht drückt eine neue Beziehung oder Behauptung aus, muss also notwendigerweise beachtet und erklärt werden. Gleichzeitig muss ein Grund angegeben werden für etwas, das sonst ganz unbegreiflich scheint, nämlich dafür, wie diese neue Beziehung zurückgeführt werden kann auf andere, die von ihr ganz verschieden sind. Da die Schriftsteller diese Vorsicht meistens nicht gebrauchen, so erlaube ich mir, sie meinen Lesern zu empfehlen; ich bin überzeugt, dass dieser kleine Akt der Aufmerksamkeit alle gewöhnlichen Moralsysteme umwerfen und zeigen würde, dass die Unterscheidung von Laster und Tugend nicht in der bloßen Beziehung der Gegenstände begründet ist, und nicht durch die Vernunft erkannt wird.«[5]

Einerseits entwickelte Hume von hier aus eine Theorie, derzufolge die Moral nicht Gegenstand des Wissens, sondern des Fühlens sei (*An Enquiry Concerning the Principles of Morals*; *Untersuchung über die Prinzipien der Moral*, 1751); andererseits vollzog er damit eine für die weiteren Debatten über Max Weber bis heute grundlegende Trennung von »Sein« und »Sollen«. Seither gilt der Satz, dass man aus einem Sein kein Sollen ableiten kann (»No ought from an is«); wer dies dennoch tut, begeht einen in den darauf folgenden Debatten so genannten »naturalistischen Fehlschluss«. Drittens sollte aber auch vor allem die kritische Frage Humes nach der Rede- und Argumentationsweise in der Moralphilosophie für die weitere Diskussion, nämlich für die Entwicklung einer sprachanalytischen Ethik im 20. Jahrhundert, noch vorbildlich wirken.

Blickt man auf die bisher vorgestellten Positionen, so bestätigt sich, dass man in England in Erkenntnisdingen eher auf Erfahrung, auf dem Kontinent eher auf die internen Verstandesleistungen setzt. Es lassen sich also zwei miteinander konkurrierende erkenntnistheoretische Grundlinien feststellen: einerseits der »kontinentale Rationalismus«, wie er in Frankreich von Descartes und in Deutschland von Leibniz vertreten wurde, andererseits der »englischen Empirismus« von Locke und Hume. Auf die entscheidende Frage: »Woher stammen unsere Erkenntnisse?« antworten die einen: »Aus der Kraft des reinen Verstandes«, die anderen: »Aus der Erfahrung!«. Beide Antworten bringen, wie wir gesehen haben, Probleme mit sich. Die »Rationalisten« brauchen die das erkennende Subjekt wie die zu erkennende Welt umgreifende Annahme Gottes, um erklären zu können, warum wir überhaupt etwas über die Welt wissen können. Auch führt der Versuch, reine Vernunftsätze über eine erfahrungstranszendente Wirklichkeit zu bilden, in den Dogmatismus. Die Empiristen müssen womöglich aufgrund der bloß vorläufigen Ergebnisse aller Induktion, also der verallgemeinernden Schlüsse aus der Erfahrung, an der Möglichkeit sicheren Wissens verzweifeln. Ihr Weg könnte in Skeptizismus und Solipsismus enden. Als »Antwort« auf diese Probleme und als »Synthese« der divergierenden empiristischen und rationalistischen Traditionen führt man gerne die theoretische Philosophie Immanuel Kants an (vgl. Abschnitt 4 dieses Kapitels).

2. Aufklärung in Frankreich: Von Voltaire bis Rousseau

Zum Symbol der französischen Aufklärung wurde ein lexikalisches Projekt – die *Encyclopédie*. Hierbei ist zunächst der Mathematiker, Physiker und Philosoph Jean le Rond d'Alembert (1717–1783) zu nennen; er war Mitinitiator und Mitherausgeber dieses glänzenden Unternehmens, das

weit mehr war als ein bloßes Lexikon. D'Alembert stand in Korrespondenz mit FRIEDRICH DEM GROSSEN, der ihm, dem Mitglied der »Académie des sciences« und Sekretär der »Académie Francaise«, vergeblich anbot, Präsident der Königlichen Akademie der Wissenschaften in Berlin zu werden. An Konzept und Herausgabe der *Encyclopédie* wesentlich beteiligt war auch Denis DIDEROT (1713–1784); er verfasste Lustspiele (*Rameaus Neffe*, übers. von Goethe 1805) und Romane (*Die indiskreten Kleinode*, 1748), trat als Theoretiker der Ästhetik auf und weilte auf Einladung der Zarin Katharina in Russland.
Die *Encyclopédie ou dictionnaire raisonné des sciences, des arts et des métiers* erschien in 21 Text-, 12 Tafel- und zwei Registerbänden in den Jahren 1751–72. Indem sie den »Kreis der Bildung« umschloss, versammelte sie nicht nur eine große Menge von Einzelwissen, sondern repräsentierte letztlich auch ein neues Weltbild. Die *Encyclopédie* erlangte einen großen Einfluss auf die Bildung und allgemeine Denkart[6] und wirkte so tatsächlich aufklärend. Sie war ein Werk vieler herausragender Gelehrter, darunter HOLBACH, MONTESQUIEU, ROUSSEAU und VOLTAIRE, aber auch heute namenloser Verfasser. Im Geiste der Aufklärung betrachtete die *Encyclopédie* Religion, Kirche und Adel eher skeptisch. Kennzeichnend für die französische Aufklärung ist eine gewisse Tendenz der Vernunft, sich von der Vorherrschaft eines übervernünftigen Glaubens unabhängig zu machen und sich dazu selbst als eigentliche Instanz in Szene zu setzen.

Pierre BAYLE (1647–1706), Philosophieprofessor in Sedan und Rotterdam, schließlich aber wegen seiner atheistischen und radikalen Ansichten entlassen, hatte bereits ein aufklärerisches Wörterbuch verfasst und damit die Möglichkeiten eines solchen Mediums gezeigt, nämlich das *Dictionnaire historique et critique*, das in zwei Bänden 1695–97 erschien. In den Jahren 1741–44 wurde es von J. Ch. GOTTSCHED, dem stark nach Frankreich orientierten »Literaturpapst«

der deutschen Aufklärung, auf Deutsch herausgebracht. Der Geist der Aufklärung zeigte sich nun zunehmend im politischen Denken und im Weltbild.

Charles de Secondat, Baron de La Brède et de MONTESQUIEU, Schriftsteller, Rechts- und Staatsphilosoph, wurde 1689 auf Schloss La Brède bei Bordeaux geboren und starb 1755 in Paris. Er war Parlamentspräsident in Bordeaux und Mitglied der Académie Française. In der staats- und kulturphilosophischen Schrift *De l'Esprit des lois* (*Vom Geist der Gesetze*, 1748) erweiterte dieser französische Aristokrat den bereits von LOCKE entwickelten Gedanken der Gewaltenteilung, der den HOBBES'schen Absolutismus überwindet, um die Jurisdiktion.

In dieser Form liegt die Gewaltenteilung als bis heute grundlegende Lehre den Verfassungssystemen der etablierten westlichen Demokratien, angefangen mit der amerikanischen Verfassung, unter der leitenden Hinsicht von Kontrollen und Gegengewichten (»checks and balances«) zugrunde:

> »In jedem Staat gibt es drei Arten von Gewalt: Die gesetzgebende Gewalt; die vollziehende Gewalt, die sich mit den Angelegenheiten befasst, die in den Bereich des Völkerrechts fallen; und die vollziehende Gewalt auf dem Gebiet des innerstaatlichen Rechts. Aufgrund der erstgenannten Gewalt erlässt das Staatsoberhaupt oder das dazu zuständige Staatsorgan Gesetze für eine bestimmte Zeit oder für unbeschränkte Dauer, ändert es bestehende Gesetze ab oder hebt es sie auf. Auf Grund der an zweiter Stelle genannten Gewalt erklärt es den

Krieg und schließt Frieden, schickt und empfängt es Gesandte, sorgt es für die äußere Sicherheit und verhindert es feindliche Überfälle. Auf Grund der zuletzt genannten Gewalt schließlich bestraft es Verbrechen oder entscheidet es Streitfälle zwischen Privatpersonen. Wir wollen diese zuletzt genannte Gewalt die richterliche nennen, und die an zweiter Stelle genannte einfach nur die vollziehende Gewalt des Staats. Die politische Freiheit besteht bei einem Bürger in jener inneren Ruhe, die ein jeder hat, der von seiner persönlichen Sicherheit überzeugt ist; und damit man diese Freiheit besitze, muss die Staatsführung so beschaffen sein, dass kein Bürger den anderen zu fürchten braucht.«[7]

Eine radikale und kühne Steigerung der aufklärerischen Ansichten vollzogen die *Materialisten* wie der Regimentsarzt, Anarchist und zeitweilige »Hofnarr« FRIEDRICHS DES GROSSEN, Julien Offray de LA METTRIE (1709–1751), der in seinem Werk *L'homme machine* 1748 den Menschen zur Maschine erklärte, seinen Zeitgenossen wie manchen Späteren ein Ärgernis. Aus Frankreich vertrieben, nahm ihn Friedrich in Berlin auf. Der Deutsche Paul Thierry (Dietrich) Baron von HOLBACH (1723–1780) lebte in Paris von seinem Vermögen und gehörte zum Kreis der Enzyklopädisten, die sich in seinem Haus trafen. In seinem Buch *Système de la nature* von 1770, der zusammenfassenden »Bibel des Materialismus«, wandte sich Holbach auf den Spuren La Mettries naturwissenschaftlichen und den Gesetzen der Materie verpflichteten Erklärungen zu – gegen Religion und Metaphysik. Auch Claude-Adrien HELVÉTIUS (1715–1771), befreundet mit VOLTAIRE und den Enzyklopädisten, wird zu den Materialisten gezählt.

VOLTAIRE! Das ist ein Anagramm aus François-Marie AROUET L(E) J(EUNE), wie er eigentlich hieß. Der französische Schriftsteller und Philosoph war der Hauptvertreter der französischen Aufklärung. Zugleich erscheint er als Verkörperung des französischen Geistes wie neben ihm wohl nur noch DESCARTES.

VOLTAIRE wurde als Sohn eines Notars 1694 in Paris geboren und besuchte von 1704 bis 1711 das Jesuitenkolleg Louis-le-Grand. 1717 erlaubte er sich eine Satire auf Ludwig XIV., was ihm die Inhaftierung im Staatsgefängnis, in der Bastille, einbrachte. Durch den Erfolg seiner Tragödie *Ödipus* (1718) gelangte er zwar wieder in die Gunst des Hofes, wegen einer Auseinandersetzung mit dem Chevalier de Rohan, der ihn verprügeln ließ, landete er aber 1726 erneut in der Bastille. Anschließend ging er bis 1729 nach England ins Exil.
Vom dortigen Klima relativer Freiheit und Vernunft ist Voltaire tief beeindruckt. Seine *Lettres philosophiques ou lettres anglaises* von 1734 lassen an der Kritikwürdigkeit der französischen Zustände gegenüber englischer Literatur, Philosophie und Staatsverfassung keinen Zweifel. Sie stellen BACON, LOCKE und NEWTON über DESCARTES und enthalten auch noch eine heftige Kritik an PASCAL. Nach seiner Rückkehr nach Frankreich wurden die Briefe öffentlich verbrannt. Dem gegen ihn ergangenen Haftbefehl entzog sich Voltaire durch seine Flucht in die Champagne. Er lebte dort in Cirey auf dem Schloss der Marquise du Châtelet (mit Unterbrechungen) bis 1749. Nach deren Tod war er von 1750 bis 1753 Gast FRIEDRICHS DES GROSSEN in Berlin. Die Trennung erfolgte – nach immerhin zwei Jahren gegenseitiger Faszination – im Unfrieden. Der Herrscher ließ den in Ungnade gefallenen Philosophen von Mai bis Juli 1753 auf der Flucht in Frankfurt festsetzen. Seit 1754 war Voltaire Mitarbeiter an der *Ency-*

clopédie. Einen endgültigen Ruhesitz fand er schließlich als eine Art »Feudalherr im Kleinformat« in Ferney bei Genf. 1778 reiste der 83-jährige Greis zur Aufführung seiner letzten Tragödie noch einmal nach Paris. Sein Einzug war triumphal wie der eines Königs, doch starb er kurz darauf. Voltaire wurde postum 1791 im Panthéon beigesetzt.

Seine Schriften verkörpern das Ideengut der Aufklärungsepoche. Hauptwerke sind neben den *Englischen Briefen* u. a. die Abhandlungen *Traité de métaphysique* (eine den klassischen Behauptungen gegenüber eher skeptische *Abhandlung zur Metaphysik*, 1734), *Eléments de la philosophie de Newton* (*Grundzüge der Lehre Newtons*, eine gut verständliche Darstellung, die zum Erfolg des Newtonianismus nicht unwesentlich beitrug, 1738), schließlich die Artikel aus der *Encyclopédie*.

VOLTAIRE verfasste auch zahlreiche literarische Werke. Als wirklich lesenswert bis heute gilt *Candide oder Die beste Welt* (1759, dt. 1776), eine fulminante Satire, deren »unsterbliches« (SCHOPENHAUER) Echo durch die Jahrhunderte hallt. Am 1. November 1755 hatte ein gewaltiges Erdbeben die Stadt Lissabon verwüstet; sechzigtausend Menschen starben. Das »barocke« Universum und seine prästabilierte Harmonie, wie sie die leibnizsche Metaphysik entworfen hatte, gerieten aus den Fugen. Der *Candide* spottet über die deutsche Metaphysik im Allgemeinen und über ihren Optimismus im Besonderen; LEIBNIZ erscheint in diesem glänzenden Roman als Allesdeuter »Pangloss«.

Der *Essai sur les mœurs et l'esprit des nations* (*Versuch über die Weltgeschichte, über die Sitten und den Geist der Völker von Karl dem Großen bis auf unsere Zeit*, 1756) zielt weniger auf die politische Geschichte der Dynastien und Schlachten als auf eine Kulturgeschichtsschreibung, die entgegen aller Geschichtstheologie mit der Idee eines zivilisatorischen Fortschritts eine neue Sinndeutung der menschlich-geschichtlichen Welt anbot. Voltaire verfasste außerdem eine Vita des Schwedenkönigs Karls XII., der noch vor Napoleon und Hitler mit einem russischen Feldzug scheiterte (1731, dt. 1733), und ein Werk über das *Zeitalter Ludwigs XIV.* (1751, dt. 1887).

Er muss ein Charakter großer Gegensätze gewesen sein. Er schmeichelte den Mächtigen – zugleich besaß er großen Mut. Er war ein Mann der Triumphe und der Demütigungen, ein brillanter Gesellschafter, aber auch zweimaliger Insasse der Bastille, Teilnehmer jener glänzenden Diskussionsrunde, die Jean Huber, gen. »Huber-Voltaire«, im *Souper der Philosophen* dargestellt hat – und arretiert in Frankfurt. Voltaire war kein Demokrat und kein Vertreter der Revolution, an deren Vorabend er starb. Er favorisierte aber die konstitutionelle Monarchie Englands gegenüber dem Absolutismus oder gar der Tyrannei. Er war, geprägt von englischen deistischen Vorstellungen, auch kein Atheist, aber ein radikaler Kritiker kirchlicher Bevormundung und Engstirnigkeit. Er ist das Urbild des Intellektuellen, der auch in nachhaltiger und wirkungsvoller Weise praktisch handelt. Voltaire wird als zänkisch und kleinlich geschildert, ist großsprecherisch und großartig zugleich. Im Licht der Vernunft kämpft er gegen Fanatismus, dunkle Leidenschaften, Dummheit und Intrigen, ist ein engagierter Anwalt der Toleranz und der Menschenrechte und eine der wichtigsten Gestalten einer bis heute und in Zukunft als Aufgabe zu begreifenden Aufklärung. Als am Ende des 20. Jahrhunderts Pariser Studenten nach dem »Todesurteil« gegen den iranischen Schriftsteller Salman Rushdie protestierend auf die Straße gingen, trugen sie ein Transparent mit der Aufschrift: »Voltaire, au secours« – Voltaire, zu Hilfe!

Im Sinne der Vernunft hatte Voltaire die Verherrlichung des Naturzustands abgelehnt, für die sein Zeitgenosse Jean-Jacques ROUSSEAU (1712–1778) berühmt geworden ist. Rousseau wurde in Genf geboren, war Günstling der Madame de Warens, Autor des pädagogischen Klassikers *Emile* und heiratete die »ganz ungebildete« Thérèse Levasseur. Die gemeinsamen Kinder gab er ins Findelhaus. Rousseau ist eine der interessantesten Gestalten der Geistesgeschichte und ein ebenso egozentrischer und neurotischer wie radikal weltverbesserischer Intellektueller, als der er uns in seinen *Bekenntnissen* (*Confessions*) entgegentritt.

Für Rousseau ist, wie er im Vorwort seiner *Abhandlung über die Ungleichheit* (1755) sagt, die Frage nach dem Menschen und seinen Lebensverhältnissen eine der interessantesten wie auch zugleich der »dornenreichsten«; denn wie sollte man die Quelle der Ungleichheit unter den Menschen kennen, wenn man nicht zunächst den Menschen selbst kennt? Zu den berühmtesten Szenen der Philosophie gehört das von Rousseau geschilderte und stilisierte Erlebnis, das ihn unter einem Baum – Herzklopfen, Rausch und Schwindel ergriffen ihn – überkam, als er auf dem Wege zu dem inhaftierten DIDEROT von der Preisfrage der Akademie von Dijon erfuhr: Ob Künste und Wissenschaften zur Verbesserung der Sitten beigetragen hätten?

Im *Discours sur les sciences et les arts* (*Abhandlung über Wissenschaften und Künste*, 1750) antwortete Rousseau mit jenem fulminanten »Nein«, das ihn berühmt machen sollte. Rousseau hält der Kultur seiner Zeit, die er von sozialer Ungleichheit und Interessengegensätzen geprägt sieht, kritisch den Spiegel vor. Hierzu verwendet er das Konstrukt eines »Naturmenschen«, der nicht der zivilisatorischen Verderbnis unterliegt. Der »Naturzustand« ist zwar in gewisser Weise historisch fixiert (»früher«), doch handelt es sich bei ihm nicht so sehr um eine rückwärts gewandte Utopie (»Zurück zur Natur«), als um ein Gegenbild, ein eher hypothetisches Korrektiv zur kritischen Beurteilung der Gegenwart. Vergesellschaftung und Sprache sind dabei eine zwar zufällige (man möchte auch von »Unfall« reden), aber irreversible Transformation aus dem hypothetisch konstruierten Naturzustand. Rousseau geht nicht von vorausgesetzten sozialen Strukturen aus, sondern er fragt nach ihrer Entstehungskonstellation.

Diese Kulturkritik Rousseaus deutet Möglichkeiten des Denkens an, die über die Aufklärung als Epoche hinausweisen. Seine kultur-, verstandes- und konventionsfeindliche, Gefühl, Innerlichkeit und einen unverdorbenen Naturzustand betonende Konzeption sowie seine »Erziehung vom Kinde aus« sind ebenso ernst zu nehmende Aufklärungskritik, wie sie auf eine zutiefst gespaltene Persönlichkeit verweisen, die sich auf lebenslanger Wanderschaft befindet.

In der politischen und Gesellschafts-Theorie gilt Rousseau als Vertreter eines egalitären Demokratismus. Er antwortet mit der Schrift über den *Gesellschaftsvertrag* (*Du Contrat social*) auf den Absolutismus der Fürsten mit dem »Absolutismus der Völker« und dem »allgemeinen Willen« (»volonté générale«), der nicht identisch ist mit der Summe der Einzelwillen (»volonté de tous«). Rousseau löst das Staatsdenken von der Herrscherpersönlichkeit und bindet es an ein personifiziertes Kollektivsubjekt. Während im Herrschaftsvertrag von Hobbes das Ziel individueller Sicherheit in der Monarchie erreicht werden soll, die einen »Rahmen« setzt und sich um totale Einzelerfassung nicht kümmert (für Rousseau macht freilich ein solcher Vertrag aus einem Volk eine »Herde«), scheint der Gesellschaftsvertrag des Franzosen das Individuum dem Kollektiv preiszugeben und den Staatsbürger im Unterschied zum »natürlichen Menschen«, wie es im *Emile* heißt, zur »Bruchzahl« zu machen, deren Wert lediglich noch in ihrer Beziehung zum gesellschaftlichen Ganzen besteht. Der »gute«, nicht entartete Mensch des Naturzustandes ist politisch unwiederbringlich, die Korruption nicht rückgängig zu machen, aber als Organisation der Staatsbürger, die sich in der beschriebenen Weise auf das allgemeine Wohl ausrichten, ist politische Vernunft dennoch herstellbar. Der Preis dafür erscheint freilich hoch: Für die Durchsetzung egoistischer Sonderinteressen oder Gruppenziele ist kein Raum. Das Volk ist nur Souverän, indem die Bürger das Gesamtwohl wollen. Der Gemeinwille nimmt für Rousseau den Stellenwert ein, den für Hobbes die Herrschaftsdelegation an den Souverän, für Locke und Montesquieu aber die Gewalteilung haben. Jedes Mitglied entäußert seine Rechte zugunsten der Gemeinschaft; wer sich weigert, dem Gemeinwillen zu folgen, wird von der gesamten Körperschaft dazu gezwungen, frei zu sein. Das bedeutet: Im harmonisierenden Konstrukt der Allgemeinheit verschwinden die konkreten Individuen und realen Antagonismen. Die »Richtigkeit« des Gemeinwillens einmal unterstellt, verliert sich die Notwendigkeit von Institutionen, die die Minderheitenrechte sichert, und Meinungs-, Versammlungs-, Organisations- und Demonstrationsfreiheit, die die Mehrheitsverhältnisse einmal ändern könnten, werden als unerwünscht betrachtet. Trotz dieses Totalitarismus-Verdachts lässt Rousseau sich aber nicht als Vorläufer einer bestimmten Richtung festlegen. Er ist der »Vater aller modernen Modernismen und Antimodernismen geworden: der Revolution und der Restauration, des liberalen Rechtsstaates und der populistischen Diktatur, der antiautoritären Pädagogik und des Totalitarismus [...]. Für jede Rousseauistische Verirrung gibt es auch eine Rousseauistische Kritik« (Spaemann, *Rousseau*, 14).

Politisch hatte die Aufklärung in einem Zeitalter angesetzt, das immer noch vom Absolutismus beherrscht wurde. Dieser Name verweist darauf, dass die großen Könige

»absolut«, d. h. mit unbeschränkter Machtfülle, regierten. Keine Verfassung, in der z. B. »unantastbare« Rechte der Bürger gestanden hätten, und kein Parlament als Stimme des Volkes bremsten den Monarchen bei seinen Entscheidungen. Mächtigster aller Staaten Europas war damals Frankreich. Hier regierte von 1661 bis 1715 der »Sonnenkönig« LUDWIG XIV. Seiner Prachtentfaltung eiferten die übrigen Herrscher Europas nach. Der Verfall des französischen Königtums, der schon durch Ludwigs ruinöse Kriege eingesetzt hatte, begünstigte schließlich die Französische Revolution, eine politische Frucht der Aufklärung. Die Zusammenarbeit von geistiger Vorleistung und politischer Aktion gipfelt in der berühmten *Erklärung der Menschen- und Bürgerrechte*. Auch die Geschichte der Menschenrechte freilich erweist sich als Prozess historischer Arbeit. Sie sind ein Ergebnis antiker wie christlicher Vorstellungen, der Naturrechtsidee ebenso wie antiabsolutistischer Freiheitsgarantien in England (*Magna Charta Libertatum* 1215, *Bill of Rights* 1689). Die Menschenrechte finden eine wichtige verfassungsrechtliche Formulierung im Sklavenhalterstaat Virginia in der *Virginia Bill of Rights* von 1776 sowie in der amerikanischen Unabhängigkeitserklärung. Sie führten zu jener *Déclaration des droits de l'homme et du citoyen* in Frankreich von 1789, der im Laufe des 19. und 20. Jahrhunderts die Verfassungspräambeln europäischer und anderer Staaten folgten, so die *Grundrechte des Deutschen Volkes* in der Paulskirchenverfassung von 1849. Noch lange aber bleiben die Menschenrechte eine Angelegenheit sozial und von der europäischen Herkunft her privilegierter Männer.

Auf solche Begrenzungen hatte bereits im Zuge der Französischen Revolution die auf dem Schafott hingerichtete Olympe de GOUGES (1748–1793) in ihrer *Erklärung der Rechte der Frau und Bürgerin* (1791) hingewiesen. Da sie als Frau keine Chance bekam, auf der Rednertribüne das Wort zu ergreifen, ließ sie Aufrufe und Pamphlete in ganz Paris plakatieren. In der Schreckenszeit der »Terreur« wurden ihr diese zum Verhängnis. An einem kalten Herbsttag, am 3. November des Jahres 1793, wurde sie auf dem Schinderkarren zur Guillotine gerollt, wie im Sommer des darauf folgenden Jahres ROBESPIERRE (1758–1794) selbst. Es hat lange Zeit gedauert, bis auch ihr Beitrag zur Entwicklung der Menschenrechte gewürdigt wurde.[8]

Bereits in die Revolution verstrickt ist auch Antoine Caritat, Marquis de CONDORCET (1743–1794). Er war Mitglied der Akademie und Mitarbeiter der *Enzyklopädie*. Als Mitstreiter der Französischen Revolution wurde er 1792 Präsident der Nationalversammlung und entwickelte, sozusagen an dem archimedischen Punkt aller Vervollkommnung des Menschen ansetzend, einen großen Erziehungs- und Bildungsplan, der auch die Erwachsenenbildung einschloss. Als Girondist geriet er in die Parteienkonflikte der sich radikalisierenden Revolution und wurde schließlich ein Opfer der Sache, für die er gekämpft hatte. Condorcet entkam zunächst der Haft und der Vollstreckung des Todesurteils, indem er sich versteckt hielt. Selbst unter diesen Umständen erwies er sich als Verfechter der Idee eines geschichtsphilosophischen Fortschritts durch Wissenschaft, Technik und Bildung. In nur drei Monaten verfasste er die Schrift, die ihn berühmt machte: *Esquisse d'un tableau historique des progres de l'esprit humain* (*Entwurf einer historischen Darstellung der Fortschritte des menschlichen Geistes*, postum und ihn rehabiltierend 1795 herausgegeben), eines der Hauptwerke der französischen Aufklärung. Einer seiner letzten Texte sind die *Ratschläge* an seine damals erst vierjährige Tochter Eliza, der er das Streben nach Unabhängigkeit ohne Hartherzigkeit empfahl.[9] Im

März 1794 verließ Condorcet seinen Zufluchtsort. In einem Gasthof wurde er verhaftet und starb bald darauf im Gefängnis, wohl durch einen Herzanfall, nach manchen Überlieferungen durch Gift.

3. Aufklärung in Deutschland: Lessing und Mendelssohn

In Preußen regierte im Aufklärungszeitalter FRIEDRICH II., der schon zu Lebzeiten »der Große« genannt und als »Alter Fritz« volkstümlich wurde. Die folgende Übersicht über die Vertreter der deutschen Aufklärung beginnt also tatsächlich mit einem König.

Friedrich gilt als »roi philosophe«, also als philosophisch gebildeter König, der gern als »aufgeklärter Monarch« erscheinen wollte. Er erklärte sich zum »ersten Diener des Staates« und formulierte die Verpflichtung des Fürsten, für das Wohl des Staates und des Volkes zu arbeiten. Jeder sollte in seinem Staate »nach seiner Fasson selich« werden. Friedrich schrieb über LOCKE und VOLTAIRE, über die praktische Funktion der Philosophie und gegen ein Verbot der *Encyclopédie*. In der Praxis sah in seinem Staat freilich manches anders aus. So, wie Preußens Fahne die Farben schwarz und weiß enthält, so doppeldeutig war dieser Staat. In der preußischen Armee herrschte ein harter militärischer Drill; Friedrich führte sie in viele Kriege. Unaufgeklärt war die Verzerrung jeden demokratischen Bürgergeistes zu einer vielbeklagten Untertanenmentalität. Dem stehen die berühmten preußischen Tugenden wie Pflichtbewusstsein und Zuverlässigkeit gegenüber.

Der Dichter, Kritiker und Philosoph Gotthold Ephraim LESSING (1729–1781) trat als Sekretär eines der preußischen Berufsmilitärs, des Generals Tauentzien, in die Dienste des Königs, zu dem er ein sehr gespaltenes Verhältnis hatte. Einerseits bewunderte er ihn (obwohl von Geburt Sachse), andererseits sah er Preußen sehr kritisch und sprach von »dem bis auf den heutigen Tag sklavischsten Land Europas«. Lessing studierte in Leipzig. Die Schauspieltruppe der Friederike Caroline Neuber führte seine frühen Komödien auf, wollte er doch zu dieser Zeit ein »deutscher Molière« werden. Lessing wurde Theaterkritiker und freier Schriftsteller in Berlin, dann in Hamburg, dort auch kurzzeitig als Dramaturg am neu eröffneten Nationaltheater. Ab 1770 war er Bibliothekar an der herzoglich braunschweigischen Bücherei in Wolfenbüttel; eine eigentlich angestrebte Stelle als Leiter der königlichen Bibliothek in Berlin hat ihm Friedrich II. auf Anraten des nachtragenden VOLTAIRE, mit dem Lessing Auseinandersetzungen gehabt hatte, mehrfach abgeschlagen. Lessing, der 1778 Frau und Sohn verlor, starb 1781 in Braunschweig.

LESSING ist als Dichter (*Minna von Barnhelm*, *Nathan der Weise*), als Literaturkritiker und -theoretiker sowie als Philosoph von gleich großer Bedeutung. In seiner *Minna* wurzelt der männliche Protagonist Major von Tellheim so authentisch im Preußen der Zeit, wie Minna, seine kluge und emanzipierte Verlobte, ein Vorbild für alle Zeiten ist.[10] 1759–65 erschienen die *Briefe, die neueste Literatur betreffend*, wöchentliche Rezensionen, an denen neben Lessing auch Moses MENDELSSOHN und andere mitarbeiteten. Die *Hamburger Dramaturgie* war Lessings über zwei Jahre hinweg erschienene Theaterzeitschrift.

1774–77 kümmerte sich Lessing um die Herausgabe der so genannten *Fragmente eines Ungenannten*, religionskritischer Schriften von Hermann Samuel REIMARUS (1694–1768). Gegen die hieraus entstandenen Anfeindungen durch den Hamburger Hauptpastor Johann Melchior GOEZE verteidigte er sich 1778 im *Anti-Goeze*. 1780 erschien Lessings *Erziehung des Menschengeschlechtes*, eine geschichtsphilosophische Schrift, die die Weltgeschichte als von Gott gemäß einem Erziehungsplan gelenkt vorstellt. In Deutschland sollte sich der geschichtsphilosophische Fortschrittsglaube von den eher »vorsichtigen Positionen« des Dichters Lessing und des Philosophen KANT hin zu HEGELS Gedanken von der einem Plan folgenden und fortschreitenden Geschichte steigern. Lessing, eher am Anfang dieser Entwicklung, versuchte in 100 Paragraphen, seine Vorstellung einer göttlichen *Erziehung des Menschengeschlechtes* sowie differenzierte Denkmöglichkeiten der Geschichte zu entwickeln, die einerseits vorschnelle Wahrheitsansprüche zugunsten historisch vermittelter Erkenntnisse – man denke an die berühmte »Ringparabel« zum Verhältnis der Religionen in *Nathan der Weise* – aufgeben, andererseits an der Rede von einem »erziehenden« Gott festhalten. Dieser ist nicht der der lutherischen Orthodoxie, der die Heilige Schrift bis in den letzten Buchstaben qua Inspiration gestiftet hat, auch nicht – im Sinne der mit den Orthodoxen konkurrierenden »Neologie« – ein um alle Widervernunft und Geheimnisse »gekürzter« Gott, schließlich auch kein abstraktes deistisches Denkgebilde, das sich die Verehrer der Vernunft aus der Zerstörung des Offenbarungsglaubens gerettet hatten, weil ihre fortan selbständig laufende Weltkonstruktion einen überweltlichen Erfinder brauchte. Gegenüber eng begriffener Tradition wie radikaler Kritik betrachtet Lessing die Dinge mit einer Vernunft, die sich der Notwendigkeit der Toleranz bewusst ist.

Alexander Gottlieb BAUMGARTEN (1714–1762) ist nicht nur ein Vertreter der deutschen Aufklärungsphilosophie, sondern erwarb sich auch große Verdienste um die Etablierung der philosophischen Ästhetik. In einem strikten Sinne wird nämlich die Ästhetik als Fachwissenschaft erst von Baumgarten benannt, als eigener Gegenstandsbereich begründet und in den Kreis der philosophischen Disziplinen eingeführt. Er versteht sie in seiner 1750 erschienenen lateinisch verfassten *Aesthetica* jedoch als allgemeine Theorie der sinnlichen Erkenntnis und damit noch nicht primär als Lehre vom Kunstschönen; der erste Paragraph dieser Schrift lautet: *Aesthetica (theoria, liberalium artium, gnoseologia inferior, ars pulchre cogitandi, ars analogi rationis) est scientia cognitionis sensitivae* (»Die Ästhetik – als Theorie der freien Künste, als Logik/Erkenntnislehre der unteren Erkenntnisvermögen, als Kunst des schönen Denkens und als Kunst des intuitiven, dem rationalen Denken analogen Erkennens – ist die Wissenschaft der sinnlichen Erkenntnis«). Baumgartens Stoßrichtung und Leistung liegt darin, in einem vom rationalistischen Vernunftgedanken (LEIBNIZ) geprägten Klima Sinnlichkeit als eben diese erste Wortbedeutung von »Ästhetik« eingeführt und damit die in der platonischen Tradition und rationalen Metaphysik vorherrschende Abwertung der durch die Sinne vermittelten Erkenntnis überwunden zu haben.[11]

Der Jurist und Philosoph Christian THOMASIUS (1655–1728), nicht zuletzt ein Kämpfer gegen die Folter, hielt 1687 die erste öffentliche Vorlesung in deutscher Sprache überhaupt. Wie die deutsche Aufklärungsphilosophie weithin, trat er wohl kritisch gegenüber bloßer Tradition und gegenüber theologischer Unduldsamkeit auf, nicht jedoch materialistisch, wie dies bei einer starken Strömung der französischen Aufklärung der Fall war. Vor allem war Thomasius ein von Pufendorf beeinflusster Vertreter des deutschen Naturrechtsdenkens. Samuel Freiherr von PUFENDORF, Jurist und Historiker (1632–1694), Professor in

Heidelberg (1661) und Lund (1670), gehört als Vertreter des Natur- und Vernunftrechts sowie des Völkerrechts in die Zeit der Aufklärung. Kraft seiner Vernunft ist der Mensch dazu fähig, die Regeln eines sozialen Zusammenlebens zu erkennen und entsprechend zu handeln. Pufendorfs wichtigsten Werke waren: *Elementorum jurisprudentiae universalis libri duo* (1660), *De statu imperii Germanici* (1667) und *De Jure Naturae et Gentium libri octo* (1672).

Die bereits erwähnten Leibniz und Wolff, Architekten des »barocken« Leibniz-Wolffschen Systems, wären mit einigem Recht auch als Vertreter der deutschen Aufklärung zu nennen. Ein Aufklärer war auch der russische Wissenschaftler und Literat Michail Wassiljewitsch Lomonossow (1711–1765), der in Deutschland bei Wolff studiert hatte und, nach Russland zurückgekehrt, 1755 die Gründung der Universität Moskau anregte (dessen Name sie trägt). Lomonossow trug, ähnlich wie Thomasius und Wolf für die deutsche Sprache, wesentlich dazu bei, die russische Sprache literatur- und wissenschaftsfähig zu machen. Er schrieb eine *Russische Grammatik* (1755) und hielt seit 1746 öffentliche Vorlesungen in russischer Sprache.

Als *Popularphilosophen* bezeichnet man eine Gruppe philosophierender Schriftsteller, die die deutsche Aufklärung volkstümlich zu deuten versuchten. Hier ist vor allem der Breslauer Moralphilosoph Christian Garve (1742–1798) zu nennen, der in seiner 1796 erschienenen Schrift *Von der Popularität des Vortrages* dafür plädiert, »in die gemeinen Kenntnisse etwas mehr Licht, Genauigkeit und Ordnung zu bringen«. Garve versteht sich dabei als Vermittler zwischen dem Orientierungsbemühen von jedermann und den, wie er in rein beschreibender Weise sagt, »unpopulären Systematikern«. Kein Geringerer als Immanuel Kant hat 1797, also ein Jahr später, in seiner *Metaphysik der Sitten* diesem Garve bescheinigt, ein »Philosoph in der echten Bedeutung des Wortes« zu sein: Eine Verachtung des Populären könnte sich auf Kant nicht berufen.

Der Publizist, Kritiker und Erzähler Friedrich NICOLAI (1733–1811) war Buchhändler und als Herausgeber der *Allgemeinen Deutsche Bibliothek*, an der LESSING und MENDELSSOHN mitarbeiteten, einer der Hauptvertreter der Aufklärung in Berlin. Vor allem aber Moses MENDELSSOHN (geb. 1729 in Dessau, gest. 1786 in Berlin), Freund Lessings und Kants, kann neben Nicolai als wichtigster Berliner Aufklärer gelten. Kant hat ihn ein »Denkmal der Scharfsinnigkeit« genannt. Mendelssohn war ein Beförderer der deutschen Judenemanzipation, indem er sich ähnlich wie VOLTAIRE gegen die verschiedensten Ungerechtigkeiten wandte. Was diese bedeuteten, erfuhr er immer noch, nachdem er schon seit zwanzig Jahren im Berlin des aufgeklärten Philosophenkönigs FRIEDRICHS II. lebte, am eigenen Leib:

> »Allhier in diesem so genannten duldsamen Lande lebe ich gleichwohl so eingeengt, durch wahre Intoleranz so von allen Seiten beschränkt, dass ich meinen Kindern zuliebe mich den ganzen Tag in einer Seidenfabrik einsperren muss. Ich ergehe mich zuweilen des Abends mit meiner Familie. Papa, ruft die liebe Unschuld, was ruft uns jener Bursche dort nach? Warum werfen sie mit Steinen hinter uns her? Ja, lieber Papa, spricht ein anderes Kind, sie verfolgen uns immer und rufen: Juden! Juden! Ist das denn ein Schimpf bei den Leuten, Jude zu sein? Ach, ich schlage die Augen nieder und seufze mit mir selber: Menschen, Menschen! Wohin habt ihr es endlich kommen lassen? Doch weg mit diesen Betrachtungen, sie machen mich zu unmächtig!«[12]

Angeregt von MAIMONIDES' *Führer der Unschlüssigen* und seinem Versuch einer Synthese zwischen jüdischem Glauben und Aristotelismus hatte der 13-jährige Mendelssohn die Bildungsschranken durchbrochen, die das jüdische Ghetto vom christlichen Bürgertum trennten. Dies konnte aber zugleich eine Entfremdung von seinen orthodoxen Glaubensgenossen bedeuten, die jeden Kontakt mit nichtjüdischem Gedankengut scheuten. Unter größter Armut und Entbehrung brachte Mendelssohn sich selbst mittels eines Lexikons Deutsch und Latein, Englisch und Französisch bei. Um nicht hungern zu müssen, teilte er den Laib Brot, der für eine ganze Woche reichen musste, durch Striche in sieben Portionen ein. LESSING betrieb den Druck der ersten Schrift, der ästhetisch-psychologischen *Briefe über die Empfindungen* (1755) seines Freundes – das erste von einem Juden geschriebene Buch in deutscher Sprache überhaupt. Die Schrift: *Jerusalem oder über religiöse Macht und Judentum* (1783) plädiert für die der philosophischen Aufklärung so wichtige religiöse Toleranz. In seinem philosophischen Hauptwerk *Phaedon oder über die Unsterblichkeit der Seele* (1767) sucht Mendelssohn gegen den französischen Materialismus und mittels des Leibniz-Wolffschen Instrumentariums einen (von KANT allerdings widerlegten) rationalistischen Beweis für die Unsterblichkeit zu geben. Auch darin gehört Mendelssohn ganz zur deutschen Aufklärung, dass er weniger religionskritisch und radikal vorgeht als die französischen Aufklärer.[13]

Moses Mendelssohn wurde zum Vorbild für Lessings *Nathan den Weisen*, KANT und GOETHE lobten ihn. HEGEL und MARX aber konnten nicht viel mit ihm anfangen, und so blieb seine Wirkungsgeschichte begrenzt. Dennoch gab es im 19. Jahrhundert mehrere Ausgaben seiner Schriften. Deren weiteres Schicksal blieb auf eine bezeichnende Art und Weise mit der deutsch-jüdischen Geschichte verbunden. Anlässlich seines 200. Geburtstages im Jahre 1929 begannen die Akademie für die Wissenschaften des Judentums in Berlin und die Gesellschaft zur Förderung der Wissenschaft des Judentums eine kritische Gesamtausgabe der Schriften und Briefe Mendelssohns. Die ersten beiden Bände konnten im Rahmen der Feierlichkeiten in Mendelssohns Geburtsstadt Dessau vorgestellt werden. Leo BAECK (1873–1956), der 1943 nach Theresienstadt deportiert wurde und als einer der wenigen überlebte, hielt die Festrede. Insgesamt sieben Bände konnten unter zunehmend schwieriger werdenden Bedingungen noch erscheinen: der letzte in Breslau im November 1938, dem Monat der »Reichskristallnacht«. Unmittelbar nach ihrer Fertigstellung wurde freilich fast die gesamte Auflage konfisziert und dann eingestampft – symbolhaftes Zeichen für den Untergang von Aufklärung und Toleranz in Deutschland bis 1945. Seit 1972 erscheinen nun die Bände im Nachdruck erneut – darunter der erwähnte, noch 1938 erschienene Band 14 nach einem der wenigen geretteten Exemplare –, sowie neue Bände in einer auf insgesamt 22 Bände angelegten Edition.[14]

4. Kants Kritik der Vernunft

Der wichtigste deutsche Aufklärer, zugleich der Begründer des Deutschen Idealismus, ist Immanuel KANT. Sein (Universitäts-)Schüler Johann Gottfried HERDER, wie Kant Ostpreuße und selbst einer der Großen der deutschen Geistesgeschichte, schrieb über ihn:

> »Ich habe das Glück genossen, einen Philosophen zu kennen, der mir ein wahrer Lehrer der Humanität war. Damals in seinen blühendsten Jahren hatte er die Munterkeit eines Jünglings; seine offene, zum Denken gebaute Stirn war ein Sitz unzerstörbarer Heiterkeit und Freude; die gedankenreichste Rede floss von seinen Lippen; Scherz, Witz und Laune standen ihm zu Gebot und sein lehrender Vortrag war der unterhaltendste Umgang [...]. Menschen-, Völker-, Naturgeschichte, Naturlehre, Mathematik und Erfahrung waren die Quellen, aus denen er

seinen Vortrag und Umgang belebte; nichts Wissenswürdiges war ihm gleichgültig [...]. Er munterte auf und zwang angenehm zum Selbstdenken; Despotismus war seinem Gemüt fremd. Dieser Mann, den ich mit größter Dankbarkeit und Hochachtung nenne, ist Immanuel Kant; sein Bild steht angenehm vor mir.« (J. G. Herder, *Briefe zur Beförderung der Humanität*, Ausg. Suphan 17,403 bzw. 18,423)

In Königsberg, der alten Hauptstadt Ostpreußens, geboren und gestorben, nie über Königsberg hinausgekommen, unverheiratet und, mit einem Zug zur Pedanterie im Alter, ein derart pünktlicher Spaziergänger, dass die Königsberger ihre Uhr nach ihm stellen konnten, war Immanuel KANT (1724–1804) gleichwohl ein weltoffener, geselliger und überaus gebildeter Mann. Geboren als Sohn eines Sattlermeisters, entstammte er ärmlichen Verhältnissen. Der kleinen, schmalen Gestalt mit dem eingefallenen Brustkorb und den vorstehenden Schultern mochte man die Energie nicht zutrauen, mit der er in einem gewaltigen, umfangreichen Werk die Philosophie revolutionierte. Seine dickleibigen Bücher mit ihren langen und komplizierten Sätzen gelten mit als das Schwierigste, was die Philosophie zu bieten hat. Seine drei Hauptwerke heißen *Kritik der reinen Vernunft* (1781), *Kritik der praktischen Vernunft* (1788), *Kritik der Urteilskraft* (1790). Was er davor schrieb, nennt man seine »vorkritischen Werke«, und in den Augen vieler gilt das für die gesamte Geistesgeschichte vor ihm. Denn Kant vollzog jene berühmte »kritische Wendung«, die in ihrer umstürzenden Bedeutung für die Geistesgeschichte mit der Bedeutung der französischen Revolution für die politische Geschichte verglichen worden ist.

»Ihr Franzosen«, so sagt gar Heinrich HEINE in seiner Schrift *Zur Geschichte der Religion und Philosophie in Deutschland*, »in Vergleichung mit uns Deutschen seid ihr zahm und moderant. Ihr habt höchstens einen König töten können, und dieser hatte schon den Kopf verloren, ehe ihr ihn köpftet. Und dabei musstet ihr so viel trommeln und schreien und mit den Füßen trampeln, dass es den ganzen Erdkreis erschütterte. Man erzeigt wirklich dem Maximilian Robespierre zu viel Ehre, wenn man ihm mit dem Immanuel Kant vergleicht.«[15] Freilich habe der »große Spießbürger« ROBESPIERRE »Anfälle von Zerstörungswut« bekommen; die wahrhaft »zerstörenden, weltzermalmenden Gedanken« habe aber der pünktliche und pedantische Bürger von Königsberg gehegt.

Kant fragt zum ersten Mal in fundamentaler und radikaler Weise nach der »Bedingung der Möglichkeit« von Aussagen zur Beschaffenheit der Welt überhaupt, zu Gott, zu den Normen unseres Handelns. Diese Frage nach »der Bedingung der Möglichkeit« begründet die »Transzendentalphilosophie«. Von Kant, der philosophiegeschichtlich als Abschluss und Vollender der Aufklärungsphilosophie eingeordnet wird, stammt die zu Beginn des Kapitels zitierte, wohl berühmteste Definition von Aufklärung überhaupt; ihr dient seine durchaus auf öffentliche Bildungswirksamkeit angelegte Arbeit der Vernunftkritik.[16]

Freilich trat Kant erst zu einer Zeit mit seiner kritischen Philosophie hervor, in der manch anderer Professor bereits an die Pension denkt. Schrittweise war er der Metaphysik und Spekulation gegenüber skeptisch geworden. Dies erwies vor allem die Schrift *Träume eines Geistersehers, erläutert durch Träume der Metaphysik* von 1766, in denen er in Sonderheit mit einem gewissen Emanuel SWEDENBORG (1688–1772), im Allgemeinen aber mit allem Glauben an Übersinnliches in noch heute lesenswerter Art ebenso radikal wie spöttisch aufräumt. Von Metaphysik und Geisterseherei in einem Atemzug reden? Ja, das kann man, sagt

Kant: »Allein da die Philosophie, welche wir voranschickten, eben so wohl ein Märchen war aus dem *Schlaraffenlande* der Metaphysik, so sehe ich nichts Unschickliches darin, beide in Verbindung auftreten zu lassen; und warum sollte es auch eben rühmlicher sein, sich durch das blinde Vertrauen in die Scheingründe der Vernunft, als durch unbehutsamen Glauben an betrügliche Erzählungen hintergehen zu lassen?« (II,356) Große Bedeutung für Kants Abschied von der Metaphysik hatte HUME, wie er in den – die *Kritik der reinen Vernunft* sozusagen in Kurzfassung erläuternden – *Prolegomena zu einer jeden künftigen Metaphysik, die als Wissenschaft wird auftreten können* von 1783 selbst schreibt: »Ich gestehe frei: die Erinnerung des *David Hume* war eben dasjenige, was mir vor vielen Jahren zuerst den dogmatischen Schlummer unterbrach und meinen Untersuchungen im Felde der spekulativen Philosophie eine ganz andre Richtung gab« (IV,260). Man hat genau dargelegt, wie diese Anstöße und Anregungen im Einzelnen gewirkt haben; entscheidend ist vor allem das Jahr 1769 gewesen (»Das Jahr 69 gab mir großes Licht«).[17] Neben dem Einfluss Humes war es auch das »Antinomienproblem« – der »Widerstreit der Vernunft mit sich selbst« in den höchsten (kosmologischen, psychologischen und theologischen) Fragen – das Kants »kritische Wende« hervorgerufen hat.

Der »vorkritische« Kant. Bis zu seiner Berufung als ordentlicher Professor für Logik und Metaphysik an der Königsberger Universität 1770 verdient KANT seinen Unterhalt als Hauslehrer; später auch als Unterbibliothekar an der königlichen Schlossbibliothek in Königsberg. Er lebt auch von Vorlesungen. Philosophie-Vorlesungen, möchte man meinen. Irrtum: zwar liest er auch über Logik und Metaphysik, aber genauso über Mathematik, Physik, physische Geographie, natürliche Theologie, Naturrecht, Festungsbau und Feuerwerkerei. Physische Geographie ist ein Gebiet, das Kant als akademisches Fach erfunden hat. Zu dieser Zeit hat er bereits einiges aus dem Bereich der Naturwissenschaften publiziert, so seine Erstlingsschrift von 1746 mit dem Titel *Gedanken von der wahren Schätzung der lebendigen Kräfte.* In der Vorrede nimmt der junge Kant freilich den Mund reichlich voll:

> »Nunmehro kann man es kühnlich wagen, das Ansehen derer Newtons und Leibnitze vor nichts zu achten, wenn es sich der Entdeckung der Wahrheit entgegensetzen sollte, und keinen anderen Überredungen als dem Zuge des Verstandes zu gehorchen. Die Wahrheit, um die sich die größesten Meister der menschlichen Erkenntnis vergeblich beworben haben, hat sich meinem Verstande zuerst dargestellt.«

Im Jahre 1754 folgten zwei weitere naturwissenschaftliche Untersuchungen. Die erste behandelte in Beantwortung einer Preisaufgabe der Berliner Akademie die Frage, »ob die Erde in ihrer Umdrehung um die Achse [...] einige Veränderung [...] erlitten habe«, was Kant positiv entschied. Die zweite betraf die Frage, »ob die Erde veralte«. Kant stellte sich mit seiner Antwort in die Reihe der frühen Anhänger der Evolutionslehre. Beide Aufsätze waren nur das Vorspiel zu einem umfangreichen Werk über Kosmogonie (die Lehre von der Weltentstehung), das im Jahre 1755 erscheinen sollte, zunächst anonym: *Allgemeine Naturgeschichte und Theorie des Himmels oder Versuch von der Verfassung und dem mechanischen Ursprunge des ganzen Weltgebäudes, nach Newtonschen Grundsätzen abgehandelt.* Hier entfaltet Kant eine Theorie der Entstehung der Planetenbahnen. Er äußert Vermutungen über die Entstehung der Saturnringe; sie wurden später von dem Astronomen John Frederick HERSCHEL bestätigt. Mit newtonschen Grundsätzen äußert er sich über die mögliche Entstehung des Universums. Sonnensysteme seien durch Zusammenziehung und Drehung heißer Gase entstanden, die Planeten durch Abkühlung am Rande von Sonnen – eine Vorstellung, die dann 1796 auch der Franzose Pierre-Simon de LAPLACE entwickelt hat und die seither als die Kant-Laplacesche Theorie der Entstehung des Sonnensystems berühmt geworden ist. Die Milchstraße überhaupt, so meint Kant, sei so etwas ähnliches wie ein Sternennebel.

Kaum etwas, womit die Naturforscher des 18. Jahrhunderts sich beschäftigten, entgeht seiner Aufmerksamkeit und seinem Interesse: Bewegungsgesetze, Gravitation, die Atomistik, Weltentstehungstheorien, Wärmelehre und vieles mehr. Zeit seines Lebens hat sich Kant eingehend mit naturwissenschaftlichen Fragen beschäftigt; von der Sicherheit ihres Vorgehens und ihrem Wissenschaftscharakter war er tief beeindruckt.

1755 war auch das Jahr des großen Erdbebens in Lissabon. Die Welt war von dem Ereignis am 1. November tief erschüttert. Dazu musste sich natürlich auch der Naturwissenschaftler Kant, und zwar in drei kürzeren Abhandlungen im Januar, März und April, äußern – Titel der ersten: *Von den Ursachen der Erderschütterungen bei Gelegenheit des Unglücks, welches die westlichen Länder von Europa gegen das Ende des vorigen Jahres betroffen hat.*

Stellen wir uns nun weiter vor – was nie geschehen ist –, Kant bekomme in diesem Jahr Besuch von David HUME. Kant kennt ihn noch nicht so genau, aber er empfängt ihn gerne. »Magister Kant, ich habe gerade mit großem Interesse ihre drei Abhandlungen über das Erdbeben gelesen. Was machen sie denn jetzt gerade? Gibt es eine vierte?« – »Nein, im Moment befasse ich mich mit einem anderen naturwissenschaftlichen Problem, und zwar aus meinem Lieblingsgebiet, der physikalischen Geographie: Ich habe mich immer schon gefragt, was die Ursachen der regelmäßigen Passat- und Monsun-Winde sind. Wie kann man ihre Entstehung erklären? Ich glaube, ich habe die Ursache gefunden: Die regelmäßigen Windströmungen müssen irgendwie mit der Achsendrehung der Erde zusammenhängen«. Dieser These von Kants *Neuen Anmerkungen zur Erläuterung der Theorie der Winde* wird später zum Durchbruch verholfen werden. Hume mag all diese Forschungen des Naturwissenschaftlers Kant bewundern. Aber lassen wir ihn auch auf das Problem tatsächlicher Ursachenforschung kommen, lassen wir ihn Kant mit seiner skeptischen Theorie konfrontieren, dass die Idee einer kausalen Verknüpfung zweier Ereignisse eine Sache der Gewohnheit, nicht der Notwendigkeit ist. Unsere Ereignisse sind »conjoined«, nicht »connected«. Solche Skepsis hätte Kant vielleicht schon damals ordentlich ins Nachdenken gebracht: »Dass es mit der Metaphysik nicht zum besten bestellt ist, ist mir schon lange klar. Jetzt aber macht der mir auch noch die Naturwissenschaften madig. Er entzieht mir und meinen schönen Forschungen über Planeten, Erdbeben und Monsunwinde den Boden unter den Füßen. Schlimmer noch: er kratzt sogar an Newton, dem Naturwissenschaftler schlechthin. Irgendwie muss ich noch einmal neu anfangen. Aber wie?«

Hier verlassen wir unser kontrafaktisches Gedankenspiel und unseren grübelnden Kant. Es wird noch Jahre dauern, bis sein revolutionäres Werk, die *Kritik der reinen Vernunft*, erscheinen wird. Kant setzt den kritischen Hebel bei der *Metaphysik* an, der alten Königsdisziplin der Philosophie, traditioneller Oberbegriff für Kosmologie (Aussagen über die »Welt«: Schöpfung, Anfang und Ende usw.), natürliche Theologie (Aussagen über Gott, soweit sie der Vernunft zugänglich erschienen – und möglich erschienen z. B. Gottesbeweise) und rationale Psychologie (nicht im empirisch-naturwissenschaftlichen Sinne, sondern als Aussagen über die Unsterblichkeit der Seele usw.). Zwar wollte Kant die Metaphysik nicht einfach abschaffen, aber den Wissenschaftscharakter ihrer Aussagen begrenzen. Er sah im menschlichen Geist ein nicht aufzuhebendes metaphysisches Bedürfnis wirksam: die Fragen nach Welt, Gott und Seele schienen ihm unabweisbar. Das sprichwörtliche »unaufhörliche Enden der Metaphysik« seither hat diese seine Einschätzung durchaus bestätigt. Dennoch hat seit seinem Auftreten die Erkenntnistheorie und -kritik einen ganz neuen Stellenwert gewonnen, ist ein hinter ihn zurückgehendes »unkritisches« und unaufgeklärtes Philosophieren nicht mehr sinnvoll möglich.

Kants theoretische Philosophie und Erkenntniskritik. Die *Kritik der reinen Vernunft* stellt den grandiosen Versuch dar, auszuloten, was wir überhaupt wissen können. Sie erschien in der ersten Auflage 1781, in der zweiten 1787 und wird mit A und Seitenzahl für die erste und B und Seitenzahl für die zweite Auflage zitiert. »Rein« ist die Vernunft zunächst – und das ist für KANT ein ganz wichtiger Punkt –, indem sie nicht mit Erfahrung vermischt ist: »a priori« sagt Kant dazu, d. h. also »vor aller Erfahrung«. »Reine Vernunft« heißt für Kant auch (was heute zur Kritik an seinem Ansatz führt) »geschichtsfreie Vernunft«. »Rein« heißt schließlich auch, dass sie nicht ein »angeborener« Charakterzug eines Menschen im Sinne empirisch-biochemischer oder biologischer Erforschbarkeit oder bei diesem so und bei jenem anders strukturiert ist, sondern dass man unabhängig von allen empirisch zu machenden Aussagen ohne Unterschiede allen vernunftbegabten Wesen dieselbe unwandelbare kognitive Struktur zuschreiben können soll. Die »Kritik« (von griech. *krinein* ›scheiden, trennen‹: nämlich eine »Wissenschaft mit sicherem Gang« vom bloßen »Herumtappen«) ist nötig, um all die unhaltbaren metaphysischen »Spekulationen« zu erklären und neue zu verhindern. Der Titel hat eine doppelte Bedeutung, je nachdem, ob man den Genitiv objektiv oder subjektiv versteht. Wenn es nun »Kritik der Vernunft« heißt, bedeutet das, dass die Vernunft einerseits Gegenstand der prüfenden Untersuchung ist: Es wird ausgelotet (und am

Ende im Gegensatz zu den Erkenntnisansprüchen der Metaphysik stark eingegrenzt), was diese Vernunft leisten kann. Zugleich aber »urteilt«, wie Kant in seiner Richtermetaphorik sagt, diese Vernunft über sich selbst, denn wir haben keine andere, um das kritische Geschäft zu betreiben. Wollte man eine außer- bzw. übermenschliche Vernunft als Erkenntnis- und Richtinstanz annehmen – also z. B. Gott –, wäre dies für Kants Verständnis »heteronom«, fremdbestimmt; seine Vernunftlehre und Moral gehen aber »autonom« nur vom Vernunftsubjekt aus.

In der Vorrede äußert Kant sich über sein Programm und seine Absichten. Anhand von Logik, Mathematik und Naturwissenschaften untersucht er, inwiefern eine Geistesunternehmung den sicheren Weg einer Wissenschaft zu beschreiten vermag. Von der Präzision und Entscheidbarkeit der Naturwissenschaften kann ja in den ewigen Zwistigkeiten der Metaphysik nicht die Rede sein, weshalb auch hier eine »Revolution der Denkungsart« erforderlich ist. Diese besteht in der Erkenntnis, dass alles Wissen vom erkennenden Subjekt mit *konstituiert*, *hervorgebracht* wird: alle Erkenntnisgegenstände *können* uns nur in einer durch die Formen der Anschauung: Raum und Zeit und durch die Kategorien des Verstandes, z. B. Kausalität vermittelt werden. Kant behauptet: Unsere Begriffe gleichen sich im Erkenntnisakt nicht abbildend einer »realen Welt« an und können ihr nicht »abgelauscht« werden, vielmehr gilt, dass umgekehrt die Dinge sich nach unseren Begriffen richten. Hierin besteht die »kopernikanische Wende« in der Erkenntnistheorie. Der Verstand, so sagt Kant buchstäblich, schreibt der Natur ihre Grundgesetze vor, zum Beispiel das Kausalitätsprinzip, das es uns ermöglicht, Dinge als Ursachen und Wirkungen einzuordnen.

> »Wir haben also sagen wollen: dass alle unsre Anschauung nichts als die Vorstellung von Erscheinung sei; dass die Dinge, die wir anschauen, noch ihre Verhältnisse so

> an sich selbst beschaffen sind, als sie uns erscheinen, und dass, wenn wir unser Subjekt oder auch nur die subjektive Beschaffenheit der Sinne überhaupt aufheben, alle die Beschaffenheit, alle Verhältnisse der Objekte in Raum und Zeit, ja selbst Raum und Zeit verschwinden würden, und als Erscheinungen nicht an sich selbst, sondern nur in uns existieren können. Was es für eine Bewandtnis mit den Gegenständen an sich und abgesondert von all dieser Rezeptivität unserer Sinnlichkeit haben möge, bleibt uns gänzlich unbekannt.« (B 59)

Das bedeutet aber: Die uns zugängliche Welt ist nach Kant immer nur eine Welt der Erscheinung; über »Realität« – Kant sagt »Ding an sich« – lässt sich nichts aussagen. Diese Sicht unserer Erkenntnismöglichkeiten widerspricht dem Alltagsbewusstsein, das im Allgemeinen die wahrgenommene Welt in ihrer Gegenständlichkeit für tatsächlich »vorhanden« ansieht und den Gedanken eher abwegig findet, diese Welt werde von der erkennenden Instanz erst hergestellt.

Das »Ding an sich« affiziert zwar die Sinne und steht auf diese Weise in einem Zusammenhang mit den Erscheinungen, bleibt aber für uns völlig unerkennbar. Selbst die Art dieses Zusammenhangs stellt eine umstrittene Frage und das »Ding an sich« überhaupt eines der meistdiskutierten Probleme der Transzendentalphilosophie dar. Kritiker sagen, dass dieser für die Theorie scheinbar gar nicht vorhandene Bereich für Kant auffallend wichtige Funktionen erfüllt, wenn er z. B., weil der Kausalgesetzlichkeit nicht unterworfen, die menschliche Freiheit als »Vermögen, von selbst anzufangen« ermöglicht. Und wenn man sagt, das »Ding an sich« affiziere unser Erkenntnisvermögen, so ist dies im Grunde eine Kausalitätsbehauptung, die nach Kants eigener Theorie auf diesen Bereich gar nicht angewandt werden dürfte.

Die *Kritik der reinen Vernunft* enthält zunächst vor allem die »transzendentale Ästhetik«. Diese entwickelt die erwähnte Raumzeittheorie Kants, der zufolge wir Raum und Zeit als Erkenntnisraster an alle Dinge herantragen, die Erkenntnisgegenstände uns also gar nicht anders als in diesen Formen erscheinen können. Es folgt die »transzendentale Logik«, die sich in »transzendentale Analytik« und »transzendentale Dialektik« teilt. In der »transzendentalen Analytik« werden vor allem die reinen Verstandesbegriffe erörtert, d. h. all die Denkkategorien, die auch noch »auf Gegenstände der Anschauung überhaupt gehen« und diese damit (vor)strukturieren (B 105). Hierzu zählt z. B. die Kausalität, die HUME ja auf Gewohnheit zurückführen wollte. Hiermit ist es nun vorbei, denn wenn die Mechanismen unseres Erkenntnisapparates jede Erfahrung erst hervorbringen, *können* Gegenstände uns gar nicht anders als nach deren Gesetzen, und darunter dem der Kausalität, erscheinen. Das bedeutet: so einschneidend und alte Überzeugungen umstürzend Kants neue Erkenntnislehre ist: sie enthält auch ein Element neuer Sicherheit, denn die Beschränkung der Erkenntnis auf die Erscheinungswelt garantiert ihr in diesen Grenzen Notwendigkeit und Allgemeingültigkeit. Kants Philosophie ist für den Bereich der Erscheinung damit auch zur Abwehr des humeschen Skeptizismus ersonnen.

Zum näheren Verständnis Kants und des Ansatzes seines Hauptwerkes sowie seiner Grundbegriffe (a priori – a posteriori usw.) bieten einschlägige Veröffentlichungen ihre Hilfe an, auf die in den Literaturhinweisen verwiesen ist. Hier soll nur noch ein wesentlicher Aspekt angesprochen werden, der damit zu tun hat, dass über die bisherigen Erkenntnisarten hinausgehend die Vernunft geradezu unvermeidlich dazu tendiert, Begriffe und Urteile auch über die Erfahrungsgrenze hinaus auf den Bereich des Transzendenten und der Dinge an sich anwenden zu wollen. Dies war ja der Tummelplatz der Metaphysik gewesen. Kant weist nun diese Fragen, über die sich wissenschaftlich nichts sagen lässt, nicht – wie andere Metaphysikkritiker – höhnisch ab, sondern gibt sich viel Mühe, für die transzendente Rede Aussageformen zu finden, die ihrem unmöglich-unabweisbaren Doppelcharakter Rechnung tragen. So folgert er etwa nicht das Ende der Rede von Gott, sondern er schlägt deren Transformation (Veränderung) vor. Die Metaphysik wird erkenntnistheoretisch-kritisch gewendet und dadurch von theoretischen Erkenntnisansprüchen auf praktische Orientierungserfordernisse umgelenkt. In ihren einschlägigen Werken zu Kants *Kritik* haben als namhafte Fachleute Otfried HÖFFE und Holm TETENS darauf hingewiesen, dass gegenüber einem heute aktuellen Empirismus und Szientismus, dem zufolge die Naturwissenschaften schlichtweg alles erklären können (noch unser Denken und Handeln selbst!), der transzendentale Ausgangspunkt Kants einer »Rettung der vernünftigen Autonomie« gleichkommt. Kants Transzendentalphilosophie dient demnach der kritischen Orientierung des Menschen, der nicht nur Objekt der Wissenschaften, sondern auch Subjekt seiner Freiheit ist. Das bedeutet, sie ist »als ganze eine im emphatischen Sinne praktische Philosophie«.[18]

Ethik. In der Ethik war für KANT anders als etwa für die englischen Utilitaristen die Frage nach dem Glück nicht die entscheidende. Ihm ging es um die Gewinnung eines anderen Richtmaßes zur Bestimmung moralisch guten Handelns. Hierfür formulierte Kant einen »Imperativ, der, ohne irgend eine andere durch ein gewisses Verhalten zu erreichende Absicht als Bedingung zum Grunde zu legen, dieses Verhalten unmittelbar gebietet. Dieser Imperativ ist kategorisch. Er betrifft nicht die Materie der Handlung und das, was aus ihr erfolgen soll, sondern die Form und das Prinzip, woraus sie selbst folgt, und das Wesentlich-Gute derselben besteht in der Gesinnung, der Erfolg mag sein, welcher er wolle« (BA 43). Kants berühmter »kategorischer Imperativ« lautet:

> »Handle nur nach derjenigen Maxime, von der du zugleich wollen kannst, dass sie ein allgemeines Gesetz werde.« (*Grundlegung zur Metaphysik der Sitten*, IV,421)

Mit diesem »kategorischen Imperativ«, einer der berühmtesten Formeln der Moralphilosophie, will Kant eine Richtschnur moralischen Handelns an die Hand geben. Sie ist nicht etwa zu verstehen im Sinne eines »Was du nicht willst, das man dir tu, das füg' auch keinem andern zu«, sondern die entscheidende Wendung liegt in der Forderung, das, was man sich selbst vornimmt (die »Maxime« des eigenen Handelns), immer nur so zu fassen, dass man dessen Universalisierung verantworten kann. Kant ist der festen Überzeugung, dass eine solche strikte Prüfung die Vernunftstruktur in uns auf feste moralische Regeln verpflichtet. Jeder ist dabei von seiner intelligiblen Natur her in gleicher Weise aufgerufen, moralisch zu handeln, und »hört« das Moralgesetz in sich, mag er nun der hartgesottenste Verbrecher sein oder mag eine noch so unglückselige Biographie oder psychische Disposition und Veranlagung ihn zu seinen Taten treiben. Es gibt von Kant her keine »Entschuldigung« durch Rekurs auf soziale und andere Bedingtheiten. Der Mensch wird gleichsam »verdoppelt«: er ist nämlich nicht nur das endliche Wesen, das in einer nach Kant kausal determinierten Erscheinungswelt lebt, sondern auch das einer freien Entscheidung fähige transzendentale Subjekt. Weil nämlich erst durch die Arbeitsweise unseres Verstandes die Welt mit all ihren auch den Menschen determinierenden Gesetzlichkeiten sozusagen zustande kommt, ist über den nicht solchermaßen empirischen, sondern dem Denken zugänglichen, »intelligiblen« Charakter noch nichts gesagt; ihn setzt Kant als »frei«.

Die *Kritik der reinen Vernunft* hatte zumindest die Möglichkeit menschlicher Willensfreiheit erwiesen, da der Kausalzusammenhang nur die Erscheinungswelt beherrscht (für

Kritiker entsteht damit freilich ein »Dualismus«, der mit der Transzendentalphilosophie steht und fällt). Kant muss jedoch vor allem noch eine Frage beantworten: Warum machen die freien Menschen Neigung und falsches Glücksstreben zum Bestimmungsgrund ihrer Handlungen, und nicht das Moralgesetz? Die Antwort gibt er in seiner Religionsphilosophie. In einer Transformation des christlichen Dogmas vom Sündenfall erscheint ihm der Mensch »radikal böse«, d. h. zur freien Entscheidung gegen das Moralgesetz fähig: »Der Satz: der Mensch ist böse, kann [...] nichts anderes sagen als: er ist sich des moralischen Gesetzes bewusst und hat doch eine gelegentliche Abweichung von demselben in seine Maxime aufgenommen« (VII,32).

Manche werfen Kants Ethik »Rigorismus« vor. Vergleicht man sie mit der antiken, der es vor allem um eine inhaltliche Tugendlehre, um die philosophische Beantwortung der Frage nach einem höchsten Glück im menschlichen Leben und um praktische Lebenshilfe ging, so wirkt seine Ablehnung dieses Gesichtspunktes zugunsten reiner Moralität in der Tat recht schroff: »Gut«, sagt Kant in der zur Einführung in seine Moralphilosophie überaus lesenswerten Schrift *Grundlegung zur Metaphysik der Sitten* (1785), ist nur der moralisch gute Wille (vgl. IV,393f.). »Gut« ist auch nicht ein noch so lobenswertes Resultat des Handelns, sondern es gilt »gesinnungsethisch«: »Der gute Wille ist nicht durch das, was er bewirkt, oder ausrichtet, nicht durch seine Tauglichkeit zu Erreichung irgend eines vorgesetzten Zweckes, sondern allein durch das Wollen, d. i. an sich gut«. Woran muss sich dieser gute Wille orientieren? An der Pflicht dem inneren Sittengesetz gegenüber und am Moralgesetz: »*Pflicht!* du erhabener großer Name, der du nichts Beliebiges, was Einschmeichelung bei sich führt, in dir fassest, sondern Unterwerfung verlangst«. Die Emphase, zu der der sonst so nüchterne Kant in der *Kritik der praktischen Vernunft* bei Einführung des Begriffes der Pflicht fähig ist, hat man mit preußischem Pflichtbewusstsein in Beziehung gesetzt und geargwöhnt, hier werde das menschliche Gefühlsleben als legitime Quelle moralischen Handelns missachtet. Das trifft jedoch so nicht zu. Weitaus schwerwiegender ist ein weiterer Einwand gegen Kants Ethik, nämlich der Verdacht, dass der »kategorische Imperativ« eine folgen- und hilflose Leerformel sei, mit der man alles rechtfertigen könne. Dieser Vorwurf des »Formalismus« scheint schwer von der Hand zu weisen zu sein, obwohl das formale ethische Prinzip des »kategorischen Imperativs« durchaus inhaltliche Implikationen mit sich bringt, nämlich die Notwendigkeit einer Anerkennung des jeweils anderen als eines freien Individuums, als Selbstzweck und Person. Eine weitere Fassung, die Kant vom kategorischen Imperativ entwickelt, lautet nämlich:

> »Handle so, dass du die Menschheit, sowohl in deiner Person, als in der Person eines jeden andern, jederzeit zugleich als Zweck, niemals bloß als Mittel brauchest.« (IV,429)

Kants Ethik ist keine »Ein-Satz-Ethik«, sondern, wie Otfried Höffe herausgestellt hat, eine komplexe und in mehreren Stufen mit Rechts- und Tugendlehre vermittelte Moralphilosophie. Den Formalismus-Verdacht hat allerdings bereits kein geringerer als Hegel geäußert (*Rechtsphilosophie*, § 135) und dabei seine eigenen Auffassungen durchklingen lassen: Was für »gut« und »gerecht« gelten soll, darf sich nach Hegel nicht im bloßen »Sollen« eines ethischen Imperativs erschöpfen, bei dem man nie weiß, wie weit es dann wirklich damit kommt. Es muss vielmehr an der sittlichen Substanzialität des Weltprozesses Anteil haben.

Ästhetik. In seiner *Kritik der Urteilskraft* (1790) gibt Kant nicht mehr, wie bis dato oft üblich, Regeln an in der Art: »So muss ein schönes Bild, Theater- oder Musikstück beschaffen sein«. Vielmehr hat Kant den Diskurs über Kunst und Schönes vor allem auf die Analyse der Form des ästhetischen Urteils zurückgeführt. Die Beurteilung von etwas als »schön« bestimmt Kant im zweiten Paragraphen seiner Schrift dahingehend, dass – etwa in Anschauung eines Palastes – nicht der gut mögliche kritische Blick auf die »Eitelkeit der Großen« gefragt ist, »welche den Schweiß des Volkes auf so entbehrliche Dinge verwenden«, sondern allein, »ob die bloße Vorstellung des Gegenstandes in mir mit Wohlgefallen begleitet sei«: »Ein jeder muss eingestehen, dass dasjenige Urteil über Schönheit, worin sich das mindeste Interesse mengt, sehr parteilich und kein reines Geschmacksurteil sei.« Dies führt in § 22 der *Kritik der Urteilskraft* zu der berühmten Definition: »Schön ist, was ohne Begriff als Gegenstand eines notwendigen Wohlgefallens erkannt wird«.

Im Bannkreis dieser Ästhetik Kants denkt auch Friedrich Schiller (1759–1805). Wegen seiner Versuche einer transzendentalen Deduktion des Schönheitsbegriffs im Anschluss an Kant wird er einerseits als »gescheiterter Kantianer« gelesen, wegen seiner Kritik an Kant aber auch als »Vorläufer Hegels«. Die Briefe *Über die ästhetische Erziehung des Menschen*, Hauptwerk seiner ästhetischen Theorie, stehen im Kontext aber nicht nur seiner Auseinandersetzung mit der kantischen Ästhetik, sondern auch mit den Ereignissen der Französischen Revolution; sie stellen die überarbeitete Fassung der *Augustenburger Briefe* an seinen zeitweiligen Mäzen, den Herzog Friedrich Christian von Holstein-Augustenburg, dar und haben so einen gesellschaftlichen und politischen Bezug zur Gattung des »Fürstenspiegels«. Ihnen voraus gehen Schillers Ansatz bei der Kunst, namentlich der »Schaubühne«, »als eine moralische Anstalt betrachtet« (Vortrag von 1784, von Schiller 1785 veröffentlicht als *Was kann eine gute stehende Schaubühne eigentlich wirken?*), d. h. einer moralisch und gesellschaftlich ambitionierten Kunst, die Kantisch geprägten Abhandlung *Über Anmut und Würde* (1793) und die *Kallias-Briefe* (1792).

Anders als Kant fragt Schiller nun aber nicht nach einem Vermögen im Menschen, das ihn in die Lage versetzt, allgemein gültige Urteile über das Schöne abzugeben, sondern er setzt die Kunst zu Erziehung und Politik in Beziehung und spielt unter dem Signum von »Schein« und »Spiel« die ästhetische Welt gegen die reale aus. »Ästhetischer Schein« steht dabei nicht im Wortsinne von »Betrug«, sondern, wie Schiller am Ende der Schrift verdeutlicht, als »wahre Erweiterung der Menschheit« und »entschiedener Schritt zur Kultur« gegenüber dem tierischen Ausgeliefertsein an die Realität: »Nicht zufrieden, einen ästhetischen Überfluss in das Notwendige zu bringen, reißt sich der freiere Spieltrieb endlich ganz von den Fesseln der Notdurft los, und das Schöne wird für sich allein ein Objekt seines Strebens.«

Diese Perspektive gipfelt im idealistisch-utopischen Konzept eines den »dynamischen Staat der Rechte« und den »ethischen Staat der Pflichten« übersteigenden »ästhetischen Staates«: »Der dynamische Staat kann die Gesellschaft bloß möglich machen, indem er die Natur durch Natur bezähmt, der ethische Staat kann sie bloß (moralisch) notwendig machen, indem er den einzelnen Willen dem allgemeinen unterwirft; der ästhetische Staat allein kann sie wirklich machen, weil er den Willen des Ganzen durch die Natur des Individuums vollzieht. Wenn schon das Bedürfnis den Menschen in die Gesellschaft nötigt, und die Vernunft gesellige Grundsätze in ihm pflanzt, so kann die Schönheit allein ihm einen geselligen Charakter erteilen. Der Geschmack allein bringt Harmonie in die Gesellschaft, weil er Harmonie in dem Individuum stiftet.« Existent freilich sieht Schiller hier am Ende den »Staat des schönen Scheins«, der somit nicht als direktes geschichtsphilosophisch-politisches Konzept oder utopischer Gesellschaftsentwurf zu denken ist, nur »in einigen wenigen auserlesenen Zirkeln« (vgl. den 26. und 27. Brief).[19]

Religionsphilosophie. Vor KANTS erkenntniskritischer Philosophie erweisen sich die traditionelle metaphysische Rede von Gott ebenso wie die Gottesbeweise und die »Theodizee«-Versuche (Rechtfertigung Gottes angesichts des Bösen in der Welt – das bereits erwähnte fürchterliche Erdbeben von Lissabon gab hierzu den Anlass) als unmöglich. Auch die Religion muss sich vor dem Forum der kritischen Vernunft verantworten und wird in die *Grenzen der bloßen Vernunft* (Titel seiner Schrift von 1794) verwiesen. Es ist nun nicht mehr möglich, Aussagen im Sinne objektiver Urteile über Gott zu machen; seine Existenz lässt sich weder beweisen noch widerlegen. Doch betrachtet Kant, wie wir im Abschnitt über die Metaphysik gesehen haben, die Frage nach Gott als eine, die die Vernunft nicht abweisen kann: Das Ideal des höchsten Wesens ist nicht theoretisch beweisbar. Vielmehr erscheint, wie Kant in der *Kritik der praktischen Vernunft* formuliert, das »Dasein Gottes als ein Postulat der reinen praktischen Vernunft«. Die Frage, wie viel vom Christentum als vernünftig anerkannt werden kann, rückt Christus als Ideal moralischer Vollkommenheit in den Vordergrund. Die Philosophie tritt nicht so sehr, wie bei den »Spätaufklärern« des 19. Jahrhunderts in Deutschland (FEUERBACH) und wie vielfach in der französischen Aufklärung schon vor Kant, in ein Gegnerschaftsverhältnis zur Religion und auch kaum zur Kirche (wie bei VOLTAIRE: »écrasez l'infame«), sondern empfiehlt ein rechtes Christentum, in dem Dogma, Geheimnis und Kultus, Orthodoxie und schwärmerischer Pietismus, die Kant schon in seiner Schulzeit am »Collegium Fridericianum« (1732–40) sehr unangenehm aufgefallen waren, keine besondere Rolle spielen sollen. Kants eigene Beisetzung im Jahre 1804 wurde unter großer Anteilnahme der Bevölkerung feierlich, aber auf seinen ausdrücklichen Wunsch ohne kirchliches Zeremoniell durchgeführt.

Trotz dieser kritischen Züge nimmt seine Religionsphilosophie eines jener bis in jüngste Zeit eher außer Kurs geratenen religiösen Haupttheoreme, nämlich »das Böse«, in seltsamer Weise ernst. Gleich der erste Abschnitt der *Religion innerhalb der Grenzen der bloßen Vernunft* handelt »von der Einwohnung des bösen Prinzips neben dem Guten oder über das radikal Böse in der menschlichen Natur«. Mochte diese Schrift wegen der erwähnten Begrenzungen für Orthodoxie und Pietismus ein Skandalon sein (Kant erhielt 1794 – der Freigeist FRIEDRICH II. von Preußen war gestorben – in einem berüchtigten Edikt »auf Seiner Königlichen Majestät allergnädigsten Spezialbefehl«, nämlich Friedrich Wilhelms II., eine Verwarnung), für andere hatte er damit zu große Konzessionen an das Christentum bzw. an die Erbsündenlehre gemacht. Berühmt ist die Bemerkung GOETHES in einem Brief an HERDER vom 7. Juni 1793, Kant habe »seinen philosophischen Mantel [...] freventlich mit dem Schandfleck des radikalen Bösen beschlabbert, damit doch auch Christen herbeigelockt werden den Saum zu küssen«. In mancherlei Hinsicht ist Kant durchaus nicht der »Alleszermalmer« gewesen, als den ihn die Nachwelt zunächst hingestellt hat. Gott und Seele sind für ihn keineswegs erledigte Fragen. Man hat ihm bis heute im Gegenteil eine noch weitgehende Abhängigkeit von der Tradition der platonisch-christlichen Metaphysik nachweisen wollen. Bedenken muss man allerdings, dass als Antwort auf das Böse im Sinne Kants letztlich nicht mehr das stellvertretende Opfer Christi im Vordergund steht, sondern der freie Entschluss des Menschen, als eines autonomen moralischen Subjekts, zur Änderung seiner Gesinnung eine solche Antwort ist: Der Mensch bedarf der Gnade eigentlich nicht, sondern kann sich aus eigenem freien Willen vom Bösen befreien.

Geschichtsphilosophie und politische Philosophie. Im Entwurf *Zum ewigen Frieden* (1795) und in der *Idee zu einer allgemeinen Geschichte in weltbürgerlicher Absicht* (1784) diskutiert KANT die Frage, ob es in der Geschichte einen Fortschritt geben kann. Der vielzitierte »neunte Satz« der »Idee« lautet: »Ein philosophischer Versuch, die allgemeine

Weltgeschichte nach einem Plane der Natur, der auf die vollkommene bürgerliche Vereinigung in der Menschengattung abziele, zu bearbeiten, muss als möglich, und selbst für diese Naturansicht beförderlich angesehen werden«. Die Pointe dieser »versuchsweisen«, »tentativen« Geschichtsphilosophie liegt darin, dass die »große Künstlerin Natur« gerade die menschlichen Antagonismen dazu benutzen soll, die geschichtliche Entwicklung dahin zu lenken, dass das Recht mehr und mehr das Verhältnis der Bürger und Staaten bestimmt und nicht die Macht, wo schon kein moralischer Fortschritt in der Menschengattung auszuweisen ist. Die Französische Revolution ist für Kant dabei »Geschichtszeichen« in durchaus positiver Hinsicht auf einen Verlauf hin zu einer staatlichen, zwischenstaatlichen und weltweiten Rechtsordnung. Kant diskutiert Fragen der Kulturentwicklung jedoch ohne großen geschichtsphilosophischen Gestus. Wir sind womöglich durch Wissenschaft und Kunst kultiviert und durch »allerlei gesellschaftliche Artigkeit« zivilisiert – »uns für schon moralisiert zu halten, daran fehlt noch sehr viel«.

Anthropologie. Welche Antwort gibt KANT schließlich auf seine eigene berühmte Frage: »Was ist der Mensch?« Die *Anthropologie in pragmatischer Hinsicht abgefasst* (Königsberg 1798, 2. Aufl. 1800 – die letzte von ihm selbst edierte Schrift) geht auf seine lange Vorlesungstätigkeit zu diesem Thema zurück. Sie gehört nicht zu den großen kritischen Schriften und ist auch keine naturwissenschaftliche (Kant sagt »physiologische«) Abhandlung: Sie fragt nicht, wie Kant in der Vorrede formuliert, »was die Natur aus dem Menschen macht«, sondern was der Mensch »als frei handelndes Wesen aus sich selber macht oder machen kann und soll«; hierin besteht die »pragmatische Hinsicht«. Kants Anthropologie ist eine auf allgemeine Lebenserfahrung gegründete, um Popularität bemühte Wissenschaft; sie kann »von Jedermann, sogar von Damen bei der Toilette, gelesen werden, weil sie viel Unterhaltendes hat«.[20] Und sie hat viele Themen: das menschliche Erkenntnisvermögen, die Gefühle von Lust und Unlust, Affekte und Leidenschaften, schließlich den Charakter des Menschen und des Menschengeschlechts überhaupt. Von Letzterem hat Kant nicht eben illusionäre Vorstellungen. Er zitiert FRIEDRICH II. von Preußen, der den Direktor seiner schlesischen Schulanstalten, Johann Georg SULZER, gefragt habe, wie es mit diesen ginge. Dieser habe geantwortet, es gehe besser, seit man auf dem Grundsatz (ROUSSEAUS) aufbaue, dass der Mensch von Natur aus gut sei. Darauf habe der König geantwortet: »Mon cher Sulzer, vous ne connaissez pas assez cette maudite race a laquelle nous appartenons« (»Sie kennen diese verwünschte Rasse nicht genügend, zu der wir gehören«). Auch in seiner Geschichtsphilosophie spricht Kant davon, dass »aus so krummem Holze, als woraus der Mensch gemacht ist, [...] nichts ganz Gerades gezimmert werden« könne (Sechster Satz).

Kant sieht den Menschen gleichwohl dazu aufgerufen, sich in der Gesellschaft mit seinesgleichen zu zivilisieren, um nicht bei der Skepsis, zu der viele seiner Eigenschaften, z. B. die Fähigkeit zu Täuschung und Lüge, führen müssen, stehen zu bleiben. Nur durch fortschreitende Organisation der Erdenbürger als Gattung kann man hier auf Verbesserungen hoffen. Dies hat zu der These geführt, dass Kants Anthropologie im Systemganzen doch einen eher marginalen Stellenwert habe, als eine bloß zweite und in ihrer Irritierung durch geographisch-physiologisch-psychologisch-ästhetische Interessen minder fähige Besetzung des »Fachs« Geschichtsphilosophie (Odo MARQUARD). Andererseits hat aber Kant die philosophische Anthropologie geradezu zum Systemschluss der Philosophie gemacht, indem er in seiner *Logik* erklärte, das Fragenfeld von Erkenntnistheorie/Wissenschaftstheorie (»Was kann ich wissen?«), Ethik (»Was soll ich tun?«) und Religion(sphilosophie) (»Was darf ich hoffen?«) gipfele in der Frage: »Was ist der Mensch?«.

Zur Einschätzung. Kant ist *der* Philosoph der Moderne. Im Abendland entstehen, wie wir gesehen haben, die Philosophie und die Wissenschaften in der griechischen Aufklärung durch einen Entmythologisierungsprozess; Kultur wird als Aufgabe *menschlicher* Arbeit und Konstruktion entdeckt. Für die Moderne gilt dann insbesondere und verschärfend, wie Herbert SCHNÄDELBACH gesagt hat, dass unsere Kultur »vollständig reflexiv« wird, d. h. dass »sie sich in ihrer theoretischen und praktischen Selbstdeutung auf nichts mehr beziehen« kann, »was nicht Kultur wäre«. Sie muss, mit Jürgen HABERMAS formuliert, »ihre Normativität aus sich selber schöpfen«, d. h. »die Regeln und Kriterien ihres theoretischen und praktischen Weltumgangs selbst finden, erfinden und in Geltung setzen«.[21] An die Stelle heteronomer, fremdbestimmender Instanzen tritt das, was die menschliche Vernunft als autonome aus sich und der Welt machen kann, in der es ja insgesamt eher verzweifelt unvernünftig zugeht: Eine Bürde und Verantwortung ist dies also mindestens so sehr wie eine Freisetzung. Auch ist Kants aufgeklärter »Glaube an die Vernunft« in der Philosophiegeschichte vom Historismus bis zur Spätmoderne inzwischen vielfach über sich selbst aufgeklärt; nicht zuletzt übrigens durch den eingangs zitierten HERDER. Vernunft hat sich als in die Geschichte eingelassenes Projekt *kultureller Arbeit* erwiesen – ohne die überzeitlichen Referenzen, die ihr von Kant (und auch übrigens noch von HABERMAS) zugesprochen wurden. Das bedeutet jedoch ganz und gar nicht, dass das »Sapere aude« verabschiedet werden dürfte. Viele fertige Passformen hat Kant als Illusionen entlarvt und das Wesen wie den Preis der Moderne, nämlich: *Aufgabe* zu sein, auf den Begriff gebracht. So, wie sein Denkmal am mittlerweile restaurierten Königsberger Dom das Unheil Hitlers wie Stalins überstand, so steht Kants Name wie kein anderer für Anspruch und Auftrag, aus den »krummen Hölzern«, die wir alle sind, vielleicht doch gemeinsam etwas zu zimmern, was als »menschlich« gelten kann.

5. Im Zeichen von Sprache und Geschichte: Aufklärungs- und Kantkritik im 18. Jahrhundert

Es sind vor allem zwei Faktoren, die über die Philosophie der Aufklärung und über die Vernunftkritik Kants hinausweisen: das Problem der *Geschichte* und einer Geschichtlichkeit allen Denkens – dies sollte eines der wichtigsten Themen in der Philosophie des 19. Jahrhunderts werden – und das Problem einer philosophischen Einschätzung der *Sprache* – dies wurde ein entscheidender Ansatz in der Philosophie des 20. Jahrhunderts. Im Laufe des 18. Jahrhunderts werden aber beide Komplexe bereits diskutiert.

Die Frage nach der Sprache spielt bei Kant noch keine besondere Rolle. Dennoch ist das 18. Jahrhundert eine wichtige Zeit für die Sprachphilosophie. Eine Preisfrage der Berliner Akademie trug wesentlich dazu bei. Vor allem wurde die Frage nach dem Ursprung der Sprache diskutiert. Eine mögliche Position hierzu formuliert die Grundthese eines Werkes mit dem sprechenden Titel: *Versuch eines Beweises, dass die erste Sprache ihren Ursprung nicht vom Menschen, sondern allein vom Schöpfer erhalten habe*, in der akademischen Versammlung vorgewiesen und zum Druck übergeben von Johann Peter SÜSSMILCH, Berlin 1766. Demgegenüber hatte der französische Aufklärungsphilosoph Etienne de CONDILLAC (1715–1780) die These vom natürlichen Ursprung der Sprache verfochten: In seinem *Essay über den Ursprung der menschlichen Kenntnisse* entwickelte er das Szenario zweier »Kinder beiderlei Geschlechts in der Wüste«, die aus dem gemeinsamen Umgang mit den Umständen ihres Lebens schrittweise Kommunikation und Sprache hervorbringen.[22]

Eine erste sehr ernst zu nehmende Gegenstimme zur Aufklärung ist die des Italieners Giambattista VICO (1668–1744), von 1699 bis 1741 Lehrer für Rhetorik an der neapolitanischen Universität. Ständig in materiell bedrängten Verhältnissen im zur damaligen Zeit spanisch-absolutistisch regierten Neapel lebend, entdeckte Vico bei der Lektüre seiner großen Zeitgenossen die menschlich-geschichtliche Welt in ihrer besonderen Eigenart für die Wissenschaft und suchte die zu ihrer Erkenntnis erforderlichen spezifischen Wege festzulegen, so wie BACON, DESCARTES und GALILEI es im Hinblick auf die Naturerkenntnis unternommen hatten. 1725 erschien die erste Fassung seines Hauptwerkes *Principi di una scienza nuova* (*Prinzipien einer neuen Wissenschaft*). Indem Vico hierin die alten, tradierten Mythen und Sagen der Menschen ernst nahm und ihnen weder mit ideologiekritischer Distanz noch mit naiver Remythisierung begegnete, fand er einen neuen Zugriff auf die menschlich-geschichtliche Welt: den mühsamen Prozess der Kulturwerdung und die Überwindung der naturhaften Anfänge im Medium der Sprache. Ungeachtet seiner oft abwegigen etymologischen Ableitungen und falschen chronologischen Einordnungen zeichnet Vico ein ganz neuer Blick auf die jeweiligen kulturellen Konstellationen aus.[23] Vico vermag die dichterische und mythische Bildung in ihrer Kraft aufzufinden, ohne sie gleich, etwa im Stile eines VOLTAIRE, von der eigenen (angeblichen) »Wahrheit« aus zu richten. In der Vorstellung, man müsse den menschlichen Geist von allen Dogmen, Vorurteilen und Irrtümern sozusagen »reinigen«, ginge mit dem »Reinigungsvorgang« zugleich das Verständnis der menschlich-geschichtlichen Welt verloren. Zu ihr führt ein ganz anderer Weg, der darin besteht, in den Geist der Menschen »einzutreten«, die durch Anstrengung, Arbeit und Kampf ihre Welt geschaffen haben (Isaiah BERLIN).

Gerade in Deutschland kritisierten natürlich auch alte und neue Anhänger der Tradition das Vernunftzeitalter. Der evangelische Theologe und Lebensphilosoph Friedrich Christoph OETINGER (1702–1782), der von der Gnosis und der Spekulation über einen guten und einen bösen Aspekt in Gott faszinierte Franz Xaver von BAADER (1765–1841), schon ein Zeitgenosse und Gegner HEGELS, und der blinde Münsteraner Philosophieprofessor Christoph SCHLÜTER (1801–1884) führten erneut mystisches Denken und eine ernster genommene Religiosität gegen den, wie sie meinten, abstrakten Rationalismus der aufgeklärten Vernunft ins Feld.[24] Ein scharfer Kritiker KANTS, etwa seiner Rede vom »Ding an sich«, war auch Friedrich JACOBI (1743–1819), der sich zugleich mit Moses MENDELSSOHN über SPINOZAS Pantheismus stritt.[25] Selbst GOETHE blieb vorsichtig, war auch im politischen Bereich vom Terror der von Kant begrüßten Französischen Revolution abgestoßen. Die Herkunft dieser Anti-Kritiken macht deutlich, dass die Ablehnung der Aufklärung in Deutschland und nicht nur dort gelegentlich eine »Reaktion« älterer Vorstellungen war. Und doch legten die Antikritiker auch Schwachstellen frei. Das Inventarium der Erkenntnis bei Kant hat etwas Starres, es kommt als immer gültig daher. Die Berufung auf eine unveränderliche, objektiv feststehende Vernunft, die aber doch immer auch die jeweils eigene war, und auf ein abstraktes Naturrecht waren ihrerseits historisch noch unaufgeklärt und eindimensional. Dieses zu bemerken, braucht nicht die Verabschiedung der aufgeklärten Vernunft zu bedeuten. Im Gegenteil, die aufgeklärte Vernunft muss sich noch (historisch) über sich selbst aufklären. Hierzu haben dann vor allem HAMANN, HERDER und HUMBOLDT beigetragen.

Johann Georg HAMANN (1730–1788) war nach dem Studium in Königsberg Hauslehrer, Kaufmann, auf KANTS Vermittlung hin im Zolldienst angestellt und schließlich Packhofverwalter in Königsberg. In Ostpreußen also wird die Debatte um Aufklärung und Aufklärungskritik, um Möglichkeiten und Grenzen der Vernunft geführt. Nach seiner Pensionierung 1787 unternahm der Protestant Hamann eine Reise nach Münster zur Fürstin AMALIA VON GALLITZIN (1748–1806), die hier einen Zirkel gleichfalls aufklärungskritischer katholischer Intellektueller, die »Familia Sacra« um sich versammelt hatte.[26] Er ist in Münster gestorben und liegt auch dort, auf dem Überwasserfriedhof, begraben.

Beeinflusst von pietistischer Frömmigkeit und der Mystik Jakob BÖHMES, übte Hamann als »Magus des Nordens« (GOETHE) eine unsystematische und aphoristische Kritik an der Aufklärung und an Kant. Gegen die Theorien vom menschlichen Ursprung der Sprache bei CONDILLAC und HERDER verteidigte er ihren göttlichen Ursprung und gegen den »Purismus« der Vernunft im Werke Kants stellt er die Gebundenheit der Vernunft an Sprache und Tradition heraus. Er argumentiert dabei gegen Kants »kaltes Vorurteil für die Mathematik« und Logik und stellt dafür die bildhafte und metaphorische Rede und die »Poesie als die Muttersprache des menschlichen Geschlechts« heraus. Hamanns Stil in seinen Hauptschriften *Sokratische Denkwürdigkeiten* (1759), *Kreuzzüge des Philologen* (1762), *Des Ritters von Rosenkreuz letzte Willensmeinung* (1772) und *Metakritik über den Purismus der reinen Vernunft* (1784) ist sehr eigenwillig, schwierig und gelehrt-anspielungsreich. Dennoch ist Hamann nicht einfach »rätselhaft« oder der Vertreter eines subjektiven Irrationalismus gegenüber dem Vernunftdenken der Aufklärung. Großes Interesse fand er vielmehr gerade in jüngerer Zeit als jemand, der zu einer kulturellen Differenzierung der kantischen Universalvernunft beitragen konnte.

Die Einsicht in die Bedingungen und Grenzen der Vernunft – auch Kant war es ja hierum gegangen – kann nicht per se irrational sein. In die gleiche Kerbe schlug auch Johann Gottfried Herder (1744–1803), Superintendent in Goethes Weimar, in der *Abhandlung über den Ursprung der Sprache* (1772). Herder erklärt zwar den Ursprung der Sprache nicht unter direktem Rekurs auf Gott, lehnt aber auch die These Condillacs von ihrem tierischen bzw. instinktiven Ursprung ab. Die Sprachentstehung wird vielmehr gerade aus dem gedeutet, was den Menschen vom Tier unterscheidet: aus seiner geistigen Natur. Während Tiere nur instinktive Empfindungslaute von sich geben, gebraucht der Mensch die Sprache in bewusster Besinnung. Durch Vernunft und Sprache wird der Mensch zum »Freigeborenen« der Schöpfung. Herders Kritik richtet sich überhaupt nicht gegen die Vernunft als solche. Aber der »kalte leere Eishimmel« des Rationalismus, der »Vernunft*purismus*« Kants ist für ihn unhaltbar. Herder fand in seiner Schrift *Verstand und Erfahrung, Vernunft und Sprache. Eine Metakritik zur Kritik der reinen Vernunft* (1799) schon am Titel des Kantischen Opus den Begriff der »reinen Vernunft« befremdlich: »Von keiner als der menschlichen Vernunft ist hier die Rede. Wir kennen keine andre, besitzen keine andre; in der menschlichen eine höhere, allgemeinere als die Menschenvernunft richten, hieße die Vernunft selbst transzendieren.« (*Sämtliche Werke*, Bd. 21,1 ff. bzw. 191 ff.) Vernunft »vor« Sprache und Geschichte kann es nicht geben, aber zu einem bloßen Traditionsglauben führt auch kein Weg zurück: »Alle Erziehung kann nur durch Nachahmung und Übung, also durch Übergang des Vorbildes ins Nachbild werden; und wie könnten wir dies besser als Überlieferung nennen? Der Nachahmende aber muss Kräfte haben, das Mitgeteilte und Mitteilbare aufzunehmen und es, wie die Speise, durch die er lebt, in seine Natur zu verwandeln«. Die rechte und immer neue Anverwandlung der Vernunft in Tradition und Traditionskritik ermöglicht eine »zweite Genesis« des Menschengeschlechtes durch »Kultur und Aufklärung« (*Ideen zur Philosophie der Geschichte der Menschheit*, 1784; *Sämtliche Werke* 13,347 f.).

Wilhelm von Humboldt (1767–1835), preußischer Adliger, Diplomat und Philosoph, schließlich fand, dass »in jeder Sprache eine eigentümliche Weltansicht« liege, und der Mensch mit den Gegenständen so lebe, »wie die Sprache sie ihm zuführt«. Auch für seine historische Anschauung musste sich »die« übergeschichtliche, einheitliche und erkenntnisfundierende Vernunft zum sprachtheoretisch und historisch differenzierten Begriff einer sich entfaltenden Vernunft wandeln.

Im lebendigen Strom der Geschichte zeigt das eben erst errichtete abstrakte Gebäude der Vernunft Risse. Dieser Strom macht sichtbar, was sich einer letztlich überhistorischen Vernunft entzog: individuelle Bedeutsamkeiten, die Pluralität und den Reichtum der Sprachen und Kulturen, die stets neu aufbauende und vieles wieder einreißende Macht der Geschichte. Wo die aus ihrer unbefragten Authentizität, Autorität und Prägekraft gerissene Tradition zum Thema einer sie als solche bewusst machenden und somit distanzierenden Aufklärung geworden ist, verweist Herders Bemerkung auf die Notwendigkeit, Aufklärung mit den kulturellen Gehalten der Tradition zu vermitteln, ohne sich einer scheinbar überhistorischen Aufklärungswahrheit oder unter hinterfragten Traditionen schlichtweg einzugliedern, freilich auch ohne den Anspruch der Vernunft, deren Anwalt Kant gewesen war, aufzugeben.

VI
Philosophie des 19. Jahrhunderts

Das 19. Jahrhundert ist das Zeitalter der politischen Revolutionen und Restaurationen, der industriellen Revolution mit ihren sozialen und kulturellen Folgeerscheinungen und die Epoche der rivalisierenden europäischen Nationalstaaten, deren Machtkämpfe bald noch fürchterlichere Dimensionen annehmen sollten, als das 19. Jahrhundert sie sich vorstellen konnte. Es ist ein großes Jahrhundert der deutschen Philosophie. HEGEL und MARX, NIETZSCHE und DILTHEY und andere – sie sind im Guten wie auch im Umstrittenen die Vordenker der modernen Welt.

Zur Philosophie des 19. Jahrhunderts hat man verschiedene Zugänge gesucht: Karl LÖWITH sprach angesichts der beiden beispielhaften Protagonisten von einem »Bruch« von Hegel zu Nietzsche. Für Ferdinand FELLMANN (1996, 9) ist es, in »Befreiung« vom deutschen Idealismus, das Jahrhundert von Positivismus, Linkshegelianismus, Neukantianismus und Lebensphilosophie. Margot FLEISCHER (1998) sieht im Austausch persönlicher Kontakte der philosophischen Hauptfiguren eine Verknüpfung. Dafür lassen sich anführen: die in inneridealistischen Systemkonflikten zerbrochene persönliche Nähe und Freundschaft der Idealisten FICHTE, SCHELLING und HEGEL, Hegels Polemik gegen Schellings Identitätsphilosophie in der Vorrede zur *Phänomenologie des Geistes*, KIERKEGAARD als enttäuschter Hörer Schellings, SCHOPENHAUER als enttäuschter Hörer Fichtes und zeitweilig unterlegener Kontrahent Hegels, Marxens Bekanntschaft mit MILL, Mills Verbindung zu COMTE.

Schließlich kann man die Philosophie des 19. Jahrhunderts im Spannungsfeld ihrer großen Entwürfe umreißen:

als Epoche der idealistischen Metaphysik (vor allem HEGELS) und ihrer Kritik durch Existenz- (KIERKEGAARD) und Lebensphilosophie (SCHOPENHAUER, NIETZSCHE), als Epoche der Naturwissenschaften und ihrer Philosophie (COMTE, MILL) sowie der Theorie der Geisteswissenschaften (DILTHEY), als Zeitalter der Konstruktion (HEGEL) und Dekonstruktion (FEUERBACH, MARX, NIETZSCHE, FREUD) der Religion usw.

Das große Jahrhundert der Wissenschaft ist dabei zugleich auch das Jahrhundert der Abkehr von einem als einseitig empfundenen Rationalismus. SCHOPENHAUER wie NIETZSCHE wenden sich vom Intellektualismus KANTS, der in Gestalt der Neukantianer (RICKERT, WINDELBAND) noch einmal wirkmächtig auf die deutschen Katheder zurückgekehrt war, und auch von der Geistesmetaphysik HEGELS ab. Mit der *Lebensphilosophie* rückt eine neue Größe ins Zentrum der Reflexion. Leben – das ist ein Kampfbegriff gegen Intellektualismus und auch gegen die als erstarrt empfundene, bürgerlich geprägte Zivilisation des 19. Jahrhunderts. Gegenüber der für lebensfremd gehaltenen bürgerlichen Bildung beschwor man das Echte, Dynamische, Kreative des Lebens, zog aber damit gelegentlich auch den Vorwurf des Irrationalen, ja am Ende des Präfaschismus auf sich. In den Umkreis des lebensphilosophischen Denkens gehören zentrale Begriffe wie SCHOPENHAUERS »Wille«, NIETZSCHES »Umwertung der Werte«, FREUDS »Unbewusstes«, DILTHEYS »Leben«, BERGSONS »Élan vital« und Oswald SPENGLERS »Geschichte«.

1. Fichte – Schelling – Hegel: Der deutsche Idealismus

Der deutsche Idealismus eröffnet das 19. Jahrhundert mit einer Blüte des Philosophierens, so formuliert es Rüdiger BUBNER, wie vielleicht sonst in der Philosophiegeschichte nur noch im klassischen Athen. »Kants genialische Schüler« (Volker GERHARDT) vergaßen die kritische Selbstbescheidung der Vernunft und machten das nicht weit von GOETHES Weimar entfernt gelegene Jena zum Zentrum eines neuen spekulativen Denkens von besonderer Dynamik. Sie taten dies mit einer ebenso faszinierenden wie hochspekulativen Denkbewegung, die das gesamte Jahrhundert ebenso beeinflusste, wie sie es zu Gegenentwürfen provozierte: mit der »absoluten Reflexion«. Lutz GELDSETZER hat in seiner *Philosophenwelt in Versen vorgestellt* gereimt, wie der Idealismus als Erbe des DESCARTES'schen »denkenden Ich« auf sein Hauptthema stieß. Diesem denkenden Ich passiert nämlich Folgendes:

> »Von Kant gewaltig hochgeschraubt,
> ward es Bewusstsein überhaupt,
> Subjekt, transzendentales auch
> ward es genannt nach Kant'schem Brauch.
> Was man Objekt dabei noch nennt,
> wird nicht mehr von ihm abgetrennt,
> vielmehr wird's als Produkt verstanden
> von dem, was im Subjekt vorhanden.«[1]

Welche Konstruktionen der Idealismus im Anschluss an KANT wagte, soll im Weiteren erläutert werden. Der erste der drei großen Idealisten ist FICHTE.

Johann Gottlieb FICHTE wurde 1762 in Rammenau in der Lausitz geboren. Er war Professor in Jena, ging dann nach Berlin, 1805 nach Erlangen, 1806 nach Königsberg. 1807/08 wieder in Berlin, wurde er 1810 dort zum ersten Rektor der Universität gewählt. Fichte starb 1814 in Berlin. Als Sohn eines Leinewebers aus ärmlichen Verhältnissen kommend, fiel der kleine Fichte durch große Begabung auf, als er dem Gutsherren Haubold von Miltitz die Rammenauer Sonntagspredigt, die dieser versäumt hatte, mit erstaunlicher Genauigkeit und gutem Verständnis wiederholte. Dieser Vorfall eröffnete ihm den Weg zur Bildung, denn Miltitz ließ ihn Schulen besuchen und Fichte konnte in Jena studieren. Er war dann zwölf Jahre lang Hauslehrer und lebte dabei in so äußerst bedrängten Umständen, dass er lange seine Braut Johanna Rahn, eine Nichte des Dichters KLOPSTOCK, nicht heiraten konnte. Um sein Auskommen mit Privatunterricht in der Philosophie KANTS an einen Studenten ein wenig aufzubessern, musste er dessen Werke erst einmal lesen. Das freilich wurde für ihn ein Erlebnis, das ihm trotz seiner äußeren Lage, wie es in einem Brief an seine spätere Frau heißt, »seine seligsten Tage« verschaffte. Der junge Fichte schloss sich derart begeistert und intensiv an Kant an, den er auch in Königsberg aufsuchte, dass sein anonym erschienenes Frühwerk *Versuch einer Kritik aller Offenbarung* (Erstausgabe Königsberg 1792) allgemein für die längst erwartete Religionsphilosophie Kants gehalten wurde.[2] Mit einem Schlag wurde der bis dahin unbekannte und mittellose Fichte berühmt, als Kant die Umstände aufklärte. 1794 erhielt Fichte eine Professur in Jena. Er muss hier mit bezwingender Energie und unerhörtem Wahrheitspathos großen Eindruck gemacht haben. Freilich geriet der streitbare und wohl im Umgang zunehmend schwierige Professor auch mit undisziplinierten Studenten aneinander. Hierbei kam es zu tumultuösen Zuständen, in deren Verlauf sogar Steine durch die Fenster des Fichteschen Hauses flogen. 1799 wurde Fichte des Atheismus verdächtigt und abgesetzt.

Fichte geht von Kants Philosophie aus, unterzieht sie aber einer Weiterentwicklung. Er setzt bei Kants »Ding an sich« an, das für ihn eher ein Unding ist. Nun ist dieses »Ding an sich« bis heute eines der umstrittensten Elemente der kantischen Philosophie überhaupt. Doch stellt es bei Kant ganz offensichtlich einen Grenzbegriff gegenüber dem erkennenden Ich dar, es steht ihm als eigenständige Macht gegenüber. Das ganze Szenarium des Erkennens bei Kant hat etwas Starres. Im deutschen Idealismus nun soll dies Szenarium in Bewegung geraten und eine spekulative Dynamik bekommen. Das gilt nicht nur für die idealistische Philosophie selbst, sondern auch für die erstaunliche, sich geradezu überschlagende Folge einander immer wieder überbietender grundsätzlicher Entwürfe. Fichte hat seine Ansichten vor allem in den verschiedenen Fassungen seiner *Wissenschaftslehre* (ein von ihm für die Philosophie neu eingeführter deutscher Begriff) seit 1794 dargestellt, einem der kühnsten und schwierigsten Texte der Philosophiegeschichte überhaupt. Auch das Nicht-Ich ist, noch über den kantischen Dualismus von Erkenntnisform und Ding an sich hinaus, eine kategoriale »Setzung« des Ich. Nach Auffassung des Idealismus sind alle Vorstellungen »Produkte der ihnen in der Erklärung vorauszusetzenden Intelligenz« und nicht, wie der »Dogmatismus« meint, »Produkte eines ihnen vorauszusetzenden Dinges an sich«, d. h. Wahrnehmung einer an sich vorhandenen, geordneten Welt (*Erste Einleitung in die Wissenschaftslehre*, 129).

Dies hat allerlei Spott hervorgerufen. SCHOPENHAUER, Hörer Fichtes in Berlin, notiert zur Wissenschaftslehre: »Vielleicht ist die richtige Lesart Wissenschafts*leere*«. GOETHE soll süffisant bemerkt haben, es sei doch sehr unhöflich von den Pflastersteinen, die von den Studenten auf Fichtes Haus geworfen wurden, durch die Scheiben zu fliegen, da sie doch als Nicht-Iche bloß gesetzt seien. In Fichtes Berliner Zeit, so heißt es weiter, hätten sich die Damen der Gesellschaft ironisch verwundert, ob Madame Fichte ihm das durchgehen lasse, dass Fichte nicht einmal an die Existenz seiner Frau richtig glaube. Als verstiegen und schwärmerisch hat schließlich der Aufklärer Friedrich NICOLAI Fichtes »hypertranszendentale Philosophie« empfunden, deren Prinzip das »reine Ich ohne Substrat« sei, die »abstrakteste aller Abstraktionen«, lediglich ein Spiel mit Worten und Begriffen (vgl. JAHNKE, 37).

Um aber Fichtes Anliegen und das des ganzen deutschen Idealismus nicht gleich misszuverstehen, sollte man sich auf das einlassen, was Walter SCHULZ das »Problem der absoluten Reflexion« genannt hat. Hierzu muss man von unmittelbaren Alltagsverhältnissen erst einmal absehen – und das ist gar nicht so unplausibel. Wo die Reflexion aufbricht, so Schulz, da ist der unmittelbare Verlauf des Lebens gestört – und doch kann sie gerade im Alltag auf sich aufmerksam machen, wenn Menschen ihrer Bestimmung als denkende Wesen folgen und einmal ganz prinzipiell fragen.

In der absoluten Reflexion des deutschen Idealismus wird DESCARTES' Begründung aller Gewissheit im denkenden Ich vom konkreten Einzelmenschen abgelöst und unter den Begriffen »absolutes [das ist zunächst einmal: losgelöstes, dann: unhintergehbares] Ich«, »absolute Vernunft« und »absoluter Geist« für sich gesetzt. Warum? Jedem Gegenstand außerhalb des Ich können wir die Frage nach seinem »Woher« unterschieben. Es gibt kein Prinzip, keinen Anfang und Urgrund, der außerhalb des fragenden Ich vorhanden wäre; selbst Gott kann ich die Frage nach seinem

»Wohersein« stellen. Was aber, wenn man nach einem unhintergehbaren Ausgangspunkt, nach einem letzten Grund der Dinge sucht? »Wenn das letzte und höchste Wesen nicht außer mir vorhanden sein darf, weil es dann von mir als Gegenstand überfragt werden kann, dann bleibt nur ein Ausweg: Das höchste und letzte Wesen muss Ich selbst sein. Diese Einsicht ist es, die das idealistische Denken, insofern auch es vom metaphysischen Urtrieb, ein Letztes zu etablieren, beherrscht wird, dazu bestimmt, Gott und das Ich in eins zu setzen. Das absolute Selbst, so argumentieren die Idealisten nun, bin natürlich nicht ich als das individuelle, besondere und innerzeitliche Ich, sondern ich muss mir als diesem eingeschränkten Ich, wie Fichte sagt, das reine Ich ›voraussetzen‹.« (Schulz, 13).

So kurz nach dem kantischen Kritizismus muss es gleichwohl erstaunen, dass ein solcher Begriff des Absoluten »ohne die geringsten intellektuellen Skrupel« (Peter ROHS) für erlaubt galt. Hatte nicht KANT gerade erst alle metaphysischen Aussagen unter strengste Auflagen gestellt und alle Beweise Gottes, des Absoluten schlechthin, für unmöglich erklärt? Neben dem bereits genannten Argument zur absoluten Reflexion mochte eine Rolle spielen, dass niemand in den Geruch des Atheismus kommen wollte. So erschien es plötzlich als »fraglose Selbstverständlichkeit«, dass jedes philosophische System von einem Konzept des Absoluten auszugehen habe.

Demnach dürfte klar sein, dass Fichtes Ausgang vom Ich die empirischen Individuen nicht meinen kann. Fichtes Ich ist ein »reines«, ein »über alle Erfahrung erhabenes« Ich. Dieser Ausgang vom Ich hat seiner Philosophie das Etikett »subjektiver Idealismus« beschert; für Kritiker ist sie eine Selbstermächtigungsattitüde der transzendentalen Subjektivität. Als Fichtes eigentliche theoretische Leistung wird jedoch auch gewürdigt, in gewisser Weise konsequenter als Kant »ein ›System der Transzendentalphilosophie aus einem Stück‹ vorgelegt zu haben« (Rohs, 171).

»Was für eine Philosophie man wählt, hängt davon ab, was für ein Mensch man ist« – dieser Satz geht auf Fichte zurück. Seinem eigenen Wesen und persönlichen Engagement entsprach ein Gestus »praktischer Ausübung von Freiheit«. Der kleine Mann mit dem roten Gesicht und dem borstigem Haar war weniger der Vertreter einer abstrakten und befremdlichen Spekulation als in seinem Glauben an die Tatkraft des menschlichen Geistes eine eindrucksvolle und bis heute faszinierende Gestalt. Fichte war auch ein einflussreicher Staatsphilosoph. Engagiert griff er ins Zeitgeschehen ein. Im Winter 1807/08 hielt er sozusagen unter dem Trommelwirbel der französischen Garnison in Berlin seine »Reden an die deutsche Nation«. Preußens Armeen sind zu diesem Zeitpunkt geschlagen, Berlin von Napoleons Truppen besetzt. In dieser Situation gehörte Fichte zu den Erweckern des deutschen Nationalbewusstseins, das allerdings auch gelegentlich antisemitische Züge trug. 1813 wollte er als Redner mit ins Feld ziehen, doch 1814 schon starb er an einem ansteckenden Fieber, das seine Frau sich bei der Pflege Kriegsverwundeter im Lazarett geholt hat. Fichte wurde nur 51 Jahre alt. Er liegt – neben Hegel – auf dem Dorotheenstädtischen Friedhof in Berlin begraben. Fichte war überzeugter Republikaner, Anhänger der Französischen Revolution und ein Gegner des damaligen Obrigkeits- und Fürstenstaats. 1793 erschien eine Schrift Fichtes mit dem außerordentlich sprechenden Titel: *Zurückforderung der Denkfreiheit von den Fürsten Europas, die sie bisher unterdrückten.* Überhaupt träumte er von einer vollkommeneren Gesellschaft. Was nämlich weniger bekannt ist: Der *Geschloßne Handelsstaat* des Idealisten Fichte, erschienen 1800, sieht (neben ständischen, merkantilistischen und nationalen Zügen) bereits recht genau eine geplante Warenproduktion und eine neue Gesellschaftsform vor, wie sie Utopisten und Sozialisten dann das ganze 19. und 20. Jahrhundert über anvisiert haben:

»Es sollen erst alle satt werden und fest wohnen, ehe einer seine Wohnung verziert, erst alle bequem und warm gekleidet sein, ehe einer sich prächtig kleidet [...]. Es geht nicht, dass einer sage: ich aber kann es bezahlen. Es ist eben ungerecht, dass einer das Entbehrliche bezahlen könne, indes irgendeiner seiner Mitbürger das Notdürftige nicht vorhanden findet, oder nicht bezahlen kann; und das, womit der erstere bezahlt, ist gar nicht von Rechts wegen und im Vernunftstaate das Seinige.«[3]

Friedrich Wilhelm Joseph SCHELLING wurde 1775 in Leonberg geboren und starb 1854 in Bad Ragaz (Schweiz). Er studierte im Stift zu Tübingen, wo er Freundschaft mit HEGEL und HÖLDERLIN schloss. Seit 1803 war er mit Karoline verheiratet, der vormaligen Frau August Wilhelm SCHLEGELS, die jedoch bereits 1809 starb; 1812 heiratete Schelling erneut. Der Philosoph des »objektiven Idealismus«, der zeitweilig auch der Romantik nahe stand, lehrte (wie FICHTE und Hegel) in Jena, wohin er auf Vermittlung GOETHES schon mit 23 Jahren berufen wurde, in Würzburg, Erlangen, München und schließlich in Berlin, wo er als eine Art Widerpart zu seinem verstorbenen Vorgänger Hegel wirkte.

Schon zu seinen Lebzeiten ist versucht worden, Schellings wandlungsreiche Philosophie (schon Hegel merkte an, Schelling vollziehe seine philosophischen Sprünge in aller Öffentlichkeit) in verschiedene Abschnitte einzuteilen. Schelling hatte dabei von allen Idealisten auch am meisten Zeit, wurde er doch 79 Jahre alt. Man unterscheidet etwa eine frühe Transzendentalphilosophie (*System des transzendentalen Idealismus*, 1800) und Philosophie der Natur, eine mittlere Phase der Identitätsphilosophie und der religiösen

Spekulation über die »Weltalter« (1811), sowie eine späte *Philosophie der Mythologie und Offenbarung* (Berliner Vorlesung vom Wintersemester 1841/42; postum veröffentlicht).

Der junge Schelling hatte zunächst in verschiedenen Schriften die Grundgedanken der FICHTE'schen Philosophie vertreten (*Übersicht der neuesten philosophischen Literatur*, 1797; 1809 noch einmal veröffentlicht unter dem Titel: *Abhandlungen zur Erläuterung des Idealismus der Wissenschaftslehre*). Seit den *Ideen zu einer Philosophie der Natur* (1797) publizierte Schelling dann mehrere Abhandlung zur Naturphilosophie. Hierüber kam es zum Bruch mit Fichte. Nach dessen Philosophie hätte sich auch die Natur nur aus dem Ich heraus begreifen lassen. Für Schelling aber standen Natur- und Transzendentalphilosophie gleichberechtigt nebeneinander. Dies konnte Fichte nicht akzeptieren, der am absoluten Primat des Ich eisern festhielt. Zugleich war zu Beginn des Jahres 1801 HEGEL nach Jena gekommen, der Fichte gegenüber eher kritisch eingestellt war und Schelling in seiner Loslösung bestärkt haben dürfte.

Schelling und Hegel kannten sich aus dem Tübinger Stift, wo sie mit dem Dichter HÖLDERLIN ein Dreigespann gebildet hatten. Am Anfang ihrer gemeinsamen Entwicklung und Auseinandersetzung steht das so genannte *Älteste Systemprogramm des deutschen Idealismus* (1796/97). Dieser kurze Text, lange eher Schelling, seit den Arbeiten Otto PÖGGELERS aber Hegel zugesprochen und von Pöggelers Schülern folgerichtig als »Hegels ältestes Systemprogramm« behandelt,[4] ist ein zweiseitiges Fragment, das mit der Formulierung »eine Ethik.« beginnt, danach die Physik naturphilosophisch beflügeln möchte, ein »Aufhören« des Staates im Namen der Freiheit befürwortet, Prinzipien für eine »Geschichte der Menschheit« in Aussicht stellt und schließlich eine »Mythologie der Vernunft« fordert. Erweist sich der Text durch das dichte und fulminante Durchlaufen der später in den großen Systemen behandelten Hauptfragen der Philosophie möglicherweise auch als eine Stifterurkunde des idealistischen Denkens, so wird dieser Aspekt doch überlagert einerseits von einem starken zeitkritischen und geradezu agitatorischen Aspekt, andererseits von der romantischen Sprache: »Wissenschaft«, nicht mehr »Mythologie« der Vernunft wird es bei Hegel später heißen.

1801 schaltete Hegel sich auch offiziell mit seiner ersten philosophischen Druckschrift *Differenz des Fichteschen und Schellingschen Systems der Philosophie* – fachphilosophisch kurz *Differenzschrift* – in die Debatte ein. Er kritisierte Kant und Fichte, aber, wie sollte es auch anders sein in der Philosophie überhaupt und gerade in jenen produktiven Zeiten: auch die Differenzen zu Schelling und die Motive der eigenen Philosophie werden schon sichtbar.

Schellings neuer Naturbegriff sprach, sozusagen von Hegel ermutigt, auch dem Nicht-Ich eine gewisse Eigenständigkeit zu. Dies trieb die Entwicklung des deutschen Idealismus über Fichte hinaus. Im öffentlichen Bewusstsein begann Schelling, Fichte als führenden Philosophen abzulösen. Viele Zeugnisse berichten, wie seine imposante Erscheinung die Zuhörer in ihren Bann zog.

Die Philosophie, die Schelling in jenen Jenaer Jahren vortrug und mit der er die Fackel des deutschen Idealismus weitertrug, ehe er sich in die Gottesschau begab, wird als »Identitätsphilosophie« bezeichnet. Diese »Identität« bezieht sich auf das, was bei Fichte noch einen klaren Vorrang auf der Seite des Geistes hatte: das Verhältnis von Geist und Natur. Die »schlafende« Natur erwacht. Nach Schelling ist die Natur nicht mehr nur das »Andere«. Sie ist auch nicht lediglich Materie, nicht bloß zu manipulierendes Objekt, sondern sie wird als schaffend begriffen, als *natura natu-*

rans. Ihr höchstes Produkt ist der menschliche Geist. Natur und Geist sind damit letztlich identisch. In seiner Naturphilosophie steht Schelling dabei nicht mehr, wie noch KANT, in enger Tuchfühlung mit den Naturwissenschaften. Die Natur ist für ihn nicht, wie für Kant, reines Erkenntnisobjekt und auch nicht, wie bei Fichte, ein vom Ich kategorial bestimmtes Nicht-Ich. Natur ist für Schelling vielmehr etwas dem Ich Wesensähnliches. Geist wie Natur sind zwei verschiedene Daseinsformen ein und desselben Seins. Damit schließt Schelling die Kluft zwischen Natur und Geist, die es bei seinen Vorgängern durchaus gegeben hatte.

Das kosmische Geschehen verläuft zwar dialektisch in Gegensätzen, die aber nur der Erhaltung und Einheit des Ganzen dienen. Schelling steht damit im Zusammenklang mit der geistesgeschichtlichen Epoche der *Romantik.*[5] Führende Köpfe der so genannten Romantischen Schule waren NOVALIS (Friedrich von HARDENBERG, 1772–1801), August Wilhelm SCHLEGEL (1767–1845) und Friedrich SCHLEGEL (1772–1829) sowie der bereits mehrfach erwähnte Friedrich HÖLDERLIN (1770–1843), die sich als Dichter und als Philosophen verstanden. »Wie der Streit der Liebenden«, so heißt es am Ende von Hölderlins Briefroman *Hyperion,* »sind die Dissonanzen der Welt. Versöhnung ist mitten im Streit und alles Getrennte findet sich wieder«. Die Romantik sieht das All als harmonisches Ganzes und jedes seiner Teile als Abbild des Ganzen, die Natur als Spiegel der Seele. Die Romantik sympathisiert mit Gefühl und Mythologie gegenüber einem einseitigen Rationalismus; für ihre Kritiker freilich ist sie das »Kranke« statt des »Gesunden« (GOETHE). Zugleich befördert die Romantik mit ihren besonderen Bezügen zu Kunst, Dichtung und Religion die Hinwendung zur nationalen Vergangenheit, zu Geschichte und Volksgut, die dann weiter den Historismus beflügeln sollte, die Epoche des historischen Denkens, die bereits anstand, in Philosophie und Geisteswissenschaften den metaphysischen Idealismus abzulösen.

War also für Fichte das Absolute das absolute Ich gewesen, so besetzte dieses Absolute sozusagen nur den einen Pol eines Ganzen, dessen anderen Teil, die schöpferische, geisterfüllte Natur, Schelling nicht theoretisch annulliert sehen wollte. Er wollte vielmehr beide als identisch begreifen. Diese Identität ist das Absolute. Für Hegel wiederum war dies nur die vielzitierte »Nacht, in der alle Kühe schwarz« sind. Die »absolute Identität« wird von Hegel vielmehr in eine dialektische Bewegung gesetzt, zum Prozess einer in Entäußerung und Wiedereinholung sich vollziehenden Selbstrealisierung des Absoluten dynamisiert werden. Umgekehrt vermeidet freilich Schelling auch Schwierigkeiten, in die Hegel geraten wird. Sein Gott ist kein werdender Gott wie der Hegels.

Aber nicht nur die Naturphilosophie gelangte bei Schelling zu besonderen Ehren. In der *Philosophie der Kunst* (Vorlesungsskript 1802/03, erschienen 1859) wird die Ästhetik zur Kunstmetaphysik, das Schöne zum Ausdruck des Absoluten. Hegel wird freilich auch hier später mit seinem »Satz vom Ende der Kunst« Schelling ausdrücklich widersprechen. Wie auch immer das Göttliche in der Kunst erscheinen mag – durch Begriff und Reflexion wird nach Hegel diese Erscheinungsweise überboten.

Schellings so genannte *Freiheitsschrift* (1809) bildet den Übergang von der Identitätslehre zur Religionsphilosophie. Sie gilt als eine der wichtigsten philosophischen Schriften des 19. Jahrhunderts und ist vielfach interpretiert worden. Berühmt ist HEIDEGGERS Vorlesung, in der er seinen Schelling ganz unter dem Aspekt der ihn interessierenden Frage nach dem Sein las. Vor allem steht in dieser Schrift das Problem der Freiheit des Menschen und dessen Verhältnis zu Gott im Mittelpunkt, was auf die Frage der Theodizee, der Rechtfertigung Gottes angesichts des Bösen in der Welt, führt. Schelling wandte sich unter dem Einfluss Jakob BÖHMES sowie Franz von BAADERS nun mehr und mehr religiösen Themen zu. Als er starb, sah die geistige Welt längst anders aus. Besonders seine in Polarisierungen denkende Naturphilosophie und spekulative Physik, auf die er so stolz gewesen war, ist bei den empirischen Naturwissenschaftlern meist nicht gut angekommen, auch wenn sie heute durchaus wieder ein philosophisches Interesse findet. Auch der Kulturwissenschaftler und Historiker Jacob BURCKHARDT schrieb in einem Brief, er habe im Geiste zwölfbeinige Fabelwesen durch die Tür spazieren sehen, die sich mit zwölf Armen sechs Hüte von sechs Köpfen nahmen, als er Schellings letzte Vorlesungen in Berlin hörte.

Georg Wilhelm Friedrich HEGEL wurde 1770 als Sohn eines württembergischen Rechnungsbeamten in Stuttgart geboren; er starb 1831 in Berlin. Hegel besuchte in Stuttgart die Schule und begann 1788 eine hochschulähnliche Ausbildung am »Tübinger Stift«, Bildungsanstalt zur Hervorbringung einer evangelischen Theologenschaft, wo er mit SCHELLING und HÖLDERLIN befreundet war. Gemeinsam begeisterten sie sich für die antike griechische Kultur. Gegenüber dem wendigen und genialen Schelling schien Hegel der zunächst langsamere und schwerfälligere Denker zu sein. Nach Beendigung des Studiums 1793 folgten Jahre als Hauslehrer in Bern und Frankfurt. Nach dem Tode seines Vaters ermöglichte ihm eine kleine Erbschaft, die akademische Laufbahn an der weimarischen Universität Jena einzuschlagen, die damals ein intellektuelles Zentrum war. SCHILLER war dort Professor für Geschichte, FICHTE und SCHELLING lehrten Philosophie, die Romantiker TIECK, SCHLEGEL und NOVALIS wirkten hier. Hegel wurde danach Redakteur in Bamberg und von 1808 bis 1815 Rektor eines Gymnasiums in Nürnberg. 1811 heiratete er Marie von Tucher aus altem

Nürnberger Patriziergeschlecht. Die Berufung nach Heidelberg 1816 ermöglichte ihm die Rückkehr zur Universität; bereits zwei Jahre später übernahm er den seit Fichtes Tod 1814 vakanten philosophischen Lehrstuhl in Berlin. Es folgte eine überaus einflussreiche Lehrtätigkeit. Hegels später edierte Vorlesungen in Berlin sind, in Wiederaufnahme bereits in Jena und Nürnberg abgehandelter Themen, die *Geschichte der Philosophie* und die *Ästhetik*, sowie neu die *Religionsphilosophie* (1821) und die *Philosophie der Weltgeschichte* (zuerst 1822/23). Sie treten zu den großen Schriften hinzu: Im Jahre 1807 hatte Hegel unter dem Kanonendonner der Schlacht bei Jena sein erstes Hauptwerk, die *Phänomenologie des Geistes*, vollendet; 1812 erschien die *Wissenschaft der Logik*, 1817 die *Enzyklopädie der philosophischen Wissenschaft im Grundrisse*, 1821 die *Grundlinien der Philosophie des Rechts*. Berlin löste nun Jena als Zentrum des philosophischen Lebens ab.

Architekt eines Systems. Auch HEGEL erhebt für seine Philosophie Ansprüche, die noch einmal KANTS Begrenzungen aufzuheben suchen. Wie sieht er die Sachlage? Die »Lehre der Kantischen Philosophie«, so beklagt sich Hegel in der Vorrede zur *Logik*, »dass der Verstand die Erfahrung nicht überfliegen dürfe, sonst werde das Erkenntnisvermögen *theoretische Vernunft*, welche für sich nichts als *Hirngespinste* gebäre, hat es von der wissenschaftlichen Seite gerechtfertigt, dem spekulativen Denken zu entsagen«. Und weil auch der Alltagsverstand eher auf praktische Erfahrung als auf Theorie setze, hätten »Wissenschaft und gemeiner Menschenverstand sich in die Hände« gearbeitet und das »sonderbare Schauspiel herbeigeführt [...], ein gebildetes Volk ohne Metaphysik zu sehen, – wie einen sonst mannigfaltig ausgeschmückten Tempel ohne Allerheiligstes«. Auch die Theologen haben übrigens, wie Hegel kritisch anmerkt, die Metaphysik »gegen Gefühle, gegen das Praktisch-Populäre und gelehrte Historische aufgegeben«.[6] All dem gegenüber will Hegel wieder zur Metaphysik zurück.

Von den traditionellen Metaphysikern vor ihm unterscheidet sich Hegel aber gleichfalls, und zwar vor allem durch eine »Dynamisierung« bzw. teilweise Historisierung ihrer vormals statischen Grundannahmen. Waren jene bei dem Gegensatz zwischen Mensch und Gott, Endlichem und Unendlichem, vergänglicher und ewiger Welt usw. stehen geblieben, so sucht Hegel mit Hilfe der »modernen« Figur von Entzweiung und Versöhnung die christliche Lehre von Schöpfung und Erlösung philosophisch zum Drama einer dialektischen Selbstrealisierung des Göttlichen umzuformulieren.

All dies ist bei Hegel »Wissenschaft«; d. h. er hält Aussagen für »wissenschaftlich« möglich, die sich den Ansprüchen der Theologie parallelisieren lassen – sie sogar überbieten – und die zugleich Natur wie Geist und noch dessen Differenzierungen (Geschichte, Kunst, Religion und Philosophie) als Entäußerung und Vollzug »göttlichen Selbstbewusstseins« ebenso in ein System integrieren wie in diese »ungeheuerliche« Bildungsbewegung die des menschlichen Geistes, in dem die selbsterkennende Gottheit »anwesend« ist (Weischedel). Hegels System deutet in vielfachen dialektischen Schritten die ganze Welt. Eine besondere und nicht selten als philosophische Anmaßung empfundene Rolle nimmt dabei ganz offensichtlich für Hegel – Hegel selbst ein, der all dies denkt und auf den Begriff bringt und sich dabei, wie Carl Schmitt formuliert hat, »zum lieben Gott in die Königsloge des Welttheaters« setzt.[7] Mit seiner Lehre des sich in der Natur als des »Anderen seiner selbst« entäußernden und dann im Menschen dialektisch auf höherer Stufe zu sich selbst zurückkehrenden göttlichen Absoluten bringt Hegel freilich einen »historischen« Entwicklungsgedanken ins Spiel, dessen historistische Weiterführung gegen seine eigene Konstruktion zurückschlagen wird.

Staats- und Rechtsphilosophie. Für Hegel ist es nicht die primäre Aufgabe der politischen Philosophie, staatliche Ordnung zu begründen und zu rechtfertigen oder über die ideale oder zweckmäßige Verfassung des Staates zu räsonieren. Für ihn ist der Staat nicht etwas, das man mit utopischem Blick (»Träumerei des abstrakten Gedankens«) moralisierend kritisieren könnte und nicht Resultat einer Vereinbarung, sondern »sittliche Substanz«. Es »ist der Gang Gottes in der Welt, dass der Staat ist«, heißt es in § 258 der *Rechtsphilosophie*, »sein Grund ist die Gewalt der sich als Wille verwirklichenden Vernunft«. Von einklagbaren Rechten des Individuums gegenüber dem Staat ist bei Hegel nicht die Rede; was es ist, verdankt es neben Familie, Stand usw. vor allem dem Staat und ihm hat es sein subjektives Wünschen und Meinen unterzuordnen.

> »Der Staat [so heißt es in § 260 weiter] ist die Wirklichkeit der konkreten Freiheit, die *konkrete Freiheit* aber besteht darin, dass die persönliche Einzelheit und deren besondere Interessen sowohl ihre vollständige Entwicklung und die *Anerkennung ihres Rechts* für sich (im Systeme der Familie und der bürgerlichen Gesellschaft) haben, als sie durch sich selbst in das Interesse der Allgemeinheit teils *übergehen*, teils mit Wissen und Willen dasselbe, und zwar als ihren eigenen *substanziellen Geist* anerkennen und für dasselbe als ihren *Endzweck tätig* sind, so dass weder das Allgemeine ohne das besondere Interesse, Wissen und Wollen gelte und vollbracht werde, noch dass die Individuen bloß für das letztere als Privatpersonen leben und nicht zugleich in und für das Allgemeine wollen und eine dieses Zwecks bewusste Wirksamkeit haben.«

Anders als noch KANT unterscheidet Hegel zwischen dem Staat und der »bürgerlichen Gesellschaft« als Sphäre der Wirtschaft und der Privatinteressen, die ein »System der Bedürfnisse« und ihrer Befriedigung durch arbeitsteilige Produktion bildet. In den §§ 243–246 der »Rechtsphilosophie« entwickelt er, wie die bürgerliche Gesellschaft »in ungehinderter Wirksamkeit« und »fortschreitender Bevölkerung und Industrie begriffen« ist, zugleich aber eine »große Masse unter das Maß einer gewissen Subsistenzweise« absinkt, so dass es zur »Erzeugung des Pöbels« kommt. Vieles von dem, was MARX sagen wird, lernt er bei Hegel. In diesem Punkt sind sich Hegel und Marx zunächst völlig einig: »In der Tat aber was wir sind«, so meinte Hegel, »sind wir geschichtlich«; der »Besitz an selbstbewusster Vernünftigkeit, welcher uns, der jetzigen Welt, angehört«, ist wesentlich »Resultat [...] der Arbeit aller vorhergegangenen Generationen des Menschengeschlechts«.[8] Marx lobt an der *Phänomenologie*, »dass Hegel die Selbsterzeugung des Menschen als einen Prozess fasst [...] und den gegenständlichen Menschen, wahren, weil wirklichen Menschen, als Resultat seiner eigenen Arbeit begreift«, wenn auch bloß in der Sphäre des Gedanklichen (*Frühschriften*, 269, 255). Schon Hegel erkennt jedoch in Abkehr vom Harmoniedenken seiner liberalen Vorgänger die fundamentale Antinomie, in der die Bourgeoisie notwendig den »Pöbel« miterzeugt. Nur ein monarchischer Staat garantiert für ihn darum angesichts dieser Entwicklungen den Bestand der bürgerlichen Gesellschaft. Marx wird all dies mit Interesse lesen und eine Theorie entwickeln, in der nicht mehr die Folgen der ökonomischen Entwicklung als Desintegration und Chaos vom Staat überboten und gebändigt werden müssen, sondern umgekehrt der Staat sogar absterben kann, wenn die Widersprüche auf der sozioökonomischen Ebene durch die Selbstbefreiung des vormaligen »Pöbels« aus seiner Unterdrückung gelöst werden.

Geschichtsphilosophie. Gegenüber dem eher »tentativen« (versuchsweisen) und von einer praktischen, ethischen Absicht getragenen geschichtsphilosophischen Ansatz KANTS treten bei HEGEL Geschichte und Metaphysik in eine enge, in der Zeit nach Hegel freilich sofort wieder gelöste Verbindung. Hegel setzt sich mit seiner Geschichtsphilosophie ab von bloßer historischer Erinnerung, von einer Geschichtsschreibung als subjektivem theoretischen Räsonnement, aber auch von dem Versuch, aus der Geschichte Lehren für heutiges Handeln zu ziehen, und von dem zu seiner Zeit sich entwickelnden philologisch-kritischen Geschichtsbild der Historiker.

Hegel behauptet in seinen *Vorlesungen über die Philosophie der Geschichte* und sieht es auch vom erreichten Stand der spekulativen Philosophie bewiesen,

> »[…] dass die Vernunft die Welt beherrscht, dass es also auch in der Weltgeschichte vernünftig zugegangen ist […, wobei die Vernunft] die *Substanz* wie die unendliche Macht, sich selbst der *unendliche Stoff* alles natürlichen und geistigen Lebens, wie die *unendliche Form*, die Bestätigung dieses ihres Inhalts ist. Die *Substanz* ist sie, nämlich das, wodurch und worin alle Wirklichkeit ihr Sein und Bestehen hat – die *unendliche Macht*, indem die Vernunft nicht so ohnmächtig ist, es nur bis zum Ideal, bis zum Sollen zu bringen und nur außerhalb der Wirklichkeit, wer weiß wo, als etwas Besonderes in den Köpfen einiger Menschen vorhanden zu sein; der *unendliche Inhalt*, alle Wesenheit und Wahrheit, und ihr selbst ihr Stoff, den sie ihrer *Tätigkeit* zu verarbeiten gibt. […] Dass nun solche Idee das Wahre, das Ewige, das schlechthin Mächtige ist, dass sie sich in der Welt offenbart und nichts in ihr sich offenbart als sie, ihre Herrlichkeit und Ehre, dies ist es, was, wie gesagt, in der Philosophie bewiesen […] wird.« (1961, 48f.)

Aller Weltschmerz über die tausendfachen Leiden in der Geschichte sei eine bloß subjektiv-partikularistische Betrachtungsweise, die den »Endzweck der Welt« nicht zu erkennen vermöchte. Hegels Absicht ist es dagegen, »das Zufällige zu entfernen« und damit eine »Theodizee, eine Rechtfertigung Gottes« angesichts der Übel in der Welt zu leisten. Um den »Plan der Vorsehung in der Weltgeschichte« näher zu bestimmen, beruft sich Hegel darauf, dass die Philosophie auf den Begriff bringe, was Gott in der christlichen Religion offenbart hat. Nun freilich gilt es, »das, was dem fühlenden und vorstellenden Geiste zunächst vorgelegt worden, auch mit dem Gedanken zu erfassen« (56, 71).

Bei Hegel ist der Prozess der Herausbildung der Geschichtsphilosophie auf seinem Höhepunkt angelangt. Wer sich mit Hegel auf den Standpunkt des absoluten Geistes erhoben und die Versöhnung erkannt hat, braucht sich nicht mehr religiös diese Versöhnung als noch ausstehend, als »Fernes der Zukunft« zu denken. Geschichte wird nach der berühmten Formel »Fortschritt im Bewusstsein der Freiheit« vom alten Orient über die griechisch-römische Antike bis zur europäisch-christlichen Welt als Fortschritt gedeutet. Berüchtigt gewordene Formulierungen Hegels, wie die, die »Perioden des Glücks« seien nur »leere Blätter« in der Weltgeschichte, legen aber den Vorwurf nahe, er opfere Freiheit und Wohlbefinden der Individuen auf dem Altar einer metaphysischen Gesamtordnung. Ferner erhebt sich die Frage, ob dieser umfassende Deutungsrahmen nicht an sich schon totalitär ist (wie Karl Popper vehement behauptet hat). Schließlich führt die enge Verbindung, die Metaphysik und Geschichte im System Hegels eingegangen sind, zu dem Vorwurf, hier komme es eigentlich zur »Abschaffung des Geschichtlichen« (E. Angehrn). Freilich gilt auch: Der »Fortschritt«[9] wurde, nicht zuletzt unter dem Eindruck Hegels, zur grundlegenden Kategorie bürgerlich-europäischer geschichtlicher Orientierung und Selbstvergewisserung. Die Geschichtsphilosophie gipfelt in Hegels

Thematisierung der Geschichte als eines letztlich einlinigen Prozesses mit benennbarem Ausgangspunkt und Ziel; in seinem Glauben an die prinzipielle Erkennbarkeit dieser einen Geschichte, d. h. der Möglichkeit von Aussagen über das Gesamt ihres Ablaufes und somit auch von Prognosen über ihren Endzustand; schließlich in seiner Auffassung der göttlichen absoluten Vernunft als »Sinn« und »letzter Zweck« dieses Ganzen.

Ästhetik. In der Ästhetik geht es HEGEL nicht wie KANT um die jedem zukommenden Bedingungen des Geschmacksurteils und nicht um »unhistorische« Frageweisen wie »Was ist ein Geschmacksurteil?« oder »Was ist schön?«. Was Kunst jeweils bedeutet, hängt von ihrem spezifischen historischen Ort ab, den Hegel freilich noch als Station in der Entwicklung des »Geistes« denkt. Er entwirft eine spekulative Ästhetik. Im Unterschied zu SCHELLING spricht Hegel der Kunst aber nur eine eingeschränkte Wahrheitsfähigkeit zu, wenn er sagt, dass die Kunst am Ende weder dem Inhalte noch der Form nach die höchste und absolute Weise sei, »dem Geiste seine wahrhaften Interessen zum Bewusstsein zu bringen«.

Hegels berühmter »Satz vom Ende der Kunst« bedeutet nicht, dass es keine Kunstwerke mehr gebe, sondern »nur«, dass die sinnenhafte Anschauung im Rahmen der Kunst nicht mehr die höchste Form im Entwicklungsgang des Geistes ist, der sich der Religion und dann dem Medium der Begrifflichkeit in der Philosophie zugewandt hat. Von hier aus kann man tatsächlich eine spekulativ-philosophische Indienstnahme der Kunst konstatieren: Wenn die Kunstwerke als Sinnbilder des Geistes geschichtlich und philosophisch eingeordnet werden – verschüttet nicht diese geistmetaphysische Vermittlung die Unmittelbarkeit (der Wahrnehmung) des Kunstwerks?

Diese Probleme mit der hegelschen Ästhetik zeigen sich in der weiteren idealistischen Theorieentwicklung: Zwar versucht noch einmal Friedrich Theodor VISCHER (1807–1887), auf dem Standpunkt des »objektiven Idealismus« eine Wissenschaft des Schönen und der schönen Künste systematisch auszuarbeiten und zu vollenden. Wollte Vischer ursprünglich im Sinne Hegels zeigen, dass das Schöne nicht eine bloße Hervorbringung des Künstlers oder des ästhetisch betrachtenden Subjekts und kein Fluchtmittel vor der Wirklichkeit ist, sondern dass das Schöne auch angesichts der Widersprüche, Ungerechtigkeiten und Entzweiungen des menschlichen Lebens ein »faktischer Beweis« für die allem zugrunde liegende Versöhnung der Welt ist, so stellt er doch tatsächlich im Kontext der gesellschaftlichen und wissenschaftlichen Entwicklungen des 19. Jahrhunderts ein Anschauungsbeispiel für ihren Zusammenbruch dar; schrittweise muss er nämlich einsehen: das Zufällige, Kontingente lässt sich nicht mehr mit Hegel theoretisch eliminieren, und es wird immer fraglicher, ob Kunst und Schönes die Vermittlung und Versöhnung des Ganzen noch leisten können. Unterschiede ergeben sich bereits aus der lingshegelianischen Religionskritik des jungen Vischer: Wie für seinen Freund David Friedrich STRAUSS ist ihm die Religion durch die Entwicklung der Natur- und der historisch-kritischen Wissenschaften desavouiert. In der bereits angesprochenen Triade der Entwicklungsstufen des Geistes lässt er darum die Kunst, Hegel korrigierend, zu Ungunsten der Religion auf den zweiten Platz hinter der vollendenden Philosophie vorrücken. Zugleich tritt die Ästhetik in Kontakt mit den in der zweiten Hälfte sich etablierenden neuen Wissenschaften. Kunst und Schönes werden ihres metaphysischen Status entkleidet und zu lebensnotwendigen Illusionen erklärt, an die man zwar nicht glaubt, die man aber braucht und genießt – eine Einschätzung, die auf FREUD vorweist.[10]

Einschätzungen der Philosophie Hegels. Vielfach galt HEGEL als der reaktionäre Anhänger der preußischen Monarchie und »preußische Staatsphilosoph«, als Theoretiker einer fatalen »Staatsvergottung« oder gar als ein Vorfahre der deutschen Irrwege, die in die Katastrophe des Faschismus führten. Es ist auch von Karl-Heinz ILTING (1925–1985) die »Akkomodationsthese« vertreten worden, Hegel habe in den 1820 veröffentlichten *Grundlinien der Philosophie des Rechts* unter dem Druck der politischen Verhältnisse in Preußen seine eigentlich eher liberalen, demokratischen und rechtsstaatlichen Vorstellungen verschärft. In der interpretierenden und deutenden Literatur erscheint Hegel dagegen bei dem Münsteraner Philosophen Joachim RITTER (1903–1974) vor allem wegen seiner Thematisierung der bürgerlichen Gesellschaft als Theoretiker der modernen Welt. Hegel ist nicht gerade der Philosoph individueller Abwehrrechte gegenüber dem Staat, kann jedoch für eine Tradition in Anspruch genommen werden, die den Staat auf den Schutz der Individualrechte und eine willkürfreie, an Gesetze gebundene Herrschaft verpflichtet (Rechtsstaatlichkeit und Beamtentum). Der weiteren These Ritters, Hegels Philosophie sei sogar »bis in ihre innersten Antriebe hinein Philosophie der Revolution«, hat allerdings Jürgen HABERMAS widersprochen: »Hegel hat die Französische Revolution und deren Kinder nicht weggescholten, er hat sie hinweggefeiert: Zeit seines Lebens hat er, einer Überlieferung zufolge, am Jahrestag des Sturms auf die Bastille mit erhobenem Glas die Revolution geehrt. Wenn das Ritual so stattgefunden hätte, würde es einen magischen Charakter nicht verleugnen können: die Ehrung wäre Beschwörung gewesen [...]. Hegel feiert die Revolution, weil er sie fürchtet«.[11]

Was bleibt von Hegel? Mag die Vollendung des deutschen Idealismus vor den anstürmenden neuen Ideen nicht lange standgehalten haben – der Hegelianismus bestimmte doch noch lange die Diskussionen des 19. Jahrhunderts mit. In Frankreich hing Victor COUSIN (1792–1867) dem Hegelianismus an, in Italien wirkte er auf Benedetto CROCE (1866–1952) und Giovanni GENTILE (1875–1944), in England auf Philosophen vor allem in Oxford.

Man unterscheidet in der weiteren Entwicklung des Hegelianismus »Rechtshegelianer« einerseits und »Linkshegelianer« andererseits. Zu den Ersteren gehörte in Deutschland Karl ROSENKRANZ (1805–1879). Der Hauptstreitpunkt wird sofort deutlich, wenn man bedenkt, wie Rosenkranz sich beklagte, die Junghegelianer wünschten alles Bestehende zu kassieren und aufzuheben – bloß was dann werden sollte, das wüssten sie noch nicht. Aus dem Links- oder Junghegelianismus entwickelte sich in der Tat der politische Vormärz (Ludwig FEUERBACH, Arnold RUGE, MARX und ENGELS). Hegels linke Erben dachten politisch radikal und religionskritisch. Max STIRNER (d. i. Johann Caspar Schmidt, 1806–1856), der in bedrängten Verhältnissen als Lehrer lebte, vertrat in seinem Hauptwerk *Der Einzige und sein Eigentum* (1844) nihilistische und anarchistische Ideen. Die Theologen David Friedrich STRAUSS (1808–1874) und Bruno BAUER (1809–1882) kamen zu einer scharfen Bibelkritik, die beide ihr Lehramt kostete. Zur hegelschen Linken kann man auch Moses HESS (1812–1875) und den Dichter Heinrich HEINE (1797–1856) zählen.

Hegels Naturphilosophie ist mit dem Gang der Naturwissenschaften nicht zu vermitteln. (Wie auch für die Naturphilosophie SCHELLINGS gibt es allerdings gelegentlich philosophische Rehabilitierungsversuche.) Auch die Geisteswissenschaften in Deutschland konstituieren sich in heftiger Abgrenzung gegen Hegel, aber doch zugleich auch außerordentlich stark von ihm beeinflusst. Eine wesentliche Kritik an Hegel zielt auf eine adäquate Anerkennung von Geschichte und Pluralitätserfahrung im philosophischen Denken. Im Zuge der Geistesgeschichte bereits des 19. Jahrhunderts traten zwei der innovativsten Denker dieser Zeit, MARX und NIETZSCHE, mit der These auf, dass die Wahrheit, philosophisch betrachtet, keine fixe, eine metaphysische Grundstruktur verkörpernde Größe mehr sein könne. Marx erklärte sie zur praktisch-politischen (statt bis dato, wie er jedenfalls meinte, »scholastischen«) Frage und wollte sie zugleich an ökonomisch-soziale Gesetzmäßigkeiten zurückbinden und Hegel damit vom Kopf auf die Füße stellen. Wenn Nietzsche in dem frühen Aufsatz über »Wahrheit und Lüge im außermoralischen Sinn« vom Trieb des Menschen zur Metaphernbildung spricht, gewinnt die Wahrheitsfrage den Unterton der Stilisierung einer Lebensform: Die eigentlich strikt einer theoretischen Philosophie angehörende Frage nach der Wahrheit wendet sich ins Ästhetische.

Weniger spektakulär als diese beiden Denker, aber wohl nachhaltiger arbeiteten zur selben Zeit auch die Vertreter des Historismus an der Wahrheitsfrage, und auch sie kamen zu einem ähnlichen Schluss: Die Wahrheit wird gemacht, nicht gefunden. Mit Blick auf Wilhelm DILTHEY kann man feststellen, dass die Wahrheitsfrage im Historismus jedoch weder primär politisiert noch ästhetisiert wird. Wahrheit wird vielmehr gedacht als Ergebnis ernsthaftester Arbeit der Vernunft in der Geschichte. Diese schwierige Einsicht der »historistischen Aufklärung«, die die »Postmoderne« mit ihrer Kritik an den »Meistererzählungen« in Teilen noch einmal wiederholt hat, ist vor allem von Herbert SCHNÄDELBACH formuliert worden. Vernunft und Wahrheit erweisen sich als nicht durchkonstruierbar. Die Philosophie der Gegenwart muss ihre Geschichtlichkeit in einem über Hegel hinausgehenden Sinne anerkennen, ohne die Vernunft zu verabschieden.

Am Ende des 20. Jahrhunderts hat Schnädelbach noch einmal kräftig mit Hegel und dem deutschen Idealismus abgerechnet (*Hegel zur Einführung*, 1999). Er sieht in ihm einen »spekulativen Hochmut« am Werke, der durch eine Entfremdung der deutschen Philosophie von den modernen Wissenschaften ein »philosophiehistorisches Unglück« heraufbeschworen habe. Das Übel liege schon im idealistischen Ansatz selbst. FICHTES »Ich« sei eine Chimäre. Das Bewusstsein stehe nicht als reines der Welt gegenüber, sondern gehöre ihr an. Hegel hat zwar das »Ich« handelnd und erleidend in die Welt verwickelt, an deren Errungenschaften und Bedeutungen es immer schon teilhat. Doch gebe er dabei fälschlich ein historisch-hermeneutisches Wissen als absolutes aus. Dieses aber ist in nachidealistischer Perspektive ein intellektueller Traum, aus dem die Philosophie erst erwachen musste, als sie erwachsen wurde (Schnädelbach).

Andererseits bleibt Hegels Entwurf ebenso eine großartige Option der Welterklärung, wie seine hochkomplexen Einzelanalysen bis heute faszinieren und zu den vielfältigsten Deutungen herausfordern. So hat, um nur ein Beispiel von vielen zu nennen, Hegels Werk den kanadischen Philosophen Charles Taylor zu einer intensiven Beschäftigung und einer mehrere hundert Seiten starken Darstellung (*Hegel*, 1975) veranlasst, in der die Bedeutung des deutschen Philosophen auch für angelsächsisches Philosophieren hervorgehoben wird. Ludwig Siep, einer der renommiertesten deutschen Idealismus-Kenner, wendet sich gleichfalls gegen ein verkürzendes und substanzialisierendes Verständnis der Philosophie Hegels und ihre interpretatorische Verdinglichung zu einer Prozessmetaphysik. Er plädiert für eine differenzierende und genaue Lektüre, die eben doch zeigen könne, in welchen Punkten der Versuch, die empirische Fülle der Phänomene in eine gewisse »systemische Kohärenz« zu bringen, nach wie vor von Bedeutung sei. Walter Jaeschke spricht in Anbetracht dieser Bedeutung vom deutschen Idealismus auch als von der »klassischen deutschen Philosophie«.

2. Religionsphilosophie nach Hegel: Kierkegaard und Feuerbach

In Hegels Lehre vom zu sich selbst kommenden Absoluten spielt die Religion durchaus eine wichtige Rolle. Hegels »werdender« Gott ist nicht der unveränderliche, persönliche, transzendente Gott der christlichen Kirchen, sondern das Konstrukt eines »absoluten Geistes« und damit ein »Gott der Philosophen« (W. Weischedel). Die Institution Kirche hat der junge Hauslehrer Hegel heftig kritisiert, der etablierte Philosophieprofessor sieht in ihr eine Stütze des Staates.[12]

Für den Dänen Sören Kierkegaard (1813–1855) trifft Hegels metaphysische Spekulation das Wesen der Religion nicht; diese ist für ihn vielmehr in tiefem Ernst eine Sache des Einzelnen. Hegels Versuch, die Individuen, Völker und Staaten, die menschliche Freiheit und jeweilige Subjektivität dem Selbstfindungsprozess eines Absoluten einzuordnen und damit im Grunde die Felder der Ethik, Ästhetik und Religion in den kategorialen Rahmen seiner Metaphysik zu zwingen, bricht angesichts realhistorischer Gegensätze und Entzweiungen, die sich mit seinen Kategorien nicht mehr vermitteln lassen, auseinander. Kaum ein Philosoph nach Hegel macht dies so deutlich wie Kierkegaard. In zahlreichen, teils unter Pseudonym veröffentlichten Werken von seiner Dissertation *Über den Begriff der Ironie mit ständiger Rücksicht auf Sokrates* (*Om Begrebet Ironi*, 1841) und der Schrift *Entweder – Oder* (1843) über den *Begriff Angst* (1844) bis zur *Krankheit zum Tode* (1849) entwickelt Kierkegaard in einem radikalen und experimentellen Denken einen ganz anderen Zugriff: Für ihn geht es um den Umschlag einer ästhetischen in eine ethische Lebensform und dann als dritte Stufe um den »Sprung« in den Glauben. Seine Reflexionen überspannen dabei ein Themenspektrum, das von Don Juan bis zur Erbsünde reicht. Kierkegaard setzt in einer neuen Weise beim Individuum an, dessen Besonderheit sich im Allgemeinen bei Hegel verloren habe; statt des abstrakten soll nun das subjektive Denken in sein Recht treten.

> »Was ist wohl ein einzelner existierender Mensch? Ja unsere Zeit weiß nur allzu gut, wie wenig das ist, aber darin liegt eben die besondere Unsittlichkeit des Zeitalters. Je-

des Zeitalter hat die seine; diejenige unserer Zeit ist vielleicht nicht Lust und Genuss und Sinnlichkeit, wohl aber eine pantheistisch ausschweifende Verachtung des einzelnen Menschen. Mitten in allen Jubel über unsere Zeit und das neunzehnte Jahrhundert klingt heimlich eine heimliche Verachtung des Menschseins hinein: mitten in der Wichtigtuerei der Generation gibt es eine Verzweiflung über das Menschsein. Alles, alles will mit, weltgeschichtlich will man sich vom Totalen betören lassen, keiner will ein einzelner existierender Mensch sein. Daher vielleicht auch die vielen Versuche, auf Hegel zu setzen [...]. Und es ist unleugbar, dass, wenn man keine ethische und religiöse Begeisterung hat, man darüber verzweifeln muss, ein einzelner Mensch zu sein – sonst nichts.« (*Philosophische Brosamen*, 523 f.)

Kierkegaard hatte einen schroff ernsthaften, schwierigen und kompromisslosen Charakter. Er wurde nur 42 Jahre alt. Seine Verlobung mit Regine Olsen löste er, teils wohl, weil er sich selbst für sie als unzumutbar empfand, teils, weil sie ihm mit seiner religiösen und schriftstellerischen Mission nicht vereinbar schien. Kierkegaard wollte sich von Hegels umfassendem Vernunfts-, System- und geschichtsphilosophischen Denken nicht mehr betören lassen. Er wandte sich aber auch gegen ein bloß äußerliches Nachvollziehen von Glaubensriten im Rahmen der Amtskirche. Der »Einzelne« war für ihn der spezifische Referenzbereich einer sittlichen und religiösen Lebensform: »›Der Einzelne‹: mit dieser Kategorie steht und fällt die Sache des Christentums« (*Der Einzelne und sein Gott*, 41). Indem Hegels bloßes Spekulieren sich hierum nicht kümmere, gelange es gar nicht auf eigentlich religiöses und ethisches Terrain.

Dass Philosophie darauf ausgehen müsse, wie der konkrete Mensch sich zu sich selbst verhalte, und eine besondere Wahrnehmung des eigenen Daseins in Schuld, Endlichkeit, Geworfenheit zum Thema nehmen solle: damit machte KIERKEGAARD im 20. Jahrhundert in der »Existenzphilosophie« Schule: in Deutschland bei Martin HEIDEGGER und Karl JASPERS; in Frankreich im »Existentialismus« SARTRES. Auch die »dialektische Theologie«, eine der wichtigsten theologischen Strömungen des 20. Jahrhunderts (Rudolf BULTMANN, Karl BARTH), berief sich auf ihn.

Anders als KIERKEGAARD, aber nicht weniger kritisch, reagierten die »Linkshegelianer« auf die hegelsche Religionsphilosophie. Der Konstruktion Gottes bei HEGEL folgte nämlich nun seine Dekonstruktion. Im 19. Jahrhundert war dabei vor allem das empirische Wissenschaftsverständnis der Naturwissenschaften Vorbild für solche Denker, die das entlarvende Potential einer szientifischen Reduktion zur Aufklärung über bislang undurchschaute Zwänge nutzten. Dies traf vor allem die Religion: Die vier großen Religionskritiker FEUERBACH, MARX, NIETZSCHE und FREUD suchten unter dem Eindruck der wissenschaftlichen Rationalität und mit der Zielsetzung der Befreiung des Menschen die Existenz eines »Gottes« zu bestreiten und die Geltung der Religion als Projektion menschlicher Wunschbilder (FEUERBACH), als Ausdruck bedrängter Verhältnisse (MARX), der Schwäche (NIETZSCHE) oder als bedingt durch Infantilität bzw. Zwangsneurose (FREUD) zu entlarven.

Ludwig FEUERBACH (1804–1872), Student der Theologie in Heidelberg und Hörer Hegels in Berlin, wegen seiner kritischen und unkonventionellen Art nur Privatgelehrter, veröffentlichte 1841 sein religionskritisches Hauptwerk *Das Wesen des Christentums*. Feuerbach, so sagt man gern, löste die Theologie in Anthropologie, die Gotteslehre in Menschenkunde auf:

> »Das göttliche Wesen ist nichts andres als das menschliche Wesen oder besser: das Wesen des Menschen, abgesondert von den Schranken des individuellen, d. h. wirklichen, leiblichen Menschen, vergegenständlicht, d. h. angeschaut und verehrt als ein anderes, von ihm unterschiedenes, eigenes Wesen – alle Bestimmungen des göttlichen Wesens sind darum Bestimmungen des menschlichen Wesens.« (*Wesen des Christentums*, 54f.)

Was der Mensch selbst nicht ist, aber zu sein wünscht, z. B. zur Auferstehung und persönlichen Fortdauer fähig wie Christus, das schreibt er dem Göttlichen zu. Diese Projektion ist schädlich, weil sie die konkrete Existenz des Menschen zugunsten des Wunschbildes erniedrigt. Genau hier setzt später Karl Marx in seinen berühmten *Thesen* zu Feuerbach an. Als Atheist kann der Mensch ein unentfremdetes Wesen werden, das seine Fähigkeiten nicht mehr an einen nutzlosen Traum verschwendet, sondern für das reale Leben nutzt. Marx folgt Feuerbach darin, Religion als Weltverdoppelung zu entlarven. Diese Weltverdoppelung ist rückgängig zu machen, um den von ihr erzeugten schädlichen Realitätsverlust zu überwinden. Hierzu ist die religiöse Welt, wie es in der *vierten Feuerbachthese* heißt, »in ihre weltliche Grundlage aufzulösen«. Darüber hinaus muss aber die »Selbstzerrissenheit« dieser weltlichen Grundlage selbst noch als realer historischer Mechanismus, der für die Hervorbringung der Religion verantwortlich ist, im Sinne der marxschen Theorie durchsichtig gemacht werden. Denn das Religion halluzinierende Individuum ist kein abstrakt zu betrachtendes, sondern – so die *sechste Feuerbachthese* – »das Ensemble der gesellschaftlichen Verhältnisse«. Berühmt sind hierzu auch Marxens Sätze:

> »Das religiöse Elend ist in einem der Ausdruck des wirklichen Elends und in einem die Protestation gegen das

wirkliche Elend. Die Religion ist der Seufzer der bedrängten Kreatur, das Gemüt einer herzlosen Welt, wie sie der Geist geistloser Zustände ist. Sie ist das Opium des Volkes. Die Aufhebung der Religion als des illusorischen Glücks des Volkes ist die Forderung seines wirklichen Glücks.« (*Frühschriften*, 340, 208)

Der Projektionsthese kann man vorwerfen, sie wolle einseitig bestimmte Züge als grundlegend religiös definieren und dann »entlarven«, die dem komplexen Gesamtphänomen des Religiösen nicht gerecht würden. Von christlich-theologischer Seite widerspricht ihnen vor allem das berühmte Gegenargument, sie träfen nur die »falschen« Religionen, nicht aber den »wahren« Glauben an den gekreuzigten und »ganz anderen« nichtprojizierten Gott (Karl Barth) bzw. allgemeiner: Die zugegebene Tatsache der Projektion von Gottesbildern verbiete nicht, dass »hinter« der Projektion Gott eben doch sei. Hier lässt sich natürlich antikritisch fragen, ob man einen solchen wahren Glauben vom Wirkungsbereich der Kritik ausnehmen bzw. wie weit man religiöse Aussagen zurücknehmen und sie damit dem Projektionsverdacht entziehen kann, ohne Gefahr zu laufen, dass die Offenbarungsreligion am Ende sich selbst aufhebt und damit das Geschäft der Religionskritik im Zuge ihrer eigenen Verteidigung besorgt.[13]

3. Arthur Schopenhauer

Ähnlich wie Kierkegaard und die Religionskritiker brach auch Arthur Schopenhauer (1788–1860) mit Hegel.

Schopenhauer war zunächst Privatdozent in Berlin, dann von ererbtem väterlichen Vermögen lebender

Privatier in Frankfurt. Obwohl es von ihm das Jugendbildnis von Sigismund Ruhl (1815) gibt, das ihn mit Lockenkopf, eindrucksvollem Blick und vollen Lippen darstellt, ist uns meistens ein anderes Schopenhauerbild vertraut: die Daguerrotypie von 1854, die den spöttischen, schwarzgalligen Alten, den Kopf aufgestützt, zeigt oder auch die berühmte Karikatur mit Pudel, die der geistesverwandte Wilhelm BUSCH zeichnete. Darüber könnte man vergessen, dass *Die Welt als Wille und Vorstellung* bereits von dem 31-Jährigen 1818 (Nachträge 1844) veröffentlicht wurde und manche seiner Schriften damit rein zeitlich *vor* den Vorlesungen Hegels liegen. Geistesgeschichtlich ist er jedoch eine Gestalt des Übergangs von der idealistischen Metaphysik zur modernen Philosophie.

Beim Anblick elender Sträflinge in Toulon gewann Schopenhauer die Überzeugung, dass das Leben sozusagen »überhaupt so« sei: »Die Welt ist eben die Hölle«, schrieb er später in § 156 der *Parerga und Paralipomena*, »und die Menschen sind einerseits die gequälten Seelen und andererseits die Teufel darin«. Aus der parallelen inneren Erfahrung eigenen Leidens heraus jedoch können wir unsere Mitmenschen nicht nur als Objekte sexueller Begierde oder ökonomischer Ausbeutung wahrnehmen, sondern eben auch im Rahmen einer Mitleidsethik.

Mit seinen philosophischen Beobachtungen und Konsequenzen fasziniert Schopenhauer das Denken von Thomas MANN über die »Frankfurter Schule« bis heute. Geprägt ist er wohl von familiären psychischen Determinanten (der depressiven Lebensangst des Vaters, der selbstbewussten Mutter Johanna SCHOPENHAUER, Schriftstellerin, die in ihrem Weimarer Salon auch jenes unstandesgemäße Mädchen Christiane VULPIUS, die spätere Frau Goethe, empfing und mit der der Sohn sich später überwarf), geprägt auch von enttäuschtem Ehrgeiz (da die Welt erst spät sein Genie zu würdigen wusste). Als erbitterter Gegner HEGELS (dieser sei ein »Zusammenschmierer sinnleerer, rasender Wortgeflechte, wie man sie bis dahin nur in Tollhäusern vernommen habe«), wendet sich Schopenhauer gegen alle geschichtsphilosophischen Versuche, das Leid in der menschlichen Welt zu rechtfertigen oder als Reibungsverlust eines an sich positiven Prozedierens zu erklären. Er sieht die ganze Natur und die Menschen nicht von einem höheren Plan, sondern von einem blinden, irrationalen, ziellosen und in den Individuen gegen sich selber wütenden »Willen« beherrscht.

Dieser hypostasierte »Wille« ist der Schlüssel für Schopenhauers Interpretation der Gesamtwirklichkeit; er hat, von KANT her gedacht, geradezu den Status eines »Dinges an sich«: Außerhalb von Raum und Zeit, »hinter« aller Kausalität, Empirie und Fachwissenschaft stehend, treibt er uns unausweichlich an. Er ist darum kein Objekt unter Objekten und »empirisch« nicht zu therapieren. Diesem »Willen«, wie er sich z. B. in der Sexualität äußert, in der wir das Elend perpetuieren statt die Gattung durch Askese selbst auszulöschen, kann man nicht befehlen: Nur wenn man ihn überwindet, ist dem Leiden zu entkommen. Eine Hypertrophie dieses Willens hat nämlich quasi als »Unfall« Geist, Bewusstsein und Genie ermöglicht, die sich dem Willen gegenüberstellen und ihn negieren können. Die Kunst, vor allem die Musik, erfährt dabei in der Philosophie Schopenhauers dadurch eine besondere Würdigung, dass sie, wenn auch nur, wie er sagt, »auf Augenblicke«, den Willen still stellen und damit das Leben erträglich machen kann. Weil aber die Kunst in Produktion wie Rezeption nur befristet vom Willen zum Leben und damit vom Leiden befreien kann, bleibt sie in Schopenhauers Weltsicht ein Vorletztes: Das vierte Buch der *Welt als Wille und Vorstellung* behandelt das ethische Thema als das letzte unter dem Titel: »Bei erreichter Selbsterkenntnis, Bejahung und Verneinung des Willens zum Leben«. Einigen wenigen, den angesprochenen »Heiligen«, gelingt nämlich die Überwindung des Willens zum Leben. Für sie gilt, in der berühmten Formulierung am Ende des vierten Buches:

> »Wir bekennen es vielmehr frei: was nach gänzlicher Aufhebung des Willens übrig bleibt, ist für alle die, welche noch des Willens voll sind, allerdings nichts. Aber auch umgekehrt ist denen, in welchen der Wille sich gewendet und verneint hat, diese unsere so sehr reale Welt mit allen ihren Sonnen und Milchstraßen – nichts.« (*Parerga und Paralipomena*, § 156)

4. Friedrich Nietzsche

Friedrich NIETZSCHE (1844–1900) gilt als »Ausstrahlungsphänomen«, »Erdbeben« und »größtes philosophisches Ereignis« des 19. Jahrhunderts und der Philosophie seit langem überhaupt. Dem protestantischen Pfarrhaus in Röcken (Sachsen), in dem er 1844 geboren wurde, entwuchs einer der radikalsten Kritiker der abendländischen Traditionen, Metaphysik, Philosophie und der christlichen Moral überhaupt:

> »Sprechen wir sie aus, diese *neue Forderung*: wir haben eine *Kritik* der moralischen Werte nötig, *der Wert dieser Werte ist selbst erst einmal in Frage zu stellen* – und dazu tut eine Kenntnis der Bedingungen und Umstände not, aus denen sie gewachsen, unter denen sie sich entwickelt und verschoben haben (Moral als Folge, als Symptom, als Maske, als Tartüfferie, als Krankheit, als Missverständnis; aber auch Moral als Ursache, als Heilmittel, als Stimulans, als Hemmung, als Gift).« (KGA V,253)

Wer war dieser Mann, dieser »Philosoph mit dem Hammer«? NIETZSCHE studierte Klassische Philologie in Bonn und Leipzig, war von 1869 bis 1879 (unorthodoxer) Professor der Klassischen Philologie in Basel und lebte danach vornehmlich in Italien bis zum Ausbruch seiner Geisteskrankheit 1889. Nach einem Zusammenbruch in Turin starb er 1900 nach Jahren geistiger Umnachtung in der Klassikerstadt Weimar, wo man das (1903 durch den belgischen Architekten Henry van de Velde im Jugendstil gestaltete) »Nietzsche-archiv« bis heute besuchen kann, das der Philosoph selbst nie bewusst gesehen hat. Das »größte deutsche Sprachgenie seit Luther« schrieb in geschliffenen Formulierungen und Aphorismen, Metaphern und Bildern und mit dichterischer Kraft (er hat sehr schöne Gedichte geschrieben). Nietzsches Denken ist affektisch, hymnisch und prophetisch. Es ist in den dreißiger Jahren nationalsozialistisch vereinnahmt worden, obwohl er, der alle »Herdenmoral« verachtet hat, sich in den marschierenden Massen des Faschismus schwerlich wiedererkannt hätte. Es gibt Bilder, die zeigen, wie Hitler das »Nietzsche-Haus« in Weimar besucht und von Nietzsches Schwester Elisabeth Förster-Nietzsche als der selbsternannten und später heftig kritisierten »Nachlassverwalterin« ihres Bruders begrüßt wird. Aber auch seiner missbrauchten und missbrauchbaren Konstrukte selbst wegen ist Nietzsche in die Nähe des späteren Faschismus und einer »Zerstörung der Vernunft« gerückt worden (Georg LUKÁCS). Bis heute kursiert die These: »Nietzsche ist eine Krankheit«. Seit Walter KAUFMANN jedoch Nietzsche aus dieser ideologischen Vereinnahmung wie ideologiekritischen Entlarvung gelöst hat, beweisen die Resultate der überaus umfangreichen Literatur und das weitreichende Interesse an Nietzsche seine immense philosophische Bedeutung, die bis heute viele Strömungen zu befruchten vermag.

Sprache und Erkenntnis. Vor allem NIETZSCHES Aussagen zur Sprache gipfeln in der Ablehnung eines traditionellen Begriffs von Rationalität und Wahrheit. Er stellt die Leistungsfähigkeit der Sprache radikal in Frage. Dasselbe Medium, das Erkenntnisse konstituiert und Sachverhalte aufdeckt, verhindert auch in Selbsttäuschungen nötige Einsichten oder behindert sie zumindest: Sprache wird als paradox erfahren. Nietzsches radikaler Sprachskepsis zufolge ist die Sprache kein taugliches Mittel zur Erkenntnis der Welt. Logik und Wissenschaft, aber auch die christliche Religion verdanken sich, wie es in *Menschlich-Allzumenschliches* heißt, dem »Irrtum« des Menschen, ihre zum Zwecke des Zusammenlebens »gefundene[n] Wahrheit[en]« für »die« Wahrheit und ihre Sprachbildungen für einen adäquaten Weg zu ihr hin zu halten (KGA II,31). In seinem frühen Aufsatz *Über Wahrheit und Lüge im außermoralischen Sinn* schreibt Nietzsche:

> »Was ist also Wahrheit? Ein bewegliches Heer von Metaphern, Metonymien, Anthropomorphismen, kurz eine Summe von menschlichen Relationen, die, poetisch und rhetorisch gesteigert, übertragen, geschmückt wurden und die nach langem Gebrauch einem Volke fest, kanonisch und verbindlich dünken: die Wahrheiten sind Illusionen, von denen man vergessen hat, dass sie welche sind.« (KGA I,880)

Moralkritik. NIETZSCHE kritisiert die zweitausendjährigen europäischen Moralvorstellungen von Nächstenliebe und Mitleid, die durch Platonismus, Judentum und Christentum geschaffen wurden, als »Sklavenaufstand in der Moral«. Eigentlich aber gilt: »Leben selbst ist *wesentlich* Aneignung, Verletzung, Überwältigung des Fremden und Schwächeren, Unterdrückung, Härte, Aufzwängung eigner Formen, Einverleibung und mindestens, mildestens, Ausbeutung« (KGA V,268, 207).

Auf diese »aufklärerisch-entlarvende Periode« Nietzsches, die ihren Ausdruck etwa in der Schrift *Die fröhliche Wissenschaft* (1832) fand, folgt eine weitere, entscheidende Phase in Nietzsches Denken. Er entwickelt die Konzepte vom zum Sieg über die schwachen Naturen berufenen »Übermenschen«, der die von diesen im »Sklavenaufstand der Moral« gesetzten Werte von Mitleid und Religion »umwertet«, und vom »amor fati«: dem heroischen »Ja« zum Kreislauf des Schicksals.

Religionskritik. Auch in seiner Religionskritik rekurriert NIETZSCHE auf die entlarvende Erklärung aus der »Kenntnis der Bedingungen und Umstände« der Moralentstehung. Die von ihm dabei angeführten Beispiele zeigen, dass er sich in Verfolgung der entlarvenden Erklärung des gesamten wissenschaftlichen Potentials seiner Zeit bedienen will: Er arbeitet mit biologischen, medizinischen (physiologischen), psychologischen, linguistischen, sozialwissenschaftlichen und historischen Methoden. »Alles, was wir brauchen und was erst bei der gegenwärtigen Höhe der einzelnen Wissenschaften uns gegeben werden kann, ist eine *Chemie* der moralischen, religiösen, ästhetischen Vorstellungen und Empfindungen« (KGA II,23 f.). Nietzsche bedient sich also der Wissenschaften, der »kleinen unscheinbaren Wahrheiten, welche mit strenger Methode gefunden werden«, um seine kritisch-aufklärerischen Ziele (die Schrift *Menschlich-Allzumenschliches* ist VOLTAIRE gewidmet) zu erreichen. Diese wissenschaftliche Kritik wird, wobei Nietzsche im Bilde der Chemie bleibt, zeigen, dass das empirische Grundmuster auch für den Bereich der Werte gilt, »dass auch auf diesem Gebiete die herrlichsten Farben aus niedrigen, ja verachteten Stoffen gewonnen sind« (ebd.), d. h.: sie wird den »überirdischen« Bereich alteuropäischer Werte als Derivat höchst irdischer Vorgänge erweisen. Die christliche Religion erweist sich für Nietzsche am Ende als die ressentimentgeladene und lebensfeindliche Ideologie der »Schwachen«, die die »Starken« an der Selbstrealisierung auf ihre Kosten hindern soll. Sein berühmtes Wort vom »Tod Gottes« trägt er als Botschaft mit ungeheuren Konsequenzen vor:

> »Habt ihr nicht von jenem tollen Menschen gehört, der am hellen Vormittage eine Laterne anzündete, auf den Markt lief und unaufhörlich schrie: ›Ich suche Gott! Ich suche Gott!‹ – Da dort gerade viele von denen zusammenstanden, welche nicht an Gott glaubten, so erregte er ein großes Gelächter. Ist er denn verlorengegangen? sagte der eine. Hat er sich verlaufen wie ein Kind? sagte der andere. Oder hält er sich versteckt? Fürchtet er sich vor uns? Ist er zu Schiff gegangen? ausgewandert? – so schrien und lachten sie durcheinander. Der tolle Mensch sprang mitten unter sie und durchbohrte sie mit seinen Blicken. ›Wohin ist Gott?‹ rief er, ›ich will es euch sagen! Wir haben ihn getötet – ihr und ich! Wir alle sind seine Mörder! Aber wie haben wir dies gemacht? [...] Ist nicht die Größe dieser Tat zu groß für uns? Müssen wir nicht selbst zu Göttern werden, um nur ihrer würdig zu erscheinen?‹« (KGA III,480 f.)

Ästhetik. Die Kunst ist bei Nietzsche nicht mehr wie von Platon bis Schelling und Hegel der mehr oder weniger adäquate Ausdruck des Absoluten und »der« Wahrheit. Viele seiner Aussagen münden vielmehr in einen Perspektivismus, der sich durch kein letztes absolutes metaphysisches Prinzip mehr einholen lässt. Nietzsche hat sich in den verschiedenen Entwicklungsphasen seines Lebens unterschiedlich mit Kunst und Ästhetik auseinandergesetzt. Zunächst erhoffte er sich in den Schriften *Die Geburt der Tragödie aus dem Geiste der Musik* (1872) und *Die Philosophie im tragischen Zeitalter der Griechen* (1873/76) unter der Leitdifferenz von »dionysisch« und »apollinisch« im Sinne einer durch SCHOPENHAUER und den Komponisten Richard WAGNER inspirierten »ästhetischen Metaphysik« oder »Artisten-Metaphysik« eine Erneuerung der Kultur seiner Gegenwart, der er zugleich in den vier bildungs- und geschichtskritischen *Unzeitgemäßen Betrachtungen* (1873–1876) kritisch den Spiegel vorhielt. Das »Dionysische« (nach dem Gott Dionysos) ist Fruchtbarkeit, Rausch, Hervorbringung, aber auch Zerstörung fernab jeglicher Vernunft. Das »Apollinische« (nach dem Gott Apollon) ist Traum, Vision, auch Maß und Verstand. Obwohl Dionysos und Apollon in stetem Kampf liegen, bedingen beide Prinzipien sich gegenseitig und sind aufeinander angewiesen: »von dem dionysischen Untergrunde der Welt« darf dem Menschen »nur soviel in's Bewusstsein treten, als von der apollinischen Verklärungskraft wieder überwunden werden kann, so dass diese beiden Kunsttriebe ihre Kräfte in strenger wechselseitiger Proportion, nach dem Gesetze ewiger Gerechtigkeit, zu entfalten genötigt sind«.

Die Tragödie hat denn auch beide Gottheiten/Prinzipien in sich aufgenommen. An sie will Nietzsche mit Wagner anknüpfen: »eine Wiedergeburt der Tragödie – und welche andere selige Hoffnungen für das deutsche Wesen«. Gegen die disziplinierte und organisierte bürgerliche Welt stellt er das Ideal einer künstlerischen Kultur, wofür ihm die Griechen vor jener fatalen »sokratischen Wende« zur einseitigen Dominanz von Bewusstsein, Logik, Wissenschaft und Erkenntnis als Vorbild dienen. Wagners Bayreuth soll sozusagen dort den Faden wieder aufnehmen, wo die antiken Tragödienaufführungen abgebrochen waren. Nietzsche setzt in der *Geburt der Tragödie* ferner gegen die »lebensverneinende« Moral des Christentums eine »grundsätzliche Gegenlehre und Gegenwertung des Lebens, eine rein artistische, eine antichristliche«. Gegen den »ästhetischen Sokratismus«, »dessen oberstes Gesetz ungefähr so lautet: ›alles muss verständig sein, um schön zu sein‹«, vertritt er die Auffassung, »dass nur als ästhetisches Phänomen das Dasein der Welt gerechtfertigt ist«, nämlich als »künstlerisches Spiel [...], welches der Wille, in der Fülle seiner Lust, mit sich selbst spielt«.

Diese Hoffnungen Nietzsches wurden jedoch bald enttäuscht. Einerseits wurde Wagner in seinem Erfolg zum »Wagnerianer« und »ins Deutsche übersetzt«: »Die deutsche Kunst! Der deutsche Meister! Das deutsche Bier!« Zum andern »kroch« Wagner im *Parsifal* nach Auffassung des empörten Nietzsche vor den »lebensverneinenden Ideen des Christentums« im wahrsten Sinne des Wortes »zu Kreuze« (Zitate aus der *Geburt der Tragödie*, KGA I,155, 19, 85, 103). Damit blieb Nietzsches Kulturmanifest in seinem großen Schwunge stecken. Den Fachphilologen, besonders dem nachmals berühmten Ulrich von WILAMOWITZ-MÖLLENDORFF, der unter dem Titel *Zukunftsphilologie* 1872 eine Polemik gegen die *Geburt der Tragödie* des Basler Philologie-Professors Nietzsche richtete, war die Schrift zu unakademisch und philologisch-hermeneutisch nicht belegt, stellte sie doch in der Tat eher einen kühnen historisch-philosophischem Rückgriff denn eine »anständige« philologische Arbeit dar.

In dem, was heute unter »Nachlass der 80er-Jahre« firmiert, hat Nietzsche auf die »Geburt der Tragödie« vom nun erreichten Standpunkt aus erneut Bezug genommen. Blickt man auf SCHOPENHAUER zurück, so bejaht Nietzsche in dieser Phase dessen Aussage: »Das Leben ist Wille«, will dies aber ohne dessen »buddhistische Lebensmüdigkeit« positiv-heroisch akzentuieren:

> »Die Kunst und nichts als die Kunst! Sie ist die große Ermöglicherin des Lebens, die große Verführerin zum Leben, das große Stimulans des Lebens.

> Die Kunst als einzig überlegene Gegenkraft gegen allen Willen zur Verneinung des Lebens, als das Antichristliche, Antibuddhistische, Antinihilistische par excellence.
> Die Kunst als die *Erlösung des Erkennenden,* – dessen, der den furchtbaren und fragwürdigen Charakter des Daseins sieht, sehn will, des Tragisch-Erkennenden.
> Die Kunst als die *Erlösung des Handelnden,* – dessen, der den furchtbaren und fragwürdigen Charakter des Daseins nicht nur sieht, sondern lebt, leben will, des tragisch-kriegerischen Menschen, des Helden.
> Die Kunst als die *Erlösung des Leidenden,* – als Weg zu Zuständen, wo das Leiden gewollt, verklärt, vergöttlicht wird, wo das Leiden eine Form der großen Entzückung ist.« (KGA XIII,521 f.)

Lehre vom Übermenschen. NIETZSCHE erscheint am Ende nicht nur als derjenige, der das Gegensatzpaar von apollinisch und dionysisch für die Ästhetik zwar nicht erfand, ihm aber doch erst die eigentliche Ausprägung gab, nicht nur als der scharfsinnige Kritiker der »absoluten Wahrheit«, sondern auch als Vertreter einer »ästhetischen Lebensform«. Nicht die »ins Werk gesetzte Kunst«, sondern ein »künstlerisch ins Werk gesetztes Leben« ist für Nietzsche ästhetisch zentral.[14] In bewusstem Gegensatz zu Schopenhauers »Pessimismus der Schwäche«, der im Leiden den Inbegriff des Lebens sieht, lehrte Nietzsche den »Willen zur Macht« und den »Übermenschen«, der nicht mehr in undurchschauten moralischen Traditionen verharrt, sondern selbst Werte setzt und nach dem »Tod Gottes« dem letzten Gedanken ins Auge sieht: dem des »amor fati«, des Ja-Sagens zur ewigen Wiederkehr des Schicksals. So plädiert Nietzsche am Ende »für das Ideal des übermütigsten lebendigsten und weltbejahendsten Menschen, der sich nicht nur mit dem, was war und ist, abgefunden und vertragen gelernt hat, sondern es, *so wie es war und ist,* wieder haben will, in alle Ewigkeit hinaus, unersättlich da capo rufend, nicht nur zu sich, sondern zum ganzen Stücke und Schauspiele« (*Jenseits von Gut und Böse*, KGA V,75).

5. Karl Marx: Nationalökonomie und Sozialismus

Karl MARX wurde 1818 in Trier geboren und starb 1883 in London. Marx war Sohn eines jüdischen Rechtsanwalts, der, Nachkomme einer Rabbinerfamilie, evangelisch geworden war. Marx studierte in Bonn Rechtswissenschaften und schien zunächst in die Fußstapfen des Vaters zu treten. Dann aber wechselte er nach Berlin und zur Philosophie. 1842 wurde er Chefredakteur der liberal-oppositionellen *Rheinischen Zeitung* in Köln. Nach ihrem Verbot ging er nach Paris. Einen Lehrstuhl schlossen seine radikalen Ideen aus – es begann ein Leben im Exil, unter meist schweren Bedingungen. Noch in Trier hatte Marx sich in die schöne Jenny von Westphalen verliebt. Er schrieb ihr Gedichte und gewann sie für sich; später in London musste sie oft genug die Familie mit nichts als Kartoffeln durchbringen.

Was hat dieser Mann gelehrt? Kaum war die Tinte der idealistischen Autoren, vor allem HEGELS, so hat man bemerkt, getrocknet, da kam Karl Marx und unterzog ihre Systeme einer radikalen Revision. Faszinierend allerdings fand Marx die *Dialektik* Hegels. Er lehnte nur die Bestimmung dessen ab, was sich da – nach Hegel – dialektisch entäußert und auf höherer Stufe zu sich zurückkehrt: nämlich dass dies ein absoluter Geist sei oder, zweifellos vereinfachend gesagt, Gott höchstselbst, der über die Natur, den

Menschen, Staat, Kunst, Religion und schließlich die Philosophie zu sich selbst kommt. Diese idealistische Dialektik führt in Marxens Augen vom konkreten Menschen weg. Um den wirklichen und tatsächlichen Menschen aber ging es ihm. Sein Kommunismus, so sehr man ihn später für Millionenopfer verantwortlich gemacht hat, ist darin motiviert, dass Marx sich selbst als Humanisten verstand. Das Elend des 19. Jahrhunderts, über das ENGELS in seiner Schrift *Zur Lage der arbeitenden Klasse in England* (1845) so eindrucksvoll berichtet hat, setzte sein Denken in Gang. Nach dem »Verwesungsprozess des hegelschen Systems«, dem »Verfaulungsprozess des absoluten Geistes« will Marx anders als Hegel von den »wirklichen« Individuen ausgehen, die ihre materiellen Lebensbedingungen selbst reproduzieren.

Marx bestimmt den Menschen dabei nicht als Maschinenwesen im Blick auf die klassische Mechanik, wie in der französischen Aufklärung LA METTRIE und HOLBACH, nicht als »krummes Holz«, dem seine gesellschaftliche Zivilisierung aufgegeben ist, wie KANT, und nicht als »Freigelassenen der Natur« wie HERDER. Marx deutet den Menschen vielmehr wesentlich im Rekurs auf die sozioökonomischen Verhältnisse seiner realen Lebensweise. Diese sorgen in ihrer kapitalistischen Organisationsform freilich dafür, dass der Mensch unter den Bedingungen des Privateigentums an den Produktionsmitteln von seinem eigentlichen menschlichen Wesen »entfremdet« wird und dieses nur unter den Bedingungen des Kommunismus wiedergewinnen kann. Die Entfremdung durch schlechte Arbeitsbedingungen ist umso schlimmer angesichts der Tatsache, dass Marx den Menschen wesentlich durch Produktion und Arbeit definiert, durch den »materiellen, empirisch konstatierbaren und an materielle Voraussetzungen geknüpften Lebensprozess«, dessen »Supplemente« alle anderen Kulturerscheinungen letztlich als »Nebelbildungen im Gehirn des Menschen sind«. Als Endperspektive stellt Marx nur in

Andeutung eine menschliche Existenzform in Aussicht, in der es möglich ist, »heute dies, morgen jenes zu tun, morgens zu jagen, nachmittags zu fischen, abends Viehzucht zu treiben, auch das Essen zu kritisieren, ohne je Jäger, Fischer oder Hirt oder Kritiker zu werden« (*Frühschriften*, 349, 361).

Sozialismus. Marx las neben Hegel und Feuerbach zunächst vor allem die französischen Sozialisten, deren freilich bloß »utopischen« Sozialismus er zu einer ebenso wissenschaftlichen wie revolutionären Lehre umzugestalten trachtete. Marx stimmte den frühen Sozialisten darin zu, dass sie sich mit den sozialen Folgen der zu dieser Zeit einsetzenden industriellen Revolution in Europa beschäftigten: mit Landflucht, Niedergang des Handwerks, dem Leben der Menschenmassen in Elendsquartieren. Zu den frühen Sozialisten gehörten die Franzosen Henri de Saint-Simon (1760–1825) und Charles Fourier (1772–1837) sowie der Engländer Robert Owen (1771–1858). Nicht nur ihre Ideen, sondern auch die der gesamten utopisch-sozialistischen Tradition seit Platon wollte Marx durch seine *Wissenschaft* überbieten.

Gemeinsam mit dem Wuppertaler Fabrikantensohn Friedrich Engels (1820–1895), der ihn auch materiell unterstützte, begann er seine Philosophie zu entwickeln: eine der folgenschwersten und wirkmächtigsten der Geschichte. Auch aus Paris ausgewiesen, lebte Marx in den Jahren 1845 bis 1848 in Brüssel. In dieser Zeit verfassten er und Engels für den »Bund der Kommunisten« im Jahre 1848 das *Kommunistische Manifest.* Es begann mit dem berühmten Satz: »Ein Gespenst geht um in Europa – das Gespenst des Kommunismus«. Hier ist die marxistische Lehre, deren wissenschaftlicher Ausarbeitung Marx sein Leben widmete, im Kern bereits ganz enthalten: als Resultat eines gesetzmäßig verlaufenden und vorhersagbaren Geschichtsprozesses werde es zur Revolution des Proletariats kommen. Der

Kommunismus, so heißt es an anderer Stelle schon 1844, »ist das aufgelöste Rätsel der Geschichte und weiß sich als diese Lösung« (*Frühschriften*, 235).

Die revolutionären Vorgänge des Jahres 1848 in Deutschland und Europa erlaubten Marx eine kurzzeitige Rückkehr in seine Heimat. Wieder wurde er Chefredakteur, nämlich der radikaldemokratischen *Neuen Rheinischen Zeitung* in Köln. Mit dem Sieg der Reaktion begann Marxens endgültiges Exil im liberaleren London, wo er sich mit Engels' Hilfe und kleineren journalistischen Arbeiten über Wasser hielt. Im berühmten Kuppelsaal des British Museum, dem Lesesaal der Bibliothek, trieb er seine Studien, nun vor allem der englischen Ökonomen.

Nationalökonomie. Die Diskussion wirtschaftlicher und sozialer Fragen lässt sich bis in die Antike zurückverfolgen.[15] Die moderne Volkswirtschaftslehre oder Nationalökonomie jedoch war im Wesentlichen durch die *Inquiry into the Nature and Causes of the Wealth of Nations* des Schotten Adam SMITH (1723–1790) von 1776 entstanden. Worin liegen die Quellen des Volkswohlstandes und der Hervorbringung gesellschaftlichen Reichtums? Gerade der Egoismus, gerade das Eigeninteresse und Gewinnstreben der Menschen (so Smith) löst – auf das Ganze hin betrachtet: unbeabsichtigt – einen Wohlstandsprozess aus, indem ständig mehr und bessere Güter zu sinkenden Kosten produziert werden. Die liberale »klassische Nationalökonomie« setzte dabei auf die »invisible hand« des Marktmechanismus (dieser war für den Deisten Smith noch von Gott eingerichtet). Dadurch sollte der (positiv zu bewertende) Eigennutz jedes Einzelnen im Marktgeschehen zum Gesamtwohl beitragen. Dem Staat wurde nur eine »Nachtwächter«-Funktion für die Wirtschaft zugebilligt, die sich dann selbst zu immer größerem Wohlstand vorantreiben werde.

Damit hatte Smith die Theorie einer auf ein freies Marktgeschehen setzenden Wirtschaftsordnung geliefert, für die mit dem Verlauf des 19. Jahrhunderts der Begriff »Kapitalismus« sich durchsetzte. Der Durchbruch dieser »klassischen« Nationalökonomie lässt sich sicherlich unter dem Einfluss der Erfolge der Versuche deuten, ökonomische Zusammenhänge mittels mathematischer Darstellungsweisen auszudrücken. Sie versuchte nachzuweisen, dass die Erscheinungen des wirtschaftlichen Lebens bestimmten Gesetzlichkeiten folgen, gleich jenen der Natur. Die Analyse des Wirtschaftslebens, also der Produktion und Distribution knapper Güter und des auf Bedürfnisbefriedigung ausgerichteten Handelns in einer sozialen Gemeinschaft, dient seither in einer wesentlich anwendungsbezogenen Wissenschaft vor allem dazu, Allgemeingültigkeiten und Gesetzmäßigkeiten herauszufinden, die für die Organisation der Wirtschaftsprozesse wiederum nutzbar gemacht werden können.

Marx entwickelte eine hierzu konkurrierende ökonomische Theorie, deren Hauptwerke die Schrift *Zur Kritik der politischen Ökonomie* (1859) sowie *Das Kapital* (Bd. 1, 1867) sind. Letzteres blieb unvollendet und wurde aus dem Nachlass veröffentlicht. Marxens Grundansatz ist folgender: Die »Produktion und Reproduktion des wirklichen Lebens« wird, wie es in einem Brief von Friedrich Engels an Joseph Bloch vom 21. September 1890 heißt, als das »in letzter Instanz« bestimmende Moment der Geschichte namhaft gemacht. Für die herrschenden Sitten- und Rechtsvorstellungen und für die kulturellen Verhältnisse (den »Überbau«) seien letztlich die materiellen wirtschaftlichen Verhältnisse (als »Basis«) entscheidend. Anders als bei Hegel bilden nicht Befindlichkeit und Entwicklung eines angeblichen »Weltgeistes«, sondern soziale und ökonomische Gesetzmäßigkeiten die »Wesensebene« der Geschichte. An der aus dem zunehmenden Klassenantagonismus zwischen Produktionsmitteleignern und den verelendenden Arbeitskraftanbietern erwachsenden Weltrevolution hat auch die revolutionäre Philosophie ihren Anteil: »Die Philosophen haben die Welt nur verschieden interpretiert, es kommt aber darauf an, sie zu verändern« (*Frühschriften*, 341).

Der Gang der Geschichte. Der Geschichtsprozess nach Marx lässt sich deshalb in einer vereinfachten Skizze so darstellen: Indem der Arbeiter eine Ware mit einem Wert produziert, der über die Herstellungskosten und den Lohn hinausgeht, entsteht eine Differenz, der Mehrwert. Die Arbeit, die für die Verwirklichung des Menschen so wichtig ist, wird entfremdet, wenn der mittellose Industriearbeiter nichts als seine Arbeitskraft an einen Produktionsprozess zu verkaufen hat, der ihm fremd bleibt und von dem der Unternehmer beständig den Mehrwert als seinen Profit abschöpft. Dies führt zur Akkumulation (Anhäufung) des Kapitals. Mit mehr Kapital lassen die maschinellen Produktionsmittel sich verbessern. Die Produktivkraft steigt, immer weniger Arbeiter können mehr Waren produzieren. Durch die verstärkte Konkurrenz der Arbeiter sinkt der Lohn. Der Mehrwert aber steigt durch den Maschineneinsatz. Die Arbeiter verelenden, das Großkapital wächst, der Gegensatz zwischen beiden steigert sich bis zur Revolution und zur anschließenden Diktatur des Proletariats. Jetzt ist der Schlüssel für eine wirtschaftlich und sozial erfolgreiche Gesellschaft gefunden; jetzt können der Klassengegensatz beseitigt, die Entfremdung und Verelendung aufgehoben werden, jetzt kann der produzierte gesellschaftliche Reichtum allen für ein gelingendes Leben zugute kommen.

Marx geht »dialektisch« davon aus, dass die Geschichte wie das Denken in beständigem Widerspruch von Gegensätzen voranschreite (These und Antithese), aus denen dann das Neue, eine höhere Stufe, entstehe (Synthese). Man kann unterdrückende und unterdrückte Klassen einander gegenüberstellen: die Patrizier der Antike als These, die Sklaven und Plebejer als Antithese. »Die Geschichte aller bisherigen Gesellschaften« so heißt es im *Kommunistischen*

Manifest, »ist die Geschichte von Klassenkämpfen« (*Frühschriften*, 525f.). Dem gemeinsamen Untergang der kämpfenden Klassen der Antike folgt ein neuer Gegensatz zwischen den Herrschenden des Mittelalters: Baron, Zunftbürger, Feudalherren und ihrer Antithese, den Leibeigenen, Gesellen, Vasallen. All dies gipfelt in der ultimativen Antithese zwischen Bourgeoisie und Proletariat. Die letzte Synthese aber wird von der Diktatur des Proletariats in die klassenlose Gesellschaft und zum Absterben des Staates führen (MEW XX,261f.).

Zur weiteren Entwicklung des Sozialismus. Neben seinen theoretischen Arbeiten versuchte MARX immer wieder, in der ihm eigenen polemischen Art in die Politik der Arbeiterbewegung und der deutschen Sozialdemokratie einzugreifen (Kritik des *Gothaer Programms* 1875). Erst nach Marxens Tod 1883 begann der ungeheure Wirkungsprozess seiner Ideen, auf die sich seit 1917 der russische Revolutionär LENIN und die Machthaber der Sowjetunion und Rotchinas beriefen und die so über Jahrzehnte einen Großteil der Menschheit in ihren Bann zogen bzw. zwangen. Marx ist an der Entstehung der »Ersten Internationale« maßgeblich beteiligt gewesen. Die Entwicklung der sozialistischen Parteien im Kaiserreich und in der Weimarer Republik war freilich durch beständige Konkurrenzen geprägt. Nach dem Zweiten Weltkrieg wurde gerade das Ursprungsland der Sozialdemokratie, Mitteldeutschland, Kern der sozialistischen deutschen Teilrepublik. Am gewaltigen Gesellschaftsexperiment, das sich auf den Deutschen Marx berief, haben die Deutschen in ihrer Geschichte also wahrhaft Anteil. In der SPD der Bundesrepublik spielte Marx kaum mehr eine Rolle, doch inspirierte sein Denken politische Debatten von der 1968er-Revolte bis heute. Nach Marx ging der Sozialismus zwei getrennte Wege. Der eine führte über die fortschreitende Eliminierung von Lehrstücken wie »Klassenkampf«, »Revolution« und »Diktatur des Proletariats« im »Revisionismus« vor allem von Eduard BERNSTEIN (1850–1932) zu einer parlamentarisch verfahrenden Reformbewegung, nämlich zur Sozialdemokratie, die von der Vorstellung eines zu Parlament und Kapitalismus alternativen Staats- und Wirtschaftssystems weitgehend abgerückt ist.[16] Dies gilt mit einigen Differenzierungen auch für die anderen europäischen Länder, deren sozialistische Parteien an einer »kommunistischen« Ausrichtung länger festhielten (in Frankreich, Italien). Der andere Weg etablierte zentralverwaltungswirtschaftlich organisierte Gesellschaften, in denen der Staat mitnichten abstarb, und endete mit dem Zusammenbruch der Sowjetunion und ihrer Satelliten in einem wirtschaftlichen, sozialen und ökologischen Desaster.

Resümee. MARX ist bis heute umstritten. Die von ihm prophezeite Verelendung ist in Europa auf Dauer nicht eingetreten. Wie auch in den USA, in Japan und weltweit erzielte das marktwirtschaftliche System nach dem Zweiten Weltkrieg vielmehr glänzende Erfolge. Manches spricht darüber hinaus dafür, dass der Marxismus seinerseits als »große«, totalitäre Theorie geradezu zwangsläufig in eine Zwangsherrschaft führen musste. Dieser Vorwurf ist von vielen bedeutenden philosophischen Richtungen des 20. Jahrhunderts – von Karl POPPER bis zur Postmoderne – erhoben worden. Anders als die klassische Nationalökonomie konnte Marxens Lehre nicht auf den menschlichen Egoismus setzen, sondern geriet in ein Fahrwasser, das einherging mit Begriffen und Formulierungen wie »Erziehungsdiktatur«, »Einsicht in die Notwendigkeit«, »den Egoismus unterdrücken«, »einen neuen Menschen schaffen«. Das *Schwarzbuch des Kommunismus*[17] ist eine Bilanz des entsetzlichen Massenmordens derer, die sich auf ihn beriefen, eine Bilanz, deren Opferzahl der des Faschismus kaum nachsteht. Der Spruch: »Marx war kein Marxist« hilft hier wenig. Vielmehr verdient in diesem Zusammenhang das warnende Wort der in den Wirren der beginnenden Weimarer Republik in Berlin von Freikorps ermordeten und in den Landwehrkanal geworfenen Rosa LUXEMBURG (1871–1919) Erwähnung, dass »Freiheit immer auch die Freiheit der Andersdenkenden« sei.

Wie viel von der Missachtung dieser Einsicht ist bei Marx angelegt? Marx ist kein Theoretiker der Gewaltenteilung oder der Mechanismen einer funktionierenden Demokratie gewesen. Trotz mancher Unterschiede hat man Marx vielleicht nicht zu Unrecht in die Entwicklungslinie der *Geschichtsphilosophie* gestellt, wie sie von AUGUSTIN zu HEGEL führt. Nach Karl LÖWITH vertrat er als »Jude von alttestamentarischem Format« eine »Heilsgeschichte in der Sprache der Nationalökonomie«. Nach dem Niedergang des real existiert habenden Sozialismus in der Welt und im Blick auf die ungeheuren Kosten an Menschenleben, die LENINS Revolution und die anderer gefordert haben, wird mit diesem Anspruch seiner Theorie argumentiert, um Marx auch theoretisch für das desaströse Scheitern des Experiments derer, die seine Ziele durchzusetzen behaupteten, verantwortlich zu machen und ihn zum Urheber des Gulag (so wie NIETZSCHE zu dem von Auschwitz) zu erklären.

Andererseits erkennt mancher Theoretiker die im *Manifest* prophezeite wachsenden Kluft zwischen Arm und Reich in einem Zeitalter wachsender weltweiter sozialer Ungleichheit und im unerbittlichen Druck der Globalisierung wieder. Massenarbeitslosigkeit, soziale Kluft, Kapitalkonzentration: erschreckend wirkt die Anwendbarkeit marxscher Kategorien auch bzw. gerade anderthalb Jahrhunderte nach ihrer Entstehung und Jahrzehnte nach dem definitiven Fehlschlag jenes Versuches, seine Lehre für ein ökonomisches und politisches Alternativmodell einzusetzen. Die unkontrollierbaren »Sachzwänge« der Globalisierung und des Weltmarktes, die für manchen nur noch kaum glaubhaft den finalen Nutzen der »unsichtbaren Hand« des Marktes versprechen, scheinen eine Spaltung auch entwickelter Gesellschaften hervorzurufen in immer mehr geradezu obszönen Reichtum einerseits und die Globalisierungsverlierer bzw. Opfer neuer Armut auf der anderen Seite. Der Traum des John Maynard Keynes (1883–1946) von einer lenkbaren Marktwirtschaft wird für »ausgeträumt« erklärt.[18] Das Gegenteil, eine völlige Ökonomisierung aller Lebensvollzüge, sei der Fall. Es fehle an gesellschaftlicher Steuerung gegenüber den geradezu omnipotent erscheinenden Gesetzen des Kapitals. Kann, so wird gefragt wie befürchtet, Marx wiederkehren?

6. Liberalismus und Konservatismus – Tocqueville

Blicken wir noch einmal zurück, so spielte für viele der Denker des ausgehenden 18. und beginnenden 19. Jahrhunderts die Französische Revolution von 1789 eine wichtige Rolle. Rousseau war ihr Heros, für Kant war sie ein »Geschichtszeichen« und an ihren Idealen (»liberté, egalité, fraternité«) bildeten sich in Zustimmung und Ablehnung die großen Grundorientierungen Liberalismus, Sozialismus und Konservativismus (weiter) aus, die weit über das 19. Jahrhundert hinaus bis heute die politische Theorie- und Willensbildung bestimmen.

Der *Liberalismus*, die »freiheitliche« Welt-, Staats- und Wirtschaftsauffassung, entstand im Gegenzug zum Absolutismus, lehnte obrigkeitliche, kirchliche oder staatliche Eingriffe in die Entfaltung des Individuums ab und plädiert bis heute für den Fortschritt durch freie Konkurrenz im Zeichen des »Marktes«. Als einen der glänzendsten Vertreter des politischen Liberalismus haben wir bereits John Locke kennen gelernt, der für Parlamentarismus, Freiheit und Autonomie der Person und gegen feudale Privilegien wie auch gegen staatliche Bevormundung bzw. die Macht des Kollektivs streitet. Seither tritt der Liberalismus ein für Glaubens-, Presse-, Meinungsfreiheit und Rechtsgleichheit (Menschenrechtserklärung), nicht jedoch für Besitzgleichheit, weil seine Freiheit zugleich auch eine freie Unternehmerwirtschaft meint. Der Liberalismus war die politische Ideologie des Bürgertums und seiner im Zuge des 19. Jahrhunderts errungenen politischen Position. Nach dem Ersten Weltkrieg ging sein Einfluss im Vergleich zu Sozialismus und Konservatismus auf dem Felde der europäischen Parteipolitik zurück, ohne dass er ganz aus der politischen und vor allem ökonomischen Landschaft verschwunden wäre. Man kann vielmehr sagen, dass liberales Denken in vielfältigen Formen auch die weitere Entwicklung der beiden anderen politischen Grundrichtungen stark beeinflusst hat.

Für die Entstehung der *konservativen politischen Theorien* wurden die 1790 entstandenen *Reflections on the Revolution in France* von Edmund Burke (1729–1797) richtungweisend. Was »Konservatismus« ist, prägt sich, wie Liberalismus auch, höchst unterschiedlich aus und ist ähnlich schwierig genauer zu bestimmen. Der philosophisch argumentierende Konservative verteidigt bestehende Verhältnisse als vernünftig. Er ist im Allgemeinen für Religion, Tradition, Autorität und Nationalbewusstsein (das aber auch in Verbindung mit den beiden anderen Richtungen auftreten kann). Die Beweislast liegt für ihn generell beim Neuen und seine Leitfrage lautet: »Wie viel Veränderung ist den Menschen zuzumuten?« bzw. umgekehrt: »Wie viel Konstanten braucht der Mensch?« Dem Konservativen geht es um das Recht der historisch-kulturell und organisch gewachsenen Verhältnisse. Er wendet »Realismus« gegen Utopie, Ordnung gegen »Anarchie« und gelegentlich auch »Volk« gegen Klasse.

Einen überaus interessanten »Seismographen« für die politischen Tendenzen des 19. Jahrhunderts und darüber hinaus bildet die Position des französischen Theoretikers Alexis de Tocqueville (1805–1859). Während Marx und

Engels eine quasi naturgesetzliche Entwicklung hin zur Revolution, zur »Diktatur des Proletariats« und zur »klassenlosen Gesellschaft« mit Absterben des Staates ansetzten, hoffte der französische Jurist, Historiker und Politiker (Abgeordneter der Nationalversammlung; 1849 kurzzeitig Außenminister unter der Präsidentschaft Louis Napoleons in der Zweiten Republik), dass im Zuge einer nicht-revolutionären Entwicklung und durch Schutz von Freiheitsrechten eine »demokratische« Gesellschaft realisierbar sei. Die Grundfrage seines politischen Denkens lautet: Wie kann das Ideal der Freiheit im Zeitalter zunehmender Nivellierung der Massen erreicht und befördert werden? Tocquevilles Analyse in seinem Hauptwerk *Über die Demokratie in Amerika* führt zu der Voraussage totalitärer Versorgungsstaaten. Zudem prophezeite er einen Antagonismus zwischen den Vereinigten Staaten, die er auf einer Amerikareise kennen lernte, und Russland, der das 20. Jahrhundert in der Tat lange bestimmt hat. In seinem Werk *L'ancien régime et la révolution* (1856) beschrieb er die Französische Revolution überraschenderweise nicht als Umbruch, sondern als Fortsetzung des absolutistischen Zentralismus. Obwohl Tocqueville ein Konzept freier Lebensführung immer noch nach dem Vorbild des freien Aristokraten denkt, ist nach seiner Einschätzung die Tendenz zur Gleichheit unaufhaltsam. Sein politisches Denken ist geprägt von der Erfahrung des Revolutionsterrors, dem sein Großvater zum Opfer fiel und dem seine Eltern nur durch den Sturz Robespierres entgingen. Den als unvermeidlich erkannten Prozess der Egalisierung will er in moralisch-politischem Engagement humanisieren, indem er für Gewaltenteilung nach Montesquieu und Dezentralisierung plädiert.

7. Positivismus und Utilitarismus: Comte und Mill

Die Entwicklung einer stark von Wissenschaft und Technik bestimmten Zivilisation im 19. Jahrhundert findet auch ganz andere Reflexe in der Philosophie als den auf das ökonomische Elend reagierenden Sozialismus. Beispiel für eine solche Theorie der Wissenschaft ist vor allem der »Positivismus«. Eingeführt wurde diese Bezeichnung von dem Franzosen Auguste COMTE. Wichtige Vertreter des Positivismus sind auch die Engländer John Stuart MILL und Herbert SPENCER (1820–1903) gewesen. Theoretiker des deutschen Positivismus des 19. Jahrhunderts waren Ernst MACH (1838–1916) und Richard AVENARIUS (1843–1896). Im 20. Jahrhundert griffen vor allem die Neopositivisten des »Wiener Kreises« die Tradition des älteren Positivismus auf.

Auguste COMTE (1798–1857) wurde in Montpellier geboren. Er entstammte einer streng katholisch und monarchisch gesinnten Beamtenfamilie, löste sich aber von dem anerzogenen Glauben und begeisterte sich für die Ideale der Französischen Revolution. Comte studierte Mathematik an der »Ecole Polytechnique«, wurde aber 1816 im Zuge der Restauration der Monarchie als Republikaner von der Anstalt verwiesen und war dann von 1817 bis 1824 Schüler, Sekretär und Freund des Frühsozialisten Claude-Henri de SAINT-SIMON (1760–1825). Nach dem Bruch mit diesem lebte er, im Privatleben wie beruflich gescheitert, heimgesucht von Phasen geistiger Erkrankung und Selbstmordabsichten, von seinen Einkünften als Examensrepetitor, aus öffentlichen Vorlesungen und von der Unterstützung einer wachsenden Schar von Anhängern und Freunden. Unter diesen schwierigen Bedingungen schuf er seine Werke, vor allem den *Cours de philoso-*

phie positive (6 Bde., 1832–42). Später entdeckte der überzeugte Anhänger der Vernunft die Macht des Gefühls und des Mystischen. Comte verstand sich nun als Prophet einer »positiven« Menschheitsreligion und betrieb jenen legendären Kult um Clotilde de Vaux, der zu viel Irritation Anlass gegeben hat. Comte starb in Paris, von seinen Schülern wie ein Heiliger verehrt.

COMTE ist als Wissenschaftsphilosoph wie als »Soziologe« von großer Bedeutung, ein Begriff übrigens, den er selbst aus lat. *societas* ›Gesellschaft‹, und griech. *lógos* prägte. Die positivistische Philosophie erweist sich ihm als eine Sache nicht nur des Umgangs mit der Natur; sie ist vielmehr in der Art einer »sozialen Physik«, von der der Belgier Adolphe-Jacques QUETELET (1796–1874) sprach, auch für die von Erschütterungen heimgesuchte Gesellschaft zuständig. Unter dem Namen »Positivismus« propagiert Comte eine *wissenschaftliche Philosophie*. Deren Grundprinzip soll es sein, nur vom Gegebenen, Tatsächlichen, »Positiven« auszugehen und alle darüber hinausgehenden Erörterungen als nutzlose Spekulation abzutun. Damit gewann der Positivismus für die Entwicklung der Naturwissenschaften im 19. Jahrhundert große Bedeutung.

Das Gegebene und »Positive« aber, die empirischen Gegenstände und Erscheinungen müssen wir zunächst zur Kenntnis nehmen (»voir pour savoir« – »sehen, um zu wissen«). Wenn wir sie kennen, können wir sie voraussehen (»savoir pour prévoir«) und entsprechend handeln (»prévoir pour régler«). Wie sein Vorbild Francis BACON glaubt Comte an den segensreichen Einfluss der Wissenschaft auf die menschliche Gesellschaft. Er ist zugleich der Theoretiker jener Veränderung, die sich mit dem Übergang von der antiken und mittelalterlichen Wesensforschung zum gesetzeswissenschaftlichen Paradigma vollzog. Sie bedeutet einen methodisch gewollten Frageverzicht, damit aber auch einen Dimensionsverlust. Der Wissenschaftsbegriff wird umformuliert: Er verzichtet nunmehr darauf, die Ursachen der Erscheinungen im aristotelischen Sinne zu erforschen oder Gott überhaupt noch zum Thema zu machen. Dadurch verliert die Wissenschaft weitgehend ihre Zuständigkeit für Fragen nach dem »Sinn« der Welt, »gewinnt« aber einen ungeheuren Fortschritt in der Erklärung immer neuer Erscheinungen in der Welt. All diese Veränderungen geschehen nach Comtes Überzeugung im Zuge einer geschichtsphilosophischen Gesetzmäßigkeit. Sein »Dreistadiengesetz«, wie er es in dem *Discours sur l'Esprit Positif*, der *Rede über den Geist des Positivismus* (1844) entwickelt, besagt, dass die »positive« wissenschaftliche Weise der Weltbetrachtung die bisherige theologische und metaphysische Weltdeutung zwangsläufig ablösen wird. Comte will den Gang von Theologie und Metaphysik zur neuzeitlichen Wissenschaft als eine geschichtsphilosophische Gesetzmäßigkeit formulieren. Erinnert sich nicht jeder von uns, so fragt er, wenn er über seine eigene Geschichte mit Aufmerksamkeit nachdenkt, dass er nacheinander Theologe in seiner Kindheit, Metaphysiker in der Jugend und Physiker im Mannesalter gewesen ist?

Als nur an empirischen Fakten orientierte Philosophie muss sich der Positivismus mit der Dimension des Normativen, also mit Fragen des Sollens und der Ethik, schwer tun. Dem Positivismus entspricht dennoch eine wichtige Strömung der Ethik, der »Utilitarismus«. Dieser entstand im England des 18. und 19. Jahrhunderts. Gemeinsam ist beiden eine an Erfahrung und alltäglicher Praxis orientierte Ausrichtung. Glück für alle – so könnte man ein Kapitel über den Utilitarismus überschreiben. Der Begriff ist die Bezeichnung für eine Denkrichtung, die den ethischen Zweck menschlichen Handelns in dem *Nutzen* sieht, der dadurch für den Einzelnen und die Gemeinschaft gestiftet wird. Für den Utilitarismus bestimmt sich die Richtigkeit oder Falschheit einer Handlung nach der Güte oder Schlechtigkeit ihrer Konsequenzen. Glück muss gefördert, Unglück vermieden werden. Mit seiner berühmten Formel von der »greatest happiness of the greatest number« begründete Jeremy BENTHAM (1748–1832), Jurist und Philosoph, das Nutzenprinzip in der Ethik.

Eine ähnliche Ansicht vertrat der Positivist, Nationalökonom und Soziologe John Stuart MILL (1806–1873). Auf den Einwand, dass eine solche Theorie des Glücks Qualitätsgrade der Lust (»zwischen Skat und Kunstgenuss«) nicht erfassen könne, antwortet Mill mit dem Argument, dass das vom Utilitarismus angestrebte Glück ausdrücklich auch eine qualitative Dimension habe – »wobei der Maßstab, an dem Qualität gemessen und mit der Quantität verglichen wird, die Bevorzugung derer ist, die ihrem Erfahrungshorizont nach – einschließlich Selbsterfahrung und Selbstbeobachtung – die besten Vergleichsmöglichkeiten besitzen« (*Utilitarismus*, 21). Damit begegnet er dem Argument vom »dummen Glück«, das in bloßer Selbstzufriedenheit bestehe (ist eine glückliche Kuh, so könnte man fragen, besser dran als ein unglücklicher SOKRATES?). Im Gegensatz zur kontinentalen Ethiktradition geht Mill schon von seinen positivistischen Voraussetzungen her nicht aus von Metaphysik und Transzendentalphilosophie, deduziert nicht das sittliche Handeln von einer »Idee des Guten« und rekurriert nicht primär auf ein Moralgesetz, das im »idealen Kern« einer Person wache. Der Utilitarismus ist eher praktisch, eine »Ethik ohne Metaphysik« (G. PATZIG). Im angelsächsischen Sprachraum gilt der Utilitarismus als eine der wichtigsten moralphilosophischen Positionen, während in Deutschland KANTS Ablehnung jeder eudämonistischen Ethik lange wirksam blieb. Mill nimmt für den Utilitarismus auch die so genannte »Goldene Regel« in Anspruch, neben dem Kategorischen Imperativ die vielleicht wichtigste und bekannteste Formel der Moralreflexion:

> »In der goldenen Regel, die Jesus von Nazareth aufgestellt hat, finden wir den Geist der Nützlichkeitsethik vollendet ausgesprochen. Die Forderungen, sich dem anderen gegenüber so zu verhalten, wie man möchte, dass er sich einem selbst gegenüber verhält, und den Nächsten zu lieben wie sich selbst, stellen die utilitaristische Moral in ihrer höchsten Vollkommenheit dar. Um sich diesem Ideal so weit wie möglich anzunähern, fordert das Nützlichkeitsprinzip erstens, dass Gesetze und gesellschaftliche Verhältnisse das Glück oder (wie man es in der Praxis auch nennen kann) die Interessen jedes Einzelnen so weit wie möglich mit dem Interesse des Ganzen in Übereinstimmung bringen; und zweitens, dass Erziehung und öffentliche Meinung, die einen so gewaltigen Einfluss auf die menschlichen Gesinnungen haben, diesen Einfluss dazu verwenden, in der Seele jedes einzelnen eine unauflösliche gedankliche Verknüpfung herzustellen zwischen dem eigenen Glück und dem Wohl des Ganzen [...].« (*Utiltarismus*, 53–55)

Mill ist eine faszinierende Gestalt. Sein Vater James Mill (1773–1836) ließ den Dreijährigen bereits Griechisch, den Achtjährigen Latein lernen. Ähnlich wie COMTE, aber ohne dessen am Ende manische religiöse Übersteigerung, geriet auch der intellektualistisch erzogene John Stuart Mill in einen Zwiespalt von Wissenschaft und Gefühlskultur. Sein Hauptwerk *System der deduktiven und induktiven Logik* (1843) ist eine der wichtigsten Wissenschaftstheorien des 19. Jahrhunderts, eine sehr genaue Wissenschaftslehre der Naturwissenschaften, die vor allem auf die Methode der Induktion setzt, aber auch in der Entstehungsgeschichte des Begriffs der »Geisteswissenschaften« (*On the logic of Moral Sciences*) eine Rolle spielt. Mill ist Optimist: Die großen Übel in der Welt hält er durch den Fortschritt für prinzipiell ausrottbar. Seine Schrift *On Liberty* tritt für die Freiheitsrechte des Individuums gegenüber der Macht der Gesellschaft ein. Als Nationalökonom steht Mill als Theoretiker des Liberalismus in der Tradition von Adam SMITH und David RICARDO. Er plädiert für Privateigentum und Marktwirtschaft, etwa indem er den Profit des Kapitaleigentümers als Ausgleich für das unternehmerische Risiko rechtfertigt und sich auch sonst in die Argumentationslinien des Liberalismus stellt. Für seine liberale Staatsauffassung kommt nur die Demokratie als Regierungsform in Frage. Ist die Freiheit für Mill auch gesellschaftlich das höchste Gut, so bekommt sein Denken mit der Zeit doch eine immer stärkere soziale Komponente.

Darüber hinaus wird Mill zu einem Befürworter der Frauenemanzipation, wobei seine Freundin und spätere Gattin, die von ihm sehr verehrte geistreiche Harriet TAYLOR (geb. 1807) ihn beeinflusst. Nach dem Tode von Harriets erstem Mann bleiben Mill und seiner Frau noch sieben von ihrer Krankheit überschattete Jahre bis zu Taylors frühem Tode im Jahre 1858 in Avignon. Ihre Tochter Helen wird Mills Mitarbeiterin und Nachlassverwalterin. Taylor schreibt gegen die von der patriarchalischen Gesellschaft des 19. Jahrhunderts hervorgerufene und zementierte »Hörigkeit der Frau«; zusammen mit Mill fordert sie die Abschaffung der Ungleichheit in den Ehegesetzen und die Gleichstellung der Frauen in ihren politischen und bürgerlichen Rechten.[19]

8. Sigmund Freud

Sigmund FREUD (1856–1939) ist als Begründer der Psychoanalyse berühmt geworden, war also vor allem Psychologe, Psychiater und Nervenarzt, nicht primär Philosoph.

Freud wurde 1856 in Freiberg, Mähren (damals Österreich-Ungarn, heute Tschechien), geboren, wirkte die meiste Zeit seines Lebens in Wien und starb, durch den so genannten »Anschluss« Österreichs an das nationalsozialistische Deutsche Reich als Jude vertrieben, 1939 in London. 1923 hatte Freud sich wegen Gaumenkrebses einer Operation unterziehen müssen; er litt seither an chronischen Schmerzen.

Durch die Methoden der freien Assoziation, der Traumdeutung und der Analyse der berühmten »Freudschen Fehlleistungen« suchte Freud dem »Unbewussten« in der menschlichen Seele auf die Spur zu kommen. Im Gegensatz zu einer eher am Bewusstsein orientierten Psychologie behauptete er, dass gerade das Unterbewusste eine große Rolle spiele. Seelische Erkrankungen führte er auf Konflikte zwischen einem »Über-Ich« und dem »Es«, triebhaften Regungen, zurück, die das »Ich« auszuhalten und zu integrieren habe. Verbotene Regungen und andere Probleme würden verdrängt, spielten aber im Unbewussten weiter eine große Rolle und kehrten als Neurosen und andere Krankheitssymptome an die Oberfläche des Verhaltens zurück. Um eine Heilung der Symptome zu erzielen, müssten die unbewussten Konflikte bewusst gemacht und so gelöst werden. Wer jemals einen Woody-Allen-Film gesehen hat, weiß, welchen Erfolg die Jahrhundertidee der Psychoanalyse – inklusive ihres berühmten Requisits, der Couch – vor allem in den USA bis in die Alltagskultur hinein erzielte, wo es nachgerade Mode wurde, sich in psychoanalytischer Behandlung zu befinden.

Andere Theoretiker wie C. G. JUNG (1875–1961) bauten Freuds Ideen aus bzw. entwickelten sie fort; psychoanalytische Schulen entstanden. Kritiker freilich wandten sich gegen den »Pansexualismus« der Lehre, die alle Seelenprobleme durch verdrängte Sexualität (etwa im berühmten »Ödipus-Komplex«) zu begreifen suche, oder erklärten gar die

Psychoanalyse selbst für die Krankheit, als deren Heilung sie sich ausgebe. Vielleicht wird also der Philosoph und brillante Kulturtheoretiker Freud sogar den größeren Nachruhm haben als der Psychologe. Freud hat sich nämlich nicht nur der Einzelseele zugewandt, sondern auch einer Deutung der auf Triebverzicht aufbauenden, gleichwohl für menschliche Lebensverhältnisse erforderlichen Kultur- und Zivilisationsleistungen. Dabei wurzelte der Griechenlandreisende und leidenschaftliche Sammler von Altertümern übrigens ganz in der klassischen Bildung.

Freud hat die Fragen menschlicher Lebensführung in einer konkreten und praktischen Art und Weise diskutiert, die an die Zeit EPIKURS erinnert. Auch für den »jüdischen Atheisten« Freud hat, wie für NIETZSCHE und MARX, die Religion, wie er in der Schrift *Die Zukunft einer Illusion* deutlich macht, als Lebensmodell ausgedient. Es ist das Programm des Lustprinzips, das den Lebenszweck setzt. Anders als spätere seiner Interpreten wie Herbert MARCUSE bleibt Freud freilich gegenüber der Möglichkeit einer sexuell repressionsfreien Kultur des Überflusses und der Lust ohne Triebverzicht skeptisch. Seine Hoffnung ist eher, dass in Aufhebung der illusionären Annahme, die Religion sei Antwort auf die Frage nach dem Lebenssinn, die Wissenschaft reale Fortschritte im menschlichen Leben bewirken kann.

Freuds Einschätzung der Religion folgt dabei dem von FEUERBACH, MARX und NIETZSCHE her bekannten Grundmodell einer szientifisch entlarvenden Kritik, wenn er sich bemüht, solche Bereiche mit empirischen Methoden zu hinterfragen, die ihrem Selbstverständnis nach eigentlich ganz oder teilweise jeder Objektivierung entzogen sind. Freuds religionskritische Basistheorie ist nicht wie bei Marx eine sozioökonomische, sondern naheliegender Weise eine psychologische. Er begreift die in Metaphysik, Ethik, Kunst und Religion thematisierte »übersinnliche Realität« als Konstruktion der menschlichen Psyche und damit wie diese als Objekt seiner Wissenschaft. Diese verwandelt die zu ideellem Sein projizierten Dinge in die Psychologie des Unbewussten zurück: »Man könnte sich getrauen, die Mythen vom Paradies und Sündenfall, von Gott, vom Guten und Bösen, von der Unsterblichkeit und dergleichen in solcher Weise aufzulösen, die Metaphysik in Metapsychologie umzusetzen« (*Gesammelte Werke* 4,287).

Die Bereiche des Normativen, also die Traditionen der Metaphysik, Ethik, Religion usw., werden zum Objekt der Wissenschaft gemacht, »Gott«, »das Böse«, »das Gute« usw. werden empirisch angegangen und hinterfragt. Freuds Theorie lässt die Religion als bloß psychogene, nicht als objektive »Realität« erscheinen. Sie entspricht, das zeigt die Untersuchung, letztlich einem krankhaften und voraufgeklärten, infantilen und undurchschauten Zustand.

Warum krankhaft? Die Psychoanalyse beschäftigt sich mit Entwicklungen und Fehlentwicklungen im Unterbewussten. Unverarbeitete Konflikte führen zu Neurosen, Ersatzlösungen des Unterbewussten, die an die Stelle tatsächlicher Verarbeitung von Problemen und wirklicher Auseinandersetzung mit der harten Wirklichkeit treten. Diese sind verbunden mit Schuldgefühl und dem unbewussten Verlangen nach Selbstbestrafung. In der kleinen Abhandlung über *Zwangshandlungen und Religionsausübungen* (1907) vergleicht Freud das Verhalten von »Zwangsneurotikern« mit religiösen Vorstellungen und Riten. Aufgrund der Parallelen (Zeremoniell, Gewissensangst) möchte sich Freud »getrauen, die Zwangsneurose als pathogenes Gegenstück der Religionsbildung aufzufassen, die Neurose als eine individuelle Religiosität, die Religion als eine universelle Zwangsneurose zu bezeichnen« (*Gesammelte Werke* 7,129–139, bes. 138f.).

Warum infantil? Einst hat der Vater das schwache, hilflose, den Gefahren der Welt ausgesetzte Kind beschützt und bewacht; in seiner Obhut hat es sich sicher gefühlt. Erwachsen geworden, sieht es sich der Kontingenz des Lebens, den Unglückfällen, die es ereilen können, immer noch ausgesetzt. Weil es aber inzwischen erkannt hat, dass auch sein Vater ein in seiner Macht eng beschränktes Wesen ist, greift er auf das Erinnerungsbild des von ihm so überschätzten Vaters der Kinderzeit zurück und erhebt es zur Gottheit und in die Realität. Gott als »Übervater« ist folglich eine infantile Illusion, die ihre Entstehung dem Unvermögen verdankt, die Härte und Sinnlosigkeit der Welt zu akzeptieren.

Aber hilft die Religion nicht, und sei es in der Form eines Placebos (einer illusionären Tröstung), mit den Wechselfällen des Lebens fertig zu werden? Freud zitiert GOETHES bekannten, die Religionskritik feinsinnig differenzierenden Spruch: »Wer Wissenschaft und Kunst besitzt, / Hat auch Religion; / Wer jene beiden nicht besitzt, / Der habe Religion«. Aber auch diesem Argument folgt Freud nicht und hält dagegen: »Wenn der Gläubige sich endlich genötigt findet, von Gottes unerforschlichem Ratschluss zu reden, so gesteht er damit ein, dass ihm als letzte Trostmöglichkeit und Lustquelle im Leiden nur die bedingungslose Unterwerfung übrig geblieben ist. Und wenn er zu dieser bereit ist, hätte er sich wahrscheinlich den Umweg sparen können« (*Studienausgabe* 9,216). In der Schrift *Die Zukunft einer Illusion* diskutiert Freud schließlich den Einwand, ob nicht Religion angesichts der »asozialen, egoistischen Triebe« des Menschen als notwendiges Element der Kultur und zivilisatorischen Disziplinierung erforderlich sei. Er äußert sich aber überzeugt, dass nur eine »rationelle [d. i. »rationale«, V. St.] Begründung der Kulturvorschriften« dies leisten könne und »dass es eine größere Gefahr für die Kultur bedeutet, wenn man ihr gegenwärtiges Verhältnis zur Religion aufrechthält, als wenn man es löst«, weil das Fortschreiten wissenschaftlich aufgeklärten Denkens die Religion bereits untergrabe und dann die Kulturgrundlagen mit untergraben würde. Freud hat die Analyse der Religion als einen Akt der Emanzipation verstanden.

Auch bei ihm findet sich der Gedanke, die wissenschaftliche Aufhebung der religiösen Illusion könne den Weg zu einem besseren Leben freimachen. Denn die *Wissenschaft* (»unser Gott Logos«) ist, im Gegensatz zur Religion, »keine Illusion«. Dies gilt auch für die menschlichen Wünsche und Hoffnungen:

> »Unser Gott *Logos* wird von diesen Wünschen verwirklichen, was die Natur außer uns gestattet, aber sehr allmählich, erst in unabsehbarer Zukunft und für neue Menschenkinder. Eine Entschädigung für uns, die wir schwer am Leben leiden, verspricht er nicht. Auf dem Weg zu diesem fernen Ziel müssen [die] religiösen Lehren fallengelassen werden.« (9,169, 175, 187 ff.)

Freuds Entdeckung des Unbewussten und seine Kulturphilosophie gehören zu den wichtigsten Theorien des 19. Jahrhunderts. Sie ordnen sich zugleich ein in die Reihe der vielzitierten »großen Kränkungen der Menschheit«. Der Mensch, verbannt aus der Mitte des Alls durch Kopernikus, hineinversetzt in eine tierische Ahnenreihe durch Darwin, ist nun seit Freud als »Ich« nicht einmal unbeschränkter Herr seiner selbst. Als Macht, die einen Ausgleich schaffen kann, gilt diesem großen Wissenschaftler, dessen Tiefenpsychologie vielleicht gar nicht wissenschaftlich war, die *Wissenschaft*, die in der Tat zu einer prägenden Signatur des Zeitalters werden sollte.

9. Der Siegeszug der Naturwissenschaften – Darwin

War noch bei Hegel Wissenschaft »Metaphysik«, d. h. schienen Aussagen möglich, die sich den Ansprüchen der Theologie parallelisieren ließen (z. B. spekulative Aussagen über das »Absolute«), so schiebt sich mit der Neuzeit als

Grundtendenz das Bemühen um ein erfahrungswissenschaftliches, empirisches Gegenstandswissen als Inbegriff von »Wissenschaft« in den Vordergrund. Die Physik wird zum Prototyp für Wissenschaftlichkeit. Sie konstituiert sich in Abgrenzung von weitergehenden Ansprüchen gerade jener Geistesunternehmungen, die vormals ihrerseits den Wissenschaftsbegriff besetzt haben, vor allem der Metaphysik. Je mehr ein empirisch disziplinierter und mathematisch präzisierter Wissenschaftsbegriff zur Herrschaft gelangt, umso mehr verliert »Wissenschaft« freilich an Kompetenz und Zuständigkeit: »Gott« als lebensbestimmende Instanz oder philosophische Lebensorientierung sind in dem exakten Sinne dessen, was nun leitmotivisch für wissenschaftlich gilt, nicht mehr verfügbar. Das Kompetenzspektrum der Wissenschaft hat sich verändert. In den letzten vierhundert Jahren hat die Wissenschaft das Leben der Menschen ähnlich tiefgreifend bestimmt wie zuvor die Religion. Für eine Übergangsphase bindet zwar auch die neue Füllung des Wissenschaftsbegriffs sich an sakrale Vorstellungen (»Gott als Mathematiker« bei KEPLER), doch über den Deismus »rückt« dieser Gott immer mehr von der wahren Herrschergewalt, die NEWTON ihm noch zugedacht hatte, in eine repräsentative Ehrenrolle, bis man auch dort auf ihn verzichtet. Hatte HEGEL noch einmal ein grandioses System aller Wirklichkeitsdeutung erbaut, das auch die Einzelwissenschaften zu umfassen suchte, so erfolgte nach seinem Tod der rapide Verfall aller Metaphysik. Neben den Kritikern SCHOPENHAUER und NIETZSCHE, MARX und FREUD treten nun auch die Wissenschaften selbst zur Ablösung der Metaphysik an. Durch die Entwicklung der empirischen Fachwissenschaften wird die Problematik eines Denkens immer schärfer herausgearbeitet, das umfassende Wirklichkeitsaussagen machen will und dabei nicht auf gegebene Sinnesdaten rekurriert: Die Metaphysik wird nun zunehmend als bloße »Begriffsdichtung« attackiert und gilt im Sinne der neuen Auffassung als unwissenschaftlich. Viel zitiert sind die Worte des schottischen Philosophen David HUME, man möge all die Schriften über Gotteslehre oder Schulmetaphysik, die so gar keinen auf Erfahrung gestützten Gedankengang enthielten, als Blendwerk und Täuschung ins Feuer werfen.

Ihre große Reputation verdankten und verdanken die Naturwissenschaften dabei einerseits ihrer experimentellen und methodischen Genauigkeit und Folgerichtigkeit, andererseits ihrer praktischen Bedeutung in Naturbeherrschung und Technik. Vor allem im 19. Jahrhundert sahen sich die Zeitgenossen als Zeugen eines ungeheuren Umschwunges, der Entstehung eines neuen Zeitalters, in dem Wissenschaft und Technik alles zu prägen und zu bestimmen und alles zum Besseren zu verändern schienen. Experiment und Technik lieferten die Grundlagen für die im 18. Jahrhundert beginnende und seither in Wellen unsere Lebensverhältnisse bestimmende »industrielle Revolution«.

Der Newtonianismus wurde zur umfassenden Welterklärungstheorie, seine Erkenntnisideale der Mathematisierung und der Erfahrungserkenntnis endgültig etabliert. Der Menschengeist erwies sich als mächtig genug, die Gesetze des Kosmos zu erkennen und zu formulieren, nichts schien mehr prinzipiell verschlossen. Der Franzose Pierre-Simon de LAPLACE (1749–1824),[20] Verfasser einer fünfbändigen *Mécanique Céleste*, zog hieraus die Konsequenz, wenn er auf die Frage Napoleons, warum er nirgends den Schöpfer und erforderlichenfalls auch Reparateur erwähne, geantwortet haben soll: »Sire, ich hatte diese Hypothese nicht nötig«. Sein berühmter Determinismus – er rechnete den Einfluss der Körper im Sonnensystem aufeinander in virtuoser Weise durch, und immer wieder gelang es ihm, bis dahin unerklärte Phänomene unter ein Gesetz zu fassen – ist im »Laplaceschen Dämon« symbolisiert. Ein solcher soll, kennt er den Zustand eines Systems, die Lage und Geschwindigkeit der Atome zu einem bestimmten Zeitpunkt, mittels der Gesetze der klassischen Mechanik den Zustand errechnen können, den das System zu jedem beliebigen anderen Zeitpunkt einnehmen muss; die Zukunft eines solchen Systems ist vorherbestimmt.

In Deutschland hat der Naturforscher Emil DU BOIS-REYMOND (1818–1896), der freilich auch berühmte Aussagen zu den Grenzen wissenschaftlichen Welterkennens gemacht hat (»Ignoramus-Ignorabimus« / »Wir wissen es nicht und werden es nicht wissen«), 1877 auf einem Vortrag in Köln das Verhältnis von Naturwissenschaft und »Culturgeschichte« zu bestimmen gesucht und uns damit ein gutes Anschauungsbeispiel für das Selbstverständnis naturwissenschaftlicher Bildung der Zeit gegeben. Die Naturwissenschaft wird als aufklärerische Macht gefeiert; sie trägt die Fackel der Vernunft:

> »Anstelle des Wunders setzte die Naturwissenschaft das Gesetz. Wie vor dem anbrechenden Tag erblichen vor ihr Geister und Gespenster. Sie brach die Herrschaft alter heiliger Lüge. Sie löschte die Scheiterhaufen der Hexen und Ketzer. Der historischen Kritik drückte sie die Schneide in die Hand. Aber auch den Übermut der Spekulation hat sie gezügelt.«[21]

In der *Biologie* erfolgte ein grundlegender Paradigmawechsel durch die Evolutionstheorie des Engländers Charles DARWIN (1809–1882). Dieser schuf eine der großen wissenschaftlichen und dabei auch philosophisch provozierenden Lehren des 19. Jahrhunderts. Er ist MARX und FREUD hierin vergleichbar. Darwin wurde in Shrewsbury geboren und sollte eigentlich Theologie studieren. Im Jahre 1831 kam seine große Chance: die Teilnahme an einer fünfjährigen weltweiten Expeditionsfahrt auf dem englischen Vermessungsschiff »H. M. S. Beagle«.

Die Resultate dieser Reise sollten das Weltbild des Menschen verändern und alle Lebewesen als Glieder in der Kette einer beständigen, erklärbaren Veränderung erweisen.

Darwin stellte fest, dass bestimmte Tierarten vielfache kleine Unterschiede aufwiesen, etwa die berühmten von ihm beobachteten Galapagos-Finken. Wie war das zu erklären? Gingen alle Varianten auf eine Finkenart zurück? Wie kam es zu den Veränderungen? In seinem 1859, also lange Zeit nach der Fahrt, veröffentlichten Werk *On the Origin of Species* führte Darwin die stammesgeschichtliche Entwicklung aller Lebewesen auf die Veränderlichkeit der Individuen (durch, wie wir heute wissen, Mutation der zugrunde liegenden Erbinformation) und im Zusammenwirken hiermit auf die »natürliche Auslese« zurück. In Abwandlung des theologischen Argumentes, die hohe Komplexität der Maschinerie des Lebens könne nur das Resultat eines bewussten Willens – eines »Uhrmachers«, nicht aber bloßen Zufalls – sein, erweist sich dieser Mechanismus von Mutation und Selektion im »Fluss der Gene«, dessen Gefäße alle Lebewesen lediglich sind, als der sozusagen »blinde Uhrmacher« des Lebens (Richard Dawkins). Schon daraus ergibt sich jedoch auch, dass man gerade aus der Evolutionstheorie keine Fortschrittsgewissheit konstruieren kann.

Darwin, dem Marx ein Exemplar des *Kapital* schickte, stellte fest, dass der Mensch von einer weniger hoch organisierten Form abstamme und seinen Ursprung somit nicht einem »besonderen Schöpfungsakt« verdanke. Lassen alle menschlichen Eigenschaften und Kulturleistungen: Intellekt, Sprache, Schönheitssinn, Religion usw. noch den untilgbaren Stempel des niedrigeren Ursprungs erkennen? Bis heute werden viele Diskussionen um das Weltbild des Darwinismus und seine Konsequenzen für die menschliche Selbstdeutung geführt. Sowenig die Evolutionstheorie für einen modernen Theologen ein Problem darstellt, so sehr kann sie immer noch fundamentalistische Auffassungen zu Debatten um Lehrplaninhalte in Schulen provozieren, auch in einigen Teilen der USA.

10. Croce, Humboldt, Dilthey: Historismus – Bildung – Lebensphilosophie

In Abgrenzung gegen die erfolgreichen Naturwissenschaften entstehen auch die »Geistes«- oder Kulturwissenschaften. Wie wir sahen (im vorliegenden Band S. 217), stellte bereits Giambattista VICO (1668–1744) den Plan einer wissenschaftsphilosophischen Grundlegung für den Umgang mit der menschlich-geschichtlichen Welt auf, die gegenüber den Naturwissenschaften als *Neue Wissenschaft – Scienza nuova* zu etablieren sei. Seine berühmt gewordene These ist, dass die Menschenwelt diejenige ist, die wir in Wahrheit verstehen können, weil wir sie selber geschaffen haben. Vor allem aber erlangten die *Historik* (Wissenschaftstheorie der Geschichte) Johann Gustav DROYSENS (1808–1884) und der protestantische Theologe und »Glaubensphilosoph«, Pädagoge und Platon-Übersetzer Friedrich Daniel Ernst SCHLEIERMACHER (1768–1834) durch ihre Methode des »Verstehens« menschlicher Hervorbringungen, die »Hermeneutik«, epochemachende Bedeutung für die Theorie der Geisteswissenschaften. Diese bildeten zugleich die bereits aus der Zeit des Humanismus stammenden textkritischen und philologischen Methoden weiter aus und entwickelten im »Historismus« ein seither für sie kennzeichnendes historisches Bewusstsein. Der Historismus bestand und besteht darauf, dass jedes »dualistische« Ansinnen, eine überhistorisch gültige »zweite Ebene« eigentlichen Seins in der geschichtlichen Sphäre wirkungsmächtig einzuklagen, sich unweigerlich als seinerseits historisch bedingtes Handeln erweist.

Dieser Rekurs auf die »Immanenz« des Irdischen ist ein historistisches Lehrstück. Der Italiener Benedetto CROCE (1866–1952) etwa wandte sich gegen »die traditionelle Vorstellung von der Philosophie, die ihren Blick himmelwärts richtet und vom Himmel die höchste Wahrheit empfängt und erwartet. Diese Trennung von Himmel und Erde, diese dualistische Auffassung von einer Wirklichkeit jenseits der Wirklichkeit, von einer Metaphysik jenseits der Physik, von einer Schau des Begriffs jenseits des Urteils und ohne das Urteil – das ist es, was dieser Philosophie ihren eigenartigen Charakter verleiht, der immer der gleiche bleibt, wie man die transzendente Wirklichkeit nennen mag, Gott oder Materie, Idee oder Wille – jedesmal wird angenommen, dass unterhalb ihrer oder ihr gegenüber eine niedrigere oder rein phänomenale Wirklichkeit bestehe« (*Die Geschichte als Gedanke und Tat*, 63). Croce gilt als der größte italienische Philosoph seit VICO. Mit Mussolini wollte Croce nichts zu tun haben; 1925 verfasste er ein Manifest gegen den Faschismus. Sein Denken war stark von HEGEL geprägt, über den er jedoch zugleich im Sinne wahren geschichtlichen Denkens, und das heißt: im Sinne des Historismus hinausging. »Bis hierher sei das Bewusstsein gekommen«, so sagte Hegel am Ende seiner Vorlesungen über die Philosophie der Geschichte. Doch Croce meint: »Er hatte nicht das Recht, es zu sagen, denn seine Entwicklung ließ keine Fortsetzung zu«.

Der bedeutendste Vertreter des Historismus und der Philosophie der Geisteswissenschaften war Wilhelm DILTHEY (1833–1911), Professor in Basel, Breslau und Berlin. Dilthey galt lange vor allem als ein »feinsinniger Geisteshistoriker«, der in seiner großen Liebe zur immer neuen Durchdringung des historischen Materials kein Buch richtig zu Ende brachte. Er verdient aber ein bei weitem größeres Interesse, als es ihm in jüngerer Zeit auch zuteil geworden ist.

Dilthey, der zuerst Theologie studiert hatte, kam bei Kuno FISCHER in Heidelberg mit der Philosophie HEGELS in Berührung. Vor allem aber beeinflusste ihn die so genannte »Historische Schule«, als er in Berlin Vorlesungen des großen Historikers Leopold von RANKE (1795–1886), des Altphilologen August Boeckh (1785–1867) und des Philosophiehistorikers Friedrich Adolf Trendelenburg (1802–1872) hörte. Quellenkritik und historisches Denken hatten die deutschen philologischen Wissenschaften und die Geschichtswissenschaft groß gemacht und ihnen zu Weltruf verholfen. Dilthey sah seine Lebensaufgabe darin, eine einheitliche Theorie dieser Geisteswissenschaften zu schaffen. Diese Theorie sollte zugleich den Status einer »Kritik der historischen Vernunft« beanspruchen. In welchem Verhältnis sich Dilthey dabei zur kantischen Vernunftkritik befindet, wird deutlich, wenn man die doppelte Interpretationsmöglichkeit des objektiven bzw. subjektiven Genitivs auch auf den Diltheyschen Titel bezieht. Dann heißt »Kritik der historischen Vernunft« einerseits, dass mit der seit Kant erfolgten Weiterentwicklung und Ausprägung der historischen Geisteswissenschaften nun *deren* erkenntnistheoretische Grundlegung fällig wurde. Andererseits ist aber auch die Richterin eine andere: Dilthey kritisiert den Ausgangspunkt, den Kant für die Frage nach der Bedingung der Möglichkeit von Erkenntnis genommen hat, mit zwei wichtigen Argumenten, von denen das eine sozusagen im »Querschnitt«, das andere im »Längsschnitt« wirkt. Das Erstere lässt sich dem folgenden berühmten Bild Diltheys entnehmen:

> »In den Adern des erkennenden Subjekts, das Locke, Hume und Kant konstruierten, rinnt nicht wirkliches Blut, sondern der verdünnte Saft von Vernunft als bloßer Denktätigkeit. Mich führte aber historische wie psychologische Beschäftigung mit dem ganzen Menschen dahin, diesen, in der Mannigfaltigkeit seiner Kräfte, dies wollend fühlend vorstellende Wesen auch der Erklärung der Erkenntnis und ihrer Begriffe zugrunde zu legen.« (*Gesammelte Schriften* I,132)

Im »Längsschnitt« werden die Restriktionen des kantischen erkenntnistheoretischen Ansatzes durch die Einbeziehung der Dimension des Historischen kritisiert:

> »Das a priori Kants ist starr und tot; aber die wirklichen Bedingungen des Bewusstseins und seine Voraussetzungen, wie ich es begreife, sind lebendiger geschichtlicher Prozess, sind Entwicklung, sie haben ihre Geschichte […]. Das Leben der Geschichte ergreift auch die scheinbar starren und toten Bedingungen, unter welchen wir denken. Nie können sie zerstört werden, da wir durch sie denken, aber sie werden entwickelt.« (XIX,44, vgl. 51)

Indem der Historismus die Historizität auch des Phänomens »erkennende Vernunft« aufweist, ist er darauf aus, diese auf ihre konkreten historischen, nicht mehr transzendentalphilosophisch gedachten Bedingungsfaktoren hin zu untersuchen. Damit aber entsteht zumindest die *Gefahr*, den Ansatz einer Grundlegung aller Erkenntnis an die Wandlungen und Widersprüchlichkeiten der Geschichte preiszugeben. Dies bedeutet, dass es keinen sicheren Punkt mehr gibt, von dem aus man Denksysteme mit überhistorischer Gültigkeit formulieren könnte. In sehr prägnanter Form wird das kritische Potential des Historismus in dieser Hinsicht in Diltheys berühmten Ausführungen *Über den Widerstreit der Systeme* ausgespielt. Jede Denkformation mit Universalanspruch gerät in dem Moment in das Schussfeld der historistischen Kritik, in dem historisch andere benennbar oder in der Gegenwart konkurrierende Systeme auszumachen sind. Auf diese Weise wird »historistische Aufklärung« (Herbert SCHNÄDELBACH) geleistet. Die Historisten haben ihre Einsichten als eine der größten Revolutionen im abendländischen Denken und die geschichtliche Weltanschauung überhaupt als »Befreierin des menschlichen Geistes von der letzten Kette, die Naturwissenschaften und Philosophie noch nicht zerrissen haben«, mit Recht gefeiert (V,9).

Aber der Historismus hat auch eine gefährliche, weithin kritisierte Seite. Zunächst konnten Faktenpositivismus und »Stoffhuberei«, wie bereits NIETZSCHE kritisierte, dazu führen, dass das kulturelle Wissen den Menschen nicht mehr in ihrer Entwicklung half, sondern sie buchstäblich erdrückte. Vor allem aber erhebt sich das vieldiskutierte Problem des »Relativismus«. Dem historischen Relativismus konnte, wie es der Theologe und Historist Ernst TROELTSCH (1865–1923) formulierte, das »Allesverstehen« zu einem »Alles-Verzeihen« und das »Bildungsinteresse« zur »Skepsis« werden.[22] Dilthey selbst sah die Probleme einer Beliebigkeit verschiedenster Auffassungen, über deren Geltung man nicht mehr entscheiden kann, durchaus, bestand aber darauf, dass der radikale Pluralismus und das historische Bewusstsein nicht orientierungslos machten; sie sollten vielmehr »zu einer Kraft werden, das Künftige zu gestalten« (VIII,204). Im Unterschied zum naturwissenschaftlichen »Erklären« (aufgrund von Naturgesetzen) ist die Hauptmethode der Geisteswissenschaften das »Verstehen« des Lebens und der Kulturphänomene. Obwohl zwar die deutschen Historisten den Geschichtsbegriff idealistisch vor allem auf Geistes- und Staatengeschichte verengten und damit hinsichtlich der Einsicht in die Breite der historischen Wirklichkeit hinter dem sozioökonomischen Blickwinkel von MARX zurückblieben, repräsentiert der Historismus doch zusammen mit der Verstehenslehre einen auch für gegenwärtige Diskussionen unüberholt gültigen Stand des Geschichtsdenkens. Dies gilt auch für die Bildung, Ziel der Kulturwissenschaften.

Wilhelm von HUMBOLDT, preußischer Gelehrter und Staatsmann (1767–1835), Bruder des Naturforschers und Amerikareisenden Alexander von HUMBOLDT, hat mit der Theorie der »Bildung« ein grundlegendes Thema der Geisteswissenschaften vorgegeben. Humboldt weist der Bildung eine zugleich auf das Selbst wie auf die Welt bezogene Dimension zu. In dem 1793 entstandenen *Bruchstück* über die *Theorie der Bildung des Menschen* bezeichnet er es als »die letzte Aufgabe unseres Daseins«, »dem Begriff der Menschheit in unsrer Person, sowohl während der Zeit unsres Lebens als auch noch über dasselbe hinaus, durch die Spuren des lebendigen Wirkens, die wir zurücklassen, einen so großen Inhalt, als möglich, zu verschaffen« (*Werke* I,235).

Was ist für Humboldt Bildung? Nicht die einseitige Spezialisierung, nicht bestimmte Inhalte, z. B. zur Vorbereitung auf einen bestimmten Beruf, sondern eine in einem Stufengang von der Elementarschule über das von ihm neu begründete Gymnasium zur Universität zu erringende *formale Qualität* macht im Sinne der Reife, die einer hat, »wenn er [...] für sich selbst zu lernen in Stand ist« (IV,169 f.), die »Bildung« aus. Das Programm allgemeiner Menschenbildung darf auch auf keinen Fall schichtenspezifisch oder in Vorbereitung auf die Berufswahl eingeschränkt werden. »Denn der gemeinste Tagelöhner und der am feinsten Ausgebildete muss in seinem Gemüt ursprünglich gleichgestimmt werden, wenn jener nicht unter der Menschenwürde roh und dieser nicht unter der Menschenkraft sentimental, schimärisch und verschroben werden soll« (IV,189). In der Aufgabe, seine Persönlichkeit auszuprägen, erkennt Humboldt das Wesen des Menschen.

Der Begriff der Individualität ist Ausgangs- und Angelpunkt für seinen Begriff von Bildung. »Jedes Individuum ist eine in der Wirklichkeit dargestellte Idee« kann Humboldt sagen; diese »Idee« ist (anders als bei PLATON) das immanente Ziel, das Telos, das die Individualität des Individuums ausmacht und diese im Lebens- und vor allem Bildungsprozess verwirklicht. Die Vorstellung vom Bildungsprozess als einem Aufstieg des Individuums zu seiner »Idealität« schließt die Auffassung von einem wesensmäßig im Menschen angelegten unhintergehbaren Selbstverwirklichungs- bzw. Vervollkommnungsstreben ein. »Der wahre Zweck des Menschen ist die höchste und proportionierlichste Bildung seiner Kräfte zu einem Ganzen« (I,64).

Kritiker sagen, dass diese Auffassung untauglich sei, um unsere Identitätsgewinnung als einen immer auch von äußeren Einflüssen und Zufällen abhängigen Prozess begreiflich zu machen. Doch hat Humboldt niemals verkannt, dass unsere Ichwerdung die Aufgabe einer *Arbeit* an uns selbst ist. Auch gibt es bei Humboldt keinen bornierten Primat des Individuums; dieses bleibt durchweg bezogen auf Welt, Gemeinschaft und Tradition. Exemplarisch führt dieser Aspekt in das Feld der *Sprache* als Vermittlung zwischen Ich und Welt. Indem die Sprache Kommunikation, also wechselseitige Mitteilung, ist, verweist sie auf die Vermittlung der Pole von Individualitätsbildung und Gemeinschaftlichkeit; die Sprache ist der Verknüpfungspunkt von Ich und Welt. Im Medium der Sprache zeigt sich, dass Bildung eben nicht die bloße Auswicklung und Fortschreibung immanent angelegt gewesener Formkräfte ist, sondern auf die Traditionen und Gehalte der überlieferten Kultur verwiesen bleibt.

Der eminente Erfolg seiner Reformen, des altsprachlichen Gymnasiums und der »Humboldt-Universität« in der deutschen Bildungsgeschichte ist bekannt. Es schmälert die grundlegenden Leistungen Humboldts für den Bildungsbegriff keineswegs, wenn die praktisch-politischen Kompetenzen, das berufsübergreifende Spektrum, der allgemeine, demokratische Anspruch der Bildung und eine Sicht des Bildungssubjekts auch in seinen Widersprüchen inzwischen noch stärker akzentuiert worden sind. Seit Humboldt heißt »Bildung«: nicht einfach angehäuftes Wissen, sondern sinnvolle Aktualisierung kultureller Gehalte; nicht rücksichtslose Selbstverwirklichung, aber Gewinnung der spezifischen Identität einer autonomen Persönlichkeit, nicht bloße Sozialisation oder Ausbildung, sondern einen eminent interpretationsfähigen und spannungsreichen Prozess der »Charakterbildung« und auch »emotionaler Bildung« des Menschen in Auseinandersetzung mit der Welt und mit dem Ziel seiner sittlichen und kulturellen Formung. Die Entfaltung des Bildungsbegriffs und der Aufstieg der historischen Geisteswissenschaften in Deutschland gehen Hand in Hand. Sprache und Kultur – für Humboldt in Sonderheit die klassische Antike – sind Gegenstände der Geisteswissenschaften als Bildungswissenschaften par excellence.

In den weiteren Umkreis der Geisteswissenschaften gehören auch die lebensphilosophischen Tendenzen des ausgehenden 19. und beginnenden 20. Jahrhunderts, für die etwa der weitgehend vergessene Nobelpreisträger und Prophet eines höheren Geisteslebens Rudolf EUCKEN (geb. 1846 in Aurich, gest. 1926 in Jena) zu nennen wäre. Strikter bemühten sich um die Geisteswissenschaften die Dilthey-Schüler Georg MISCH (1878–1965), der Lebensphilosoph Otto Friedrich BOLLNOW (geb. 1903 in Stettin, Professor in Tübingen, dort gest. 1991), die Philosophie- und Pädagogik-Professoren Hermann NOHL (1897–1960), Eduard SPRANGER (1882–1963) und Theodor LITT (1880–1962) sowie Erich ROTHACKER (1888–1965), der mit seiner *Einleitung in die Geisteswissenschaften* (1920) trotz nicht ganz unerheblicher späterer Konzessionen an den *Un*-Geist des Nationalsozialismus wohl der wichtigste ist.[23] In einen noch weiteren Zusammenhang gehören schließlich der Soziologe und Kulturphilosoph Georg SIMMEL (geb. 1858 in Berlin, gest. 1918 in Straßburg)[24] und der konservative Weltanschauungstheoretiker Hans FREYER (1887–1969), Professor in Kiel, Leipzig, Budapest und Münster.

In Frankreich vertrat Henri BERGSON (1859–1941), Professor am Collège de France, 1927 Nobelpreisträger für Literatur, gegen Positivismus, gegen Naturalismus und Naturwissenschaftsgläubigkeit und gegen einen bloßen Intellektualismus eine spiritualistische Lebensphilosophie. In seinem Werk *L'évolution créatrice* (*Die schöpferische Ent-*

wicklung) von 1907 unternahm Bergson den Versuch einer Wesensbestimmung des Lebens, das sich von der unbelebten Materie durch dauernde Veränderung unterscheide. Grundbegriff seiner Philosophie ist der antimechanistisch gemeinte Begriff eines seiner Meinung nach anzunehmenden, letztlich göttlichen »Lebenstriebes« (»élan vital«). Das eigentliche Wesen der Welt ist dies: vor allem stetige Schöpfung, beständiges Werden zu sein.

11. Die Neukantianer und Max Weber

Der »Neukantianismus« ist eine philosophische Strömung, die man von etwa 1870 bis 1920 ansetzt. An der Wende zum 20. Jahrhundert war er für kurze Zeit die tonangebende Philosophie in Deutschland. Man unterscheidet zwei »Schulen« des Neukantianismus: die Marburger Schule (Hermann Cohen, Paul Natorp, Ernst Cassirer und Karl Vorländer, der auch Autor einer sehr erfolgreichen Philosophiegeschichte war) und die »Südwestdeutsche« oder »Badische Schule« (Wilhelm Windelband, der Verfasser des bekannten *Lehrbuchs der Geschichte der Philosophie*, Heinrich Rickert, Bruno Bauch). Der Neukantianismus wollte die philosophische Haltung Kants wieder zur Geltung bringen. Otto Liebmann (1840–1912) hatte in seinem Buch *Kant und die Epigonen* (1865) die nachkantische Philosophie Fichtes, Schellings und Hegels kritisch geprüft und jedes Kapitel mit der Bilanz beendet: »Also muss auf Kant zurückgegangen werden«. Für den Neukantianismus sind die metaphysischen Systeme, vor allem dasjenige Hegels, ebenso zusammengebrochen wie der Materialismus, weil sie die Grenzen menschlicher Erkenntnis nicht beachteten, auf die Kant doch unmissverständlich hingewiesen hatte. Hauptanliegen des Neukantianismus ist deshalb der Rückgang auf eine erkenntniskritische Philosophie. Nicht umsonst kommt in dieser Zeit zum ersten Mal der Begriff »Erkenntnistheorie« auf. Zugleich betreibt der Neukantianismus Wissenschaftsphilosophie.

Vor allem die südwestdeutsche Schule setzte sich unter anderem, wie DILTHEY, mit der Unterscheidung von Natur- und Geisteswissenschaften auseinander. Dies gilt vor allem für Heinrich RICKERT und Wilhelm WINDELBAND. Windelband hatte in seiner berühmt gewordenen »Straßburger Rektoratsrede« von 1894 mit der methodologischen Trennung »nomothetischen«, das heißt: auf Gesetze ausgehenden, und »idiographischen«, das heißt: den Einzelfall beschreibenden Vorgehens die Natur- und die Geisteswissenschaften von einander unterschieden.[25] Und Rickert schrieb: »Naturprodukte sind es, die frei aus der Erde wachsen. Kulturprodukte bringt das Feld hervor, wenn der Mensch geackert und gesät hat«. »Kultur« ist »das von einem nach gewerteten Zwecken handelnden Menschen entweder direkt Hervorgebrachte oder, wenn es schon vorhanden ist, so doch wenigstens um der daran haftenden Werte willen absichtlich Gepflegte«; in diesem Sinne ist es zu verstehen, »dass in allen Kulturvorgängen irgendein von Menschen anerkannter Wert verkörpert ist«.[26]

In besonderer Weise bestätigt Ernst CASSIRER (geb. 1874 in Breslau, gest. 1945 in den USA, ein Philosoph also eigentlich schon des 20. Jahrhunderts), in seiner Entwicklung vom Erkenntnistheoretiker und Neukantianer zum Kulturphilosophen den Ansatz Diltheys. Im Ausgang von der Transzendentalphilosophie ist KANTS Ansatz in das Feld kultureller und geschichtlicher Erfahrungen zu transponieren. In der Einleitung zum 1923 erschienenen ersten Band der *Philosophie der symbolischen Formen* formuliert Cassirer sein Anliegen wie folgt:

> »Neben der reinen Erkenntnisfunktion gilt es, die Funktion des sprachlichen Denkens, die Funktion des mythisch-religiösen Denkens und die Funktion der künstle-

> rischen Anschauung derart zu begreifen, dass daraus ersichtlich wird, wie sie in ihnen allen eine ganz bestimmte Gestaltung nicht sowohl *der* Welt, als vielmehr eine Gestaltung *zur* Welt, zu einem objektiven Sinnzusammenhang und einem objektiven Anschauungsganzen sich vollzieht. Die Kritik der Vernunft wird damit zur Kritik der Kultur. Sie sucht zu verstehen und zu erweisen, wie aller Inhalt der Kultur, sofern er mehr als bloßer Einzelinhalt ist, sofern er in einem allgemeinen Formprinzip gegründet ist, eine ursprüngliche Tat des Geistes zur Voraussetzung hat.« (*Philosophie der symbolischen Formen* 1,11)

Cassirer relativiert die naturwissenschaftliche Erkenntnisform, die – wie in den Beispielen der Vorrede zur *Kritik der reinen Vernunft* deutlich wird – bei KANT durchaus ein generelles Muster für Erkenntnisfragen abgibt. Ihr werden andere Arten und Weisen menschlicher Welterschließung an die Seite gestellt, nämlich Kunst, Mythos, Sprache, Religion, ohne dass eine, wie Cassirer sagt, »aristotelische« Erkenntnisweise (ausgehend von den Gegenständen) den transzendentalphilosophischen Grundansatz (ausgehend vom Akt der Erkenntnis) ablöste. Der Begriff des »Symbols« spielte für Cassirer eine Schlüsselrolle beim Versuch, den spezifischen Charakter der kulturellen Welt im Unterschied zu den Gegenständen und Abläufen des natürlichen Universums zu erfassen.

Cassirers Kulturphilosophie und Anthropologie ist längere Zeit eigentümlich folgenlos geblieben. Einerseits galt er lange als bloßer »Neukantianer«, andererseits als angeblicher »Verlierer« des Disputs von 1929 in Davos mit dem größere Faszination evozierenden, »radikaleren« HEIDEGGER. Neuerdings lässt sich jedoch eine »Cassirer-Renaissance« in Deutschland wie in den USA konstatieren, zu der die jüngere Entdeckung des von Cassirer zentral thematisierten Mythos in der Philosophie beitrug. In Cassirers Werk *Myth of the State* wird dieser Begriff auch zum Instrument, mit dem der erste jüdische Rektor der Universität Hamburg (und der zweite einer deutschen Universität überhaupt) sich mit dem Nationalsozialismus (und damit seinem eigenen folgenden Exil in England, Schweden und den USA) auseinandersetzte, dem sein faszinierender Konkurrent vier Jahre nach Davos so wenig widerstanden hat.

Über den Neukantianismus, dem es entstammt, wie über das 19. Jahrhundert hinaus weist auch das Werk von Max WEBER (1864–1920). Er war Soziologe und liberaler Sozialpolitiker, Mitglied der Deutschen Demokratischen Partei (DDP), Professor in Heidelberg – einer der bedeutendsten deutschen Gelehrten überhaupt. Weber hat in seinem vielzitierten Programmaufsatz über *Die ›Objektivität‹ sozialwissenschaftlicher und sozialpolitischer Erkenntnis* (1904) seine berühmte Forderung nach »Wertfreiheit« der Wissenschaft aufgestellt. Damit will er zeigen, dass wissenschaftliche Erkenntnisse politische und normative Entscheidungen nicht direkt legitimieren können. Wissenschaft gibt hilfreiche, sachlich-technische Hinweise, mit welchen Mitteln und welchen Konsequenzen Handlungen erfolgen können. Man kann auf diese Weise Handlungen rational überprüfen – man kann sie aber nicht deduzieren. Folglich sollte kein Wissenschaftler lösen zu können vorgeben, was er als Wissenschaftler nicht lösen kann: grundsätzliche Sinnfragen, Normen und Wertentscheidungen: »Eine empirische Wissenschaft vermag niemanden zu lehren, was er soll, sondern nur, was er kann und – unter Umständen – was er will«.[27] In der Rezeptionsgeschichte hat dieser Aspekt eine immense Wirkung entfaltet. Sinn der Wissenschaft sei es, den Einzelnen zu befähigen, sich über die Umstände seines Handelns rational Rechenschaft zu geben – nicht, Werte zu setzen und damit Normen des Handelns hervorzubringen. Diese Prüfung sollte nach seinem eigenen Lebensideal so streng wie die Hingabe an die eigenen Ideale ernsthaft sein. War Weber damit zunächst bestrebt, einen »Kurzschluss«

zwischen Ethik und Politik auf der einen und Wissenschaft auf der anderen Seite zu vermeiden, so geht auf ihn auch das nicht minder berühmte Begriffspaar von »Gesinnungs-« und »Verantwortungsethik« zurück.

Vielzitiert ist Webers Bemerkung, Politik sei ein starkes langsames Bohren von harten Brettern mit Leidenschaft und Augenmaß zugleich. Er versteht das Politische wesentlich von Machtausübung und Herrschaft her. »Herrschaft« ist nach seiner berühmten Definition »die Chance [...], für spezifische (oder für alle) Befehle bei einer angebbaren Gruppe von Menschen Gehorsam zu finden«.[28] Drei reine Typen legitimer Herrschaft untersucht er:

> »[...] 1. rationalen Charakters: auf dem Glauben an die Legalität gesatzter Ordnungen und des Anweisungsrechts der durch sie zur Ausübung der Herrschaft Berufenen ruhen (legale Herrschaft), – oder 2. traditionalen Charakters: auf dem Alltagsglauben an die Heiligkeit von jeher geltender Traditionen und die Legitimität der durch sie zur Autorität Berufenen ruhen (traditionale Herrschaft), – oder endlich 3. charismatischen Charakters: auf der außeralltäglichen Hingabe an die Heiligkeit oder die Heldenkraft oder die Vorbildlichkeit einer Person und der durch sie offenbarten oder geschaffenen Ordnungen [ruhen] (charismatische Herrschaft).«

Der Legitimitätsbegriff ist hierbei ethisch wertneutral gedacht: er bezeichnet die auf Gründe gestützte Anerkennung. Wo stand Max Weber politisch? Er spielte eine bedeutende Rolle bei den Bemühungen, die Verfassung des deutschen Reiches nach dem im Ersten Weltkrieg offenkundig werdenden Versagen des »persönlichen Regimentes« des Kaisers Wilhelms II. mit Hilfe einer bürgerlich-mehrheitssozialistischen Koalition in eine parlamentarische Demokratie zu überführen. Weber lehnte zugleich die politische Theorie von Karl Marx ab. Er glaubte unter bestimmten Umständen an die Wirkungsmacht des Einzelnen in historischen Prozessen und verspottete jeden vulgärmarxistischen Glauben an einen geschichtsphilosophisch-politischen Determinismus. Am Versuch der Etablierung eines Gesellschafts- und Wirtschaftssystems unter Verstaatlichung der Produktionsmittel kritisierte er, dass die Herrschaft des Menschen über den Menschen nicht beseitigt werde und die Arbeiter von einer neuen mächtigen Bürokratenschicht kontrolliert werden würden – Einschätzungen, mit denen er Recht behalten hat. Gleichwohl war auch seine Einstellung zum Kapitalismus ambivalent. Einerseits dessen Anhänger, war er zugleich tief besorgt über die sich aus ihm ergebenden gesellschaftspolitischen Konsequenzen im Hinblick auf Menschenwürde und Entfaltung der Persönlichkeit.

Einen »spezifisch gearteten ›Rationalismus‹ der okzidentalen Kultur« sieht Weber auf ganzer kultureller Breite in Wissenschaft, Verwaltung und Staatsorganisation, Recht und Kunst, vor allem aber in der Wirtschaft, im Kapitalismus, am Werk. Während Marx versucht hatte, die Religion »ökonomisch [zu] deduzieren«, behauptete Weber: »Die rationale Lebensführung [...] ist geboren aus dem Geist der christlichen Askese«. In der Bewährung in der weltlichen Berufsarbeit und deren Ausmünzung in materiellem Erfolg konnte der Christ ein Zeichen göttlicher Erwählung sehen (vgl. den Calvinismus). Mit dem Abklingen der ursprünglich religiösen Motive sei ein rein profanes bürgerliches Berufsethos entstanden, das den Kapitalismus hervorbrachte.[29]

In diesen vieldiskutierten Arbeiten zur Religionssoziologie und zur »Unentrinnbarkeit« der Moderne im Zuge des von ihm konstatierten abendländischen Rationalisierungsprozesses scheint Weber bereits wesentlich weiter zu denken als die Vertreter einer bis weit in das 20. Jahrhundert hinein von Zweifeln kaum getrübten Wissenschaftsgläubigkeit; jedenfalls sah er die bürgerlichen und liberalen Ideale, denen er sich verbunden fühlte, durch einen universalen Transformationsprozess gefährdet. Dieser habe durch das Zusammenwirken zweier Faktoren die abendländische Zivilisation ergriffen: durch den Siegeszug der rationalen Wissenschaft und, in Verbindung damit, durch die ebenso abstoßende wie faszinierende »unwiderstehliche Gewalt, mit der der Kapitalismus, als eine schlechthin revolutionäre Gewalt, alle traditionalen gesellschaftlichen Ordnungen unwiderruflich zerstörte und rationale Interaktionssysteme an deren Stelle setzte, die einerseits ungeheure wirtschaftliche und gesellschaftliche Kräfte freisetzten, andererseits bürokratische Strukturen produzierten, die ihm die Vorboten einer ›neuen Hörigkeit der Zukunft‹ zu sein schienen« (MOMMSEN 10,33).

Weber redet jedoch nicht dem Fatalismus eines Freiheits-, Sinn- und Subjektverlustes das Wort. Subjektverantwortetes Handeln ist möglich, nämlich »an unsere Arbeit gehen und der ›Forderung des Tages‹ gerecht werden – menschlich sowohl wie beruflich«.[30]

12. Husserls Phänomenologie

Auch Edmund HUSSERL (1859–1938) ist bereits ein Philosoph zugleich des 20. Jahrhunderts. Geboren in Proßnitz (Mähren, heute Tschechien), besuchte Husserl das deutsche Gymnasium in Olmütz und studierte Mathematik und Philosophie in Leipzig, Berlin und Wien. Er führte ein Gelehrtenleben ohne besondere Ereignisse, war Professor in Göttingen und Freiburg. Hier war HEIDEGGER sein Schüler, dessen Verhalten gegenüber seinem Lehrer Husserl wie überhaupt in den ersten Jahren der nationalsozialistischen Herrschaft dem Regime Hitlers gegenüber nach wie vor

Gegenstand scharfer Kritik ist. 1936 wurde dem Juden Husserl die Lehrbefugnis entzogen; seine Schriften konnten nach Belgien in Sicherheit gebracht werden und erscheinen seither als *Husserliana.*

In den Jahren 1900/01 erschien Husserls erstes Hauptwerk, die *Logischen Untersuchungen.* 1913 kamen die *Ideen zu einer reinen Phänomenologie und phänomenologischen Philosophie* heraus. Vor allem aber der Titel des Aufsatzes *Philosophie als strenge Wissenschaft* von 1911 enthält im Grunde das Motto für Husserls Lebensarbeit. In unermüdlichem Schaffen suchte er mit seiner Philosophie eine rationale Letztbegründung des Wissens zu geben, um den sinnzersetzenden Psychologismus, Naturalismus, Historismus und Atheismus seiner Zeit zu widerlegen. Er wandte sich sowohl gegen den an den Naturwissenschaften orientierten »Naturalismus«, als auch gegen den aus den Geisteswissenschaften stammenden »Historizismus«. Ihnen gegenüber schlug er eine neue, dritte Vorgehensweise vor. Erster Schritt der phänomenologischen Methode ist es, der Welt gegenüber »Epoche« (ein Anhalten, Enthaltung) zu üben, das eine neue Art der Klärungsarbeit ermögliche. Auf diesem Wege lerne man einen »neuartigen Gegenstand« kennen, nämlich das »Eidos« oder das »reine Wesen«. Die »Wesensanschauung« oder »Ideation« soll den Weg »zu den Sachen selbst«, zu den »Phänomenen« eröffnen. Diese Phänomene sind nicht einfach äußere Erscheinungen, die sich im naturwissenschaftlichen Sinne beobachten ließen. Hierin unterscheidet sich Husserl von den Gründungsvätern der neuzeitlichen Naturwissenschaft. Husserl selbst weiß, dass »Ideen«, »Wesen«, »Wesenserkenntnisse« von diesen geleugnet werden. Er hat aber den Vorwurf zurückgewiesen, er kehre mit seiner Phänomenologie zu »platonischen Wesenheiten« zurück: »Der Bann des urwüchsigen

Naturalismus besteht auch darin, dass er es uns allen so schwer macht, ›Wesen‹, ›Ideen‹ zu sehen, oder vielmehr, da wir sie ja doch [...] beständig sehen, sie in ihrer Eigenart gelten zu lassen, statt sie widersinnig zu naturalisieren. Wesensschauung birgt nicht mehr Schwierigkeiten oder ›mystische‹ Geheimnisse als Wahrnehmung«.[31]

Gleichwohl dürfte die »Wesensschau« für einen naturwissenschaftlich orientierten Denker spekulativ und metaphysisch sein, für einen historisch denkenden gleichfalls hinterfragbar (Husserl hat sich erst gegen Ende seines Lebens mit der Geschichte auseinandergesetzt). Ungeachtet solcher Kritik üben Husserls Phänomenologie und ihre Weiterentwicklungen bis heute in der Philosophie und in den Geistes- und Sozialwissenschaften einigen Einfluss aus. Vor allem sind Max SCHELER, Eugen FINK, der Ästhetiker Roman INGARDEN, Ludwig LANDGREBE und die im Folgekapitel noch darzustellenden Spätfolgen der »Phänomenologie in Frankreich« (B. WALDENFELS) zu nennen. Gegenüber dem »rasenden Stillstand« und der Bilderflut unserer Medienwelt kann ein wirkliches Wahrnehmen und Sehen als aktuell wie nie angesehen werden. Für wichtige gegenwärtige Interessenten ist Phänomenologie kein letztgründiger Beschreibungsfundamentalismus scheinbar objektiver Evidenz, sondern eine auf sprachliche Vermittlungsleistungen, Imagination und kontrollierte Assoziation setzende Aufklärungsleistung gegenüber Szientismus und Datenobjektivismus wie zugleich gegenüber Subjektivismus und Irrationalismus. Gegen den nicht zuletzt von der »alten« Phänomenologie miterzeugten »Schein der Unmittelbarkeit« ist die sozial kommunikative Verfasstheit der Lebenswelt zu berücksichtigen, gegenüber dem abstrakten transzendentalen Ich das in den neueren Ausprägungen der Phänomenologie herausgestellte »Leibapriori«.

Wesentlich von der Phänomenologie geprägt war auch Edith STEIN. Geboren 1891, studierte sie in Breslau und Göttingen, promovierte bei HUSSERL und war dessen Assistentin. Ihre Doktorarbeit schrieb sie *Zum Problem der Einfühlung*. In der Festschrift zum 70. Geburtstag Husserls von 1929 konfrontierte sie Husserl Phänomenologie mit der Philosophie des THOMAS VON AQUIN. Trotz Unterstützung Husserls wurden ihr als Frau Habilitation und Universitätskarriere versagt. Die anfängliche Atheistin näherte sich immer mehr dem Christentum an und trat 1922 der katholischen Kirche sowie 1934 den Karmeliterinnen bei. Als Dozentin mit einem Spektrum von theologischen, philosophischen und pädagogischen Themen bis hin zu Frauenfragen war sie in Speyer und Münster tätig. Als Jüdin verfolgt, wurde Edith Stein aus dem holländischen Kloster Echt nach Auschwitz deportiert, wo sie, wahrscheinlich am 9. August 1942, ermordet worden ist. Die in mehreren Anläufen unternommene Gesamtausgabe ihrer Schriften umfasst bisher 18 Bände.

VII

Philosophische Richtungen im 20. und 21. Jahrhundert

»Die Philosophie des 20. Jahrhunderts ist ungewöhnlich reich an Ideen und ausgearbeiteten Theorien.« So beginnt Reiner WIEHL seine Einleitung zum Band über das 20. Jahrhundert in Reclams *Geschichte der Philosophie in Text und Darstellung*. Ein »epigonales Jahrhundert« nennt es dagegen Volker GERHARDT in einer zum symbolträchtigen Jahr 2000 gezogenen Bilanz in der *Zeitschrift für Didaktik der Philosophie und Ethik*, eine »Fortsetzung der Philosophie des 19. Jahrhunderts«.

Die folgende Darstellung möchte Materialien zum eigenen Urteil bereitstellen. Die Tatsache, dass dieses Kapitel das umfangreichste ist, trägt der immensen Ausweitung der akademischen Philosophie in Deutschland (und weltweit) in einem prosperierenden Staat vor allem seit den 1960er- und 1970er-Jahren Rechnung, aber auch rein technisch dem geringeren Abstand, der wichtige Konturen noch kaum deutlich erscheinen lässt. Damit ist keine Wertung zugunsten des 20. Jahrhunderts als eines besonders »philosophischen« verbunden.

Die Philosophie in Deutschland wie weltweit hat ungezählte Gesichter; sie steht im Zeichen vielfältiger Traditionen und Denkströmungen. Neben Austausch und Zusammenarbeit (WITTGENSTEIN und MOORE, HABERMAS und APEL, RITTER-Schule) haben auch Trennungen und Gegnerschaften die philosophische Szenerie des 20. Jahrhunderts stark bestimmt: Zu nennen wären die Kontroverse zwischen Ernst CASSIRER und Martin HEIDEGGER in Davos, ADORNOS Kritik an HEIDEGGERS »Jargon der Eigentlichkeit« bzw. BLOCHS Schimpfkanonaden gegen dessen »verfaulte« »animalisch-kleinbürgerliche Erlebnisphänomenologie«, der »Positivismusstreit« zwischen »Kritischem Rationalismus« und »Kritischer Theorie«, schließlich der »Streit um die Moderne« zwischen den Franzosen LYOTARD und DERRIDA auf der einen, Jürgen HABERMAS auf der anderen Seite.

Zugleich steht die Philosophie nicht im luftleeren Raum, sondern im Kontext eines ebenso erfolgreichen wie katastrophalen Jahrhunderts. Zwei verheerende Weltkriege, die Terrorregime von Kommunismus und Faschismus, der Holocaust und die atomaren Zerstörungen von Hiroshima und Nagasaki haben starke Auswirkungen auf die Philosophie gehabt und in ihren Hervorbringungen großen Widerhall gefunden. So stellt in Deutschland die Erfahrung der Verbrechen des Nationalsozialismus bittere Rückfragen an Humanismus und Bildung. Auch in der zweiten Jahrhunderthälfte spielen politische Verhältnisse eine Rolle. So engagieren sich in Amerika Intellektuelle gegen den Vietnamkrieg, spielt in Frankreich beim Bruch zwischen dem kritischeren CAMUS und Jean-Paul SARTRE das Verhältnis zum Kommunismus Moskauer Prägung eine große Rolle, stehen in Deutschland »Ritter-Schule« und »Kritische Theorie« einander bei der Bewertung der studentischen Protestbewegungen der 1960er-Jahre diametral gegenüber.

Schließlich stellen die ökologischen Krisen und die soziale Ungleichheit im Zeichen der Globalisierung auch die Philosophie vor wesentliche Herausforderungen. Das 20. Jahrhundert ist das Jahrhundert der wissenschaftlich-technisch und ökonomisch beschleunigten Zivilisation – von der Massenkultur und einer entsprechenden »Kulturindustrie« bis hin zu der immer häufiger beschworenen apokalyptischen Perspektive einer ihren Planeten und sich selbst zugrunde richtenden Menschheit.

1. Neue Metaphysik – neue Ontologie: Hartmann und Heidegger

Worin besteht die Faszination der Metaphysik über die Zeiten hinweg bis ins 20. Jahrhundert? Was für manchen nüchternen Menschen nur die substantialisierte Form eines Hilfsverb-Infinitivs ist – das »Sein« –, wurde und wird immer wieder als zutiefst fragwürdig empfunden: die berühmte Frage: »Warum ist überhaupt Seiendes, warum bin ich überhaupt?« Eine solche Denkweise wendet sich gegen die schlichte Erklärung des Seienden als kontingent, d. h. zufällig »da«. Hatte HEGEL noch einmal ein grandioses System aller Wirklichkeitsdeutung erbaut, so erfolgte nach seinem Tod gleichwohl der rapide Verfall der Metaphysik. »Der einzige wirkliche Fortschritt der Metaphysik seit Hegels Zeiten«, so mag ein solcher Kritiker denken, »war ihr Untergang«. Dem gegenüber steht freilich das Wort vom unaufhörlichen Ende der Metaphysik, von der die Philosophie offenbar doch nicht loskommt. Und so wird die Frage nach dem Sein auch im 20. Jahrhundert gestellt – unter anderem von Denkern, die zugleich in ganz anderen Bereichen wichtige Leistungen erbracht haben. So hatte etwa der englische Philosoph und Mathematiker Alfred North WHITEHEAD (geb. 1861 in Ramsgate, Kent, gest. 1947 in Cambridge, Mass., USA) zusammen mit Bertrand RUSSELL die moderne mathematische Logik begründet und, ebenfalls gemeinsam mit diesem, von 1910 bis 1913 die *Principia Mathematica* geschrieben, das Jahrhundertbuch dieser Branche – um sich dann dezidiert metaphysischen Fragen zuzuwenden, getreu dem Programm seines berühmt gewordenen Satzes, dass die gesamte europäische Philosophie aus einer Reihe von Fußnoten zu Platon bestehe.

Unter dem Begriff der »Ontologie« (aus dem Griechischen: Lehre vom Sein), der eine Tradition seit dem 17. Jahrhundert hat, werden im 20. Jahrhundert aber vor allem HEIDEGGERS »Fundamentalontologie« und die »kritische Ontologie« von Nicolai HARTMANN diskutiert. In Deutschland ist die Entwicklung der Ontologie im 20. Jahrhundert bestimmt durch die Rivalität dieser beiden Positionen.

Nicolai HARTMANN (1882–1950) war ein in Riga geborener Baltendeutscher. Er studierte in Dorpat, St. Petersburg (wo ihn der Revolutionsversuch von 1905 aufstörte) und Marburg und wurde schließlich Professor in Marburg, Köln, Berlin (1931–45), Göttingen. Hartmann habilitierte sich als Schüler der Neukantianer Hermann COHEN und Paul NATORP 1909 in Marburg mit einer Arbeit zu *Platons Logik des Seins.*

Unter dem Eindruck HUSSERLS sowie Max SCHELERS wandte er sich dann aber vom logizistischen Neukantianismus ab, indem er an die Stelle eines erkenntniskritischen Ausgangspunktes (nämlich KANTS) seinen Ansatz wieder im Geiste der vorkantischen Tradition bei einer *Metaphysik der Erkenntnis* (so der Buchtitel von 1921) nahm. Mit seiner Schrift *Zur Grundlegung der Ontologie* von 1935 wollte Hartmann, wie er erklärte, dem »Zwang einer mindestens 150-jährigen, traditionsfest gewordenen Denkgewohnheit« entgegenwirken und demonstrieren, »dass Erkennen nicht ein Erschaffen, Erzeugen oder Hervorbringen des Gegenstandes ist, wie der Idealismus alten und neuen Fahrwassers uns belehren will, sondern ein Erfassen von etwas, das auch vor aller Erkenntnis und unabhängig von ihr vorhanden ist«.[1] Zur weiteren Ausprägung seiner durch KANT hindurchgegangenen »neuen« Ontologie arbeitete Hartmann eine komplexe Kategorienlehre für alles Seiende aus. In dem vierbändigen Werk *System der Ontologie* gliederte er die Welt in einen Aufbau aus vier Schichten: Anorganisches, Organisches, Seelisches und Geistiges. Der »Scheler-Hartmannsche Wertehimmel« ist in philosophischen Debatten als Bezeichnung für eine »materiale Wertethik« im Blick auf die »Absolutheit echter ethischer Maßstäbe«[2] sprichwörtlich geworden.

Während Hartmann freilich sonst nur noch vereinzelt gelesen und erwähnt wird, machte HEIDEGGER Epoche. An ihm scheiden sich bis heute die Geister. Der Gestus seines ebenso radikalen wie fundamentalen Denkens fasziniert ungebrochen seit dem Erscheinen des Jahrhundertbuchs *Sein und Zeit* (1927). Andererseits ruft Heidegger entschiedene Ablehnung hervor. Er habe sich in »Sätzen von dunklem Zauber« in die »Katakomben der Ontologie« geflüchtet, heißt es, und »das zur leeren Geste erstarrte Seinsdenken« sei nicht vermittelt mit dem zwar endlichen, aber an sich und seiner Welt arbeitenden Menschen.

Martin HEIDEGGER wurde 1889 in Meßkirch (Baden) geboren; er starb 1976 in Freiburg im Breisgau. Nach dem Studium (zunächst Theologie) war er 1923–28 Professor in Marburg, von 1928 bis 1945 in Freiburg; dann wurde er von den Alliierten seiner Stellung enthoben. Erst 1951 kehrte er auf seinen Lehrstuhl zurück. In Todtnauberg (Schwarzwald) steht an einem Hang die berühmte Heidegger-Hütte, wo in der (damaligen) Einsamkeit der philosophische Gedanke sozusagen einfach und wesentlich wurde. Heidegger war in Freiburg ein Schüler HUSSERLS, dessen Phänomenologie er aber, nicht ohne Einfluss DILTHEYS und KIERKEGAARDS, zu einer völlig neuen und bis dahin unerhörten Art von Philosophie umbildete.

Heidegger galt zunächst als Existenzphilosoph in der Tradition Kierkegaards, bevor er zum Fundamentalontologen wurde. In die Marburger Zeit fällt ein Verhältnis mit Hannah ARENDT.

Hannah ARENDT (geboren 1906 in Hannover, gestorben 1975 in New York, Kindheit in Königsberg, Studium bei HUSSERL, HEIDEGGER und JASPERS, über Paris Emigration in die USA) hat u. a. in ihren *Elementen und Ursprüngen totalitärer Herrschaft* eine Theorie des Faschismus gegeben. Die Bekanntschaft von Arendt und Heidegger wurde auch nach dem Kriege fortgesetzt. Die kosmopolitische, emanzipierte Jüdin bildet dabei einen eigenartigen Kontrast zu dem bodenständigen Schwarzwaldwanderer, der aufgrund seiner mangelnden Englischkenntnisse nicht die Aufsätze lesen konnte, die sie ihm später schickte.[3]

Sein und Zeit. In seinem Hauptwerk *Sein und Zeit* (1927) greift HEIDEGGER in – seinem Selbstverständnis nach – gänzlich neuer Weise auf ein Thema der klassischen Metaphysik zurück: auf die Frage nach dem Sinn von Sein. Wir sehen immer nur »Seiendes«, das Sein wird auf ein dinglich Vorhandenes reduziert. Wir stellen uns nicht die Frage nach dem Sein hinter allem Seienden selbst. Diese radikalisierte und fundamentalisierte Seinsfrage ist gegenüber der »Seinsvergessenheit« in der Geschichte der Philosophie von ihren griechischen Wurzeln her zuallererst wieder freizulegen. Der Weg zur Seinsanalyse aber führt für Heidegger, zumindest anfangs, über die Daseinsanalyse und damit über den Menschen in seinem Alltag. Am Anfang des 27. Paragraphen von *Sein und Zeit* heißt es:

> »In der Benutzung öffentlicher Verkehrsmittel, in der Verwendung des Nachrichtenwesens (Zeitung) ist jeder Andere wie der Andere. Dieses Miteinandersein löst das eigene Dasein völlig in die Seinsart »der Anderen« auf, so zwar, dass die Anderen in ihrer Unterschiedlichkeit und Ausdrücklichkeit noch mehr verschwinden. In dieser Unauffälligkeit und Nichtfeststellbarkeit entfaltet das Man seine eigentliche Diktatur. Wir genießen und vergnügen uns, wie *man* genießt, wir lesen, sehen und urtei-

len über Literatur und Kunst, wie *man* sieht und urteilt; wir ziehen uns aber auch vom »großen Haufen« zurück, wie *man* sich zurückzieht; wir finden »empörend«, was *man* empörend findet. Das Man, das kein bestimmtes ist und das Alle, obzwar nicht als Summe, sind, schreibt die Seinsart der Alltäglichkeit vor.«

Das Man übt eine alles einebnende Herrschaft aus: »Jeder ist der Andere und keiner er selbst«. Nur die Besinnung auf die Existenz (vgl. auch JASPERS), nur ein Sprung in die »Eigentlichkeit« kann helfen, von der Herrschaft des Man (der »Masse«) wegzukommen. Zur eigentlichen Existenz des Menschen führen und gehören die »Existenzialien«: vor allem die Angst (nicht als umgangssprachliche »Furcht« zu verstehen), Geworfenheit, In-der-Welt-Sein, Sorge, Sein zum Tod. Hält man sich diese Einsicht vor Augen, dann ist nichts mehr so, wie es war. Sie ist allerdings nicht die willentliche Arbeit eines mündigen Subjekts, sondern »Geschehen«. Diese Wendung weg vom Dasein des Menschen hin zum »Sein« ist als die »Kehre« Heideggers berühmt geworden. Mit imponierender Hartnäckigkeit und großem Ernst geht es Heidegger nun immer wieder um das Sein des Seins – das Geschick nicht nur des Abendlandes, nein: Heil und Unheil einer Menschheit, die ihren Planeten ruiniert, hängen davon ab. Seit HEGEL ist von der Philosophie nicht mehr so großartig gedacht worden – was Wunder, dass sein Denken provoziert hat wie wohl sonst kaum eines im 20. Jahrhundert?

Der Kunstwerkaufsatz. Am Beispiel des recht verstandenen Wesens des Kunstwerkes lässt sich vielleicht verstehen, »wie Wahrheit zum Leuchten kommt«. In seinem Aufsatz *Über den Ursprung des Kunstwerkes* von 1935/36 fragt HEIDEGGER nicht nach Kunstmarkt, Kunstbetrieb und Warenwert der Kunst. Was er zu sagen hat, steht über einer empirischen, soziologischen oder überhaupt wissenschaftlichen Herangehensweise an die Kunst und auch jenseits aller bisherigen Begriffe von Ästhetik überhaupt. Obwohl ein Gemälde den konkreten Ausgangspunkt der Überlegungen im *Kunstwerkaufsatz* bildet, dienen die im weiteren unternommenen Bestimmungen nicht der ästhetischen Dimension menschlichen Weltverhältnisses im allgemeinen Verstande, sondern dem Ansatz fundamentalontologischer Überbietung der von Heidegger inkriminierten Metaphysik:

> »Was geschieht hier? Was ist im Werk am Werk? Van Goghs Gemälde ist die Eröffnung dessen, was das Zeug, das Paar Bauernschuhe, in Wahrheit ist [...] Wir sagen Wahrheit und denken wenig genug bei diesem Wort. Im Werk ist, wenn hier eine Eröffnung des Seienden geschieht in das, was und wie es ist, ein Geschehen der Wahrheit am Werk. Im Werk der Kunst hat sich die Wahrheit des Seienden ins Werk gesetzt [...]. So wäre dann das Wesen der Kunst dieses: das Sich-ins-Werk-Setzen der Wahrheit des Seienden.«[4]

Die Debatte in Davos. Im Jahre 1929 kam es in Davos zu einer philosophischen Disputation zwischen dem kompromisslosen, als Vertreter eines Neuen und als Sieger in der Debatte empfundenen HEIDEGGER und dem moderaten »Olympier« Ernst CASSIRER.[5] Fachphilosophisch ging es um KANT, den Heidegger (*Kant und das Problem der Metaphysik*, 1929) ganz anders zu interpretieren wünschte als die Neukantianer, in deren Tradition Cassirer stand. Dieser Disput von 1929 hatte aber unterschwellig eine andere, politisch interpretierte Bedeutung. Noch immer stand Deutschland unter dem Schock des verlorenen Ersten Weltkrieges. Die bürgerlich-kulturellen Sicherheiten des 19. Jahrhunderts waren verloren. Kulturpessimismus und die lebensphilosophischen Sehnsüchte nach einem »Echten« und »Eigentlichen«, irrationale Unterströmungen schon im 19. Jahrhundert, erlangten jetzt neue Aktualität. Die Weimarer Republik, verhängnisvoll belastet durch den Druck der Sieger und wirtschaftliche Probleme, versprühte keine Faszination. Vage Mythen von einem »neuen Reich« und ein »Ahnden« und Hoffen auf charismatische Kräfte waren für viele eine leichtere und interessantere Option als die Arbeit an Vernunft und Diskursivität. Cassirer hatte sich als einer von nicht eben vielen Ordinarien zur Republik bekannt. Heidegger dagegen verachtete die Weimarer Demokratie und ließ sich, wohl in der Absicht, ein neues kommendes »Großes« mitzugestalten (»Den Führer führen«), nur vier Jahre später als Parteimitglied auf ein Engagement für denselben Nationalsozialismus ein, der Cassirer ins Exil trieb.

Metaphysik, Wissenschaft und Technik. Für den späteren HEIDEGGER sind Metaphysik, Wissenschaft und Technik Ausdruck seinsgeschichtlichen Verfalls und »kein ursprüngliches Geschehen der Wahrheit«.[6] Wohl erklärt er, die Berechtigung methodisierten wissenschaftlichen Zugreifens anzuerkennen, behauptet aber für ein von diesem unüberbrückbar unterschiedenes eigentliches »Denken« einen vorgängigen Zugang zum »Wesen« der Dinge. Zu jenem »Eigentlichen« gibt es für Heidegger methodisch keinen Zugang, den wir »erzwingen« oder »erfinden« könnten. Seit den 50er-Jahren hat Heidegger besonders zum Thema »Wissenschaft und Technik« Stellung bezogen. In West wie Ost sieht er eine Entwicklung zur Selbstzerstörung des Menschen, die er der neuzeitlichen Wissenschaft und Technik als Folge jenes verhängnisvollen Wirkens der Metaphysik seit PLATON zuschreibt.

Um Heideggers Aussagen zur Technik zu verstehen, muss man davon ausgehen, dass sie für ihn nicht einfach instrumental ein »Mittel zum Zweck« ist. Trotz der scharfen Auseinandersetzung seines Antipoden Theodor W. ADORNO mit dem »Jargon der Eigentlichkeit« sind er und Heidegger in der Theorieanlage nicht derart weit voneinander entfernt, wie man zunächst denken möchte: Beide deuten die Geschichte unter den Leitbegriffen »Wissenschaft« und »Technik« verfallstheoretisch. Bei allen Unterschieden zu Heidegger und Polemiken gegen ihn zielt auch die »negative Metaphysik« ADORNOS auf das, »was die Metaphysik immer schon gemeint und immer schon verfehlt« hat.[7] Wo aber in beiden Positionen noch eine letzte Heilsperspektive aufscheint, im »Denken im Gehorsam des Seins« oder im »Licht der Erlösung«, da sind diese Perspektiven paradox verschlüsselt und für einen praktischen Umgang mit den Technikfolgen kaum einholbar. So wurzelt Heideggers Ansatz in einer sich dem Menschen entziehenden Dimension, aus der sich eine Ethik bzw. gar Handlungsanweisungen nicht gewinnen lassen – »Nur noch ein Gott kann uns retten«.[8] Diese Kritik galt vor allem auch dem amerikanisierten Westen; angesichts der gegenwärtigen Massenmedien-Kultur hätte Heidegger sich sicherlich bestätigt gefühlt.

Die Sprache als »Haus des Seins«. Viel diskutiert ist HEIDEGGERS besonderer, ebenso gewaltsamer wie eindringlicher Umgang mit der Sprache, der bei der Lektüre seiner Werke sofort ins Auge springt. Nur eine neue Sprache ist offenbar dem fundamentalen Neuansatz seines Philosophierens angemessen. Für Heidegger ist es eine falsche Art der Sprachbetrachtung, wenn man mit den Kategorien von Subjekt und Objekt – diesen »ungemäßen Titeln der Metaphysik« und mit »Grammatik« und »Logik« sich der Sprache »bemächtigt«. Die »Befreiung der Sprache aus der Grammatik in ein ursprünglicheres Wesensgefüge« ist dagegen »dem Denken und Dichten aufbehalten«. Was unter einer solchen Vorgabe zur Sprache zu sagen ist, kann freilich »nicht mehr bloß Sprachphilosophie« sein, und Sprache darf nicht als ein Instrument der Herrschaft über das Seiende aufgefasst werden. Soll vielmehr »der Mensch noch einmal in die Nähe des Seins finden, muss er zuvor lernen, im Namenlosen zu existieren [...]. Der Mensch muss, bevor er spricht, erst vom Sein sich wieder ansprechen lassen«. Die Sprache kommt »nur zum Sprechen des Menschen, wenn dieses Sprechen das ›Wesen‹ der Sprache zu ›erschweigen‹ vermag« (PÖGGELER). Im berühmten Bild von der Sprache als »Haus des Seins« und dem Menschen als »Hüter« wird deutlich, dass die Sprache in besonderer Weise zur Evozierung der »Wahrheit des Seins« und als »Gegenmodell« gegen einen methodisch-konstruktiven Erkenntnismodus wichtig ist. Kritische Stimmen behaupten, nach Heideggers fester Überzeugung sei neben dem Altgriechischen eigentlich nur die deutsche Sprache dazu fähig, und er selbst spricht das noch im berühmten »Spiegel-Interview« recht deutlich aus.

Humanismuskritik. In dem berühmten *Brief über den Humanismus*, gerichtet an »Jean Beaufret, Paris«, unternimmt HEIDEGGER schließlich eine radikale Destruktion traditioneller Vorstellungen des Subjekts und des Humanismus. Dieser verstelle die Frage nach dem Sein und sei zu einem Teil der »Seinsvergessenheit« geworden, indem er den Menschen für die Mitte seiner Welt halte, statt den Blick auf die Wahrheit des Seins zu richten:

> »Der Mensch ist [...] vom Sein selbst in die Wahrheit des Seins ›geworfen‹, dass er, dergestalt ek-sistierend, die Wahrheit des Seins hüte, damit im Lichte des Seins das Seiende als das Seiende, das es ist, erscheine. Ob es und wie es erscheint, ob und wie der Gott und die Götter, die Geschichte und die Natur in die Lichtung des Seins hereinkommen, an- und abwesen, entscheidet nicht der Mensch. Die Ankunft des Seienden beruht im Geschick des Seins.«[9]

Der Versuch Heideggers, die seinsvergessene Metaphysik in der »Fundamentalontologie« noch einmal mit großer

Sprachkraft »meta-metaphysisch« zu überbieten, resultiert aus der Befürchtung, der methodisierte Zugriff verstelle gerade den Blick auf das Eigentliche. Jedoch »fragt sich, ob das Suchen nach der einen Wurzel, das Bestehen auf der einen Frage, die Dramatik der einen Seinsgeschichte nicht selber noch im Denkstil spekulativ und deshalb metaphysisch sind [...]. Heideggers Problematisierung der Metaphysik hat jedoch den prekären Status dieser Metaphysik offengelegt, die Philosophie vor allem auf die nötige Selbstbeschränkung verwiesen. In jedem Fall bleiben metaphysische Fragen auch nach dem Ende der Illusionen, denen die metaphysische Tradition einmal anhing«.[10]

Heideggers Denken ist zweifellos in der Gegenwart einflussreich; freilich wirkt es weniger durch seinen fundamentalontologischen Totalanspruch, als vielmehr auf solche Richtungen ein, die ihrerseits mit derlei Ansprüchen nichts mehr zu tun haben wollen. Vor allem Heideggers Humanismuskritik ist philosophiegeschichtlich folgenschwer geworden. Dabei entstand auch die Frage, ob es eine Affinität gebe zwischen einem solchen Gestus und seinem Engagement für den Faschismus, das Heidegger freilich lange vor dessen desaströsem Ende korrigierte. Als Heideggers nationalsozialistische Verstrickung Ende der 1980er-Jahre neu aufgerollt wurde, konnte man den Eindruck gewinnen, dass dies in Frankreich größeres Aufsehen erregte als in Deutschland. Jacques Derrida und andere Theoretiker der »Postmoderne« verdankten Heidegger entscheidende Anregungen.

2. Existenzphilosophie: Sartre, Camus, Jaspers

Existenzphilosophie heißt, radikal und bewusst nach dem menschlichen Dasein zu fragen und dieses in seiner Besonderheit, was auch heißt: in seiner Endlichkeit und Gebrochenheit, zu erfahren. Hauptvertreter der Existenzphilosophie ist in Deutschland neben dem zumindest zeitweise dazugehörigen HEIDEGGER der Philosoph Karl JASPERS, in Frankreich sind es SARTRE und CAMUS (Existentialismus) sowie Gabriel MARCEL (1889–1973), der anders als seine französischen Kollegen eine religiöse Existenzphilosophie vertrat.

Karl JASPERS, geboren 1883 in Oldenburg, war zunächst Privatdozent für Psychologie in Heidelberg, dann eben dort Philosophieprofessor. 1937 seiner jüdischen Frau wegen amtsenthoben, noch 1945 dem bereits geplanten Abtransport durch den Einmarsch der Amerikaner nach Heidelberg nur knapp entkommen, erhielt er 1945 seinen Lehrstuhl zurück, verließ aber 1948 die Bundesrepublik und wurde Professor in Basel. Er starb dort im Jahre 1969.

Jaspers wurde lang mit Martin Heidegger als Vertreter der deutschen Existenzphilosophie gehandelt, bevor eine deutlich andere Ausrichtung Heideggers sichtbar wurde. Im Vergleich zu Heidegger füllt Jaspers eine ganz andere gesellschaftlich-politische Rolle aus. Er galt in den ersten Jahren der Bundesrepublik als philosophisch-politische Instanz, etwa durch seine Schriften zur *Schuldfrage* (1946) und *Wohin treibt die Bundesrepublik?* (1966), die gegenüber einer bequemen Pauschaldämonisierung des Nationalsozialismus wie gegenüber der Parteiendemokratie an die Mitverantwortlichkeit des Einzelnen in Politik und Gesellschaft erinnerten. Mit der Schrift *Die Atombombe und die Zukunft der Menschheit* (1958) gab Jaspers dieser Reflexion einen noch weiteren Rahmen.

Jaspers schrieb zu *Nietzsche* (1936), *Descartes* (1937), *Schelling* (1955) und über die *Großen Philosophen* (1957) überhaupt. Vor allem aber erschien 1932 seine *Philosophie* in drei Bänden, eines der Hauptwerke der deutschen Existenzphilosophie. Jaspers möchte darin zunächst der Wissenschaft ihr Recht geben, die in ihrer vergegenständlichenden Betrachtungsweise aber über den Sinn des Lebens nichts aussagen kann. Ein wahrhaft philosophisches Denken ermöglicht dagegen eine Existenzerhellung, die über die Erfahrung von Grenzsituationen (Tod, Leiden, Schuld) zu einer Vergewisserung der eigenen Existenz als eines einmaligen und selbständigen Individuums führt (und auch zum Glauben an die Existenz Gottes, vgl. *Der philosophische Glaube*, 1948; *Chiffren der Transzendenz*, postum 1970). Was der Mensch eigentlich sein kann, ist mit seinem einfachen Dasein noch nicht gegeben – es ist vielmehr eine Aufgabe.

In seinem geschichtsphilosophischen Werk *Vom Ursprung und Ziel der Geschichte* (1949) entwickelt Jaspers den bekannt gewordenen Gedanken einer in China, Indien, Griechenland usw. in etwa gleichzeitig statthabenden »Achsenzeit« in der Menschheitsgeschichte, die er zwischen 800 und 200 v. Chr. datiert.

> Das kulturgeschichtlich Neue dieser Achsenzeit ist, »dass der Mensch sich des Seins im Ganzen, seiner selbst und seiner Grenzen bewusst wird. Er erfährt die Furchtbarkeit der Welt und die eigene Ohnmacht. Er stellt radikale Fragen. Er drängt vor dem Abgrund auf Befreiung und Erlösung. Indem er mit Bewusstsein seine Grenzen erfasst, steckt er sich die höchsten Ziele. Er erfährt die Unbedingtheit in der Tiefe des Selbstseins und in der Klarheit der Transzendenz« (ebd., 20).

Buddha, die griechischen Philosophen, selbst die Propheten in ihrem neuen Gottesgedanken: sie alle sind Überwinder des zuvor herrschenden Mythos; der Logos steigt auf, eine »Vergeistigung« des Menschseins greift Platz.

Jean-Paul SARTRE (1905–1980) war nach Studien an der »Ecole Normale Supérieure« Lehrer am Gymnasium in Le Havre sowie am Pasteur- und Condorcet-Gymnasium in Paris, besuchte Deutschland und geriet später in deutsche Kriegsgefangenschaft. Er lebte dann als freier Schriftsteller und erlangte schließlich den Ruf, einer der glänzendsten Intellektuellen des 20. Jahrhunderts zu sein. Angeregt durch die deutsche Existenzphilosophie, vertrat der Lebensgefährte von Simone de BEAUVOIR einen neuen, atheistischen Humanismus in einer absurden und ekelerregenden, aber als Aufgabe zu begreifenden Welt. Während des Zweiten Weltkriegs im Widerstand gegen die deutsche Besetzung, verstand Sartre sich stets sehr politisch und setzte sich oftmals zugunsten der äußersten Linken ein, auch in Deutschland. Den Nobelpreis lehnte er 1964 ab.

Sartre schrieb Romane wie *Der Ekel* (1938), in dem er der neuen besonderen Lebenserfahrung auf den Grund zu gehen sucht:

> »Es gibt Tage, die sich ungeordnet aneinander drängen, und dann, plötzlich, Lichtblicke wie diesen. Nichts hat sich verändert, und doch existiert alles auf andere Art. Ich kann es nicht beschreiben; das ist wie der Ekel, und doch ist es genau das Gegenteil: endlich erlebe ich ein Abenteuer, und wenn ich mich befrage, begreife ich, dass *ich erlebe, dass ich ich bin und dass ich hier bin; ich bin es*, der die Nacht durchfurcht.«[11]

Sartre schrieb ferner Dramen wie *Die Fliegen*, 1943 (»Die Menschen sind frei – aber sie wissen es nicht«), *Geschlossene Gesellschaft*, 1944 (»Die Hölle – das sind die anderen«)

und *Die ehrbare Dirne* (1946) sowie das Drehbuch zu dem Spielfilm *Les jeux sont faits* (*Das Spiel ist aus*) von 1947, in dem er demonstriert, gegen welchen Determinismus, gegen welche Vorherbestimmtheit der Existentialismus sich wendet.

> Pierre, ein Revolutionär aus dem Arbeitermilieu, und Eve, eine Dame der Gesellschaft, sterben beide zur gleichen Stunde durch Gewalt. In der Welt der Schatten verlieben sie sich. Eine höhere Instanz erklärt ihren Tod zum Irrtum, sie seien füreinander bestimmt gewesen. Für eine Probezeit dürfen sie noch einmal zu den Lebenden zurück: Sie müssen zueinander finden und ihre Liebe über alles andere stellen. Aber die Zwänge ihres ersten Lebens und die gesellschaftlichen Unterschiede sind zu stark. »Sie verlieren ihr zweites Leben an die Unfreiheit des ersten«.[12]

Gegen Ende seines Lebens wurde Sartre zum Literaturwissenschaftler, mit einer interessanten Untersuchung über einen der wichtigsten französischen Dichter des 19. Jahrhunderts: *L'idiot de la famille – Gustave Flaubert* (1971).

Sartres Hauptwerk *Das Sein und das Nichts* von 1943 ist als Pendant zu und Wirkung von HEIDEGGERS *Sein und Zeit* (1927) bezeichnet worden. Einer der wirkungsmächtigsten und nach wie vor lesenswertesten philosophischen Texte des 20. Jahrhunderts ist aber vor allem Sartres berühmter Essay *Ist der Existentialismus ein Humanismus?* von 1946, der seine Auffassungen pointiert zusammenfasst. Für Sartre ist in der Tat der »Existentialismus ein Humanismus«, »weil wir den Menschen daran erinnern, dass es außer ihm keinen andern Gesetzgeber gibt und dass er in seiner Verlassenheit über sich selber entscheidet; und weil wir zeigen, dass [...] durch Suche nach einem Ziel außerhalb seiner, welches diese oder jene Befreiung, diese oder jene besondere Verwirklichung sein wird – dass dadurch der Mensch sich als humanes Wesen verwirklichen wird«. Der Mensch ist »Überschreitung«; er ist »immer neu zu schaffen«.[13] Sartre will in der Bestimmung menschlicher Lebensformen nicht von der »Essenz«, d. h. vom Menschen als einem von Gott geschaffenen und damit sozusagen »festgelegten« Wesen, sondern von der »Existenz«, der »Ichheit«, der »Freiheit«, der »Tat« ausgehen. Sartre erklärt am Beispiel eines Papiermessers (das mancher vielleicht noch als Brieföffner vor sich liegen hat und das man vor allem damals zum Aufschneiden von Buchseiten benutzen musste), wie dort die Essenz der Existenz vorangeht. Es ist vom Handwerker genau zu diesem Zweck hergestellt, komplett determiniert und vorherbestimmt. Der Mensch dagegen ist zur Freiheit »verurteilt«. Von dieser Verantwortung zur Selbstgestaltung kann er sich nicht unter Berufung auf determinierende Mächte entlasten. Die Freiheit, Entscheidungen zu treffen, ist deshalb keine Beliebigkeit, sondern eher eine große Bürde. Man kann freilich Sartres Freiheitsbegriff als Ideologem und Überforderung kritisieren. In seiner *Kritik der dialektischen Vernunft* (1960) näherte Sartre sich später dem Marxismus an. Gegenstand der Theorie ist nun nicht mehr so sehr der Einzelmensch, sondern der Mensch im gesellschaftlichen Umfeld.

Simone de Beauvoir (1908–1986), Tochter aus gutem Hause, war wie Sartre Absolventin der Eliteschule »Ecole Normale Supérieure«. Sartre bestand das Abschlussexamen als Erster, Beauvoir als Zweite und der befreundete Jean Hyppolite, späterer Hegel-Kenner und Übersetzer der *Phänomenologie des Geistes*, als Dritter. Simone de Beauvoir, eine der für die Frauenbewegung wie für die Linke bedeutendsten Frauen, schrieb mit aufwändigem historischem und theoretischem Hintergrund über die Beziehungen der Geschlechter, vor allem in ihrem Buch *Das andere Geschlecht* (1949). Dieses wurde zu einem Grundwerk in der Entwicklung des Feminismus, der für sie allerdings zunächst etwas gewesen zu sein scheint, das sich bei richtigem politischen Engagement von selbst erledigte.[14] Als »Cérémonie des Adieux« hat sie Sartres Sterben beschrieben.

Mit dem Erfolg der »Analytischen Philosophie«, der »Kritischen Theorie« (die den Existentialismus Sartres schlicht ignoriert hat), schließlich mit dem Aufstieg von Strukturalismus und »Postmoderne« zu Modephilosophien trat die Beschäftigung mit Sartres Philosophie in Deutschland und anderswo in den Hintergrund, während das Interesse an seiner Person und seinem politischen und privaten Handeln (Résistance, unkritisches Verhältnis zu Stalin, Beziehung zu Simone de Beauvoir) eher noch zugenommen hat.

Auch Albert CAMUS (geb. 1913 in Mondovi, Algerien, 1957 Nobelpreis für Literatur, gest. 1960 in Villeblevin bei einem Autounfall), französischer Schriftsteller (*Der Fremde*, 1942; *Die Pest*, 1947) und existentialistischer Philosoph, bestimmte den Menschen jenseits traditioneller Sinngebungsversuche seiner Existenz. In seinen faszinierenden Romanen wie in den fast kultisch vielgelesenen philosophischen Schriften, vor allem im *Mythos von Sisyphos* traf Camus den Nerv des Zeitgeistes ebenso, wie er ein zeitloses Lebensgefühl anspricht: Der Mensch muss sich als endlich und sterblich erfahren, aber gerade angesichts des »Absurden« ohne Resignation als Mensch sich behaupten. In einem Kosmos, der kaum noch »für uns« eingerichtet erscheint, sah in einem berühmt gewordenen und vielzitierten Bild auch der französische Molekularbiologe und Naturphilosoph Jacques MONOD (1910–1982) im Menschen nicht mehr Maß und Zentrum der physikalischen Schöpfung, sondern einen »Zigeuner am Rande des Universums«, »das für seine Musik taub ist und gleichgültig gegen seine Hoffnungen, Leiden oder Verbrechen«.[15] Das Absurde ist sozusagen das Lebensgefühl des mit solchen Einsichten konfrontierten Jahrhunderts, denn dieser Begriff verweist auf das Missverhältnis zwischen unseren Vorstellungen von Vernunft und Gerechtigkeit und einer gleichgültigen und sinnlosen Welt:

> »Das Gefühl der Absurdität kann einen beliebigen Menschen an einer beliebigen Straßenecke anspringen. [... Dann] stürzen die Kulissen ein. Aufstehen, Straßenbahn, vier Stunden Büro oder Fabrik, Essen, Straßenbahn, vier Stunden Arbeit, Essen, Schlafen, Montag, Dienstag, Mittwoch, Donnerstag, Freitag, Samstag, immer derselbe Rhythmus – das ist sehr lange ein bequemer Weg. Eines Tages aber steht das ›Warum‹ da, und mit diesem Überdruss, in den sich Erstaunen mischt, fängt alles an.«

Die tragisch-pathetische Sicht des Menschen, die Camus offeriert, gipfelt in der Aufnahme des Bildes von den Leiden des antiken Heros Sisyphos, der unablässig einen Felsblock einen Berg hinaufzuwälzen hat, von dessen Gipfel der Stein jedes Mal von selbst wieder herunterrollt (*Mythos von Sisyphos*, 15 f., 98 ff.).

Durch den von SARTRE mit inaugurierten und zugelassenen Verriss von Camus' zweitem großen philosophischen Buch *Der Mensch in der Revolte* (1951) in der vormals gemeinsamen Zeitschrift *Les Temps Modernes* kam es zum endgültigen Bruch zwischen diesen beiden berühmtesten Intellektuellen im Frankreich der Jahrhundertmitte. Was Camus sagte, war pathetisch, anarchistisch, auch irrational. Sartre dagegen, der sein existentialistisches Menschenbild nicht umsonst mit marxistischer Theorie aufgerüstet hatte, schien zugunsten seiner politischen Aktionsfähigkeit auch mit den Kommunisten Moskaus Kompromisse machen zu wollen. Was damals Camus theoretisch wenig anschlussfähig erscheinen lassen mochte, hat man nach dem Ende des Kommunismus in einem Rückblick auf den Streit als die größere Unabhängigkeit eines Denkens interpretiert, das schärfer sah als Sartres, das nur einen wirklich kritischen Marxismus gelten ließ und auch vor dem real existenten Sozialismus nicht verstummte.

3. Sprachanalytische Philosophie und Pragmatismus: Neue Schlüssel zu alten Problemen?

Im 20. Jahrhundert gewinnt die *Sprache* eine niemals zuvor dagewesene zentrale Funktion in der Philosophiegeschichte. Theoreme und Betrachtungsweisen aus der Sprachreflexion werden zum »Theoriengenerator« der Philosophie überhaupt, ja, die Sprachphilosophie wird zum »Schlüssel«, mit dem man die jahrhundertelang verschleppten Probleme nun endlich lösen zu können glaubt. Die Hinwendung zur Sprache, der so genannte »linguistic turn«, steht im Zentrum des Denkens einer ganzen geistesgeschichtlichen Epoche. Vor allem aber hat die kritische Analyse der Sprache einer Hauptströmung des Philosophierens im 20. Jahrhundert, nämlich der »(Sprach-)Analytischen Philosophie«, ihren Namen gegeben. Man unterscheidet gemeinhin drei Phasen dieser Richtung, nämlich eine frühe Entstehungsphase, eine zweite Phase, in deren Verlauf, weitgehend identisch mit dem wissenschaftstheoretischen Programm des »Logischen Positivismus«, die Konstruktion einer idealen Sprache gefordert wurde, und eine dritte Phase, in der es mehr um eine Analyse der tatsächlich vorhandenen Sprache ging.

Entstehungsphase. Bereits John LOCKE (1632–1704) hatte es als Aufgabe einer Sprachkritik angesehen, den zweifelhaften und unsicheren Gebrauch der Wörter zu eliminieren, der viele Fragen und Kontroversen in der Philosophie überhaupt erst erzeugt habe. So entwickelte sich vor allem auch in der englischen und später amerikanischen Tradition ein sprachkritisches Philosophieren. Diese Richtung wurde um 1900 von George Edward Moore (1873–1958) und Bertrand Russell (1872–1970) begründet; als einer ihrer Väter kann aber auch Gottlob Frege (1848–1925), deutscher Mathematiker, Logiker und Sprachphilosoph, Vertreter der Idee einer allein der formalen Logik angemessenen idealen Kunstsprache, gelten. Die Analytische Philosophie entstand als Reaktion gegen einen Hegelianismus, der sich Ende des 19. Jahrhunderts in England ausgebreitet hatte und dem gegenüber Moore Umgangssprache und »Common Sense« wieder zur Geltung brachte. Die Analytische Philosophie greift im Zuge ihrer Wende zur Sprachphilosophie das Anliegen der *Vernunft*kritik Kants als *Sprach*kritik neu auf. Sprachliche Ausdrücke werden methodisch analysiert; dadurch erhält alles inhaltliche Philosophieren ein sprachkritisches Fundament und scheitert nicht schon an den Irreführungen der Sprache, formuliert seine Probleme nicht falsch oder gar sinnlos. Dies erfordert die Klärung umgangsprachlicher Ausdrücke, ihre Bedeutungs-»Analyse« oder gar eine neue Sprache, die von den Vorgaben und Missverständlichkeiten »natürlicher« Sprachen unabhängig sein würde.

Der englische Mathematiker und Philosoph Bertrand Russell, Nobelpreisträger für Literatur 1950 und politisch engagierter Pazifist, vertrat neben bedeutenden Beiträgen zur mathematischen Grundlagenforschung erkenntnistheoretisch einen »logischen Atomismus« einzelner irreduzibler Sinnesdaten, aus denen sich die Welt logisch aufbauen lasse, und forderte zu deren Darstellung eine von den Mehrdeutigkeiten des Alltags gereinigte Sprache. »Ich halte Bertrand Russell für einen bedeutenden Philosophen« – einen solchen Satz könnte ein Russell-Schüler nicht stehen lassen, ohne ihn logisch zu analysieren. Als richtiger Sprachanalytiker bräuchte er dafür mindestens fünfzig Seiten.[16]

Zur zentralen Figur der Analytischen Philosophie (und doch zu keinem Zeitpunkt ihren Strömungen eindeutig zurechenbar) wurde der Österreicher Ludwig WITTGENSTEIN (1889–1951), gebürtig aus einer der reichsten Familien Wiens. Auf Anraten FREGES ging dieser vielleicht bedeutendste Sprachphilosoph des 20. Jahrhunderts 1912 nach Cambrigde, wo er in engen Kontakt zu MOORE und RUSSELL trat. Als Freiwilliger im Ersten Weltkrieg verfasste Wittgenstein seinen berühmt gewordenen *Tractatus logico-philosophicus*, der 1921 erschien. Dann verließ Wittgenstein das akademisch-philosophische Milieu, verschenkte sein Vermögen und wurde Volksschullehrer und Gärtner in Kirchberg. Erst 1929 wandte er sich der Universität wieder zu, ging erneut nach Cambridge und wurde 1930 Fellow am Trinity College und 1939 Nachfolger Moores. Während des Zweiten Weltkrieges leistete er freiwilligen Sanitätsdienst in England und kehrte 1944 nach Cambridge zurück. Wittgenstein lebte dann einige Zeit zurückgezogen in Irland, wo er an seinem zweiten großen Werk, den 1937 begonnenen *Philosophischen Untersuchungen* weiterarbeitete, die erst nach seinem Tod erschienen sind.

WITTGENSTEIN ist einer der meistdiskutierten Philosophen des 20. Jahrhunderts. Vor allem Sprachphilosophie, Logik, Linguistik und Wissenschaftstheorie hat er stark beeinflusst. Seine Auffassungen stehen zunächst für strikten sprachlichen Rigorismus:

> »Die richtige Methode der Philosophie wäre eigentlich die: Nichts zu sagen, als was sich sagen lässt, also Sätze der Naturwissenschaft – also etwas, was mit Philosophie nichts zu tun hat –, und dann immer, wenn ein anderer et-

> was Metaphysisches sagen wollte, ihm nachzuweisen, dass er gewissen Zeichen in seinen Sätzen keine Bedeutung gegeben hat. Diese Methode wäre für den anderen unbefriedigend – er hätte nicht das Gefühl, dass wir ihn Philosophie lehrten – aber sie wäre die einzig streng richtige.«

Für alles, was diesen strikten Kriterien nicht genügt, bleibt der berühmt gewordene Schluss-Satz des *Tractatus*: »Wovon man nicht sprechen kann, darüber muss man schweigen«. In der Tat ist Wittgensteins Denken insgesamt, d. h. auch später in den *Philosophischen Untersuchungen*, einem sprachtherapeutischen Impuls verpflichtet: »Die Philosophie ist ein Kampf gegen die Verhexung unseres Verstandes durch die Mittel unserer Sprache.« Philosophie erweist sich fast schon als auf der Sprache aufgebautes Luftschloss der Gedanken.

Nachdem Wittgenstein unter dem Eindruck solcher Formulierungen zunächst eher als Positivist oder gar Atheist interpretiert worden war, führt der »Kampf um das Wittgenstein-Bild« seither dahin, hinter den logisch-präzisen »Ingenieurszügen« seines Wesens deren »spirituelle Energie« wahrzunehmen: »Möge der Geist mir Kraft geben« und »Dein Wille geschehe« notiert Wittgenstein auf den erst spät publizierten Geheimschriftseiten der in der Entstehungszeit des *Tractatus* abgefassten Tagebuchhefte. Für die Interpretation der in dieser Schrift enthaltenen Sprachphilosophie scheint dies zu bedeuten, dass die berühmte von Wittgenstein festgelegte Umrisslinie nicht den Bezirk sinnvoller Rede vom Ozean des Obskuren trennt, sondern dass gerade dieser Ozean einen für ihn wichtigen Bereich darstellt. Somit wäre die Philosophie Wittgensteins eine moderne Variante der »negativen Theologie«, die traditionell über das Verhältnis des endlichen und begrenzten menschlichen Sprechens zum Reich der Transzendenz nachdenkt – eine Interpretation, der gegenüber man den sprachtherapeutischen Impetus seines Philosophierens gleichwohl nicht hintanstellen darf.[17]

Zweite Phase. Wittgenstein war kein »systematischer Kopf«, wie es der vormalige Bielefelder analytische Philosoph Eike von Savigny im Vorwort zu seiner deutschen Bearbeitung von John L. Austins *How to do things with words*[18] formuliert. Für die Analytische Philosophie spielt Wittgenstein aus diesem Grund die Rolle eines Anregers, eines kritischen Denkpartners für systematische Konzepte, die dann andere ausgearbeitet haben. Dies gilt sowohl für jene Phase, in der sich der »Neopositivismus« bzw. »Logische Empirismus« ausgeprägt und die Diskussion in der Wissenschaftstheorie stark mitbestimmt hat, als auch für die Phase der Normalsprach-Analyse, der Austin zugehört. Zunächst aber trat die Analytische Philosophie in das Zeichen des frühen Wittgenstein und seines Programms, mit Hilfe der Konzeption einer *formalen Idealsprache* und in Abwehr »sinnloser« Aussagen Wissenschaftstheorie als Sprachnormierung zu betreiben (»ideal language philosophy«). Sprache wurde zum Prüfstein, der stringentes philosophisches Denken vom mehr oder weniger deutlich disqualifizierten »Unsinn« sprachkritisch unaufgeklärter Metaphysik trennen und zugleich sinnvolle Fragen durch adäquate Formulierung lösen helfen sollte (vgl. die Ausführungen zu Hempel und Carnap im Abschnitt 4: »Was ist Wissenschaft?«, im vorliegenden Band S. 346 ff.).

Dritte Phase. In kritischer Wendung gegen dieses Idealsprachen-Konzept kam es zu einer dritten großen Phase der Analytischen Philosophie im Anschluss an die »Spätphilosophie« Wittgensteins. Sie setzte sich eine Analyse des Funktionierens der Alltagssprache zum Ziel. Diese wurde als unhintergehbar aufgefasst, weil wir uns immer schon in ihr bewegen (»ordinary language philosophy« bzw. »linguistischer Phänomenalismus«). In den *Philosophischen Untersuchungen* hatte Wittgenstein sich von der These einer Idealsprache ab- und einer Bedeutungsanalyse zugewandt, die jetzt – nach wie vor mit dem Ziel einer Therapie der Sprache durchgeführt – auf den jeweiligen tatsächlichen Gebrauch der Sprache rekurrierte. Das Verhältnis von Welt und Sprache hatte sich als komplizierter erwiesen, als ursprünglich angenommen; nun geriet eine Vielzahl auch dichterischer und performativer Sprachphänomene in den pragmatischer eingestellten Blick. Nicht zuletzt rückte der Stil Wittgensteins – etwa in der Metapher von der Sprache als einer alten Stadt, der immer einmal wieder Zubauten angefügt werden – vom strikten »Tractatus« und seinen Dezimalnotationen ab. Zur Kennzeichnung der lebensweltlichen Kontextabhängigkeit sprachlicher Ausdrücke führte Wittgenstein den berühmt gewordenen Begriff des »Sprachspiels« ein (der Ausruf: »Steine!« kann auf dem Bau und in einem Juweliergeschäft ganz unterschiedliche Bedeutungen haben).

Einen »linguistischen Phänomenalismus« vertrat vor allem John Langshaw AUSTIN (1911–1960), zu dessen »Sprechakttheorie« auch dessen Schüler John R. SEARLE beitrug. Ebenfalls zu dieser Richtung zählt Gilbert RYLE, zugleich Verfasser einer der einflussreichsten Theorien über den menschlichen Geist (*The Concept of Mind*, 1949).

AUSTINS Philosophie bzw. seine Mischung aus Philosophie und Linguistik, die als »Sprechakttheorie« einen ganz neuen Forschungszweig begründete, lässt sich als Ausführung von programmatischen Ansätzen verstehen, wie sie der »späte WITTGENSTEIN« in den *Philosophischen Untersuchungen* entwickelte. Auch Austins Vorgehensweise lässt sich in die folgenden zwei Phasen einteilen.

Erstens: Austin erweitert den Ansatz des Logischen Empirismus, dem zufolge nur Tatsachensätze sinnvoll sein können und alles, was dann entsprechend herausfällt (Sätze der Praktischen Philosophie und Ästhetik), folglich in einem strikten Sinne »sinnlos« sein muss, um eine wesentliche Unterscheidung. Er markiert damit den philosophiegeschichtlichen Ort, an dem der »Phasenwechsel« der Analytischen Philosophie von der »Idealsprach-« zur »Normalsprachphilosophie« festzumachen ist. Die angesprochene Unterscheidung ist die von »konstativ« und »performativ«. Sie sprengt das alte Schema von Tatsachensätzen und Nicht-Tatsachensätzen. Konstatierende Äußerungen, so entwickelt Austin in seinem Aufsatz *Performative und konstative Äußerungen*, sind Aussagen; sie haben die Eigenschaft, »wahr« oder »falsch« sein zu können. Performative Äußerungen sind dagegen dadurch gekennzeichnet, dass man immer auch schon etwas tut, indem man etwas sagt (z. B. beim Versprechen, Loben, Tadeln, Sich-Beschweren usw.). Letztere können nicht wahr oder falsch sein, sie können nur gelingen oder nicht gelingen. Damit ist die ursprüngliche Zielsetzung der Idealsprachphilosophie (»Wie muss eine Sprache aussehen, in der wir uns adäquat über die Tatsachen verständigen können?«) unterlaufen zugunsten eines neuen Gedankens, den man etwa wie folgt formulieren könnte: Wie funktionieren unsere Äußerungen, wenn sie das mit ihnen intendierte Ziel erreichen, bzw. was ist passiert, wenn sie es nicht erreichen? Der therapeutische Aspekt hält sich, wie man nicht übersehen sollte, in beiden Ansätzen durch, ebenso wie die Neigung, philosophische Probleme als Folge von Sprachverwirrung zu entlarven (oder zu diskreditieren).

Zweitens: In einem neuen Ansatz unterschied Austin:[19] lokutionäre Akte (Aussagen über ein Objekt), illokutionäre Akte (Äußerungen, mit denen ein Sprecher einen bestimmten kommunikativen und praktischen Zweck verfolgt, z. B. »informieren«, »beleidigen«), perlokutionäre Akte (Äußerungen bringen, indem wir sie machen, etwas zustande, z. B. »kränken«, »aufheitern« usw.). Ob ein perlokutionärer Akt zustande kommt, hängt davon ab, ob beim Hörer eine bestimmte Wirkung eintritt. Fast alle illokutionären Akte zielen mehr oder minder auf einen perlokutionären

Effekt ab. Welche Perlokation einer Illokation dabei jeweils folgt, ist nach Austin entscheidend abhängig von dem institutionellen Rahmen, in dem der Sprechakt vollzogen wird, ist eine Sache der Konvention.

Der Oxford-Philosoph Peter Frederick STRAWSON (1919–2006) – der in seiner Schrift *Individuals* (1959), einem *Beitrag zur deskriptiven Metaphysik*, innerhalb der »Philosophie der normalen Sprache« an die aristotelische Substanzontologie, dann aber auch an KANT anknüpfte – hat darauf hingewiesen, dass in vielen Fällen eben nicht schon durch die Konvention klar ist, welche Illokution jeweils vollzogen wird. So kann z. B. der Satz: »Das Eis dort hinten ist dünn!« eine Behauptung oder eine Warnung darstellen, wobei es wesentlich auf die hörerbezogene Intention ankommt, was nun jeweils zutrifft.

SEARLE (geb. 1932) setzt den Akzent anders und kommt dadurch zu einer Präzisierung der Sprechakttheorie. Er geht davon aus, dass wir, wann immer wir eine Äußerung machen, bestimmte Bedingungen und Regeln erfüllen müssen, um den intendierten Sprechakt korrekt nachzuvollziehen. Diese Bedingungen und Regeln versucht Searle ausfindig zu machen. Wann immer performative Akte vollzogen werden, müssen sie den Regeln gehorchen, die Searle in systematischer Absicht herausarbeitet, d. h. am konkreten Beispiel entsteht eine ganze Liste: Immer, wenn man »versprechen« will, muss man folgende Bedeutungen von sich geben: das Prädizieren eines eigenen zukünftigen Aktes, die Verpflichtung zur Ausführung usw.

In ähnlicher Weise wie AUSTIN wollte auch der Oxford-Philosoph Gilbert RYLE (1900–1976) Begriffsverwirrungen im Rekurs auf die normale Sprache ausräumen. Ryle gab seit 1947 die bekannte philosophische Zeitschrift *Mind* heraus, in der er bereits 1929 HEIDEGGERS *Sein und Zeit* rezensiert hatte. Überhaupt interessierte sich Ryle, im Unterschied zu manchen seiner Oxforder Kollegen, für kontinentale Philosophen wie BRENTANO (1838–1917), BOLZANO

(1781–1841), HUSSERL und MEINONG (1853–1920), was in Oxford zu dem Scherz führte, Ryle halte offenbar eine Vorlesung über drei österreichische Bahnstationen und ein chinesisches Brettspiel.[20] »Philosophie«, so meinte Ryle, »besteht darin, Kategoriengewohnheiten durch Kategoriendisziplin zu ersetzen«.[21] Vor allem wollte er dabei »Kategorienfehler« vermeiden helfen. Wenn man jemandem Frankfurt zeigt, die Bankgebäude, das philosophische Institut der Universität, das Vergnügungsviertel am Hauptbahnhof usw., und der Betreffende fragt anschließend, wo denn nun aber Frankfurt liege, so hat er in der Terminologie Ryles einen Kategorienfehler begangen. Denn außerhalb aller seiner Bauten gibt es kein Frankfurt. In seinem Buch *The Concept of Mind* verwendet Ryle den Begriff des »Kategorienfehlers« für die seiner Meinung nach irreführende dualistische Auffassung im Rahmen des so genannten Leib-Seele-Problems. Er kritisiert darin DESCARTES, dem zufolge unser Geist Urheber des beobachtbaren Verhaltens der Menschen sei, was Ryle einen »cartesianischen Mythos« oder auch »das Dogma vom Gespenst in der Maschine« nennt.

Alfred Julius AYER (1910–1989), Professor in London und Oxford, stand ursprünglich dem Logischen Empirismus nahe, dessen Themen er im Titel seines Buches *Language, Truth, and Logic* (1936) auf den Begriff brachte. Auch die Wendung der Analytischen Philosophie zur Analyse der Normalsprache sowie zu stärker ethischen und metaphysischen Themen gestaltete und vollzog Ayer, lange Zeit Präsident der British Humanist Association, mit.

Nachdem die Trennung in einen eher englischen Empirismus und einen meist kontinentalen Rationalismus bereits die philosophiegeschichtliche Tradition bestimmt hatte und da – als Folge des Nationalsozialismus – ihre deutschen Anreger wie HEMPEL oder CARNAP ins Ausland, vor allem in die USA emigriert waren, wurde die Analytische Philosophie zu »der« angelsächsischen philosophischen Grundströmung schlechthin. In den USA traten Denker wie der Logiker und Kunstphilosoph Nelson GOODMAN (1906–1998) und der Logiker Willard Van Orman QUINE (1908–2000), der CARNAP und andere noch in Europa aufgesucht hatte, das Erbe der Emigranten an. Quines *Word and Objekt*, eines der Hauptwerke der Analytischen Philosophie überhaupt, ist »Rudolf Carnap, dem Lehrer und Freund« gewidmet.[22]

Doch kritisierte Quine Grundannahmen des Wiener Kreises. In dem sehr bekannt gewordenen Aufsatz *Two Dogmas of Empiricism* (in: *From al Logical Point of View*, 1953) verwarf er die Unterscheidung zwischen erfahrungsunabhängigen analytischen und erfahrungsabhängigen synthetischen Urteilen und die Vorstellung, jede sinnvolle Aussage müsse sich auf die sinnliche Erfahrung zurückführen lassen (Reduktionismus). Vielmehr wird eine solche Aussage immer schon von einem ganzen System unausgesprochener Annahmen und Regeln getragen (Holismus). Quines Bücher sind meist Aufsatzsammlungen, die von der Logik über die Erkenntnistheorie bis zur Sprachphilosophie das ganze Spektrum der theoretischen Philosophie überspannen. Als er Ende 2000 starb, war Quine der große alte Herr der Analytischen Philosophie, als dessen Lebensaufgabe man es vielleicht bezeichnen kann, die von ihm durchaus geteilten empiristischen und naturalistischen Überzeugungen der Anfangszeit in komplexere und weniger leicht angreifbare Theorieformen zu überführen. In der Gegenwartsphilosophie breitet sich der auf systematisch intendierte Begriffs- und Aussagenklärung gerichtete Stil der Analytischen Philosophie durch Lehrstuhlbesetzungen neuer Generationen entsprechend geprägter Philosophen auf Kosten historisch-hermeneutischer Vorgehensweisen (»continental philosophy«) erkennbar aus. Den zugleich aber auch zunehmend etwas bescheideneren Gestus der Analytischen Philosophie macht der Titel von Quines abschließendem Selbstresümee *Unterwegs zur Wahrheit* – mit Betonung des Weges statt des Zieles gegen die anfänglichen Dogmen der ganzen Richtung gewendet – deutlich. Quine vollzog damit eine für das Philosophieren in den USA kennzeichnende Verschmelzung mit dem Einfluss des Pragmatismus, jener »uramerikanischen« Philosophie eines praxisbezogenen »unmetaphysischen« Denkens.

Der Einfluss des Pragmatismus. Die eher nüchterne Haltung angelsächsischen Philosophierens kommt in der amerikanischen Richtung des *Pragmatismus* zum Ausdruck. Pragmatismus (von griech. *prágma* ›Handlung‹) bezeichnet eine in den USA von dem Psychologen und Philosophen William JAMES (1842–1910), von Charles Sanders PEIRCE (1839–1914), einem hervorragenden Zeichentheoretiker, und von John DEWEY (1859–1952) entwickelte philosophische Denkrichtung. Der Pragmatismus fragt nicht nach letzten Ursprüngen, Begründungen und Zwecken. Eher schätzt er die empirische Wissenschaft. Als Chemiker und Experimentator – nicht als einer, der seine Bildung aus Büchern gewonnen hat – geht Peirce in seiner Abhandlung *Was heißt Pragmatismus?* davon aus, »dass ein Begriff, das heißt der rationale Bedeutungsgehalt eines Wortes oder eines anderen Ausdrucks, ausschließlich in seinem denkbaren Bezug auf die Lebensführung besteht« (*Pragmatismus*, hrsg. MARTENS, 100 f.). Man merkt dieser Formulierung an: Philosophie muss sich nach Ansicht des Pragmatismus vor allem im praktischen täglichen Leben bewähren. Wahrheit ist Bewährung in der Praxis. So werden Nützlichkeit, Erfolg und »Barwert« (»cash value«) zu Wahrheitskriterien des Denkens. »Wahrheit« nur als »interessenbedingte Bewährung« denken zu können, ist einerseits als banausenhafte Prinzipienlosigkeit kritisiert worden. Für seine Verteidiger ist der Pragmatismus dagegen eine Haltung, die unideologisch und vernünftig fruchtlose Letztbegründungsversuche vermeidet und sich um situationsangemessene Handlungsorientierung bemüht. Der Pragmatismus ist auch in Deutschland vielfach mit Interesse zur Kenntnis genommen worden.[23]

Vielfältige weitere Entwicklungen im Umkreis der Analytischen Philosophie. In der Folgezeit zeigt sich auch in der Analytischen Philosophie das unstillbare menschliche Interesse an inhaltlichen Fragen der Ethik und sogar der Metaphysik. »Analytische Ethik« und »Analytische Religionsphilosophie« greifen nun genau diejenigen Themen wieder auf, gegen die die Analytische Philosophie als Idealsprachtheorie ursprünglich zu Felde gezogen war.

In der »analytischen Ethik« untersucht zum Beispiel George Edward Moore (1873–1958) das Wort »gut« selbst noch einmal auf seine sprachliche Bedeutung, ist doch die Frage, wie »gut« zu definieren sei, die fundamentale Frage der Ethik überhaupt. Zunächst schienen »gut« und »schlecht« einfache Qualitäten zu sein, die die moralische »Intuition« unmittelbar etwa so auffassen könne, wie der Gesichtssinn die Qualität »gelb« wahrnimmt. Richard Mervyn Hare (1919–2002) aber bemerkte: »Die Ethik, wie ich sie begreife, ist die logische Untersuchung der Moralsprache.« Die bis heute diskutierte »analytische Ethik«, die durch die sprachphilosophische Untersuchung moralischer Sätze und Begriffe etwas über Normen in Erfahrung bringen will, tritt also vor allem als »Metaethik« auf, d. h. sie fragt nicht sofort, was sittlich »gut« und »böse« ist, sondern zuerst, was »gut« denn überhaupt heißt, um dann die gewonnenen sprachlichen Präzisierungen für eine normative Theorie moralischen Argumentierens fruchtbar werden zu lassen.[24]

Zu einer Kontroverse über die Existenz Gottes kam es zwischen den Oxforder Philosophen Swinburne und Mackie. Freilich zeigte sich dabei, dass diese Frage unter den Bedingungen der Sprachanalyse inhaltlich letztlich genauso umstritten bleibt, wie in der Philosophie seit Jahrhunderten: Richard SWINBURNE (geb. 1934) argumentierte für Gott, John Leslie MACKIE (1917–1981) vertrat die atheistische Gegenposition.[25]

Überhaupt entwickelten die Vertreter der mit strikten Regeln der Sprachlogik und mit reiner Erfahrungswissenschaft gestarteten Analytische Philosophie in ihrer »postwittgensteinschen« Zeit vielfältige Debatten um faszinierende inhaltliche Probleme. Die »Analytische Handlungstheorie« (»philosophy of action«) zum Beispiel hat Berührungspunkte zur Philosophie des Geistes; eines ihrer Themen ist die Einschätzung der Willensfreiheit. Theoretiker wie die WITTGENSTEIN-Interpretin Elizabeth ANSCOMBE (1919–2001) und der finnische Philosoph Georg Henrik von WRIGHT (1916–2003) vertraten einen auf wirkmächtige Verursachersubjekte setzenden »Intentionalismus« gegen einen »Kausalismus«, der Handlungen im Sinne physikalischer Verursachung denkt.[26] Von Wright ist auch durch Überlegungen zu einer »deontischen Logik« oder Normenlogik bekannt geworden. Hierbei handelt es sich um logische Untersuchungen nicht über Tatsachensätze, d. h. über Sätze, die sich auf die erfahrbare Wirklichkeit beziehen, sondern über solche Sätze, die Gebote, Verbote und Erlaubnisse ausdrücken.

Der englische FREGE-Interpret Michael DUMMETT (1925–2011) stellt unter dem Einfluss des späten WITTGENSTEIN fest: Ob ein Satz wahr ist, ist nicht einfach, etwa in der Art des Logischen Empirismus, in Kenntnis formalisierter Wahrheitsbedingungen zu entscheiden; der Wahrheitsgehalt ist gar nicht zu beurteilen ohne eine Kenntnis der Art und Weise überhaupt, wie wir unseren Sätzen Inhalte geben. Es ist eine Frage der »Bedeutung«; die Wahrheitstheorie verwandelt sich in eine Bedeutungstheorie. Wenn wir eine Sprache verstehen, wissen wir, welche Sätze ein kompetenter Sprecher für wahr halten würde, weil wir über alle empirische Verifikation hinaus in ein Weltbild eingebunden sind. Die Analytische Philosophie scheint damit auf dem

Weg zur Hermeneutik zu sein; zumindest hält sie die Klärung ihrer Themen nicht ohne die Berücksichtigung des Handlungsaustausches mit anderen zur Reaktion befähigten Lebewesen und der sozialen Interaktion für möglich.

Wesentliche Beiträge zur Bedeutungstheorie leistete auch Donald DAVIDSON (1917–2003).[27] Als »Analytische Philosophie ohne empiristische Dogmen« hat man sein erkenntnis- und sprachphilosophisches Werk bezeichnet. Zu den weiteren Arbeitsgebieten Davidsons gehören die analytische Handlungstheorie – er ist mit vielen Aufsätzen, gipfelnd in seinen *Essays on Actions and Events* (1980) einer der tragenden Vertreter diese Debatte – und die Philosophie des Geistes.

Hilary PUTNAM (1926–2016), promoviert 1951 bei Hans REICHENBACH, Professor an der Harvard-Universität, ist neben Donald DAVIDSON einer der renommiertesten Nachfahren der Analytischen Philosophie in den USA und einer der vielseitigsten Philosophen des ausgehenden 20. Jahrhunderts. Sein imponierendes Werk befasst sich mit fast allen Sparten der theoretischen Philosophie: mit Logik, Mathematik, Wissenschafts- und Erkenntnistheorie sowie Sprachphilosophie, zunehmend auch mit Fragen der Politik, Ethik und Religion. Putnam bekämpft – nach eigenen Anfängen in dessen Bannkreis – den »metaphysischen Realismus«. Dieser nimmt eine Unabhängigkeit der Welt vom erkennenden Menschen an und zielt darauf, mit Hilfe einer umfassenden (physikalischen) Theorie alles Seiende letztgültig zu erklären. Putnam wendet sich aber auch gegen den »Relativismus« eines Richard RORTY, in dem als Wahrheit definiert zu werden scheint, was unter den Mitgliedern einer Kultur jeweils als wahr gilt. Als Alternative zu beiden Positionen plädiert Putnam für einen »Realismus mit menschlichem Antlitz« oder »internen Realismus«, der Wahrheit als Akzeptierbarkeit ohne Suchen oder Verwerfen letzter Garantien versteht. In seinen letzten Arbeiten hat Putnam sich dabei dem Pragmatismus angenähert und auf Common Sense und Lebenspraxis rekurriert.[28] Eine Tagung in Münster im Jahre 2000 zusammen mit HABERMAS und APEL macht die Akzentunterschiede in der Beurteilung ethischer Fragen zwischen Putnam einerseits und der Diskurstheorie andererseits deutlich: Gegenüber dem Rekurs auf lebensweltlich verankerte Weltorientierungen im Pragmatismus erwarten die Deutschen von der Philosophie ein »mehr« an Normativität und Aussagekraft über Kontexte hinaus.

Putnams Name ist verbunden mit dem legendären Gedankenexperiment um die »Gehirne im Tank« (»brains in a vat«), sozusagen die Gegenwarts-Version von DESCARTES' Betrügergott, in seinem Buch *Vernunft, Wahrheit und Geschichte* (*Reason, truth, and history*, 1981):

> »Stellen Sie sich vor, klammheimlich hat gestern ein übler Spaßvogel in Ihren Nachttrunk ein geschmacksneutrales Narkotikum gestreut. Direkt nach dem Einschlafen hat es zu wirken begonnen. Da Sie alleine zu Hause waren, konnte niemand Alarm schlagen, als ein Trupp hochqualifizierter Chirurgen in Ihr Schlafzimmer einstieg, sich Ihres bewusstlosen Körpers bemächtigte und ihn in den Keller einer Klinik verschleppte. Dort sägten sie eiligst Ihren Schädel auf, um an das Gehirn heranzukommen, das sie behutsam aus seiner Schale lösten und sogleich in eine Nährlösung gleiten ließen, damit es nicht absterbe. In einer sensationell präzisen Arbeit identifizierten die Ärzte sodann jede einzelne Nervenbahn, durch die Ihr Gehirn bis gestern mit seinem Exkörper Informationen ausgetauscht hatte. Alle diese bei der Operation durchtrennten Nervenstränge verbanden die Doktoren mit einem Hochleistungscomputer, in den sie zuvor mit größter Sorgfalt sämtliche Fakten über Ihr Haus, Ihre Familie, Ihren Job und so weiter eingespeist hatten und in dem überdies ein geniales Programm zur Simulation von Nervenimpulsen geladen war. Mit Nachlassen des Nar-

> kotikums startet man den Computer und alles, was Ihnen jetzt wie Ihr normaler Morgenablauf vorkommt, von der Dusche bis zum Duft des Morgenkaffees, wird von diesem Computer simuliert, während Ihr Gehirn tatsächlich in einem Tank mit Nährflüssigkeit herumschwimmt. Haben Sie irgendeine Chance, herauszufinden, ob Sie nicht gerade jetzt ein körperloses Gehirn sind, das in einer lediglich simulierten Welt lebt?«[29]

Mit Hilfe einer »kausalen Referenztheorie« meint Putnam zeigen zu können: Ja! Die Gehirne im Tank können sich nämlich stets nur auf Gegenstände der vorgespielten Welt beziehen. Wenn ich mich jetzt also selbst als Gehirn im Tank bezeichne, so würde das auch für meine Referenz gelten, in der vorgetäuschten Welt bin ich jedoch kein Gehirn im Tank. Also stimmt der Satz: »Ich bin ein Gehirn im Tank« in meiner Sprache nicht, die Hypothese wird mit ihrer reductio ad absurdum widerlegt. Zur Lösung des seit Descartes und länger diskutierten, in der Analytischen Philosophie zu einem der Hauptthemen gewordenen Leib-Seele-Problems schlug Putnam eine funktionalistische Auffassung nach Analogie der »hardware«, aber auch der Programmstruktur eines Computers vor, von der er sich im Zuge noch weiterführender Überlegungen freilich selbst wiederum entfernte.

Der Amerikaner Richard Rorty (1931–2007), Professor für Humanities an der University of Virginia in Charlottesville, wandte sich von der Analytischen Philosophie, die er bei Carnap und Hempel studiert und zu der er zunächst einen Band zum »linguistic turn« beigetragen hatte, ab und einer kombiniert historistischen, hermeneutischen und literarischen europäischen wie amerikanisch-pragmatischen Denkweise zu, die es sogar bis zu dem Spottwort brachte: »I'm just an American and I like it«. Denn Rorty bringt einen recht weitreichenden Abrüstungsgestus in die Wahrheitsfrage, der sich sehr stark von der Tradition der Analytischen Philosophie, aber auch von dem Hochrüstungsgestus der deutschen »Letztbegründer« APEL und HABERMAS unterscheidet, was vor allem in den 1980er-Jahren zu interessanten Debatten führte. Rortys Buch *Spiegel der Natur* (*A Mirror of Nature*, 1981) wurde zeitweise als Parallelphänomen zur (im Folgenden noch darzustellenden) »Postmoderne« rezipiert. Rorty ist nicht der Ansicht, »unsere zentralen Überzeugungen und Bedürfnisse bezögen sich zurück auf eine Instanz jenseits des raumzeitlichen Bereiches«.[30] Seine liberale und demokratische Philosophie, die sich ihrer Kontingenz bewusst ist, wird von seinen philosophischen Gegnern als Relativismus und Beliebigkeit kritisiert.

Neu auf die Normativität und kulturunabhängige Objektivität sprachlicher Praxis verweist, obwohl RORTY-Schüler, der Pittsburgher Philosophieprofessor Robert BRANDOM (geb. 1950) in seinem Hauptwerk *Expressive Vernunft* (*Making it Explicit*, 1994). Das Buch wurde von Jürgen HABERMAS (vgl. »Kritische Theorie«, im vorliegenden Band S. 375 ff.), der aus gleicher Intention heraus eine universalistische Sprachtheorie begrüßt und eine historisch und hermeneutisch kontextuelle Sicht ablehnt, als ähnlicher Meilenstein für die theoretische Philosophie gefeiert, wie es John RAWLS' *Theorie der Gerechtigkeit* in der praktischen bzw. politischen Philosophie gewesen sei.

Mit anderem Zugriff ist auch der 1937 in Belgrad geborene amerikanische Philosoph und Professor an der New Yorker Universität Thomas NAGEL als Kritiker reduktionistischer Subjektivitätstheorien und als Verteidiger der Vernunft gegen die Angriffe skeptischer und relativistischer Positionen in den verschiedensten Gebieten (Erkenntnis- und Wissenschaftstheorie, Sprachphilosophie und Ethik) hervorgetreten. Von Nagel stammt auch eine vielgelesene »ganz kurze Einführung in die Philosophie« unter dem Titel *Was bedeutet das alles?* (*What does it all mean?*).[31]

Kann man abschließend etwas zur Einschätzung der Analytischen Philosophie sagen? Handelt es sich bei ihr nicht womöglich, kritisch betrachtet, um eine bloß verkleidete Linguistik, um eine »Schwundstufen-Philosophie« oder um dürre Schematismen, die zur philosophischen *Sache* nichts beitragen? Sprachanalytische Philosophie verfolgt den Ansatz, einer genauen und bewussten sprachlichen Analyse, Kritik und Therapie, insgesamt einer »Ökologie« der Begriffsverwendung ihr philosophisches Recht zu verschaffen.[32] Auch wenn der Glaube an die problemlösende Kraft purer Sprachnormierung sich nicht wird aufrecht erhalten lassen, bleiben eine Schulung des begrifflichen Unterscheidungsvermögens und das Bemühen um einen sorgfältigen Begriffsgebrauch ein permanentes Erfordernis. Die Philosophie – manchmal zweifellos auch Verkündigung, Aphorismus oder »Raunen« usw. – sucht in der Regel argumentativ zu überzeugen. Zu argumentieren und Rechenschaft zu geben ist für ihr Selbstverständnis konstitutiv. Ziel ist, sozusagen den »Raum« zu vergrößern, in dem begriffliche und argumentative Klärungen eine strukturierende Kraft entfalten, und Gedankenmuster auf Kosten von Unkenntnis, Unreflektiertheit und mangelnder Bewusstheit zu »rationalisieren«, »vernünftiger zu machen«. Der bewusste Umgang mit Begründungs- und Argumentationsstrukturen muss dabei etwa auf logisch korrekte, folgerichtige und widerspruchsfreie Schlüsse achten. Die reine Kraft der Methodizität ist so schwerlich der alleinige Königsweg zu »richtigen« Ergebnissen. Die Methode aber ist mit Sicherheit unentbehrliches Handwerkszeug.

Eines der vielleicht fruchtbarsten Felder der Analytischen Philosophie sind die Diskussionen um das Leib-Seele-Problem, die im Spannungsfeld von Materie und Geist, Determination und Freiheit stehen. Ist unser Geist nur eine Funktion des Körpers bzw. eine Eigenschaft unserer Gehirnstruktur, wie in unterschiedlichsten Varianten heute vielfach angenommen wird? Ist das »Ich« demnach eine Illusion? Oder können wir, wie DESCARTES und wie zuletzt der Nobelpreisträger John ECCLES im Zusammenwirken mit Karl POPPER recht einsam behauptet hat, »dualistisch« davon ausgehen, dass die Seele eine unabhängige Substanz ist, die sich des Körpers sozusagen bedient? Wie viel ist überhaupt über den kulturschöpferischen Menschen gesagt, wenn man die materialen Seiten des Denkens erforscht? Unter dem Signum »Analytische Philosophie des Geistes« haben sich viele wichtige amerikanische Philosophen an Überlegungen zur Bewusstseinstheorie und zum Leib-Seele-Problem beteiligt.[33]

4. Was ist Wissenschaft? Hempel, Carnap, Popper, Kuhn

Das 20. Jahrhundert ist die große Zeit der Wissenschaftsphilosophie. Ihre Theoretiker sehen sich in der ersten Hälfte des 20. Jahrhunderts im Vollbesitz eines weitgehend unbezweifelten Modells szientifischer Rationalität und konzentrieren ihre Kraft auf das Bemühen, ihre wissenschaftlichen Geltungsansprüche logisch präzise zu formulieren. Ihre Fragen lauten: Was ist überhaupt Wissenschaft im Unterschied zu Nicht-Wissenschaft? Welche Kriterien müssen erfüllt sein, um von »Wissenschaft« zu sprechen?

Eine erste Antwort hierauf gab der in Oranienburg bei Berlin geborene und später in die USA emigrierte Carl Gustav HEMPEL (1905–1997) mit einer Theorie der Erklärung, dem »deduktiv-nomologischen Schema«. Will man die Verursachung eines bestimmten Phänomens durch ein anderes in empirischer und überprüfbarer Weise behaupten, so muss dessen zeitliche Folge hinsichtlich des Antezedensphänomens (der vorhergehenden Beobachtung) stets wiederholt und wiederholbar sein, also eine Gesetzesaussage (einen All-Satz) ermöglichen (»Immer wenn …, dann …«). Aufgrund dieser Tatsache soll nach Hempel ein Phänomen als »erklärt« gelten, wenn es sich aufgrund von Einzelaussagen (Ausgangs- oder Antezedensbedingungen) einerseits und universalen Gesetzesaussagen andererseits ableiten lässt. Weil die beiden erwähnten aufeinander folgenden Phänomene durch ein beide übergreifendes Gesetz in Verbindung gebracht werden, heißt das DN-Schema (DN = »deductive-nomological«) im Englischen auch »covering-law-model«.

Was »Wissenschaft« ist, soll sich ferner feststellen lassen mittels eines »verifikationistischen« (empirisch bewahrheitenden) »Sinnkriteriums«: Nur aus empirisch bestätigten »Protokollsätzen« in logisch kontrollierter Form abgeleitete »Tatsachen« sollten für wissenschaftlich bzw. überhaupt für sinnvoll diskutierbar gelten, so sahen es in den 1930er-Jahren Hempel und der gleichfalls in Deutschland geborene und in die USA emigrierte Wissenschaftstheoretiker Rudolf Carnap (1891–1970). Vor allem Carnap zog in den Kampf gegen sinnlose Sätze. Er ist vor allem durch seinen fulminanten Angriff auf die (unwissenschaftliche!) Metaphysik in dem Aufsatz *Überwindung der Metaphysik durch logische Analyse der Sprache* in der Zeitschrift *Erkenntnis* (1931) als Anwalt strikter empirischer Wissenschaft berühmt geworden.[34]

Dem von Hempel und Carnap vertretenen »Logischen Empirismus« widersprach Karl Raimund Popper, einer der großen Philosophen des 20. Jahrhunderts. Er wurde 1902 in Wien geboren; seit 1949 war er Professor für Logik und Wissenschaftslehre an der London School of Economics. 1965 wurde er geadelt (»Sir«); er starb 1994 in London. Der von ihm begründete »Kritische Rationalismus« wurde zu einer viel diskutierten internationalen Hauptströmung der Philosophie, die einerseits einen wissenschaftstheoretischen, andererseits einen geschichts- und sozialphilosophischen Schwerpunkt hatte.

Popper meinte in seinem Hauptwerk *Logik der Forschung* (1934): Nicht durch gesteigerte empirische Erfahrung gelangen wir an wissenschaftliche Erkenntnis und rechtfertigen sie, sondern nur eine kritische Prüfung »kühner Vermutungen« erfüllt diese Aufgabe. Wissenschaftlich ist diejenige Vorgehensweise, die bei phantasievollen und genial erdachten Problemlösungsversuchen ansetzt, aber zugleich von der prinzipielle Fehlbarkeit der menschlichen Vernunft ausgeht (Fallibilismus) und die gefundenen Lösungen strenger Prüfung aussetzt, so dass sie prinzipiell an der Erfahrung scheitern können (Falsifikationismus). Dieses »Abgrenzungskriterium« scheidet nicht, wie das »Sinnkriterium« des »Wiener Kreises«, sinnvolle Sätze von sinnlosen, sondern (erfahrungs-)wissenschaftliche von durchaus sinnvollen, aber nichtwissenschaftlichen. Obwohl Popper einen erkenntnistheoretischen Realismus nicht für beweisbar hält, schlägt er doch vor, »den Realismus als die einzige vernünftige Hypothese zu akzeptieren – als eine Vermutung, zu der noch nie eine vernünftige Alternative angegeben worden ist«.[35]

Sein Konzept wandte Popper auch auf die Geschichts- und Sozialphilosophie und auf die Politik an. Schlagzeilen aus der öffentlichkeitswirksamen Diskussion seiner Philosophie können illustrieren, wie Poppers umsichtige Vernunft die Menschen beeindruckte: »Den Irrtum berücksichtigen«. – »Alle Erkenntnis ist nur vorläufig!« – »Lasst Theorien sterben, nicht Menschen!« Im Schlusskapitel des zweiten Bandes seines zweiten großen Werkes *Die offene Gesellschaft und ihre Feinde* (engl. 1945, dt. 1957/65 erschienen) – »Hat die Weltgeschichte einen Sinn?« – zog Popper gegen den von ihm so genannten »Historizismus«

(nicht zu verwechseln mit dem »Historismus«) zu Felde, d. h. gegen die von ihm in unterschiedlichen Ausprägungen vor allem bei PLATON, HEGEL und MARX entdeckte Auffassung, dass es möglich sei, gültige Aussagen zum »Ganzen« der Gesellschaft bzw. der Geschichte zu machen oder deren Gesetze zu finden und so Gesamtgesellschaft und Weltgeschichte hinsichtlich ihres Verlaufs und Zieles zu prognostizieren und zu steuern. Solche aufs Ganze gehenden, »holistischen« Theorien entziehen sich dem von Popper entwickelten wissenschaftstheoretischen Konzept der *Conjectures and Refutations* und werden darum als totalitär und gefährlich kritisiert. So zutreffend seine Kritik an der Weltgeschichte der Machtpolitik und der Massenmorde bzw. an der Unmöglichkeit, auf »die« Geschichte den Begriff »Sinn« anzuwenden, auch ist – das Konzept, mit dem Popper seinerseits der Gefahr des Historizismus entgehen wollte, provozierte die Frage, ob diese »stückweise Sozialtechnologie«, auf die sich auch Politiker beriefen, nicht eher der Mentalität eines britischen Staatsbeamten entspringe, der die Ziele seiner Regierung bzw. seines Systems mit höchstens einigen Verbesserungsvorschlägen umsetze.[36] In Deutschland verfocht der Mannheimer Soziologe und Wissenschaftstheoretiker Hans ALBERT (geb. 1921) den Kritischen Rationalismus.

Ist Poppers Behandlung und Beurteilung des wissenschaftsgeschichtlichen Wachstumsprozesses logischer Art (Fortschritt findet statt in der ständigen sachlichen Kritik von Problemlösungsversuchen), so vertrat der amerikanische Wissenschaftshistoriker Thomas S. KUHN (1922–1996) die These, dass ein einmal herrschendes wissenschaftliches »Paradigma« im Allgemeinen nicht sofort aufgrund widerstreitender Erfahrungen revidiert wird. Im Gegensatz zu Poppers logisch-methodologischer Erklärung des wissenschaftsgeschichtlichen Wandels betonte er vor allem, dass eine solche Erklärung auch psychologische und soziologische Faktoren berücksichtigen müsse, und lenkte damit den Blick auf die Soziologie konkurrierender Wissenschaftsparteien, in deren Auseinandersetzungen neben sachlichen Argumenten auch Phänomene wie quasireligiöse Überzeugungen und Machtausübung (z. B. bei der Vergabe wissenschaftlicher Stellen) eine Rolle spielen. Wissenschaftsgeschichte ist demnach keine lineare Fortschrittsgeschichte, sondern eine Folge verschiedener »Paradigmata«.

Die Franzosen Pierre DUHEM (1861–1916) und Gaston BACHELARD (1884–1962) sowie der polnische Mediziner Ludwik FLECK (1896–1961) hatten bereits Auffassungen vertreten, die auf die Thesen KUHNS vorwiesen. Begleitet von Varianten, die aus der historisch-soziologischen Sicht der Wissenschaft »wissenschaftsanarchistische« Konsequenzen ziehen wollen (Paul FEYERABEND: »anything goes« – »alles ist möglich«), dominierte der Ansatz Kuhns die wissenschaftsphilosophischen Debatten des ausgehenden 20. Jahrhunderts. Selbst die scharfsinnigen Bemühungen des ungarisch-englischen Philosophen und Popper-Freundes Imre LAKATOS (1922–1974), der sich ein letztes Mal bemühte, eine autonome und eigengesetzliche Logik der Wissenschaftsentwicklung von einer bloß »gewöhnlichen« sonstigen Geschichte abzusetzen, haben daran nichts ändern können.[37]

Einer historisch-soziologischen Sicht der Wissenschaft widersprach auch eine deutsche wissenschaftstheoretische Richtung, nämlich der »Konstruktivismus«, auch als »Erlanger Schule« bekannt geworden. Dieser wurde von Paul LORENZEN (1915–1994) begründet; als ihr gegenwärtiger Hauptvertreter gilt Jürgen MITTELSTRASS (geb. 1936). Der Grundgedanke des Konstruktivismus liegt in der Vorstellung, dass man, ausgehend von »elementar möglichen unstrittigen Verständnissen unserer Lebenswelt« wissenschaftliches Handeln »vernünftig rekonstruieren (begreifen)« und dabei in »methodisch einwandfreier und nachvollziehbarer« Art Schritt für Schritt vorgehen könne, nachdem man den jeweils vorherigen Schritt abgesichert hat.[38]

> Deutlich wird dieser weitreichende Methodenglaube etwa in der Formulierung, »dass wir an keiner Stelle eines Gedankengangs, der uns als Argument für Behauptungen einerseits, für Aufforderungen oder Normen andererseits dienen soll, ein Wort gebrauchen, von dessen gemeinsamer Verwendung wir uns nicht überzeugt haben, und dass wir jede von uns aufgestellte Behauptung, Aufforderung oder Norm schrittweise begründen, so dass überall dort, wo eine – nach unserem eigenen Verständnis – neue geistige Leistung (eine Verständnis- oder Erkenntnisleistung) zur Fortführung des jeweiligen Gedankenganges benötigt wird, diese Leistung in einem eigenen Schritt ausdrücklich gefordert wird. Durch diese Forderungen ist das Programm der konstruktiven Methode formuliert« (Lorenzen).

Mittels einer »Orthosprache« soll man »vom Sprachvermögen einen normativen Gebrauch […] machen« können, »ohne in Abhängigkeit von seinen historischen Realisierungen zu geraten«. Der CARNAP-Schüler und Verfasser des Standardwerkes *Probleme und Resultate der Wissenschaftstheorie und Analytischen Philosophie*, Wolfgang STEGMÜLLER (1923–1991), hat allerdings die konstruktivistische Wissenschaftsbegründung als »verführerische Metapher« kritisiert.[39]

Gibt es also kein sicheres Kriterium für das, was wissenschaftlich ist? Mit Blick auf KUHN hat der israelische Wissenschaftsphilosoph Yehuda ELKANA in seiner »historischen Soziologie wissenschaftlicher Erkenntnis« eine bemerkenswerte »Zweistufigkeit des Denkens« konstatiert, die diese Frage vielleicht beantworten kann:

> »Wir sind uns der Tatsache bewusst, dass wir nicht ›beweisen‹ können, dass unsere religiöse Anschauung die richtige ist, dass unsere ethischen Maßstäbe die generell gültigen sind, dass unsere Medizin die richtige, Zauber- und Hopi-Medizin aber reiner Aberglauben ist, dass es keine absolute dritte Sprache gibt, in deren Rahmen die Richtigkeit einer Übersetzung im Vergleich zum Originaltext festgestellt werden könnte; und doch leben wir mit unserer Religion, Ethik, Medizin, Physik oder Übersetzungsweise so, als wären sie ›Absoluta‹. Wir sprechen sogar gleichzeitig zwei verschiedene Sprachen – die des Relativismus und die des Realismus.«[40]

Unsere historisch erarbeitete Weltsicht steht, wie die Entwicklung der Wissenschaftsphilosophie gezeigt hat, in wechselseitiger Abhängigkeit zu gesellschaftlichen, politischen, ökonomischen u. a. Kontexten. Selbstverständlich setzt sich »Wissenschaft« durch ihren Rationalitätsanspruch, ihren logisch-methodischen Aufbau und durch institutionelle Ausbildung organisierter »Träger« von alltäglichen Lebensverhältnissen ab. Obwohl ein System mit eigener Struktur, interner Logik, besonderen Regeln und spezifischer Organisationsform, ist Wissenschaft zugleich verwoben in vielfältige andersgerichtete und andersgeartete Prozesse, in die Vielfalt der sich geschichtlich aufarbeitenden politischen, rechtlichen und sittlichen Lebensformen. Dies bedeutet jedoch kein »anything goes«. Die Einsicht in das historische Gewordensein und in die Überholbarkeit der Erkenntniskriterien hat für »Wunder« keinen Platz geschaffen. Auch wenn ein Wissenschaftsbegriff strikter, universeller Wahrheitssuche sich nicht halten lässt, heißt dies also nicht, dass an Astrologie, Sozialdarwinismus oder Regenzauber keine Kritik mehr geübt werden könnte.

5. Anthropologie: Von Scheler und Plessner zu Gehlen

Die philosophische Disziplin »Anthropologie«, die KANTS Frage: »Was ist der Mensch?« zu beantworten sucht, entstand dem Begriff nach erst im 16. Jahrhundert. Odo MARQUARD (1928–2015) hat dargelegt, wie die Anthropologie als philosophische Theorie des Menschen sich seit Kant als »Wende zur Lebenswelt« und in Abkehr von Schulmetaphysik und mathematischer Naturwissenschaft unter den philosophischen Disziplinen in Szene setzen konnte. MARQUARD meint ferner, dass nach KANTS noch nicht ganz konsequent vollzogener Wende zur Anthropologie diese endgültig dort eine eigentliche Bedeutung erlangt, wo die konkurrierende Geschichtsphilosophie, die gleichfalls die Wendung zur Lebenswelt vollzogen hat, unglaubwürdig wird. Diese Zeit kommt erst im 20. Jahrhundert. Der Sache nach freilich kann man eine »anthropologische Linie« viel weiter zurückverfolgen, denn schon PLATON und die Antike suchten das Wesen des Menschen zu bestimmen.

Vom Beginn der Philosophie an bis heute also wird das spezifisch Menschliche im Unterschied zum Tier oder auch im Unterschied zum Göttlichen untersucht, wobei die Fragestellungen und Themen im Einzelnen divergieren: »Geschöpf und Ebenbild Gottes«, »fähig zur Erkenntnis von gut und böse«, »Krone der Schöpfung«, »Besitzer einer unsterblichen Seele«, »gesellschaftliches Wesen«, »Kulturerschaffer«. Im Laufe der Zeit kommen, wie wir gesehen haben, hinzu: »politisches Lebewesen« (ARISTOTELES), »Wolf« des Mitmenschen (HOBBES), »hochentwickeltes biologisches Wesen« (DARWIN) bzw. »komplizierte Maschine« (LA METTRIE), »in der Kultur zu sozialer Ungleichheit verdorbenes Naturwesen« (ROUSSEAU). Der gelegentlich postulierte Gegensatz zwischen einer »naturwissenschaftlichen« (biologischen) und einer »philosophischen« Anthropologie ist keiner: Keine diskursfähige Philosophie kann es sich leisten, an den Ergebnissen und Einstellungen der Wissenschaft vorbei zu spekulieren; sie wird aber stets die Fragestellungen der Fachwissenschaft aus einem weiteren Blickwinkel betrachten. Das 20. Jahrhundert hat den Bestimmungen des Menschen die folgenden hinzugefügt: »Mängelwesen«, das seine Instinktdefizite in unvergleichlicher Weise kompensiert, metaphysisches »Geistwesen«, »riskierte« Existenzform, die um ihren Tod weiß, usw.

Das »Mängelwesentheorem« hat sein Vorbild in dem »Prometheusmythos«, den PLATON den Protagoras erzählen lässt (*Protagoras* 320b–323a). Epimetheus hat sämtliche Gaben und Eigenschaften unter die Tiere aufgeteilt, jedoch vergessen, die Menschen zu bedenken. Erst als Prometheus das Feuer stiehlt, erhalten sie eigene Fähigkeiten (Prometheus wird zur Strafe an den Kaukasus geschmiedet, wo ein Adler ihm täglich die sich stets erneuernde Leber aus dem Leibe reißt). Schließlich versorgen auch die Götter das Menschengeschlecht. Nach Platon zeichnen den Menschen aus: der Besitz des Feuers, Handwerk, Religion, Staatskunst und Kriegskunst, dann sittliche Scheu und Rechtsgefühl, ferner die Seele (*Phaidros* 245c–249d), schließlich die Unsterblichkeit (*Phaidon* 61d–63c).

Der bereits erwähnte Goethe-Freund und Philosoph Johann Gottfried HERDER (1744–1803) und im 20. Jahrhundert die Philosophen Max SCHELER (1874–1928) und Arnold GEHLEN (1904–1976) denken Platons Mythos weiter. Sie stellen fest, dass der Mensch ein auf dem Wege der Spezialisierung zurückgebliebenes, aber gerade dadurch nicht in seine Umwelt fest »eingespanntes«, sondern »weltoffenes« Wesen sei. Gerade *weil* er ein »Mängelwesen« ist, in nacktem Zustand langsamer und schwächer als viele Tiere, *muss* der Mensch, bei Kleidung und Werkzeugen angefangen, künstliche Dinge schaffen und schließlich die Natur zu beherrschen versuchen. Er *muss* »Kultur« entwickeln. Dies eröffnet unserer Gattung Chancen, aber auch Risiken. HERDER meinte, der Mensch sei ein »Freigelassener der Natur«, der mittels der merkmalsetzenden Sprache sich in einem Status der »Besonnenheit« in ein Verhältnis zur »Welt« setzen könne. Die Anthropologen des 20. Jahrhunderts, das zur großen Zeit der philosophischen Anthropologie in Deutschland wird,[41] berufen sich auf ihn.

Max SCHELER (1874–1928), Professor in Köln und Frankfurt und Vertreter mehrerer, zeitweise katholisch geprägter Ansätze (*Vom Ewigen im Menschen*, 1921), hat in seiner kleinen Schrift *Die Stellung des Menschen im Kosmos* diese bedeutende Phase der Anthroplogie eingeleitet. Obwohl er durchaus die neueren Entwicklungen der Wissenschaften aufnimmt, sind Schelers Konstrukte des Menschen spekulativ. Der »Geist«, so seine Begrifflichkeit, nicht eine bereits bei Tieren vorhandene »Intelligenz« ermöglicht die »Weltoffenheit« des Menschen und seine »existentielle Entbundenheit vom Organischen«: Der Mensch lebt nicht als unbewusstes Glied in einer Umwelt, sondern er »hat Welt« (das steht allerdings auch alles schon bei HERDER). Der »Geist« kann für Scheler »nicht selbst ein Teil eben dieser Welt sein«; er »kann nur im obersten Seinsgrunde selbst gelegen sein«. Damit wird für den Menschen im Denkrahmen der Schelerschen Metaphysik etwas »Besonderes gerettet«, eine »metaphysische Spitzenstellung«, wie man gesagt hat. »Der Geist ist das einzige Sein, das selbst gegenstandunfähig ist – er ist reine pure Aktualität, hat sein Sein nur im Vollzug seiner Akte. Das Zentrum des Geistes, die ›Person‹, ist weder gegenständliches noch dingliches Sein«.

Indem der Mensch somit über keine fest vorgeprägte Identität verfügt, gewinnt er zwar die für das Menschsein konstitutiven ungeheuren Freiheiten, sieht sich zugleich jedoch in eine höchst instabile Situation versetzt, die – der den Nazis entronnene spätere Groninger und Göttinger Professor – Helmuth PLESSNER (1892–1985) seine »exzentrische Position« genannt hat. Was Plessner in hermeneutischer Breite, mit sehr interessanten Aussagen zu *Lachen und Weinen* (1941) als menschlichen Verhaltensweisen ausführte, ist in der Rezeption lange überdeckt worden von der polarisierenden, scharf akzentuierenden Anthropologie Arnold GEHLENS. Auch Gehlen stellt zunächst fest: Der Mensch *kann* nicht nur, er *muss* zu sich selbst Stellung beziehen, und er muss sich »Kultur« schaffen, um in der Natur zu überleben. Der »unmittelbaren, rohen Natur« überlassen, könnte er sich gar nicht halten – er muss von der *Veränderung* leben. Der ebenso schwache wie zugleich zur Bewältigung dieser Schwäche heraus mit einer ungeheuren Antriebsenergie handelnde Mensch sieht sich verwiesen auf »die gebieterische Gewalt der Zuchtformen, der Sitten, Moralen und Strafen, der Herrschafts- und Führungsordnungen«.

Gehlen (1934 Professor in Leipzig, 1938 in Königsberg, 1940 in Wien, 1947 in Speyer, 1962 in Aachen), ehemals Leipziger Funktionär des NS-Dozentenbundes mit reichlich verbalem Tribut an den Geist der Zeit, legte zu Beginn des Zweiten Weltkrieges jene Anthropologie vor, die ihn mit der These berühmt machte, dass der Mensch auf »oberste Führungsorgane« angewiesen sei, wobei diese in der späteren »entnazifizierten« Fassung zu »Institutionen« wurden. Gehlen verzichtet dabei auf SCHELERS späten Restitutionsversuch der inzwischen als desavouiert geltenden Metaphysik. Die nie statische, ruhende, sondern stets »riskierte« Verfassung des Menschen macht nach Gehlen als *stabilisierende* Gewalten die »Institutionen« erforderlich. Außerhalb der Institutionen drohen Unordnung, Chaos und »Desorientierung« der »moralischen und geistigen Zentren«. Aller »Subjektivismus« ist »Ausfällungsbestand« von Institutionenverfall. Das Individuum muss sich den Institutionen einpassen bzw. kann vielleicht in der Kunst gegenüber dem Institutionsdruck eine ventilartige »Entlastung von der Entlastung« finden. Gehlens hierin sich ausdrückender »Modernitätshass« (HABERMAS) kann alle Veränderung nur als destruktiv und institutionszerstörend auffassen. Er kann Geschichte nicht als Transformation, sondern eher als »Erstarrung« denken (»Posthistoire«).

Die »klassische« deutsche philosophische Anthropologie des 20. Jahrhunderts neigt am Ende dazu, den Menschen nicht so sehr als Inbegriff emanzipatorischer Möglichkeiten oder das Ergebnis einer fehlerausmerzenden Höherentwicklung, sondern als das auf entlastenden Ausgleich angewiesene Wesen zu sehen. Odo MARQUARD hat darum den Menschen als »Homo Compensator« bezeichnet:

> »[Der] wirkliche Mensch ist nicht das triumphierende, sondern das kompensierende Lebewesen: das macht – gegen die revolutionäre Geschichtsphilosophie und gegen die evolutionäre Biologie – die philosophische Anthropologie geltend. Just dadurch – weil sie nicht die Triumphe, zu denen der Mensch siegend eilt, sondern die Mängel und Leiden, mit denen der Mensch (sie mühsam kompensierend) leben muss, in den Aufmerksamkeitsmittelpunkt rückt – wurde die philosophische Anthropologie nunmehr wichtig«.[42]

6. Gadamer, die Hermeneutik und die Kulturwissenschaften/Kulturphilosophie

Hans-Georg GADAMER (1900–2002) studierte in Breslau, Marburg und München und wurde wesentlich beeinflusst von der »radikalen ontologischen Besinnung« HEIDEGGERS, bei dem er sich 1929 habilitierte. Gadamer war dann Professor in Leipzig, in Frankfurt und seit 1949 in Heidelberg.

Die ambivalente, letztlich polemische (Habermas) Wendung des Titels von Gadamers Hauptwerk *Wahrheit und Methode – Grundzüge einer philosophischen Hermeneutik* sucht »Wahrheit« gegen »Methode« auszuspielen. Wer sich auf »Methode«, so sinnvoll und nützlich sie sein mag, fixiert, unterliegt einer unangemessen »objektivistischen« erkenntnistheoretischen Fragestellung. So ist Schleiermachers und Diltheys »methodisch reduzierte« Hermeneutik für Gadamer zu überwinden durch den Ansatz einer »Philosophischen Hermeneutik«, demzufolge »Verstehen nicht eine unter den Verhaltensweisen des Subjekts, sondern die Seinsweise des Daseins selber ist«. Zum Instrumentarium der Geisteswissenschaften gehören »Gedächtnis, Phantasie, Takt, musische Sensibilität und Welterfahrung«, ja: der »ahnungsvolle Kurzschluss«. Eigentliche Erkenntnis kann nicht, wie in den Naturwissenschaften, »beschafft werden«, sondern »wächst zu«, indem »einer sich in die große Überlieferung der menschlichen Geschichte hineinstellt«. Wir verstehen und erwerben unser Weltverhältnis, indem wir uns von ihr ergreifen lassen, sozusagen in sie »einschwingen«. »Heißt in Überlieferungen stehen in erster Linie wirklich: Vorurteilen unterliegen und in seiner Freiheit begrenzt sein?« Die Beantwortung dieser Frage führt Gadamer zu einer Absage an die Idee einer absoluten, traditionsfreien Vernunft im Sinne der Aufklärung ebenso wie zur Begrenzung der um Vorurteilslosigkeit bemühten methodischen Quellenkritik des Historismus. Diese vergesse ihre eigene Geschichtlichkeit und lasse darum jene »Offenheit für die Überlieferung« vermissen, »die das wirkungsgeschichtliche Bewusstsein besitzt«, für das Gadamer steht: »Auf Überlieferung hören und in Überlieferung stehen, das ist offenbar der Weg der Wahrheit, den es in den Geisteswissenschaften zu finden gilt«. Die zentrale These von *Wahrheit und Methode* lautet,

> »[...] dass das wirkungsgeschichtliche Moment in allem Verstehen von Überlieferung wirksam ist und wirksam bleibt, auch wo die Methodik der modernen historischen Wissenschaften Platz gegriffen hat und das geschichtlich gewordene, geschichtlich Überlieferte zum ›Objekt‹ macht, das es ›festzustellen‹ gilt wie einen experimentellen Befund – als wäre Überlieferung in dem selben Sinne fremd und, menschlich gesehen, unverständlich wie der Gegenstand der Physik.«[43]

Gadamers Inszenierung der »Wahrheit« als »Seinsart der Überlieferung« antwortet freilich die Kritik an seiner »Singularisierung des Überlieferungsgeschehens«. Vor allem hat man hierin eine »Rehabilitierung des Vorurteils« (HABERMAS) gesehen. Andererseits suchen Theoretiker der Kulturwissenschaften, Gedanken Gadamers für die Theorie der Geisteswissenschaften fruchtbar zu machen, ohne der These von einem angeblich erforderlichen »Bruch« mit der hermeneutischen Theoriegeschichte zu folgen.

Die heute vertretenen Aufgabenbestimmungen der *kulturellen* Vernunft in der durch Naturwissenschaften und Technik geprägten Gegenwart sind kontrovers. Es gibt Funktionstheorien der Geisteswissenschaften, die diesen die »kompensatorische«, also einen Ausgleich schaffende Aufgabe zuweisen, die unvergleichliche Dynamik des durch die Naturwissenschaften in Gang gesetzten Zivilisationsprozesses durch Erhaltung und narrative Präsentation von Traditionen für den modernen Menschen erträglich zu machen (Kompensationstheorie; Joachim RITTER, Hermann LÜBBE, Odo MARQUARD). So betrachtet, würde der Diskurs der Geisteswissenschaften dem der Naturwissenschaften gleichsam »antworten«, wäre ihm freilich, mit allen Konsequenzen, auch ausgeliefert. Andererseits spricht man den Kulturwissenschaften gerne einen »Orientierungscharakter« zu. Die als Verteidigerin der Aufklärung und des »Projektes der Moderne« auftretende »Diskurstheorie« von

Habermas und Apel (vgl. »Kritische Theorie«; im vorliegenden Band S. 375ff.) entwickelte hierzu eine praktisch-politische und »emanzipatorische« Zielsetzung.

Für Gunter Scholtz (geb. 1941) schließlich hat die »moderne Zivilisation nur durch die Geisteswissenschaften, nicht durch die Naturwissenschaften ein Bewusstsein ihrer selbst«. Zugleich wendet sich Scholtz gegen Gadamers Traditionalismus. Die Kulturwissenschaften lassen sich vielmehr als Projekt kohärenter szientifischer Reflexion und menschlicher Selbstvergewisserung in jener vielzitierten »Kultur« auffassen, die auf den Begriff zu bringen sie angetreten sind. Theorien der Kultur haben überhaupt, wenn diese Anmerkung erlaubt ist, einschlägige Autoren nicht zuletzt, sondern zuerst in Europa und in Deutschland vertreten (siehe auch Kapitel VI, Abschnitte 10 und 11). Manchmal werden sie darum auch als »continental philosophy« in einem nicht lediglich philosophiehistorisch-geographischen Sinne angesprochen, ein Ausdruck, der keineswegs bedeuten kann, eigentlich sei nur eine Verbindung von szientifischem Reduktionismus und analytischer Philosophie grenzenlos en vogue.

Für alle kulturalistischen Positionen gilt diese Überzeugung: Sein besonderer Status setzt den Menschen in die Lage, das, was an ihm Natur bleibt, zugleich zu überschreiben, so dass seine ihn erzeugende Biologie Ausgangspunkt von etwas wird, das der Geist formt und gestaltet. »Homo symbolicus« übernimmt den Staffelstab von »Homo biologicus« und läuft fortan nach eigenen Regeln. Eigentliche Träger dieses Neuen sind nicht mehr Gene und Neuronen, sondern Symbolisierungen sowie ihre medialen Fortentwicklungen als Formen des uns schöpferisch und ideell Möglichen. Die damit in Gang gesetzte Erzeugung einer ideellen Wirklichkeit bedeutet das Überschreiten einer Schwelle, vielleicht auch Durchschreiten einer Schwellenzone, in welcher sich das Kulturwesen Mensch etabliert. Der Sinn kommt nun in die Welt. Mit dem Auftreten jeder

Folgegeneration entwickelt sich ein fortschreitendes Widerspiel von Traditionsbildung und Traditionskritik, lange fast unmerklich und nur repetitiv, schließlich fort und fort wachsend. »Sinn« setzt sich fort in Bemühungen kultureller Arbeit. »Bildung« können nun im Grundsatz und im weitesten Sinne alle Ausdrucksformen des Menschen, sofern er Mensch ist, alle Lebensvollzüge, alle Sinn- und Artefakterzeugungen durch die Epochen und Kulturen hindurch heißen, so eigentümlich ihre Gestalten des Bewusstseins bisweilen sein mögen.

7. Historisch-systematische akademische Philosophie – Ritter-Schule – Hans Blumenberg

Man könnte das historisch-systematische akademische Philosophieren auch als »Traditionsphilosophie« bezeichnen. Darunter sind Positionen der zweiten Hälfte des 20. Jahrhunderts zu verstehen, anhand deren sich in besonderem Maße etwas zeigen lässt, was keine Philosophie vermeiden könnte oder sollte: eine nicht nur legitime, sondern für das akademische Philosophieren überhaupt kennzeichnende Einstellung und Arbeitsweise, die zurückliegende Denkformationen aufarbeitet und deren Traditionspotentiale als gegenwärtig relevant reformuliert. Ein Philosophieren, wie überhaupt ein Arbeiten in den Geisteswissenschaften, ist ohne ein Vorgehen in hermeneutischen Prozessen der Traditionskritik und Traditionsbewahrung kaum vorzustellen.

Als herausragende Beispiele können aus der deutschen Universitätsphilosophie seit den 1950er- und 60er-Jahren die verschiedenen Varianten einer »Zuwendung zur klassischen Tradition des deutschen Idealismus als systematische Möglichkeit des Philosophierens« (Baumgartner) genannt werden. Das Selbstverständnis wohl vieler solcher historisch-systematisch arbeitenden Philosophen hat Walter SCHULZ (geb. 1912 in Gnadenfeld, Oberschlesien; langjähriger Professor in Tübingen, gest. 2000) am Beispiel seiner eigenen Entwicklung verdeutlicht:[44]

> »Im Mittelpunkt meiner Arbeit stand zunächst das Studium des deutschen Idealismus [...]. Diese Epoche erschien mir als der Höhepunkt der abendländischen Philosophie. Das idealistische Denken beruht auf einer Voraussetzung: die Wirklichkeit ist durch Vernunft bestimmt, und als solche ist sie in ihrer Struktur adäquat zu begreifen, insofern sie von einem unbedingten Prinzip her, dem absoluten Ich oder absoluten Geist, deduzierbar ist.« Dieser Ansatz, so Schulz weiter, sei jedoch mit dem fortschreitenden 19. Jahrhundert in Zweifel geraten. Empirische Wissenschaften treten an die Stelle der metaphysischen Spekulation; Evolutionstheorie und Psychoanalyse verändern das Selbstbewusstsein des Menschen. In dieser Situation können Antwortversuche, die den Menschen in der Gegenwart etwas sagen sollen, zwar nicht mehr einfach der traditionellen Metaphysik entnommen werden – »sie sind aber auch nicht mit den Mitteln der empirischen Wissenschaft zu erbringen«.

Exemplarisch ist die Diskussion über den deutschen Idealismus nicht nur deswegen, weil sie eine der faszinierendsten Epochen in der Geschichte der Philosophie aus der Sicht einer späteren Zeit zum Gegenstand nimmt. Es geht auch um die Ansprüche der traditionellen Königsdisziplin der Philosophie, der Metaphysik. Diese Ansprüche sind, wie wir gesehen haben, vielfach aufgegeben oder relativiert worden: unter dem Eindruck der Kritik KANTS, nach Entstehung der modernen Wissenschaften und des historischen Bewusstseins, unter dem Eindruck aber auch der Überbietung aller Metaphysik durch HEIDEGGER kam es zur Verabschiedung einer »idealistisch verhimmelten, nicht situierten Vernunft«, wie es Jürgen HABERMAS in der Kontroverse mit Dieter HENRICH um die gegenwärtige Möglichkeit einer Metaphysik formuliert hat.[45] Aufgrund vieler gewichtiger Einsichten gibt es aber auch derzeit Theoretiker, die in bestimmten Fragen oder auch im großen Gestus ihres Philosophierens als »Platoniker« oder »Hegelianer« auftreten.

Dieter HENRICH (geb. 1927), ein Schüler GADAMERS, eine Zeitlang Präsident der internationalen Hegel-Vereinigung und Mitglied zahlreicher Wissenschaftsakademien, der u. a. über Max WEBER, FICHTE und HEGEL arbeitete, entwickelte gegenüber einer rein historisch verfahrenden Philologie, aber auch gegenüber analytischer Sprachkritik ein Konzept philosophischer Interpretation, das gegenüber der strikten historischen Ausrichtung des Bochumer Hegel-Institutes unter der langjährigen Leitung Otto PÖGGELERS (geb. 1923) als eher spekulativ gilt. Anknüpfend an KANT und FICHTE geht Henrich in besonderer Weise vom Selbstbewusstsein aus, bleibt aber am umfassenden substantiellen Horizont der Metaphysik orientiert. Manfred FRANKS Würdigung zeigt zugleich an einem Beispiel ein mögliches Selbstverständnis heutiger akademischer Philosophie:

> »Es ist gerade Henrichs Ehrgeiz, mit Mitteln seiner konstruktiven (und nicht destruktiv zur Tradition sich verhaltenden) Hermeneutik den großen prägenden Schwellentexten der Moderne das Argumentationsgerüst und die Selbsttransparenz einzuarbeiten, deren sie ermangeln, durch deren Einbau sie sich aber nach wie vor als mächtige Gestalten vor den kleinen Methodentraktaten unserer Tage auszeichnen, die die Verfahrens- und Argumentationsrationalität [...] mit einer Abdankung substantieller Themen in der Philosophie erkaufen.«[46]

Habermas kritisiert dagegen die idealistische Auszeichnung der Stellung des Selbstbewusstseins von der Diskurstheorie her als unzeitgemäß.

Ein weiteres Beispiel für ein historisch-systematisches Philosophieren ist Ernst Tugendhat (geb. 1930 in Brünn, Tschechien; Studium in den USA und Deutschland, Emigration, zuletzt Professor in Berlin). Tugendhat war ursprünglich von der Phänomenologie beeinflusst und schrieb über Husserl und Heidegger. Danach wandte er sich *Vorlesungen zur Einführung in die sprachanalytische Philosophie* zu, um schließlich seinen Schwerpunkt auf Probleme der Ethik zu legen.[47]

Von einer gewissen »Schulbildung« der deutschen Philosophie in der zweiten Hälfte des 20. Jahrhunderts kann im Umkreis Joachim Ritters (1903–1974) gesprochen werden. Ritter, geboren in Geesthacht, hatte bei Heidegger in Marburg studiert und war dann Ernst Cassirers Assistent in Hamburg gewesen, wo er sich mit dessen Unterstützung habilitiert hatte.[48] Seit 1946 in Münster, widmete sich Ritter besonders der Rechts- und Staatsphilosophie und der Ästhetik sowie den Philosophen Aristoteles und Hegel. Auf ihn geht das Flaggschiff der deutschen philosophischen Fachwissenschaft, das begriffsgeschichtlich angelegte *Historische Wörterbuch der Philosophie* (1971 ff.) zurück. Dem Diskussionskreis um Ritter, dem »Collegium Philosophicum«, gehörten Karlfried Gründer, Hermann Lübbe, Odo Marquard, Ludger Oeing-Hanhoff, Robert Spaemann und Willi Oelmüller an. Die »Ritter-Schule« hat die deutsche Philosophie nachhaltig mitgeprägt. Dabei wird dieser Ausdruck häufig als Inbegriff konservativen Denkens gebraucht.

RITTER sah in den 60er-Jahren die *Aufgabe der Geisteswissenschaften in der modernen Gesellschaft* darin, »das Vergangene wie das vom Vergehen Bedrohte aufzusuchen, einzubringen, zu erschließen, zu schützen und zu erhalten, es in Sammlungen und Editionen zugänglich zu machen«.[49] Warum ist das Vergangene wichtig? Was verlangt inmitten der industriellen Gesellschaft nach geisteswissenschaftlichen Bemühungen? Die Antwort gibt Ritter mit zwei Überlegungen, die zum »Kompensationstheorem« führten und über seine Schüler große Verbreitung erfuhren. Ritter konstatiert eine »Entgeschichtlichung« (bei LÜBBE wird es dann korrigierend heißen: »geschichtliche Beschleunigung«) in der modernen industriellen Großgesellschaft; deren »Abstraktheit« und »Geschichtslosigkeit« gleichen seiner Auffassung nach die Geisteswissenschaften in Bewahrung und Vergegenwärtigung des Vergangenen aus. Mit einer strukturell analogen Figur beschreibt Ritter auch in seinem berühmten »Landschafts«-Aufsatz die Funktion des Ästhetischen. Das Ästhetische erscheint mit Schiller »als das Organ, das der Geist auf dem Boden der Gesellschaft ausbildet, um das, was die Gesellschaft in der für sie notwendigen Verdinglichung der Welt zu ihrem Objekt außer sich setzen muss, dem Menschen zurückzugeben«.

Odo MARQUARD, ein Meister der brillanten Formulierung und gelegentlich als »Transzendentalbelletrist« bezeichnet, hat sich einerseits dem *Abschied vom Prinzipiellen* verschrieben und plädiert andererseits für die sinnstiftende Kraft intakter Traditionen (»Üblichkeiten«); diese Position nennt man »Usualismus«. Gegenüber den Universalethiken (etwa von HABERMAS und APEL), die sich selbst gerne zum »einzig rettenden« Weg verabsolutieren, stehen diese »Üblichkeiten« für Marquard stets in einem freiheitsfördernden Plural: Es ist für das Individuum entlastend, wenn es zwischen mehreren Optionen wählen kann, statt einer Instanz ausgeliefert zu sein. Bekannt geworden ist

Marquard durch die Kompensationstheorie der Geisteswissenschaften.

Die Kompensationstheorie wird auch von dem Philosophen und Kulturtheoretiker Hermann LÜBBE (geb. 1926) vertreten. Lübbe versteht seine Arbeiten zu Wissenschaft, Kunst, Religion, Kultur und Politik, wie er es programmatisch in den Titeln seiner zahlreichen Aufsätze und Bücher formuliert, als Analysen »nach der Aufklärung«. Diese ist für ihn in der modernen Welt grundsätzlich gelungen, was Kritiker wie Jürgen HABERMAS in Abrede stellen. Zum Verhältnis von Wissenschaft und Religion meint Lübbe, die Wissenschaft habe ihre Kompetenz verloren, quasireligiöse Weltbilder zu stiften. Aber nach den unbestreitbaren Erfolgen der Wissenschaft könne die Religion ihrerseits auch keine Welterklärungsfunktion mehr übernehmen, habe aber dafür das »Monopol« auf den Umgang mit den Widerfahrnissen des Lebens (»Kontingenzbewältigung«). Damit sind die möglichen Konfliktfelder zwischen religiösem und wissenschaftlichem Weltverhältnis wechselseitig geräumt. Hauptanliegen Lübbes als eines Analytikers der modernen Zivilisation ist es, den humanen Lebenssinn unserer durch Wissenschaft und Technik geprägten Zivilisation zu verteidigen (*Der Lebenssinn der Industriegesellschaft*).

Zur Ritter-Schule werden auch der Tübinger Religionsphilosoph Ludger OEING-HANHOFF (1923–1986) sowie Robert SPAEMANN (geb. 1927), zuletzt Professor an der Universität München, gerechnet. Spaemann gilt als »umfassender und provozierender Kopf«; als sehr konservativ, aber frühzeitig skeptisch z. B. gegenüber einem weiteren Ausbau der Kernenergie; als grundlegender Denker mit Arbeiten über den Konservativen DE BONALD, über FENELON und ROUSSEAU; er ist aber auch nie verlegen um eine politische oder katholisch-kirchenpolitische Stellungnahme etwa in der Frage der »Euthanasie«. Philosophisch hat Spaemann sowohl die »Kritische Theorie« scharf angegriffen wie auch die Grenzen des Funktionalismus und des wissenschaftlichen Objektivierens betont. Er stellt dagegen in der theoretischen Philosophie die Geltung substantieller Metaphysik und Theologie, in der Naturphilosophie ein teleologisches Denken (wie bei Aristoteles) und in der Ethik eine behauptete Allgemeingültigkeit sittlicher Normen und des Naturrechtes im katholischen Sinne heraus.

Willi Oelmüller (1930–1999, Professor in Münster, Paderborn und Bochum) folgte nicht der von seinen Freunden und langjährigen Diskussionspartnern Marquard und Lübbe im Anschluss an den gemeinsamen Lehrer Ritter entwickelten Kompensationsthese, jedoch auch nicht der anderen wirkungsmächtigen Erscheinungsform jüngerer deutscher Philosophie, der Habermas-Apel'schen Diskurstheorie. Unter dem Signum von Hegels Begriff der »unbefriedigten Aufklärung« ging er – kritisch sowohl gegenüber den Ansprüchen der Metaphysik, als auch gegenüber der Annahme einer apriorischen Vernunftstruktur im Sinne Kants – von der geschichtlichen Situiertheit der Vernunft aus; seine Position zielte dabei auf in der Wirklichkeit noch nicht eingelöste Vernunftpotentiale. Für ihn blieb der philosophische Diskurs in Prozesse der Traditionsbewahrung und Traditionskritik eingelassen, die für ihn, besonders in seinen letzten Veröffentlichungen, zunehmend auch solche des jüdisch-christlichen Denkens und der negativen Theologie waren.

Hans Blumenberg (geb. 1920 in Lübeck, gest. 1996 in Altenberge bei Münster) gehört nicht zur Ritter-Schule, lehrte jedoch von 1970 bis zur Emeritierung 1985 ebenfalls in Münster. Blumenberg machte sich zunächst mit wissenschaftsgeschichtlichen Untersuchungen einen Namen, die gegen die These Karl Löwiths von der Abhängigkeit der Neuzeit von ihrer christlichen Vorgängerepoche die *Legitimität der Neuzeit* herausstellten.

Dann befasste er sich mit der Abkehr von der Vorstellung eines »für uns« und »von jemandem« eingerichteten sinnvollen Kosmos und mit dem Problem des »Absolutismus der Wirklichkeit«, der angsterregenden Übermacht der Welt und der Grundlosigkeit eines stummen und unermesslichen Weltalls. Der Mensch ist nicht »Adressat der kosmischen Veranstaltung«; sein Dasein vollzieht sich »unterhalb der Schwelle kosmischer Relevanzen«.[50] Zur Entwicklung einer Philosophie menschlicher Selbstbehauptung und pluralistisch eröffneter Freiheitsräume angesichts dieses »Absolutismus der Wirklichkeit« ging es Blumenberg im Weiteren vor allem um die »Rehabilitierung von zu Unrecht Diskriminiertem und scheinbar Nichtigem«, nämlich der »Metapher« und des »Menschenrechts auf Mythen«.[51] Seine »Theorie der Unbegrifflichkeit« stellt ein Korrektiv dar zur Rationalität des Begriffs. Die »Metapher« z. B., nach Aristoteles die »Übertragung eines fremden Namens«, wurde im Laufe der bisherigen Geistesgeschichte vor allem eingeschätzt als »lediglich« rhetorische Figur und von den Logikern übergangen als »uneigentliche« Rede. In der »Metaphorologie« Blumenbergs dagegen steht das Interesse an Metapher, Mythos und Symbol im Rahmen eines Programms, das sich gegen eine Verabsolutierung der Descartes'schen Ideale von Klarheit und Bestimmtheit wendet, die alle Formen »übertragener« Rede bestenfalls als zu eliminierende Vorläufigkeiten ansehen kann. Unter dem Signum »absoluter Metaphern«, die nicht bloße »Wirkungsmittel« und nicht durch Begriffe ersetzbar sind, beharrt Blumenberg auf dem Recht einer »katalysatorischen Sphäre, an der sich zwar ständig die Begriffswelt bereichert, aber ohne diesen fundierenden Bestand dabei umzuwandeln und aufzuzehren«.

Blumenbergs Schriften befassen sich mit solchen Metaphern: *Schiffbruch mit Zuschauer* (1979), *Die Lesbarkeit der Welt* (1981), *Das Lachen der Thrakerin* (1987), *Höhlenausgänge* (1989), *Die Sorge geht über den Fluß* (1987) und *Matthäuspassion* (1988). Angesichts der zwischen »Lebenszeit und Weltzeit« klaffenden Schere kann man als Grundthema des »Philosophen der individuellen Selbsterhaltung« eine Philosophie der »Entlastung vom Absoluten« ausmachen. Eine solche freiheitsfördernde Entlastung durch Distanzierung, Leichtigkeit des Umgangs mit dem Göttlichen und durch eine Veränderbarkeit und phantastische Plastizität der erzählten Geschichten schreibt Blumenberg gegenüber dem jüdisch-christlichen Monomythos den polytheistischen Mythen zu.[52]

Ganz gegen den seit Wilhelm NESTLE oft zitierten Übergang »vom Mythos zum Logos«, von der Dichtertheologie zu Philosophie und Wissenschaft gab es überhaupt in der deutschen Philosophie eine Zeitlang eine regelrechte Mythenfreundlichkeit. Der Kieler Wissenschaftsphilosoph Kurt HÜBNER (geb. 1926) sprach in Radikalisierung des Historismus in der Wissenschaftstheorie etwa von einer »Wahrheit des Mythos«.[53]

8. Skepsis und Begründung: Die Frankfurter Schule von Adorno zu Habermas

Als »Kritische Theorie« oder »Frankfurter Schule« bezeichnet man eine Reihe wichtiger Sozialphilosophen des Frankfurter »Instituts für Sozialforschung«, vor allem Th. W. ADORNO und M. HORKHEIMER, die wegen der Machtergreifung Hitlers emigrieren mussten, nach dem Kriege aber nach Deutschland zurückkehrten. Die Kritische Theorie ging in scharfem Gegensatz zur wissenschaftsorientierten Philosophie etwa POPPERS von den sozialökonomischen Lehren des Marxismus aus – freilich auch, je länger, je mehr, über sie hinaus. Sie verfolgte das Ziel einer kritischen Analyse der gegenwärtigen kapitalistischen Gesellschaft, wobei sie zeitweise großen Einfluss auf die so genannte

»außerparlamentarische Opposition« in der Bundesrepublik und auf die antiautoritären Bewegungen der 1960er-Jahre ausübte.

Die ältere »Kritische Theorie«. Deren Protagonisten Theodor Wiesengrund Adorno (1903–1969) und Max Horkheimer (1895–1973) haben den im Zeichen des Kapitalismus stehenden neueren Zivilisationsprozess als Siegeszug einer positivistisch reduzierten »instrumentellen« Vernunft kritisiert. Ihre in den 40er-Jahren im kalifornischen Exil gemeinsam verfasste und 1947 in einem Amsterdamer Exilverlag erschienene *Dialektik der Aufklärung* wurde in den 60er-Jahren im Zuge der studentischen Protestbewegungen wiederentdeckt, prägte deren »pessimistische Hintergrundgewissheiten«[54] über Jahre und gilt heute als eine der wichtigsten zeitkritischen philosophischen Analysen des 20. Jahrhunderts. Der Titel wurde zum Schlagwort dafür, dass jene neuzeitliche aufgeklärte Vernunft, die die Autoren keinesfalls schlichtweg verabschieden wollen, ihr zerstörerisches Potential wie einen unablösbaren Schatten stets mit sich führt und so eine janusköpfige Gestalt annimmt.

Adorno (Wiesengrund nach dem jüdischen, zum Protestantismus übergetretenen großbürgerlichen Vater, Adorno nach der Mutter, einer katholischen Sängerin aus korsischem Adel) war auch Musiktheoretiker und Komponist, geboren in Frankfurt am Main, gestorben in Visp im Wallis. Horkheimer war vor allem Philosoph und Soziologe, jüdischer Fabrikantensohn aus Stuttgart-Zuffenhausen, der sein Institut vor dem Zugriff der Nazis über den halben Erdball rettete und nach dem Kriege in Deutschland wiederinstallierte, Autor zahlreicher Studien, Rektor der Frankfurter Goethe-Universität, gestorben in Nürnberg.

Die *Dialektik der Aufklärung* besteht darin, dass der Fortschritt menschlicher Selbstbehauptung in immer »aufgeklärteren« Formen der Herrschaft über die Natur zugleich schon das Fortschreiten der menschlichen Selbstverstümmelung und Disziplinierung enthält. »Mythos« erweist sich bereits als »Aufklärung«, wenn bei Homer Odysseus, ein Mensch schon der Technik und der Aufklärung, sich von seinen Gefährten fesseln lässt, um als Einziger und ohne die Gefahr, ihrem Zauber zu erliegen, den Gesang der Sirenen hören zu können. Das Selbst muss den Leib fesseln, um unbeschadet für eine kurze Weile genießen zu können, was zur gänzlichen Erfüllung nicht mehr kommen darf: die (angeblich) denkbare lockende Unmittelbarkeit eines Naturzustandes. Das Selbst muss, wie gerade im partiellen Genuss deutlich wird, unentwegt entsagen, um sich nicht dem »Versprechen gänzlicher Erfüllung« durch das »Lied der Lust« zu überlassen und dadurch zugrunde zu gehen. Der Versuch, sich »mimetisch« der übermächtigen Natur »anzuschmiegen«, ist gleichfalls keine Lösung, weil auch so dem Zwang, sich »selbst« zu behaupten, gerade nicht zu entrinnen ist.[55]

»Aufklärung« erweist sich auch als »Mythos«: als totalitäre und unversöhnliche Herrscherin. Adorno und Horkheimer kritisieren die wissenschaftliche Vernunft und letztlich »Vernunft« und »Aufklärung« selbst als Herrschaftsinstrumente:

> »Der Mythos geht in die Aufklärung über und die Natur in bloße Objektivität. Die Menschen bezahlen die Vermehrung ihrer Macht mit der Entfremdung von dem, worüber sie die Macht ausüben. Die Aufklärung verhält sich zu den Dingen wie der Diktator zu den Menschen. Er kennt sie, insofern er sie manipulieren kann. Der Mann der Wissenschaft kennt die Dinge, insofern er sie machen kann.«[56]

Horkheimer und Adorno setzten sich damit freilich, wie Habermas formuliert, der Aporie einer Vernunftkritik aus, deren Akte aufklärerischer Erkenntnis »selber vom diagnostizierten Selbstzerstörungsprozess affiziert« und um ihre »befreiende Wirkung« gebracht werden könnten. Horkheimer freilich habe zugleich an einem geradezu »eschatologischen« Theorieverständnis festgehalten.[57] Die scheinbar wertfreien Wissenschaften sind für Horkheimer und Adorno ganz »von der instrumentellen Vernunft aufgesogen«, wie Habermas[58] diesen Sachverhalt formuliert: »Noch die deduktive Form der Wissenschaft«, so die Analyse,[59] »spiegelt Hierarchie und Zwang«. Mit Habermas lässt sich die Konkretisierung eines solchen Ansatzes und eine Lösung von ungeklärten romantischen und lebensphilosophischen Voraussetzungen fordern. So hilft es angesichts der Technik nichts, wenn ihre Entwicklung zum universalen Gang eines Verhängnisses totalisiert wird.

Adorno und Horkheimer erscheinen nicht wie Hegel als Meister der Synthese, sondern, in sozusagen »negativer Dialektik«, als Anwälte der Antithese. Unter dem Eindruck der Gräuel, deren Zeitzeugen sie werden, ist ihre Philosophie nicht letztliche Affirmation, nicht Theodizee, nicht vollbrachte Versöhnung. Dies heißt zwar nicht, dass der Gedanke an Erlösung fehlte, doch ist er uneinlösbar geworden.

Zur Frankfurter Schule gehört auch Herbert Marcuse (1898–1979). Marcuse wurde als Sohn einer großbürgerlich-jüdischen Familie in Berlin geboren, war Student bei Heidegger, Mitarbeiter am Frankfurter Institut und emigrierte dann wie Horkheimer und Adorno in die USA, wo er als Professor geblieben ist.

Marcuse führt in seiner Analyse des »eindimensionalen Menschen« die Reflexion der Kritischen Theorie mit deutlich verändertem Akzent fort. Gegenüber der Dialektik der Aufklärung setzt er eher auf die Kraft eines befreiten Eros. Dabei gibt es ebenfalls bereits ökologische Untertöne. Marcuse sieht die »Vergewaltigung der Natur untrennbar mit der kapitalistischen Wirtschaft verknüpft« und stellt Zusammenhänge her zwischen der Herrschaft über Menschen und der Herrschaft über die Natur. »Eine freie Gesellschaft könnte durchaus unter einem ganz anderen Apriori stehen, ein ganz anderes Objekt haben; die Entwicklung der wissenschaftlichen Begriffe könnte in einer Erfahrung von Natur als einer Totalität zu schützenden und zu ›kultivierenden‹ Lebens gründen, und die Technik würde sich dieser Wissenschaft zur Rekonstruktion der Lebenswelt bedienen«.[60] Dies eine wurde Marcuse nicht zweifelhaft, und zeitweise erlangte er Kultstatus damit: dass ein grundsätzlicher Umschlag möglich sei in ein Anderes, eine bessere Qualität von Geschichte, dass man zur Erreichung dieser neuen Stufe die ethische Berechtigung gesellschaftlicher Revolution diskutieren müsse, deren letztmalige Gewaltanwendung eine gewaltlose Gesellschaft schaffen könne,[61] und dass diese Gesellschaft als »repressionslos-libidinöse« Kultur in befriedeter Natur zu denken sei. Marcuse entwickelt die Perspektive auf einen »politischen Kampf« neuer revolutionärer Potentiale (Studenten, Minderheiten, Protest- und Befreiungsbewegungen) nach der zu konstatierenden weitgehenden Integration der Arbeiterklasse in das kapitalistische System.

Seine letztlich optimistische Synthese aus Marx und Freud wurde in den 1960er- und 70er-Jahren zur Utopie eines undogmatischen Marxismus und spielte in den Diskussionen und Seminaren eine große Rolle. Der *Eindimensionale Mensch* bleibt dabei ein über den Zeitgeist der 1970er-Jahre hinaus lesenwertes Buch.

Vertreter einer »freudschen Linken« ist auch der ebenfalls in die USA emigrierte Psychologe Erich FROMM (1900–1980), Autor der zeitweiligen Kultbücher *Haben oder Sein* und *Die Kunst des Liebens.*

In den Umkreis der älteren Kritischen Theorie gehört schließlich Ernst BLOCH (1885–1977), der nach seiner Emigration in die USA von 1949 bis 1957 Professor in Leipzig war. Wegen seiner kritischen Haltung zur SED-Politik kam es zu vielen Schikanen der DDR-Führung gegenüber dem idealistischen Abweichler und »marxistischen Schelling« (HABERMAS); 1961 erfolgte die Übersiedlung in die Bundesrepublik nach Tübingen.

In seinem Hauptwerk *Das Prinzip Hoffnung* (1954–59) gibt BLOCH eine sich vom MARX'schen Materialismus deutlich entfernende utopische Philosophie in expressiv-überschwänglichem, pathetischem und prophetischem Stil mit messianischen Untertönen. »Spekulativ« (HABERMAS), eine »Synthese von Marxismus, Mystik und Karl May«, stellt dieses umfangreiche Werk den Versuch dar, die vielen Spielarten und Felder des utopischen Denkens einzuholen und für das menschliche Leben fruchtbar zu machen. Blochs Ansatz verkörpert eine Kraft, die noch im Banalen, Trivialen und Alltäglichen nach dem Vorschein des Utopischen sucht, nach einer künftigen diesseitigen Aufhebung der Defizite in der Menschenwelt: »Die Welt ist [...] voll Anlage zu etwas, Tendenz auf etwas, Latenz von etwas, und das so intendierte Etwas heißt Erfüllung des Intendierten«.[62]

Die neuere »Kritische Theorie«. Auf die Aporien der älteren Kritischen Theorie und die sprachphilosophische und wissenschaftstheoretische Metakritik der HEGEL'schen Vernunftphilosophie vor allem durch die Analytische Philosophie reagierte die neuere Kritische Theorie von Jürgen Habermas durch eine konzeptuelle Desubstanzialisierung des Vernunftbegriffs und seine Akzentverlagerung ins Prozedurale. Freilich sollte die kommunikationstheoretisch umgerüstete Vernunft dann doch wiederum den Status der traditionalen Vernunftphilosophie beerben können.

Jürgen Habermas, geboren 1929 in Düsseldorf, war in den 1950er-Jahren Assistent am »Institut für Sozialfoschung«, 1961 Professor in Heidelberg und Frankfurt, 1971–81 am »Max-Planck-Institut zur Erforschung der Lebensbedingungen der wissenschaftlich-technischen Welt« in Starnberg, schließlich von 1983 bis zur Emeritierung 1994 erneut Philosophieprofessor in Frankfurt am Main. Habermas, Schüler des Philosophen der Geisteswissenschaften Erich Rothacker, gilt als Fortsetzer und Erneuerer der »Kritischen Theorie«, obwohl Adorno und Horkheimer es ablehnten, für seine Habilitation in Frankfurt einzutreten. Habermas ist der gegenwärtig vielleicht bekannteste deutsche Philosoph, weltweit einer der meistrezipierten Denker, freilich auch ein umstrittener, nicht zuletzt ein »politischer« Professor, der immer wieder aktuelle Themen kommentiert. 2001 bekam er den Friedenspreis des deutschen Buchhandels verliehen. Für die philosophisch-politische Selbstbeschreibung der wiederhergestellten deutschen Demokratie der Nachkriegszeit hat Habermas, der große Schwierigkeiten mit einer wie auch immer »geläuterten« und eingedenk der Verbrechen der Nazizeit »gebrochenen« nationalen Identität der Deutschen hat, den Begriff des »Verfassungspatriotismus« geprägt. Vom *Strukturwandel der Öffentlichkeit* über die *Stichworte zur geistigen Situation der Zeit* bis zur *postnationalen Konstellation* reichen die vielen Hinsichten und ungezählten Debatten, in denen Habermas sich zur philosophischen Einmischung in politische und politisch-theoretische Debatten aufgefordert sieht. Gegenüber der konservativen Ritter-Schule besetzt er dabei eher die »linke Seite« des politischen Spektrums. Manche seiner Buchtitel (*Die neue Unübersichtlichkeit*, 1985) sind sprichwörtlich geworden.

Schon in den Anfängen geht es Habermas um die Schwierigkeiten, Theorie und Praxis zu vermitteln,[63] soll das Interesse an Erkenntnis mit dem an Mündigkeit zur Deckung kommen. Sein Lebenswerk gilt einer Theorie, die *Erkenntnis und Interesse* (1968), *Theorie und Praxis* (1963) verbindet. So sucht seine *Rekonstruktion des historischen Materialismus* (1976) evolutionäre Modelle eines kritisch rezipierten Marx, seine *Theorie des kommunikativen Handelns* (2 Bde., 1981) die Idee des »herrschaftsfreien Diskurses« hierzu zu nutzen. Folgender Gedankengang wird in dem wohl wichtigsten Text des frühen Habermas, nämlich in der Frankfurter Antrittsvorlesung über *Erkenntnis und Interesse* (1965), entwickelt: Hat für den traditionellen Theoriebegriff der klassischen Philosophie Erkenntnis in der Annäherung an eine an sich seiende, vorstrukturierte Wirklichkeit bestanden, so bezog diese antike Auffassung von Wirklichkeit als geordnetem Kosmos auch die Ordnung der Menschenwelt mit ein. Wissenschaft schloss sich also an einen emphatischen Begriff des Seienden an, der ihre Praxisrelevanz implizierte; auf diese Weise konnte sie ihre Bedeutsamkeit für das Handeln vereinbaren mit dem theoretischen Ethos der Welterfassung. Mit dieser Ontologie haben die empirisch-analytischen Wissenschaften das theoretische Ethos gemein; lediglich die Praxisrelevanz, der Glaube an einen aufweisbaren »Wertehimmel« ist aufgegeben worden. Dieses Fehlen einer Bedeutsamkeit für das Leben hat HUSSERL im Versuch einer Restitution des alten Theoriebegriffs kritisiert. Für Habermas sind beide Positionen einem objektivistischen Schein verfallen, freilich gilt die Einsicht, dass »die Wahrheit von Aussagen in letzter Instanz an die Intention des wahren Lebens gebunden ist«.[64] Ihr soll die normative Kommunikationstheorie gerecht werden, derzufolge die menschliche Vernunft, bei aller Distanzierung älterer substantieller Vernunftbegriffe, es aus der Logik ihrer kommunikativen Verfassung heraus vermöge, überhistorisch gedachte Bedingungen »wahren« Lebens sozusagen »anzupeilen«.[65]

In der in »Konsonanz« mit Karl Otto APEL vorgenommenen sprachphilosophischen »Transformation« des kantischen transzendentalphilosophischen Ansatzes soll der »linguistic turn«, die Wende zur Sprache, für eine »Letztbegründung« in der Ethik genutzt werden. Habermas' Versuche, eine kontrafaktisch unterstellte »ideale Sprechsituation« bzw. einen »herrschaftsfreien Diskurs«, in dem jeder Teilnehmer gleiche Chancen und gleichen Anteil hätte, für Wahrheits-, Vernunft- und Normendebatten fruchtbar zu machen, gingen davon aus, dass diese »linguistische Wende« zur normativen Stärkung des Vernunftbegriffs würde beitragen können. Wie in seinem Ansatz bei einem »emanzipatorischen Erkenntnisinteresse« und seinen Überlegungen zu den Stufen moralischer Kompetenzentwicklung nach Lawrence KOHLBERG dienen auch die Philosophie der Sprache und die *Theorie des kommunikativen Handelns* dem Ziel, einen Theoriebegriff zu explizieren, der Norm und Praxis umgreift.

Schon in der erwähnten Frankfurter Antrittsvorlesung hat Habermas den Grundton anklingen lassen, auf dem für ihn die Reflexion über Sprache aufbaut:

> »Das, was uns aus Natur heraushebt, ist nämlich der einzige Sachverhalt, den wir seiner Natur nach kennen kön-

> nen: die Sprache. Mit ihrer Struktur ist Mündigkeit für uns gesetzt. Mit dem ersten Satz ist die Idee eines allgemeinen und ungezwungenen Konsensus unmissverständlich ausgesprochen. Mündigkeit ist die einzige Idee, deren wir im Sinne der philosophischen Tradition mächtig sind.«[66]

Obwohl auch Habermas betont hat, dass es Aufgabe der Philosophie ist, die »semantischen Potentiale der durch Aufklärung erschütterten Traditionen zu erschließen und zu bewahren«, liegt der Schwerpunkt seiner nicht »nur theoretischen« Philosophie eindeutig in einem prospektiv-normativen Gestus, mittels Sprechakttheorie, Theorie sozialer Evolution und mit Hilfe all der anderen mit immensen Rezeptionskapazitäten aufgearbeiteten sozialwissenschaftlichen, philosophischen und weiteren Theoreme in theoretischem Vorgriff Strukturen des »Wahren« gleichsam prozedural herbeizuziehen. Begab sich die ältere Kritische Theorie in die Nähe des totalisierenden Kulturpessimismus einer universalen »Logik des Zerfalls«, so postuliert Habermas, dass eine Gesellschaft sich vernünftig und kritisch über sich selbst verständigen und dem Verhängnis entwinden könne. Mit Habermas' Projekt der Moderne ist ein soziologisch-philosophisches Theorieangebot angetreten, das daran festhält, die Entstehung und Funktionsweise prägender sozioökonomischer Prozesse in einer gleichsam parallel laufend mitbedachten Kultur- und Normenperspektive zu betrachten und damit beide im Begriff der Moderne spannungsvoll enthaltenen Hinsichten in einem Zusammenhang zu halten. Entsprechend, noch einmal, ist die Moderne nicht nur Exerzierfeld anonymer Kräfte, sie ist auch ein Ringen um Ziele, eine Sinnerzählung. Das hierzu verwendete Theoriedesign einer Unterscheidung von System und Lebenswelt stellt eine nach wie vor interessante Modellvorstellung hinsichtlich avancierter Gesellschaften und implizit in der globalen Ausweitung von Funktionssystemen auch darüber hinaus dar.

In der Debatte mit dem Naturalismus und um das Körper-Geist-Problem ist Habermas' Anliegen erkennbar, der im individuellen Erleben unbestreitbaren Evidenz eines in allen unseren Handlungen performativ mitlaufenden Freiheitsbewusstseins (das von einem Determinismus entmächtigt würde) ebenso gerecht zu werden wie andererseits auch dem Anliegen des kohärenten Bildes einer Welt, die uns als Naturwesen einschließt (»schwacher Naturalismus«).

Im Zuge der französischen »Postmoderne« und des amerikanischen »Kontextualismus«, die keinen universalen theoretischen Rahmen mehr anerkennen und nur eine unverrechenbare Vielzahl von »Sprachspielen« zulassen wollten, schlug schließlich in den 1980er- und 1990er-Jahren die normativ gemeinte und auf Begründungsleistungen ausgerichtete philosophische *Wendung zur Sprache* unversehens ins Gegenteil um. Gegen den hierin befürchteten Relativismus bemüht sich Habermas, an einem universalen Wahrheitsbegriff und an der »Einheit der Vernunft in der Vielfalt ihrer Stimmen« festzuhalten. Die Diskurstheorie tritt als Verteidigerin der Aufklärung und des »Projektes der Moderne« auf. Stärker auf eine Reformulierung der Philosophie der Vernunft unter den Bedingungen des *geschichtlichen Denkens* ist dagegen Herbert SCHNÄDELBACH (geb. 1936), Professor in Frankfurt, Hamburg und Berlin, eingegangen, der gleichfalls der Tradition der Frankfurter Schule entstammt.

9. Ethik ist der Preis der Moderne: Von der Rehabilitierung der praktischen Philosophie bis zur »GenEthik«

Ethisches Engagement im 20. Jahrhundert verfolgt verschiedene Absichten. Am Ende des 20. Jahrhunderts, Jahrzehnte nach »1968« ist der lange vorherrschende Gestus der Veränderung gelegentlich in den des »Erhaltes von Werten« für eine offenbar immer orientierungslosere Gegenwart getreten. In den 1970er-Jahren erschienen Sammelbände mit programmatisch empfundenen Titeln wie zum Beispiel *Rehabilitierung der praktischen Philosophie* von Manfred RIEDEL. Vor allem trat die bereits angesprochene *Diskursethik* mit einem groß angelegten Begründungsgestus hervor. Sie wurde einer der meistdiskutierten philosophischen Ansätze der 1970er- und 80er-Jahre. Vertreter sind neben HABERMAS vor allem Karl-Otto APEL (1922–2017) und seine Schule. Apel besteht ausdrücklich auf der Notwendigkeit einer der »planetarischen Einheitszivilisation« angemessenen »universalen, d. h. für die menschliche Gesellschaft insgesamt verbindlichen« »Makroethik«. Diese hat nicht nur universal, sondern auch letztbegründet zu sein – »alles andere ist Halbheit«.

Der Anstoß zur Diskursethik kommt von KANT, in dessen Tradition Apel sich ebenso sieht, wie er über Kants »solipsistischen«, nur auf das *einzelne Moralsubjekt* rekurrierenden Ansatz in Richtung auf Dialog, Diskurs und die Anerkenntnis der anderen hinauszugehen wünscht. In jedem, auch tatsächlichen Diskurs unterstellen wir eine »ideale Sprechsituation« und die mögliche Zustimmung zu unseren Argumenten durch eine »unbegrenzte ideale Kommunikationsgemeinschaft«. Von dieser darf niemand aus irgendwelchen Gründen ausgeschlossen oder in ihr benachteiligt werden. Moralische Normen sind solche Normen, die sich unter der regulativen Idee eines solchen Diskurses rechtfertigen lassen. Der entscheidende Gedanke der Ethik Apels folgt dem Grundsatz: »Wer argumentiert, hat sich schon verpflichtet«.[67]

Die Reaktionen auf Apels Theorien füllen viele Bände. Massive Kritik an Apels Letztbegründungsgedanken hat von der konkurrierenden wissenschaftstheoretischen und sozialphilosophischen Position des »Kritischen Rationalismus« aus Hans Albert geübt. Den Universal-Ethiken sehr skeptisch gegenüber stehen auch die konservativen Denker, die aus der Schule Joachim Ritters kommen.

Je länger das 20. Jahrhundert andauerte, umso mehr hat sich freilich der Forschungsschwerpunkt der akademischen Praktischen Philosophie in Deutschland von einer reinen (Letzt-)Begründungsethik zu einer angewandten und praxisorientierten Ethik verlagert. In vielen sich radikal fortentwickelnden zivilisatorisch-technischen Bereichen, die offenbar gesonderte ethische Anstrengungen erfordern, entstehen über die herkömmlichen Berufs- und Standeskodizes (z. B. in der Medizin den »Eid des Hippokrates«) immer neue Spezialethiken. Man spricht von »Wirtschaftsethik«, »Medienethik«, »Bioethik«, »medizinischer Ethik«, »Tierethik«, schließlich von »GenEthik« als einem besonders wichtigen Aufgabengebiet. Der Mensch tritt mittlerweile mittels der Biotechnologie als Gestalter der Evolution und damit womöglich sogar seiner selbst auf. Das ist eine Perspektive, die wenig Begeisterung zu erwecken imstande ist, sollten nicht ethisches Bewusstsein und Verantwortung ihr folgen können. Der wissenschaftlich-technische Fortschritt bringt ein zunehmendes Bewusstsein ethisch-gesellschaftspolitischer Herausforderungen mit sich, auf die der philosophische Diskurs reagiert. Indem der wissenschaftlich-technische Prozess immer neue Eingriffsmöglichkeiten erzeugt, erzeugt er auch immer mehr ethische Zweifelsfälle. Otfried Höffe (geb. 1943, Professor an der Universität Tübingen) hat darum gesagt, Moral sei der »Preis der Moderne«. Schließlich treten neben die Frage nach den ethischen

Folgen *einzelner* wissenschaftlicher Entwicklungen Szenarien der weiteren Entwicklung der wissenschaftlich-technischen Zivilisation und ihres Umgangs mit der Natur überhaupt. Die neuen Möglichkeiten der Gentechnologie und Medizin provozieren die alte philosophische Frage »Was darf bzw. soll der Mensch tun?« in spezifisch neuer Weise. In »Ethik-Kommissionen« und einem von der Bundesregierung eingerichteten »Ethik-Rat« sitzen neben Naturwissenschaftlern, Medizinern und Juristen auch Theologen und Philosophen. Bereits in den 1980er-Jahren wurden interdisziplinäre Gespräche zur »Ethik der Wissenschaften« veranstaltet. An neueren Debatten sind vor allem Dieter Birnbacher (geb. 1946), Ludwig Siep (geb. 1942) und Kurt Bayertz (geb. 1948) beteiligt gewesen.

Welches Konfliktpotential diese Problemfelder bereithalten, lässt sich an zwei Beispielen zeigen. Heftige Diskussionen und sehr handfeste Proteste riefen im durch die nationalsozialistische »Euthanasie« sensibilisierten Deutschland Aussagen hervor, wie sie z. B. der in Australien lehrende Philosoph Peter Singer vertrat, für den »die Entwicklung des menschlichen Wesens ein gradueller Prozess« und die Tötung schwer missgebildeter Säuglinge kein Ding der Unmöglichkeit ist.[68] Wann beginnt das Leben? Wann endet menschliches Leben? Soll man menschliches Leben steuern? Solche Fragen bezeichnen bis heute ein höchst umstrittenes Feld lebensweltlicher ethischer Probleme. Eine ähnlich heftige Reaktion provozierte ein Vortrag von Peter Sloterdijk (1999), der die Möglichkeit andeutete, man könne in einer Vision vom idealen Menschen eine gentechnisch möglich werdende »Menschenzüchtung« betreiben und damit auf eine behauptete Krise des Humanismus und der Bildung reagieren.

10. Von Carl Schmitt zum Kommunitarismus: Spannungspole politischer Philosophie im 20. Jahrhundert

Die Einbindung des Politischen in die geschichtsphilosophischen Kategorien eines HEGEL ist seit dem 19. Jahrhundert zerbrochen: Es ist nicht mehr Gang Gottes, dass der Staat ist. An ihre Stelle traten ganz handfeste Konzepte des Politischen. Dies gilt für den Antirationalismus, Antiintellektualismus und Voluntarismus eines George SOREL (1847–1922), der für eine vage Utopie – und unter weitgehender Ausblendung eines elaborierteren theoretischen Rahmens (etwa des MARX'schen) – eine Apotheose der verabsolutierten Gewalt und des Aktionismus gegen das etablierte bürgerliche System setzte. Dieser französische politische Schriftsteller beeinflusste durch seine Untersuchungen über Macht und Gewalt und sein Plädoyer für direkte politische Aktionsformen den Syndikalismus und Anarchismus, aber auch Mussolinis Faschismus. Der »Generalstreik«, in dem sein Aktionismus kulminiert, ist »der Mythos, in dem der Sozialismus ganz und gar beschlossen ist: das heißt eine Ordnung von Bildern, die imstande sind, unwillkürlich alle die Gesinnungen heraufzurufen, die den verschiedenen Kundgebungen des Krieges entsprechen, den der Sozialismus gegen die moderne Gesellschaft aufgenommen hat. Die Streiks haben im Proletariat die edelsten, tiefsten und bewegendsten Gesinnungen erzeugt, die es besitzt«.[69]

Bei SOREL kündigt sich in solchen Formulierungen an, was bei Carl SCHMITT (1888–1985) dann, auf einem anderen intellektuellen Niveau, aber mindestens genauso schwierig, zum politiktheoretischen Prinzip wird: die Bestimmung des eigentlich und wirklich Politischen vom *Extrem* her. Nicht nur aufgrund seiner Kollaboration mit dem Nationalsozialismus eignet Schmitt der Ruf des ebenso scharfsinnigen wie allerhöchst fatalen Denkers. So eindeutig der Antisemit Schmitt sich seit 1933 zu Hitler bekannte, so wenig ist indes sein theoretisches Werk auf dessen Ideologie reduzierbar; es wird darum freilich kaum weniger problematisch. Seine thesenhaften Kernsätze, wie: »Alle prägnanten Begriffe der modernen Staatslehre sind säkularisierte theologische Begriffe«, »Souverän ist, wer über den Ausnahmezustand entscheidet«, und »Die spezifisch politische Unterscheidung, auf welche sich die politischen Handlungen und Motive zurückführen lassen, ist die Unterscheidung von Freund und Feind« sowie seine Kritik des real existierenden Parlamentarismus (*Über die geistesgeschichtliche Lage des heutigen Parlamentarismus*, 1923) sind Bestandteile ebenso brillanter wie provokanter Ausführungen, die »von links bis rechts faszinieren«.

Nach dem Krieg verlor Schmitt seinen Lehrstuhl und lebte noch lange zurückgezogen als »Machiavelli im Sauerland« in Plettenberg. Fragt man, was Schmitt gegen das inkriminierte parlamentarische System zu setzen hat, so ergibt sich ein Begriff von Demokratie, der durchaus auch in der »Akklamation« gegenüber einem Souverän Ausdruck finden könnte, der dann kraft seiner bloßen »Entscheidung« Recht setzt. Dieser viel diskutierte »Dezisionismus« prägt Schmitt, der dem Gestus folgt, »das Dass der Entscheidung über das Wie« zu heben.[70]

Eine gegenüber Schmitt ganz anders geartete »normativ-ontologische« Politiktheorie vertrat der von den Nationalsozialisten in die USA vertriebene deutsch-amerikanische politische Philosoph Eric VOEGELIN (1901–1985). In der deutschen politischen Philosophie blieb freilich seinem Ansatz im Vergleich zur kritisch-rationalistischen »stückweisen« Sozialtechnik POPPERS einerseits und der »Kritischen Theorie« im Anschluss an MARX andererseits der rechte Erfolg versagt. Immer mehr nahmen mit dem Fortlauf des 20. Jahrhunderts wichtige Strömungen Abschied von einer metaphysischen Begründung des Politischen. Angesichts der Vielzahl divergierender weltanschaulicher, metaphysischer, religiöser und moralischer Überzeugungen in modernen Gesellschaften könne die politische Philosophie nicht mehr von der Wahrheit einer metaphysischen Konzeption, sondern nur noch von der politischen Brauchbarkeit einer Theorie ausgehen, angesichts der Sprengkraft dieses Pluralismus stabilisierende Regeln des Zusammenlebens zu formulieren.

Neue Ansätze, eine eigene politische Philosophie zu entwickeln, kamen aus den USA, in denen bis dahin das aus Deutschland und England importierte Ideal eines vor allem naturwissenschaftlich orientierten Szientismus vorgeherrscht hatte. In seiner *Theory of Justice* von 1971, einem Buch, das schnell zu einem anerkannten Klassiker der Philosophie des 20. Jahrhunderts aufstieg, erklärte der Harward-Professor John Rawls (1921–2004) die *Gerechtigkeit* zum Maßstab, an dem jede Gesellschaft sich messen lassen müsse. Damit setzte Rawls sich von dem in der angelsächsischen politischen Philosophie und Moralphilosophie vorherrschenden Utilitarismus ab. Dessen Grundidee hatte in der Annahme gelegen, Maß jeder Gesellschaft sei die Summe des Glücks, die sie für die Gesamtheit ihrer Mitglieder ermögliche. Dem Einzelnen konnte es dabei passieren, dass er zum bloßen »Teilposten einer gesamtgesellschaftlichen Kosten-Nutzen-Rechnung« wurde; weder zur Sicherung der individuellen Grundrechte noch zur Verteilungsgerechtigkeit des gesamtgesellschaftlichen Glücks lagen hier augenscheinlich ausreichende Aussagen vor.[71]

Zur Ausarbeitung seiner Gerechtigkeitstheorie hat Rawls auf das klassische, von Hobbes und Locke her bekannte Mittel einer fiktiven Vertragssituation zurückgegriffen. Eine gesellschaftliche Ordnung ist dann legitimiert, wenn sie unter ganz bestimmten rationalen Bedingungen die Zustimmung aller Betroffenen findet. Diese müssen sich hierzu in einer Art »Urzustand«, unter einem »Schleier des Nichtwissens« befinden, das heißt, die Ungleichheiten von Herkunft, Bildung, Talent und sozialer Stellung dürfen für diese Verhandlungen keine Rolle spielen. Derjenige, der einen Kuchen aufschneidet, so hat man bildhaft formuliert, darf nicht wissen, welches Stück er bekommen wird. »Da sich alle in der gleichen Lage befinden und niemand Grundsätze ausdenken kann, die ihn aufgrund seiner besonderen Verhältnisse bevorzugen, sind die Grundsätze der Gerechtigkeit das Ergebnis einer fairen Übereinkunft oder Verhandlung.«[72] Es geht in einem solchen fiktiven Vertrag vor allem um die Rechte der einzelnen Individuen gegenüber den jeweils anderen und um die Verteilung gesellschaftlicher und wirtschaftlicher Güter wie Einfluss und Vermögen. Dabei gilt:

> »Erster Grundsatz: Jedermann hat gleiches Recht auf das umfangreichste Gesamtsystem gleicher Grundfreiheiten, das für alle möglich ist. Zweiter Grundsatz: Soziale und wirtschaftliche Ungleichheiten müssen folgendermaßen beschaffen sein: a) sie müssen [...] den am wenigsten Begünstigten den größtmöglichen Vorteil bringen und b) sie müssen mit Ämtern und Positionen verbunden sein, die allen gemäß fairer Chancengleichheit offenstehen.«[73]

Rawls' Bestimmung der Gerechtigkeit, in der Folgezeit immer weiter ausdifferenziert, lieferte in den 1970er-Jahren eine aufsehenerregende philosophische Grundlegung des liberalen und demokratischen Rechtsstaates und einer sozialen Marktwirtschaft. Der Harvard-Professor für politische Philosophie Robert Nozick (1938–2002) machte da in seinem Buch *Anarchie, Staat, Utopia* (*Anarchy, State, and Utopia*, 1974) weitaus weniger Federlesens mit dem Anteil sozialer Verantwortung in der Politik. Nozick radikalisierte Rawls' Liberalismus zu der antisozialstaatlichen und staatsminimalistischen These, der Staat habe zu

Maßnahmen ausgleichsfördernder Güterverteilung kein Recht. In *Philosophical Explanations* wandte Nozick sich Themen der Ethik zu; *The Examined Life* (1989) ist eine Sammlung interessanter Kurzessays zu verschiedensten Themen.[74]

Als Schüler von Rawls hat Thomas Pogge (2008) die Probleme von Weltarmut und globaler Gerechtigkeit dringlich in den Blick genommen (vgl. auch Mieth 2012).

Angesichts eines alle Grenzen sprengenden, frei wuchernden globalen Kapitalismus, eines häufig konstatierten Umschwungs zu Egoismus und Raffgier, zu oberflächlichem Hedonismus, womöglicher »Anomie« (Gesetzlosigkeit) und Isolierung der Individuen trat zudem seit den 80er-Jahren eine Gruppe von amerikanischen Sozialwissenschaftlern und Philosophen an, der Erosion der Moral und dem »Verlust der Tugend« entgegenzuwirken: die *Kommunitarier* oder *Kommunitaristen*. Die neue »Entdeckung des Gemeinwesens« im *Kommunitarismus* führte zu heftiger Kritik am Liberalismus. Die ursprünglich befreiende Wirkung des Liberalismus, der sich in Angelegenheiten des Individuums möglichst wenig eingemischt und nur einen allgemeinen Rahmen vorgegeben hatte, schlage mittlerweile um in eine Zersetzung des Zusammenlebens und eine Aushöhlung der Demokratie. Unser Selbst gewinne seine Identität wesentlich auch aus Gemeinschaft und Tradition – da tauge die Fiktion eines ungebundenen Selbst noch nicht einmal für ein Gedankenexperiment wie das vom Gesellschaftsvertrag. Eine Gesellschaft, die sich auf atomisierte und nur ihrem Eigeninteresse folgende Individuen stützen wolle, untergrabe ihre eigenen Grundlagen.

Der Kommunitarismus, wie ihn Alasdair MacIntyre (geb. 1929 in Glasgow, Lehrstuhl an der kath. Universität Notre Dame in Indiana, USA), der kanadische Sozialphilosoph Charles Taylor sowie Michael Walzer vertreten, ist keine einheitliche, sondern eine durchaus vielfältige Strömung. Trotz des herablassenden Argumentes, er sei die Reaktion der amerikanischen Mittelklasse auf die soziale Kälte der Reagan-Ära und darauf, dass man nun auch außerhalb der Bronx und von South Central Los Angeles merke, wie grausam der Kapitalismus sein kann, drängen die von den Kommunitariern kritisch gestellten Fragen sich nicht nur in den USA auf. »Es ist«, so formuliert Michael SANDEL, der mit einer fulminanten Kritik an seinem Harvardkollegen RAWLS 1982 die Debatte eröffnete, »als ob das von der liberalen Ethik vorausgesetzte ›ungebundene Selbst‹ Wirklichkeit geworden wäre – eher entmachtet als befreit und in einem Netz ungewollter Verpflichtungen und Verwicklungen gefangen«.[75]

Einer der aktivsten Verfechter des Kommunitarismus ist Amitai ETZIONI. Dieser wurde als Werner Falk 1929 als Kind jüdischer Eltern in Köln geboren, wuchs in Palästina auf und studierte bei dem Philosophen Martin BUBER in Jerusalem. 1991 stellte er ein »kommunitaristisches Programm« der Öffentlichkeit vor. Gemeinschaft und Zugehörigkeit, das Zuhause und die Familie, Schule, moralische Erziehung, Pflicht und Verantwortung sind darin wichtige Begriffe; es geht »um das moralische Engagement von Eltern, Jugendlichen, Nachbarn, Bürgern und um die große Bedeutung der Gemeinschaften, in denen sich Verantwortungsbewusstsein bildet und der nächsten Generation vermittelt wird [...]. Soziale Umwelten müssen, wie natürliche Umwelten, geschützt werden«.[76]

Gegenüber der freilaufenden Macht des Marktes und dem liberalen Ideal der Freiheit betont schließlich auch Michael WALZER (geb. 1935, Lehrtätigkeit in Princeton) das Erfordernis wirtschaftsdemokratischer Strukturen und die sozial stabilisierende Orientierung an gesellschaftlicher Gerechtigkeit und Gleichheit. Walzer, amerikanischer Enkel ostjüdischer Emigranten, linksliberaler Politiktheoretiker, Bürgerrechtler und Kritiker des Vietnam-Krieges, zählt damit auch in den Umkreis der Liberalismus-Kommunitarismus-Debatte. Sein Hauptwerk *Sphären der Gerechtigkeit* (*Spheres of Justice*, 1983) gilt als Antwort auf RAWLS' *Theory of Justice* und entwickelt eine am Ideal einer komplex zu verstehenden Gleichheit orientierte Theorie der Verteilungsgerechtigkeit.

Die vor allem in Amerika geführte Debatte zwischen dem Neoliberalismus und dem Kommunitarismus gilt als eine der interessantesten Diskussionen der politischen Philosophie seit langer Zeit. Ihre prinzipielle Bedeutung zeigt sich auch darin, dass man eine »liberale Traditionslinie« zu LOCKE und mit Abstrichen auch zu KANT, eine »kommunitaristische« über HEGEL bis auf ARISTOTELES zurückführen kann. Auch gegenüber dem Kommunitarismus ergeben sich im Verlauf dieser Debatte kritische Fragen. Wo liegen die Grenzen der »Gemeinschaft«, die ja auch illiberal und totalitär werden kann, in ihren Ansprüchen an den Einzelnen?

Kritik an RAWLS übte auch Martha C. NUSSBAUM (geb. 1947 in New York) – Aristotelikerin, Feministin und kenntnisreiche Anwältin des hellenistischen (epikureischen, stoischen, skeptischen) Denkens, schließlich Mitarbeiterin des »World Institute for Development Economics Research« der »United Nations University«. Sie thematisiert globale Fragen der Gerechtigkeit und einer Ethik der Entwicklungspolitik angesichts der weltweiten politischen, ökonomisch-sozialen und ökologischen Probleme. Wie schon MACINTYRE in seinem Buch *Der Verlust der Tugend*, jedoch mit eher sozialdemokratischen Intentionen (»Aristotelian Social Democracy«) greift Nussbaum dabei auf ARISTOTELES und auf das Konzept einer Tugendethik zurück. Nussbaum argumentiert inhaltlich, statt sich auf die Diskussion von Geboten und Verboten oder Minimalregeln zu beschränken. Dies wird deutlich und gilt, auch wenn Nussbaums berühmte »Liste des Guten« bzw. der zehn »menschlichen Grundfähigkeiten« bewusst als »vage«, offen und kontextuell konkretisierbar angelegt ist, z. B »ein menschliches Leben von normaler Länge zu leben, nicht vorzeitig zu sterben oder zu sterben, bevor das Leben so reduziert ist, dass es nicht mehr lebenswert ist« oder »sich guter Gesundheit zu erfreuen, sich angemessen zu ernähren, eine angemessene Unterkunft und Möglichkeiten zu sexueller Befriedigung zu haben, sich in Fragen der Reproduktion frei entscheiden und sich von einem Ort zu einem anderen bewegen zu können«.[77]

Der aus Kanada stammende und in Oxford lehrende HEGEL-Interpret Charles TAYLOR (geb. 1931) ist wie NUSSBAUM eher sozialdemokratisch orientiert. Er gilt als Kritiker des Naturalismus und Behaviourismus, also der auf den Amerikaner Burrhus Frederic SKINNER (1904–1990) zurückgehenden, nur auf ein Schema von Reiz und Reaktion achtenden Verhaltenspsychologie. Taylor sagt: *Das Unbehagen an der Moderne* (1996) resultiert aus einem bindungslosen Individualismus, der nur zu einer Gesellschaft der Gleichgültigen führen kann, zu einer Kultur des Hedonismus und Narzissmus in einer Moderne, der jeder normative Gehalt, jede Idee abhanden gekommen ist. Auch für Taylor ist die Ausprägung unserer Ich-Identität das hervorragende menschliche Lebensziel. Doch ist an die vergessene »moralische Ontologie« der *Quellen des Selbst* zu erinnern, wie es Taylor in seinen außerordentlich umfangreichen, hegelianisierend zugleich normativ-systematischen wie historischen Darstellungen unternimmt.[78]

Auf je spezifische Weise zeigen die angesprochenen Positionen am Ende ein übereinstimmendes Unbehagen daran, dass sich im Zeitalter der Globalisierung die ökonomischen und sozialen Verhältnisse immer mehr einer Steuerung durch die Politik, deren transnationale Organisation kaum gelingt, entziehen. Ihr systemisches Prozedieren folgt nicht den von den Subjekten erhobenen Gerechtigkeitsansprüchen, welche möglicherweise die auch in Europa und den USA wieder zunehmende soziale Ungleichheit nicht so akzeptieren mögen, wie das ökonomische System sie hervorbringt. Nationale politische Eliten definieren vielmehr ihre Wahlthemen strategisch im Sinne einer »marktkonformen Demokratie«, d. h. eigentlich »postdemokratisch« (Colin CROUCH 2005). Die politische Philosophie thematisiert damit auf ihre Weise die Vertrauens- und Identifikationskrise, welcher die Politik im 21. Jahrhundert zu unterliegen scheint.

11. Evolutionäre Erkenntnistheorie und Systemtheorie

Unter dem Eindruck der Erfolge von DARWINS Evolutionstheorie erregten seit den 1970er-Jahren Evolutions- und Systemtheorien Aufsehen, die menschliches Erkennen als Resultat systemischer Evolutionsprozesse auffassen. Als »Evolutionäre Erkenntnistheorie« macht seit der Mitte dieses Jahrzehnts eine auf den Verhaltensforscher Konrad LORENZ (1903–1989) zurückgehende These von sich reden, die bereits 1941 vorschlug, das »Apriori« der Erkenntnistheorie im Sinne KANTS als ein stammesgeschichtliches »Aposteriori« zu erweisen und damit ein gewichtiges Stück Erkenntnisphilosophie in Biologie aufzulösen. Lorenz folgend war es vor allem Gerhard VOLLMER, der mit Hilfe der biologischen Evolutionstheorie dem transzendentalphilosophischen Anspruch auf Etablierung naturgeschichtsfreier Erkenntnisbedingungen widersprach. KANT hatte von der Logik seines Ansatzes her die Erkenntnisinstanz allen empirisch bestimmbaren Bedingtheiten entzogen. Dem folgen transzendentalphilosophische Erkenntnistheoretiker bis heute, für die eine »Aushebelung« der erkennenden Vernunft mit den Inhalten, die sie selbst hervorgebracht hat – also z. B. den Ergebnissen der Biologie – undenkbar ist. Der Erfahrungswissenschaftler Vollmer hält dagegen:

> »Unser Erkenntnisapparat ist ein Ergebnis der Evolution. Die subjektiven Erkenntnisstrukturen passen auf die Welt, weil sie sich im Laufe der Evolution in Anpassung an diese reale Welt herausgebildet haben. Und sie stimmen mit den realen Strukturen (teilweise) überein, weil nur eine solche Übereinstimmung das Überleben ermöglichte«. Ein Beispiel: »Der Affe, der keine realistische Wahrnehmung von dem Ast hatte, nach dem er sprang, war bald ein toter Affe – und gehört daher nicht zu unseren Urahnen«.[79]

Die »Evolutionäre Erkenntnistheorie« möchte also (im Gegensatz übrigens zu dem im Folgenden zu behandelnden »Radikalen Konstruktivismus«) aus der Evolutionstheorie »erkenntnisrealistische« Konsequenzen ziehen.

Als zweite hier zu nennende Grundrichtung gehen Theoretiker »selbstorganisierender Systeme«, von denen sich eine wichtige Fraktion auch »Radikale Konstruktivisten« nennt, von der Grundidee aus, dass »Systeme« aufgrund immanenter Gesetze und durch einen charakteristisch rückgekoppelten Organisationsmodus eine eigene Dynamik an den Tag legen und sich »höher entwickeln« und ausdifferenzieren können sollen. Solche Theorien lassen sich u. a. darauf zurückführen, dass der chilenische Biologe Humberto Maturana seit den 60er-Jahren im Zuge seiner neurophysiologischen und wahrnehmungspsychologischen Forschungen zu der Vorstellung gelangte, lebende Organismen als »autopoietisch« (»selbstmachend«) aufzufassen.[80] Der Selbstorganisationsgedanke wird gegenwärtig in unterschiedlichen Varianten in Physik, Chemie, Biologie, Ökonomie, Soziologie und auch in der Erkenntnis- und Wissenschaftstheorie diskutiert.

Das Neue daran ist, dass solche Theorien variierende Versuche objekttheoretischer »Invasionen« in die Philosophie (vor allem von der Biologie her) darstellen. Hierbei wird der erkenntnistheoretische »Ort«, unter Bezug auf den die Frage nach der Bedingung der Möglichkeit von Erkenntnis gestellt wird, empirisiert, historisiert und naturalisiert. Für eine transzendentalphilosophische Erkenntnistheorie kann die erkennende Vernunft dagegen niemals auf empirische Art erklärt werden: »Was die Vernunft über ihre eigene naturale Vergangenheit denken kann, sind depotenzierte Erkenntnisstrukturen ihrer selbst«.[81]

Niklas LUHMANN (1927–1998, Professor für Soziologie an der Universität Bielefeld) hat die Systemtheorie als Erklärungsmodell auf alle komplexen Einheiten vom Persönlichkeitssystem bis zum Gesellschaftssystem ausgeweitet. Dabei hat er seine philosophisch-soziologische Universaltheorie – alles ist schließlich System – gegen »alteuropäische« Subjekt- und Moralvorstellungen gerichtet und auch angewandt auf Kunst, Religion, Pädagogik, Wissenschaft, Politik, das Thema »Liebe«, Ökologie. Seine Theorie selbstreferentieller und autopoietischer Systeme besagt, dass solche Systeme sich selbst steuern und selbst schaffen: »Die Theorie selbstreferentieller Systeme behauptet, dass eine Ausdifferenzierung von Systemen nur durch Selbstreferenz zustande kommen kann, das heißt dadurch, dass die Systeme in der Konstitution ihrer Elemente und ihrer elementaren Operationen auf sich selbst (sei es auf Elemente desselben Systems, sei es auf Operationen desselben Systems, sei es auf die Einheit desselben Systems) Bezug nehmen«. Im selbsterklärten Abstraktionsflug über die vormals stets unvollkommene Theorielandschaft, darunter über die »erloschenen Vulkane des Marxismus«, strebt Luhmann eine »Supertheorie« an, die in ihre Konstruktionen das Erscheinen ihrer Gegner wie noch das eigene einbezieht. Durch diese Komplexität wird Luhmanns Theorie – wie die HEGELS, die explizit als Vorbild genannt wird – zur selbsttragenden Konstruktion, die fortschreitend »jede Art von arbiträren Entscheidungen«, ja sogar die »Willkür des Anfangs« eliminiere.

Die Systemtheorie hat in den 1980er- und 90er-Jahren eine erhebliche Rezeptionswelle und die Faszination einer an Begriffskonstruktionen begeisterten Luhmann-Gemeinde ausgelöst. Noch am Tag der Auslieferung des Hauptwerkes *Soziale Systeme* verkündete die Straßentafel der Heinrich-Heine-Buchhandlung in Hamburg, erzählt Luhmann-Rezensent Dirk Käsler in einer Momentaufnahme aus dem Jahre 1984, »Der neue Luhmann ist da!«, um dann gleich neben der Kasse einen Stapel bereitzuhalten.[82] In der Habermas-Luhmann-Debatte freilich ist die Systemtheorie von Habermas als »Hochform technokratischen Bewusstseins« kritisiert worden; auch wird ihr vorgeworfen, nichts als ein Begriffsspiel ohne eigentlichen Erklärungswert zu sein.

12. Ästhetica und Anästhetica im 20. Jahrhundert

In der griechischen Philosophie ein Teil des Wahren, Guten und Schönen oder Form der Katharsis, im religiösen Zeitalter Vermittlungsform des Göttlichen, bei Hegel sinnliches Scheinen der Idee, schließlich als »autonome Kunst« auf dem Weg vom Sammelobjekt der Fürsten in die entstehende bürgerliche Welt, am Ende Avantgarde – wie viele Teilgebiete der Philosophie war die Ästhetik im 20. Jahrhundert schließlich auch marxistisch geprägt. Marx hatte die Kunst dem ideologischen »Überbau« einer sozioökonomischen »Basis« zugeordnet. Sein Verweis auf ihren »Warencharakter« lenkte den Blick auf Produzenten und Rezipienten in ihrer jeweiligen historischen Situation. Lenin (1870–1924) gestand den Künsten, namentlich der Literatur, wohl nominell »Freiheit« zu, forderte aber eine »Parteiliteratur«.[83] Damit wurde in der Epoche des »real existierenden Sozialismus« eine staatlich reglementierte Kunst und Kunsttheorie im »sozialistischen Realismus« heroisch inszenierter Arbeiterbilder zur Richtschnur. Mochte sich eine marxistische Ästhetik die reale politische Verwirklichung jener Ideale zugetraut haben, von denen die Idealisten angeblich nur hatten träumen können, so erwies sich dies zumindest insoweit als kurzschlüssig, als sie sich an den Weg des Moskauer Kommunismus zurückband.

Dies gilt z. B. für den ebenso bedeutenden wie umstrittenen Ästhetiker Georg LUKÁCS (1885–1971), Schüler Max WEBERS. Lukács war 1919 Volkskommissar für das Unterrichtswesen in Budapest, nach seiner Emigration ab 1945 wiederum in Budapest Professor für Ästhetik und Kulturphilosophie, 1956 Kultusminister im Reformkommunismus des Imre Nagy. Nach dem Scheitern des Ungarn-Aufstandes wurde er seiner Ämter enthoben und verfemt, Opfer also desselben Terrors, an dem er seinerzeit mitgedacht hatte. Sein Klassiker ist die noch unmarxistische *Theorie des Romans* von 1916, die unter dem Einfluss DILTHEYS steht und in berühmt gewordener Weise eine »transzendentale Obdachlosigkeit« des modernen Menschen konstatiert. Es folgten u. a. die Aufsatzsammlung *Geschichte und Klassenbewußtsein* (1923), die auf glänzendem theoretischen Niveau die Wende zum Marxismus vollzog, *Studien über den Realismus* (5 Bde., 1946–49), *Beiträge zur Geschichte der Ästhetik* (1954) und *Die Zerstörung der Vernunft* (1954), eine fulminante Kritik an der angeblich irrationalen deutschen philosophischen Tradition, die Lukács so vertraut war, der er jetzt freilich vorwarf, den Faschismus möglich gemacht zu haben. Lukács kritisierte in seinem debattenreichen Leben auch Bertolt BRECHT und SARTRE, der eine gewisse »Sklerose« des Marxismus diagnostiziert hatte.

Eine weitere Gruppe von Theoretikern, die sich MARX'sche Kategorien ohne eine Anbindung an »den Marxismus« zunutze machten, wird analog zur Redeweise von einer »Kritischen Theorie« unter dem Signum »Kritische Ästhetik« geführt. Genannt seien ADORNO und BENJAMIN.

Theodor W. ADORNO schrieb Beiträge zur Musikphilosophie und -soziologie sowie zur Literaturtheorie. Unter »Kulturindustrie« verstand er Verhältnisse, die die Menschen »an der Emanzipation verhinderten«, zu denen sie »selbst reif wären, wie die produktiven Kräfte des Zeitalters sie erlaubten«. Die Kunst war für Adorno der potentielle Platzhalter eines »Anderen« gegenüber dem Verblendungszusammenhang der gesellschaftlichen Verhältnisse,[84] ein »uneinlösbares Versprechen«.

Walter BENJAMIN, geboren 1892, wuchs in Berlin auf, studierte Philosophie und begegnete dem Erforscher der jüdischen Mystik Gershom SCHOLEM, der sein Freund wurde. Seine Habilitationsschrift *Zum Ursprung des deutschen Trauerspiels* wurde 1928 in Frankfurt abgelehnt; Benjamin emigrierte nach Paris, wo er sein faszinierendes kulturgeschichtlich-philosophisches *Passagen*-Werk schrieb. Schwer herzkrank, nahm er sich im Jahre 1940 im französisch-spanischen Grenzort Port Bou auf der Flucht vor der Gestapo das Leben. Benjamin behauptete einen »Aurazerfall« des *Kunstwerks im Zeitalter seiner technischen Reproduzierbarkeit* (1936); die Schrift schließt mit einem hellsichtigen Hinweis auf die Ästhetisierung der Politik im Faschismus, der der Kommunismus mit einer Politisierung der Kunst zu antworten habe. Benjamin war auch Autor einer marxistisch-messianischen Geschichtsphilosophie (*Über den Begriff der Geschichte*, 1940).[85]

Im weiteren Verlauf des 20. Jahrhunderts ist der große Gestus philosophischer Ästhetik, wie er zur Zeit ADORNOS einen Höhepunkt erreicht hatte, einer Vielheit von Wahrnehmungs- und Umgangsformen der bzw. mit der Kunst gewichen. Mit den Problemen der Kunst und des Schönen beschäftigen sich Vertreter phänomenologischer Provenienz, so der polnische Philosoph Roman INGARDEN (1893–1970). Aussagen zu ästhetischen Themenfeldern werden auch von psychoanalytischer Seite im Gefolge FREUDS gemacht. Eine neue Medienwelt sei zu diskutieren, heißt es schließlich am Ende des 20. Jahrhunderts, und die »kritische Ästhetik« sei nicht mehr aktuell, wenn es denn überhaupt Ästhetik war und nicht vielmehr Metaphysik, negative Theologie oder pessimistische Geschichtsphilosophie (Norbert BOLZ).

Kunst und Metaphysik. Ein Anliegen vieler Ästhetiken ist die Stellungnahme gegen eine PLATON vorgeworfene ontologische Depotenzierung und gegen eine bei HEGEL konstatierte theoretische Vereinnahmung der Kunst in den Systemgedanken, etwa bei Arthur C. DANTO (1924–2013). Mit dem 20. Jahrhundert hat die Kunst selbst Formen angenommen, die es nicht mehr so einfach erlauben, im Sinne einer normativen Ästhetik Kriterien dafür anzugeben, was denn nun als Gegenstand Kunst oder Nichtkunst ist (Werkästhetik). Wenn Marcel DUCHAMP (1887–1968) 1917 ein Urinoir zur Kunst erhebt, dann kann es keine Qualität des Gegenstandes selbst sein, die den Kunstcharakter begründet. Kunst erscheint in diesem Fall eher als Inszenierung des Gewöhnlichen und Banalen. Eine regelrechte Abneigung gegenüber »traditionellen«, »essentialistischen« bzw. »normativen« Kunstphilosophien und ihrer Rede von einem »Wesen des Schönen« verbindet ganz unterschiedliche Ansätze ästhetischer Theorie:

Eine solche Abneigung gibt es zunächst in der »Analytischen Philosophie der Kunst«,[86] die als Sprachtheorie des ästhetischen Begriffsgebrauchs auftritt. Ebenfalls in diesen Zusammenhang gehört der amerikanische Philosoph und Pädagoge John DEWEY (1859–1952), der an den Universitäten von Michigan, Chicago und New York lehrte. Dewey war unter dem Einfluss von W. JAMES zum Pragmatismus gelangt; im Alter legte er eine Ästhetik vor. Seine Schrift *Art as Experience* (1934) vertritt die antiidealistische These, dass Kunst nicht zu einer objektkategorialien oder metaphysischen Größe stilisiert werden dürfe, sondern dass ästhetische Erfahrung im Wesentlichen eine emotionale Qualität habe. Sie sei als eine Erhöhung des Lebensgefühls zu verstehen. Anzusetzen sei

> »[...] bei den Ereignissen und Szenen, die das aufmerksame Auge und Ohr des Menschen auf sich lenken [...] der Mensch, der einen Turm emporklimmt und von weitem wie eine Fliege aussieht; Männer, die auf Eisenträgern hoch in den Lüften rotglühende Bolzen werfen und auffangen. Dass der Ursprung der Kunst in der menschlichen Erfahrung liegt, wird jedem klar, der [...] das Behagen dessen mitempfindet, der ein Holzfeuer im Kamin anfacht und dabei die hochschießenden Flammen und die zerfallende Glut betrachtet.«[87]

Gegen eine Einbindung der künstlerischen Produktion in ein »ontologisches Gehege« und für »die ästhetische Erfahrung [als] einzige zuverlässige Auskunftsquelle«[88] plädiert in Deutschland auch Rüdiger BUBNER (1941–2007). Der Romanist Hans Robert JAUSS (1921–1997), Spiritus Rector der Forschungsgruppe »Poetik und Hermeneutik«, vertritt in *Literaturgeschichte als Provokation der Literaturwissenschaft* (1967) die Ansicht, dass es nicht einfach einen Primat, einen ausschließlichen Vorrang des Kunstwerkes (eines Textes, einer Plastik, eines Gemäldes usw.) gebe. Er lenkt sein Augenmerk vielmehr auf die Aktivität des Rezipienten (»Rezeptionsästhetik«): Jede Zeit liest Texte neu.

Der Kunsterfahrung dient die Hermeneutik als einschlägiges Methodenparadigma (*Wege des Verstehens*).[89]

Kunst und Geschichte. Der Vielfalt der Theorien entsprechen radikale Wandlungen in der Kunstwirklichkeit, die von dem »noch nicht nur« ästhetischen Werk in den alteuropäischen Gesellschaften über das »nur ästhetische« Werk in der europäischen Neuzeit zu dem »nicht mehr nur ästhetischen Werk« (W. Oelmüller) am Ende der Neuzeit auch die ästhetische Reflexion betreffen. Der Bremer Literaturwissenschaftler Peter Bürger (1936–2017) versucht eine Theorie der modernen/zeitgenössischen Kunst durch das doppelte Unternehmen einer »Kritik der idealistischen Ästhetik« und einer »Theorie der Avantgarde« zu leisten. Er anerkennt die gesellschaftliche und historische Bedingtheit des Konzepts »Autonomie«, ohne einen Begriff von »Autonomie der Kunst« zu verwerfen, der ihre politische und religiöse Nicht-Instrumentalisierung sichert, aber jede Trennung von Kunst und Leben vemeidet.[90]

Auch die *Historizität* bzw. *Kontextabhängigkeit des Zugangs zum Kunstwerk* ist und bleibt umstritten. Seit der »Querelle des Anciens et des Modernes«, jener Debatte des 17./18. Jahrhunderts, ob die zeitgenössische oder die antike Kunst die bessere sei, gewann auch in der Kunstbetrachtung jede Epoche der Welthistorie ihr eigenes und unvergleichliches Gesicht. Schon das 19. Jahrhundert hatte kunsthistorische Forschung, Museum, Ausstellung und Konzert zum Durchbruch gebracht und mit diesen »bürgerlichen« Orten endgültig die Kunst von der vornehmlichen Bindung an Schloss und Kirche emanzipiert. In der »idealistischen Ästhetik« konnte sich die »Schönheit« ihrer selbst als Gegenstandsbereich »eigenen Rechts« vergewissern – nach Helmut Kuhn die »Selbstbewusstwerdung der Kunst als Kunst«. An die Stelle der bisherigen Instrumentalisierungsinstanzen rückt sozusagen die Philosophie, die die Kunst nun als »autonom« charakterisiert.

»Absolutheitstheoreme« behaupten einen vom historischen Wandel letztlich nicht betroffenen Charakter des Zugangs zum Kunstwerk. Helmut KUHN (1899–1991; Emigration und nach der Rückkehr mit GADAMER langjähriger Herausgeber der Fachzeitschrift *Philosophische Rundschau*) spricht von der »Sackgasse des Historismus, in die sich das Denken verlaufen hat«, und wendet sich gegen die »Historisierung des ästhetischen Urteils«. Der »transzendente Anspruch des Kunstwerks« soll wieder zur Geltung gebracht werden. Karlheinz STIERLE (geb. 1936) schließt sich dieser Forderung an. Ihn führt eine »Hinwendung zu den Werken selbst«, zu ihrer »Wirklichkeit« zu dieser Forderung. »Das Werk« wird dabei für Stierle zum Quasiagenten; es »bestimmt sich«, es »lenkt seine Kontinuität in sich selbst zurück«, seine Struktur »kommt selbst zu ihrer eigensten Möglichkeit«, es »lebt von der Leidenschaft, es selbst zu sein«, es »ist in sich in dem Maße bestimmt, wie es seiner Werkintention entspricht«, es hat »Bestimmtheit«, und seine Natur »lässt der Eigeninitiative des Rezipienten einen geringeren Spielraum, als dies häufig angenommen wird«. Das Werk lebt kraft eigener Immanenz, seine »Erfahrung [...] ist die Erfahrung einer Ankunft in einer Mitte des Sinns«.[91]

Ein derart überhistorischer Kunstbegriff, welcher alle historischen, sozialen, politischen und religiösen Kontexte abblendet, blieb aber nicht unwidersprochen. Eine »prozessuale Existenzform des Werkes« erkennt im Anschluss an HEIDEGGER der Kunsthistoriker Gottfried BOEHM (geb. 1942). Im Gegensatz zu der älteren Kunstgeschichte eines Hans SEDLMAYR (1896–1984), die ein Kunstwerk über Bestimmungen wie »Totalität«, (symmetrische) Komposition, »einheitsstiftende Mitte« usw. zeitlos definierte, bemerkt Boehm in der Betrachtung eines Werkes im Gang der Zeit: Das Werk muss als »unerschöpflich«, Wahrnehmung, Interpretation und Wirkungsgeschichte müssen als Prozess gedacht werden.[92]

Odo MARQUARD hat seinen Kompensationbegriff auch auf die Kunst angewandt: »die ästhetische Kunst kompensiert nicht nur die moderne Versachlichung der Lebenswelt, sondern sie kompensiert auch und vor allem den eschatologischen Weltverlust«. Kunst wird für Marquard zum »Kompensat der verlorenen Gnade«.[93]

Am Ende des 20. Jahrhunderts treten vor allem Debatten um den »Eigensinn« des Ästhetischen gegenüber Alltag, Theorie und Moral in den Vordergrund. Auf dem Hannoveraner Kongress »Die Aktualität des Ästhetischen« von 1992 konstatierte Wolfgang WELSCH (geb. 1946) eine allgegenwärtige ästhetische Überformung unserer Alltagswelt. In dieser Ausweitung ihres Begriffs ist Ästhetik ein Phänomen der Alltagswelt, von Medien, Design und Werbung, schließlich von Wissenschaft und Erkenntnistheorie geworden. Demgegenüber verteidigte der Bielefelder Literaturwissenschaftler Karl-Heinz BOHRER (geb. 1935) die »wahrhafte Natur« des Kunstwerks, den »Kern des Ästhetischen« gegen eine ästhetisch inspirierte theoretische Philosophie, wie sie sich im Konzept einer zwischen den »postmodernen« Lebensformen vermittelnden »transversalen« Vernunft finden mag.[94] Der Ästhetiker Josef FRÜCHTL (geb. 1954) hat schließlich einerseits das Verhältnis der Ästhetik zur praktischen Philosophie näher untersucht, andererseits eine kulturphilosophisch untermauerte Bilanz der Ästhetik im Kontext auch der theoretischen Philosophie des 20. Jahrhunderts gezogen.[95]

13. Strukturalismus, Dekonstruktion und Postmoderne

Der Strukturalismus wird allgemein auf einen Neuansatz zurückgeführt, den in der Sprachreflexion der Jahrhundertwende der Genfer Sprachwissenschaftler Ferdinand de SAUSSURE (1857–1913) unternahm. Auf die Frage »Welchen

Ansatz muss man wählen, um Sprache zu verstehen?« gab Saussure eine folgenschwere Antwort: Man muss Sprache als »System« betrachten. Es ging ihm dabei nicht um eine Analyse der gesprochenen Laute, nicht um Sprachgeschichte oder eine Untersuchung ihrer Anfänge in der Kindersprache, wie es die Sprachforschung bisher vor allem unternommen hatte. Sprache interessierte Saussure nicht psychologisch, anthropologisch, physiologisch/hirnanatomisch oder philologisch, auch noch nicht, wie später in der Semiotik des Italieners Umberto Eco (geb. 1932), mit Blick auf den Menschen als »symbolisches Wesen«. Saussure ging es um die Sprache als System, um ihre »Struktur« als Zusammenwirken gleichzeitiger interdependenter Einheiten zu einem geordneten Ganzen.[96] Aus der Linguistik hervorgegangen, fächerte sich die strukturale Betrachtungsweise in die Ethnologie (Claude Levi-Strauss), in die Kulturgeschichte bzw. -anthropologie (Michel Foucault, Roland Barthes), in die Psychoanalyse (Jacques Lacan, 1901–1981), in eine »antihumanistische« Interpretation des Marxismus (Louis Althusser, 1918–1990) und in weitere Felder auf.

In der These von der Auflösung der in der humanistischen Tradition entstandenen Subjektvorstellungen und eines »Denkens von Außen«, das herkömmliche Sinnperspektiven ersetzt, hat diese neuere französische Transindividualisierung von Sprache, Wissen und Wollen ihre wohl provozierendsten und meistdiskutierten Züge gezeigt. Trotz der geringen Trennschärfe des Begriffes »Struktur« machte der Strukturalismus philosophisch Epoche. Auch zum »Neo-« und »Poststrukturalismus« mutierend, sind die so etikettierten Ansätze vor allem dadurch berühmt bzw. berüchtigt, dass sie zur Destruktion vieler Begriffe und Konzepte antraten, die bis dahin für philosophische Betrachtungsweisen als maßgeblich angesehen worden waren. »Subjekt« und »Mensch« schienen nun – im Gegensatz zum Existentialismus, der sich gerade auf sie bezogen hatte

– mit einem oft kritisch vorgeführten Bild von Foucault zu »verschwinden« »wie am Meeresufer ein Gesicht im Sand«.[97]

Im Anschluss vor allem an den Soziologen und Anthropologen Claude LEVI-STRAUSS (1908–2009) liegt es – wie noch Jean-Paul SARTRE kritisiert hat (»Der Mensch denkt nicht«, so meint Sartre zur strukturalistischen Theorie, »er wird gedacht, so wie er für gewisse Linguisten gesprochen wird«[98]) – nahe, eine Welt sich kreuzender Strukturen, des »man« oder des bloßen Funktionierens ohne autonome und souveräne Verursacher als Ausgangspunkte gezielten Vorgehens (eben »Subjekte«) zu denken. Die auf Strukturen ausgehende Forschung will »unterscheiden«, »was zur Struktur und was zum Ereignis gehört«.[99] Sie hofft, in einer anderen als der historisch-genetischen Hinsicht eine Tiefenebene benennen und hinter die Oberflächenerscheinungen bzw. deren überkommene Deutungen vorstoßen zu können und sich damit erst so recht als »Wissenschaft« zu erweisen.

Michel FOUCAULT (1926–1984) betrieb unter dem leitenden Gesichtspunkt eines »Denkens von außen« »ethnologisch« verfremdende Analysen der Humanwissenschaften und kritische, als »Archäologie« oder »Genealogie« bezeichnete »Gegendiskurse«, die davon ausgingen, dass der Mensch, in Strukturen eingebettet, aufhört, einfach souveränes »Subjekt« und »Objekt« seines eigenen Wissens zu sein, und dass damit auch die nach diesem Konzept des Menschen begründeten Humanwissenschaften ins Wanken geraten.[100] Wenn Foucault sich in seinen weithin faszinierenden kulturgeschichtlich-philosophischen »Genealogien« mit Themen wie der Abfolge von Erkenntnisformen, Psychopathologie, Medizin, Strafwesen, Umgang mit der Sexualität usw. beschäftigt, ersetzt – zumindest zeitweise – der »subversive« Gestus der Entlarvung perennierender Machtverhältnisse die angeblich oder tatsächlich lineare Sinn-Perspektive der traditionellen Philosophie und Geisteswissenschaften. Gegen Ende seines Lebens vollzog Foucault einen Rückgriff auf antike Lebenstechniken.

Die neue Vorgehensweise, die auf die »Dekonstruktion« hinführte, zeigte sich vor allem beeinflusst von HEIDEGGERS Metaphysikkritik und dem universalen Subversionsgestus eines NIETZSCHE, erweist sich also auch als Spätfolge der deutschen »drei H« – HEGEL, HUSSERL, HEIDEGGER – und der drei »Meister des Zweifels« – MARX, NIETZSCHE, FREUD (vgl. hierzu DESCOMBES). Der Exilrusse Alexandre KOJÈVE (1902–1968) hatte von 1933 bis 1939 in seiner berühmten, von vielen nachmaligen Koryphäen der französischen Nachkriegsintelligenz besuchten Vorlesung über die *Phänomenologe des Geistes* HEGEL in Frankreich neu bekannt gemacht. Während es aber HEIDEGGER um eine fundamentale Überbietung der traditionellen Metaphysik ging, bleibt bei Theoretikern wie DERRIDA vor allem der Gestus der »Dekonstruktion« übrig. Paris wird nun zum kreativsten Ort der philosophischen Reflexion. Der Weltgeist hat das Rheinufer gewechselt und kehrt von dort als vielrezipierter Zeitgeist zurück.

Jacques DERRIDA (1930–2004, Professor an der Ecole Normale Supérieure in Paris) geht in seiner *Grammatologie* (der »Wissenschaft von der Schrift«) aus von einem sehr eigentümlichen Schriftbegriff, der es ihm erlaubt, von »Schrift« des Bildes, der Musik, des Militärischen, des Politischen, in der Zellbiologie, in der Kybernetik zu reden. Unter Rekurs auf diesen Schriftbegriff argumentiert Derrida gegen überkommene Sinn-Konzepte und fordert ihre »Desedimentierung« und »Dekonstruktion«. Er kritisiert »jenen Logozentrismus, der zugleich ein Phonozentrismus ist: absolute Nähe der Stimme zum Sein«. Gegen die Auffassung der abendländischen Metaphysik, dass ein Denken bzw. Sagen, dem es nicht um eine (Ur-)Sache geht, gar kein Denken/Sagen, sondern Verlust des Logos ist, setzt Derrida ein Philosophieren im Modus der »Differenz«, ohne Zentrum und ohne letzten Grundbegriff.[101] Man kann an diesem Ansatz hervorheben, »dass Dekonstruktion und in der Nachbarschaft der Kunst denken Befreiung von den Zwängen der Metaphysik beinhalten«.[102]

HABERMAS freilich sieht in Derrida einen Theoretiker, der zwar HEIDEGGERS »mit den Bildern einer vorindustriell-bäuerlichen Gegenwelt ausstaffierten« seinsgeschichtlichen Fatalismus durch den Gestus eines subversiven Partisanenkampfes ersetzt, mit seinem »negativen Fundamentalismus« aber einer analogen aporetischen Struktur verfällt.[103] »Dieses Denken«, so Bernhard WALDENFELS (geb. 1934, langjähriger Professor an der Ruhr-Universität Bochum und einer der nachhaltigsten Rezipienten französischer Philosophie in Deutschland, der ansonsten Habermas' Kritik an den neueren französischen philosophischen Errungenschaften nicht teilt), »das sich hartnäckig gegen sich selbst wendet, zehrt von einer massiven Voraussetzung, nämlich davon, dass es so etwas wie ›*die*‹ Metaphysik, ›*den*‹ Logos, ›*die*‹ Episteme überhaupt gibt. In seinem Anti-Hegelianismus ist dieses Denken noch eminent hegelianisch, auch dies scheint eine Heideggersche Erbschaft« (546).

Die alternativen neuen Errungenschaften lassen sich allerdings schon deswegen nur andeutungsweise skizzieren, weil mit vielen dieser Positionen eine Haltung, sich als theoretisch nicht abgeschlossen darstellbar und abrufbar zu geben, konstitutiv verbunden ist. Derrida bemerkt gleich zu Beginn seines in den 1960er-Jahren entstandenen Buches *Die Schrift und die Differenz*, man dürfe die »strukturalistische Invasion« nicht zu einem »Gegenstand« der »Ideengeschichte« machen, wolle man nicht »den Verlust ihres Sinns herbeiführen«: Man »vergäße, dass es sich in erster Linie um ein Wagnis in der Sehweise handelt, um eine Veränderung in der Art, Fragen an jeden Gegenstand zu stellen«.[104] Themen Derridas sind nicht das Ich, sondern dessen Verlust, nicht die Identität, sondern das Heterogene, nicht die Methode, sondern die Hinterfragung. Wie auch bei

Foucault gab es bei Derrida eine fast kultische Rezeption weltweit und in Deutschland, wo die Gegenposition der *Hermeneutik* das Feld beherrscht. Auch deutsche Germanisten und Philosophen wie Friedrich KITTLER (*Die Austreibung des Geistes aus den Geisteswissenschaften*) und der Derrida-Übersetzer Jochen HÖRISCH traten an, die »chocartig zerstückelnde, Sinn- und Personalidentität dissoziierende Erfahrung der Moderne« offenbar werden zu lassen.[105]

Parallel mit der »Dekonstruktion« etablierte sich zu Beginn der 1980er-Jahre die »Postmoderne«. Dieser Begriff bildete sich zunächst in der Architektur, in der bildenden Kunst und in der Literatur für einen Stil heraus, der mit der klassischen Moderne etwa des Bauhauses und seinen Folgen bricht – nicht, um diesen einen hypermodernen Stil entgegenzusetzen, sondern um, nicht viel anders als der Historismus des 19. Jahrhunderts, sich die Freiheit zu nehmen, mit jeder Art von Stil zu spielen. Bald gehörte der Begriff der »Postmoderne« zu einem eleganten Theoriedesign in der Philosophie dazu.

Der im Zeichen des *Widerstreites* (*Le différend*, dt. 1987) angetretene Pariser Philosoph Jean-François LYOTARD (1924–1998) wurde vor allem durch seine Kritik an den großen »Meistererzählungen« bekannt, worunter die umfassenden und totalisierenden philosophischen Entwürfe und Geschichtsphilosophien der Moderne zu verstehen sind.[106] Der Gedanke eines Bruchs mit der Moderne (ver)führt dazu, die »Postmoderne« als neue geistesgeschichtliche Epoche »nach« (*post*) der Moderne auszurufen. Wolfgang WELSCH hat mit einer sehr differenzierten Form dieses Denkens die Debatten in Deutschland bestimmt und die französischen Ansätze zur Theorie einer »transversalen Vernunft« ausgebaut. Die Auflösung der totalisierenden Rahmenerzählung bei Jean-François Lyotard folgt dem Motto: »Krieg dem Ganzen, [...] aktivieren wir die Differenzen«.[107] Lyotard sieht seine Thematisierung einer »Pluralität der Praktiken und Konzepte« als »Konsequenz der nachhegelschen Entwicklung der Philosophie«, die dem Credo, dass »nur das Ganze das Wahre sein könne«, abgeschworen habe. Welsch plädiert mit seinem Konzept einer die Moderne vollendenden (und sie nicht prämodern unterlaufenden) Haltung gegen die Fixierung, Totalisierung und Fundamentalisierung der Rede von »Vernunft«.

Dies mag den Vorwurf des Relativismus, der Status-quo-Affirmierung und Orientierungslosigkeit provozieren, ist aber so nicht gemeint. Es geht vielmehr um die Perspektive einer »Postmoderne« in der »positiven Vision« einer »wirklichen« und »radikalen« Pluralität, die eine in »Verbindungen und Übergängen sich vollziehende« »transversale Vernunft« jenseits der Aporie einer »läppisch-beliebigen Verwirrungslizenz« als Vernunftform zur Geltung bringt und dabei gegenüber realen politischen Verhältnissen »ersichtlich kritischen Geistes« ist.[108] Auch in Italien rief Gianni VATTIMO (geb. 1936, Professor in Turin, Übersetzer von GADAMERS *Wahrheit und Methode*) *La fine della modernità* (*Das Ende der Moderne*) aus.

Mit dem Ende des 20. Jahrhunderts mehrten sich kritische Stellungnahmen zu den Varianten der Postmoderne. Der Versuch, DERRIDA den Ehrendoktortitel der Universität Cambridge zu verleihen, provozierte einen Skandal. Der Oxforder Literaturprofessor Terry EAGLETON veröffentlichte ein Buch mit einer Kritik der Postmoderne aus wiederbelebter marxistischer Sicht. Der französische Sozialphilosoph Pierre BOURDIEU äußerte 1999 in einem Gespräch mit dem Nobelpreisträger Günter GRASS unter Verweis auf HEIDEGGER den Eindruck, dass durch eine Art von Arglist der Geschichte die Franzosen von den Deutschen gerade die problematischen Elemente übernehmen, und umgekehrt die Deutschen von den Franzosen.[109] Das im Schwarzwald entstandene deutsche Geraune, so konnte man in denselben Seminaren nunmehr hören, in denen noch vor wenigen Jahren die Dekonstruktion als avancierteste Theorie galt, sei in Frankreich zum »postmodernen Lallen« mutiert und kehre nun als dritter Aufguss faselnd nach Deutschland zurück. Mancher kritisierte die Dekonstruktion im Sinne der »(sprach)analytischen Philosophie« als bloßes Wortgeklingel. Buchveröffentlichungen bezeichneten die Postmoderne gar als »eleganten Unsinn«. Vielfach erschien die Dekonstruktion nun eher als ein polemischer Gestus gegenüber angeblich totalisierenden Erkenntnisformen denn als eine Methode, eher als eine Mode denn als eine Philosophie oder gar als eine Art von Nonsense-Dadaismus statt Bemühung um die Vernunft. Unter dem Titel »Lacancan und Derridada« kritisierte Klaus LAERMANN die »Frankolatrie in den Kulturwissenschaften«. Die Intellektuellenblätter begannen, über die Postmoderne herzuziehen, ja, sie machten sich mit pseudo-postmodernen Textkonstruktionen über sie lustig.[110]

Dem Postmodernismus widersprachen in Frankreich die oftmalig als Verteidiger der westlich geprägten Moderne auftretenden *Neuen Philosophen* wie Alain FINKIELKRAUT (geb. 1949) und der Marxismuskritiker André GLUCKSMANN (1937–2015). Die französische »Neue Philosophie« entstand, als sich eine desillusionierte intellektuelle Linke unter dem Eindruck der Aktionen des Ostblocks gegen Ungarn und die Tschechoslowakei sowie des Erscheinens von SOLSCHENIZYNS *Archipel Gulag* etablierte. GLUCKSMANN zog in seinem Buch *Die Meisterdenker* (*Les Maîtres Penseurs*, 1977) eine Linie von FICHTE, HEGEL, MARX und NIETZSCHE bis zu STALIN und bezog sich selbst auf die Position des SOKRATES, der freilich vom Meisterdenker PLATON seinerseits bereits verfälscht worden sei.

In den Rezeptionszusammenhang der »Phänomenologie in Frankreich« gehören schließlich drei Denker abseits des strukturalistisch-postmodernen Stromes, die gleichwohl in Deutschland eine intensive, teils mit der Postmoderne verbundenen, teils parallele, vor allem aber auch sie konterkarierende und ablösende Rezeption erfahren haben.

Maurice Merleau-Ponty (1908–1961), Professor der Philosophie in Lyon sowie an der Sorbonne und der Ecole Normale Supérieure in Paris, war zusammen mit J.-P. Sartre Herausgeber der Zeitschrift *Les temps modernes* und wurde zunächst dem französischen Existentialismus zugerechnet, bevor man in ihm den Vertreter einer eigenständigen Form der Phänomenologie erkannte. Seine *Abenteuer der Dialektik*, eine Abrechnung mit allem geschichtsphilosophischen und politischen Totalitarismus, führten zum Bruch mit Sartre und Simone de Beauvoir. Merleau-Pontys bekanntestes Buch war die *Phänomenologie der Wahrnehmung* von 1945. Wirkung hat vor allem der Begriff der »Leiblichkeit« entfaltet.

Paul Ricœur (1913–2005, nach deutscher Kriegsgefangenschaft Professor in Straßburg, Paris und Nanterre), ist im 20. Jahrhundert als dem Zeitalter der Ideologien dennoch keiner Schule zuzuordnen. In seinem umfangreichen Werk beschäftigt sich Ricœur von einer phänomenologisch-hermeneutischen Position aus mit einem weiten Spektrum von Themen, das von der Psychoanalyse über die Frage nach Bösem und Schuld bis zur Theorie der Metapher reicht.

Emmanuel Levinas (1906–1995) stammte aus Litauen, studierte in Deutschland und war dort als französischer Soldat Kriegsgefangener. Levinas gebrauchte zwar weiterhin die deutsche Sprache, betrat aber Deutschland nicht wieder, nachdem seine gesamte jüdische Familie im Zweiten Weltkrieg in Litauen ermordet worden war.

Der Professor an der Pariser »Ecole Normale Supérieure« und an der Sorbonne erkannte unter dem Einfluss Husserls und Heideggers an seinem eigenen Schicksal, dass an den großangelegten deutschen Daseinslehren offenbar ein entscheidender humaner Faktor fehlte: das »Du«. So bildet für Levinas die »Spur des Anderen«, das Verhältnis des Ich zum Anderen die Grundlage der Ethik. Levinas verdeutlicht dies am Begriff des »Antlitzes«, das man nicht bezüglich Augenfarbe usw., sondern als das ethische Gegenüber wahrnimmt. Die »Beziehung zum Antlitz«, sagt LEVINAS, »ist von vornherein ethischer Art. Das Antlitz ist das, was man nicht töten kann oder dessen Sinn zumindest darin besteht, zu sagen: ›Du darfst nicht töten‹«.[111] Levinas hat damit in »verbindender Trennung von Heidegger« an die Stelle von Seinsphilosophie und einer »Vernunft, die das Andere reduziert« die Ethik eines neuen »Humanismus des anderen Menschen« als »erste Philosophie« gesetzt. Sein Grundthema, das »Ich-Du-Verhältnis« der konkreten Subjektivität zum irreduziblen »Anderen«, provoziert im Medium der Sprachreflexion die Frage nach der Angemessenheit der vollzogenen, objektivierenden und objektivierten Rede, dem Gesagten (»Dit«) im Verhältnis zur »Passion des Sagens« (»Dire«), die jenes »außerordentliche Ereignis der Exposition zum Anderen hin« darstellt. Dieses »Sagen« lasse alle szientifisch reduzierte Information, alles bloße Wissen, hinter sich.

14. Szientifizierung und Naturalismus in der »Philosophy of mind«

Keine philosophisch-wissenschaftliche Neuentwicklung hat am Übergang vom 20. zum 21. Jahrhundert ein solches Aufsehen erzeugt, wie die »Philosophy of mind«. Ins Deutsche übersetzt heißt sie »Philosophie des Geistes«, wobei »mind« – etwa gegenüber der viel weitergehenden Rede vom »Geist« im deutschen Idealismus – mentale bzw. Bewusstseinszustände (»Qualia«) meint.

Wie verhalten diese sich zu ihrem materiellen Kontext? Einschlägige Debatten um das »Leib-Seele-« oder »Körper-Geist-Problem« gibt es in der gesamten Philosophiegeschichte (DESCARTES), vor allem seit dem 18. und 19. Jahrhundert. Mit den Fortschritten der Naturerkenntnis erscheint es unabdingbar, die Evolution der humanen Lebensform als geistige Lebensform im Anschluss an die Naturrevolution zu denken (Günter DUX). Muss nicht der Geist mit der Entwicklung des Menschen entstanden sein? Zur Beantwortung dieser Frage wird prominent der Begriff der Emergenz diskutiert.[112]

Ein noch weiter gehender Naturalismus ist dadurch bekannt geworden, dass in ihm unser »Ich« seine Infragestellung erlebt: »Der Mensch ist nicht frei«, »Verschaltungen legen uns fest«. Als publizistischer Vertreter solcher weltanschaulichen Deutungen gilt Wolf SINGER (geb. 1943), Mitautor jenes »vollmundigen« (HABERMAS) »Manifestes der Hirnforscher« (2004), entsprechend dem alle bewusste und kulturelle Reflexion nur noch ratifizieren kann, was auf der Naturebene des Gehirns bereits festgelegt worden ist. Manche Konsequenzen gipfeln dann in der Parole eines »Niemand sein«. Das anticartesianische, aber seinerseits Descartes verfallene Argument seit HUME, es gebe ja kein substanzielles Ding »Ich«, läuft darauf hinaus, unser Selbst nicht anders denn quasiphysikalisch als »center of narrative gravity« (Daniel DENNETT, bestenfalls; sonst auch: Illusion, Trick und in keinem Fall etwas anderes als objektivierbare Natur) zu denken.

Kritiker vor allem in Anschluss an Thomas NAGEL[113] aber meinen: Wir existieren nicht als Gegenstände, auch nicht als »Substanzen«, sondern *als wir selbst.* Unser bewusster Selbstvollzug in Bildung und Kultur vermag sehr wohl auszubilden, was wir mit Recht unser *Ich* nennen können. Nimmt man den intersubjektiven Charakter aller Bildung hinzu, hat man darum dem *cogito* gegenüber auch formuliert: Kultur – also werden wir! Keine wissenschaftliche Beschreibung korrelierender chemisch-elektrischer Interaktionen von Hirnzellen vermag für die Kritiker der Naturalisten zu zeigen, wie dieses völlig Andersartige: unser Erleben entsteht. Noch gehen die differenzierenden Ausführungen bei Michael PAUEN (geb. 1956), der sich wundert, wie ein so faszinierender Philosoph wie DENNETT die »Qualia« schlicht zu negieren versucht, die vielbedachte »Erklärungslücke« zwischen dem Subjektiven und jenem Objektiven an, durch welches es auch bei noch so viel Steigerung nicht einholbar ist, in »kompatibilistischem« Vereinbarungsgestus: kaum in Frage gerät ein rein naturwissenschaftlicher Denkrahmen. Die Erforschung der »Natur des Geistes« (man beachte hierbei den Begriff »Natur«) mag als solche aber durchaus keine »wissenschaftliche Antwort auf eine unserer ältesten Fragen liefern: Was ist der Mensch?« (PAUEN). Nur eine natur- *und* kulturwissenschaftlich informierte philosophische Reflexion könnte dies wohl tun.

Ohne hier auf die traditionsreichen Grabenkriege des Problems einzugehen, stehen den sehr in Mode gekommenen »brains cause minds«-Theorien und dem naturalistischen Anspruch, den Vollzugsmodus unseres Erlebens sowie unseres tätigen Geistes (und damit auch die Welt der Kultur) als eine Art »Rauschen« aufzufassen, das den Naturprozess irgendwann zu begleiten beginnt, weitere Einwände entgegen: Es ist ein Kategorienfehler, wenn eine externalistische Organbetrachtungsweise neue Referenzinstanz des Redens über den Menschen wird, die selbst aber die Leistungen jenes Bewusstseins beständig in Anspruch nimmt, das angeblich, wie man gesagt hat, nur im Beifahrersitz eines selbststeuernden Informationsverarbeitungssystems sitzt. »Das Gehirn« erscheint gemäß seinen biologisch nötigen Funktionen als ein für alles, was folgt, gleichsam vorinstallierendes und eben dadurch kulturprägendes Organ (»How the brain creates culture«).

Doch sind nicht *wir* es, die moralisch und ästhetisch empfinden und Sinn suchen – und nicht unsere Gehirne? In der problematischen Rede vom »Gehirn« fällt auch die gewisse Unmittelbarkeit auf, in der einer im Computertomographen etwas an der Gehirntätigkeit misst und dann glaubt, von hier aus zu komplexen kulturellen Sachverhalten wie Pädagogik und Recht etwas zu sagen zu haben, ja: auch noch erklären kann, warum wir denn das Märchen von einem »Ich« erzählen.

Aber trotz aller Einwände der Kritiker: Wenn man bedenkt, wie faszinierend die Ergebnisse der Hirnforschung und der Naturforschung zweifellos sind und wie wenig man an ihnen einfach »vorbeiphilosophieren« könnte, wird deutlich, dass hier eines der herausragenden Diskussionsfelder der Gegenwart und Zukunft liegt. An zwei »Fronten« wird der Plausibilitätsgewinn einer wesentlich naturwissenschaftlichen Sicht unserer Welt besonders deutlich:

Erstens wird ihr zugetraut, die erkenntnistheoretische, transzendentalphilosophische Frage nach der »Bedingung der Möglichkeit« zu ersetzen.[114] Die Naturwissenschaften erklären durch Evolutions-[115] und Hirnforschung, was wir zu erkennen bzw. wie wir zu handeln vermögen.

Und zweitens gibt es Stimmen, auch die Kultur- und Sozialwissenschaften wie Naturwissenschaften zu verstehen. Dies zeigt der Band *Grundriss Wissenschaftsphilosophie. Die Philosophien der Einzelwissenschaften* (2017).

Noch wichtiger als dieses »weltanschauliche« Problem erscheint freilich die Frage nach den Folgen von Wissenschaft und Technik für unsere menschliche Zivilisation und Existenz auf diesem Planeten überhaupt.

15. Den Tiger reiten: Natur- und Technikphilosophie im Zeitalter des Anthropozän

Wissenschaftliche Vernunft zu entwickeln heißt heute für den Menschen zugleich, einen Tiger zu reiten. Diese Tatsache hat eine umfassende Debatte um die ökologische Verantwortung der Naturwissenschaften und über die Notwendigkeit einer neuen Wissenschaftsethik hervorgerufen. Die wissenschaftlich-technische Revolution hat zivilisatorische Prozesse in Gang gesetzt, denen wir viel verdanken, die aber auch eine Lawine ausgelöst haben, deren mitreißender Kraft wir heute mehr denn je ausgesetzt sind. Konnte bisher der Gedanke vorherrschen, man dürfe die Natur beherrschen, ausbeuten und ansonsten als ein »Außen« ignorieren, so zeigt sich nun: für die »Risikogesellschaft« (Ulrich Beck) ist die Natur zu einem unbedingt in die Verantwortung einzubeziehenden Faktor, zum »Innen« geworden.

Seit den 1980er-Jahren hat vor allem der Philosoph Hans Jonas (1903–1993) einen Wandel im Umgang mit der Natur gefordert. Jonas musste als Jude Deutschland verlassen; seine Mutter wurde in Auschwitz ermordet. Er lehrte nach dem Zweiten Weltkrieg in Israel und den USA. Ursprünglich mit theologisch-philosophischen Fragen (u. a. zur Gnosis) beschäftigt, erlangte Jonas im Alter großen Einfluss durch sein auf Deutsch verfasstes Buch *Das Prinzip Verantwortung. Versuch einer Ethik für die technologische Zivilisation* (Friedenspreis des deutschen Buchhandels 1987). Sein neuer »kategorischer Imperativ« lautet: Handle so, dass die Folgen deines Tuns mit einem künftigen menschenwürdigen Dasein vereinbar sind, d. h. mit dem Anspruch der Menschheit, auf unbeschränkte Zeit zu überleben. Im berühmt gewordenen Bild eines hilflosen Säuglings versinnbildlichte Jonas die Forderung nach einem neuen »ontischen Paradigma«, »in dem das schlichte, faktische

›ist‹ evident mit einem ›soll‹ zusammenfällt«. Nur hierin könne eine Grundlage für die Zukunft liegen, nicht aber im hybriden Glauben an einen durch »entfesselte Technologie« zu schaffenden »eigentlichen« Zustand der Menschheit.

Klaus Michael Meyer-Abich (1936–2018, Studium der Mathematik, Physik und Philosophie, Philosophieprofessor in Essen) erregte großes Aufsehen mit seiner Forderung nach einem *Frieden mit der Natur* und der Forderung nach einer »Rechtsgemeinschaft«, die die Erde und den aus der Bahn geratenen neuzeitlichen Menschen umfassen sollte. Eine Resakralisierung des Weltverhältnisses findet sich auch bei Fritjof Capra (geb. 1939) und der »New Age«-Bewegung gegen Ende der 80er-Jahre.

Dem widersprechen die meisten Ausprägungsformen einer »Philosophie der Technik«, die freilich – von dem nach eigenem Bekunden »optimistisch-heroischen« Platonismus »prästabilierter Lösungsgestalten« Friedrich Dessauers bis zur Ingenieursethik und heutigen Technikphilosophie – ihre Thematik gleichfalls ökologischen Problemen zugewandt hat. Der Mensch müsse Herr und Meister der Natur bleiben – er müsse allerdings in Zukunft geschickter, verantwortungsbewusster und weitsichtiger agieren. Eine »Naturfrömmigkeit« biete jedenfalls keinen Ausweg. Die Aufgabe einer »Technikfolgenabschätzung« entsteht. Grundsätzlich aber setze sich, so etwa die kulturpragmatische Position Hermann Lübbes, die vor jeder technikfeindlichen Moralisierung warnt, der zivilisatorische Fortschritt der Gegenwart aufgrund der Evidenz der mit ihm verbundenen Lebensvorzüge mit Recht durch. Dass überzeugende Ansätze »ökologischer Realpolitik« (Ernst Ulrich von Weizsäcker) vorliegen, ist nicht zu bezweifeln. Zugleich werden freilich auch die Kosten der Technokratie – bis hin zur möglichen Selbstauslöschung der menschlichen Gattung – immer deutlicher. Es zeigt sich, dass wir keine Technik mehr »haben«, sondern die Geschichte sich nunmehr in einem durch

»Technik« geprägten Weltzustand abspielt, gekennzeichnet freilich zum Schlechten dadurch, dass »wir der Perfektion unserer Produkte nicht mehr gewachsen sind« – oder auch deren mangelnder Perfektion! – und dass »wir mehr herstellen als vorstellen und verantworten können«. Dies hat Günther ANDERS (geb. 1902 in Breslau, gest. 1992 in Wien) vor allem angesichts der Atomtechnologie in seinem eindrucksvollen anthropologischen und technikphilosophischen Hauptwerk die *Antiquiertheit des Menschen* genannt:

> »Es genügt nicht zu beteuern, man solle die Technik für gute statt für böse Zwecke [...] benutzen [...]. Diese Verfügungsgewalt darf man nicht einfach unterstellen. In anderen Worten: Es ist durchaus denkbar, dass die Gefahr, die uns droht, nicht in der schlechten Verwendung von Technik besteht, sondern im Wesen der Technik als solcher angelegt ist.«[116]

Mit dem 20. und 21. Jahrhundert setzt sich eine ökonomische Globalisierung durch. Es fehle, heißt es, an gesellschaftlicher Steuerung angesichts offenbar weitgehender Hilflosigkeit nationaler Politik oder Wirtschaftsethik. Charakteristischerweise scheinen alle Instanzen an Einfluss zu verlieren, die die wissenschaftlich-technische und ökonomische Systemdynamik auf soziale, demokratische und ökologische Ziele hin ausrichten könnten.[117] Auf die zentrale Bedeutung der Klimaveränderung verweist der vieldiskutierte Wissenschaftssoziologe Bruno LATOUR (geb. 1947). Mit seinem Einwirken auf die Umwelt kann der Mensch – aber er tut es »wie blind« – den Planeten in einer Weise prägen, wie man es vorher nur großen Naturepochen zuschrieb: Wir leben im »Anthropozän«.

16. Ende der Geschichte?

Hier sind wir bei Fragen von großer, »geschichtsphilosophischer« Qualität (Johannes ROHBECK) angelangt. Dabei scheint die Geschichtsphilosophie des 19. Jahrhunderts, die Rede von »der einen Geschichte«, wie sie einmal bestanden hat, heute kaum mehr existent. Gegen das, was in spezifischer Umwandlung und Fortsetzung des christlichen heilsgeschichtlichen Denkens in der großen Ära der Geschichtsphilosophie gedacht wurde (CONDORCET, HEGEL, MARX), ist in der unterschiedlichsten Weise moralisch-kritisch oder ideologiekritisch (MARQUARD und LÜBBE, POPPER, ADORNO, HABERMAS) und vor allem erkenntnis- und wissenschaftstheoretisch (DILTHEY) so gründlich argumentiert worden, dass es heute kaum mehr Versuche in dieser Richtung gibt. Bereits zu Beginn des 20. Jahrhunderts war das Ende der klassischen Geschichtsphilosophie in den Entwürfen Oswald SPENGLERS (1880–1936) deutlich geworden. Zwar gibt es bei Spengler noch eine universalhistorische Perspektive, diese wird aber in völlig veränderter Weise ausgefüllt: es ist nicht mehr der gerichtete Gang der Menschengeschichte, sondern das Gesetz des Aufstiegs und Verfalls, dem die Kulturen unterworfen sind, nicht mehr »Vernunft« und »Geist«, sondern ein naturanaloger, organologischer, morphologischer, auch biologisch gefärbter Lebensbegriff bildet die tragenden Kategorien.

Einziges Gesetz der Geschichte scheint heute zu sein, dass es keines gibt und dass Geschichte ihrem Wesen nach Veränderung ist, die beständig sich selbst überholt. Dennoch hat sich die Geschichtsphilosophie noch einmal spektakulär zurückgemeldet. Eine gewisse Wiederbelebung verdankte sie paradoxerweise am Ende des 20. Jahrhunderts der Redeweise vom »Ende der Geschichte«, von der es mehrere Varianten gibt: Da wird zum Beispiel die Problematik des Kulturprozesses als Resultat biologischer Fehlentwicklungen in der Hirnentwicklung entlarvt; der

Mensch wird, etwa bei Arthur KOESTLER, zum »Irrläufer der Evolution«, zum Dinosaurier der Kultur, dessen Aussterben vorprogrammiert ist. Eine Art chemischer Kristallisationstheorie scheint es schließlich zu sein, wenn bei Alexandre KOJÈVE, Arnold GEHLEN und Carl SCHMITT das Ende der Geschichte auch als Ende ihrer »heroischen« oder polemischen Qualität und Übergang in »Kristallisation« aufgefasst werden kann. Dies ist der »Posthistoire«-Gedanke kulturpessimistischer Konservativer.

Am Ende gibt es Katastrophentheorien, die, fast im Stile von Hollywoodfilmen, das »Ende der Geschichte« als planetarisches Menschheitsdesaster und als apokalyptischen Verteilungskampf sterbender Menschenmassen aus fortschreitender Aufzehrung der Naturgüter inszenieren. Schon der Geschichtspessimismus Theodor LESSINGS (1872–1933), in Marienbad ermordetes Opfer des Nationalsozialismus, sah Geschichte als »völlig sinnlose Tragikomödie« und »Sinngebung des Sinnlosen«. Da bedeutet es nur noch einen letzten weiteren Schritt, das Ende der Geschichte als Erlösung der Menschheit von ihren Leiden im Sinne SCHOPENHAUERS in einer »Euthanasie des Menschengeschlechtes« aufzufassen. So erklärt der Rumäne Emile CIORAN (1911–1996), der in Frankreich lebte: »Wir haben zu viele Jahrhunderte erfasst, als dass wir neue begehrten«. Und Ulrich HORSTMANN (geb. 1949) sagt: »Nicht bevor [...] der letzte Seufzer verklungen, der letzte Keim verdorrt ist, wird wieder Eden sein auf Erden«.[118]

Der Geschichts- und Kulturtheoretiker Jörn RÜSEN (geb. 1938) hält dagegen am unaufgebbaren Anspruch der Vernunft auf einen »Sinn der Geschichte« fest. Der Terminus »Sinn der Geschichte« kommt dabei ironischerweise in dem Moment auf, in dem das »idealistische Urvertrauen« an ein telelogisch prozedierendes »Großsubjekt« verschwindet: »Sinn« tritt wie eine Frage an die Stelle der Begriffe, die ihn im historischen Denken verbürgt hatten (Vernunft, Idee, Fortschritt usw.). Das heißt, dass im Deutschen gerade da explizit nach dem »Sinn der Geschichte« gefragt wird, wo die Antworten, die der Sache nach zuvor schon auf diese Frage gegeben wurden, unglaubwürdig werden. Wenn wir heute nach dem »Sinn der Geschichte« fragen, dann steckt dieser nicht »in« der Geschichte »drin«, sondern erweist sich eher als eine Kategorie, die wir aus unseren subjektiven Handlungszusammenhängen auf die Welt übertragen, um überhaupt mit ihr handelnd und leidend umgehen zu können. Rüsen warnt davor, die Opfer der Weltgeschichte nicht auch noch sozusagen theoretisch zu begraben, indem man ihren Leiden den Impuls praktischer und politischer Veränderung nicht mehr entnehmen kann.

VIII
Philosophie und Lebenswelt

Gegenstand der folgenden abschließenden Bemerkungen ist keine Prophetie inhaltlicher Tendenzen der Philosophie für das neue Jahrhundert. Es soll vielmehr ein kurzer Blick auf die lebens- und alltagsweltlichen Herausforderungen geworfen werden, die der Philosophie in der Gegenwart begegnen: Was kann die Philosophie uns bedeuten? Kann die Philosophie kulturell wirksam werden?

1. Nicht im luftleeren Raum: Akademische Philosophie

Seit ihren Anfängen im griechischen Kleinasien und auf dem Marktplatz von Athen bewegt sich die Philosophie im Spannungsfeld zwischen allgemeinem Orientierungsbedürfnis einerseits und institutioneller Regelung andererseits. In der Antike gehörten esoterische Geheimbünde (etwa die Pythagoreer) zu den institutionalisierten Formen der Philosophie, weiter gab es die wandernden Bildungs- und Rhetoriklehrer, die Sophisten, und die philosophischen »Schulen«: PLATON und die Seinen im heiligen Hain des Heros Akademos (»Akademie«) und ARISTOTELES im heiligen Bezirk des Apollon Lykeios (»Lyzeum«). Die Spätantike kannte ebenfalls solche »Schulen«: z. B. die in der »bunten Säulenhalle« (»Stoá poíkile«) beheimatete oder den »Garten«, in den sich EPIKUR mit Freunden zurückzog. Zugleich hatte die Philosophie aber durchaus ihren Platz in der Allgemeinbildung.[1] Im Mittelalter mochte Philosophisches in Klosterschulen überleben; mit dem 12. Jahrhundert begannen die Universitätsgründungen.

Hatte die Universität in Deutschland noch bis zu HEGELS Zeiten sich in vier Fakultäten, die philosophische, die theologische, die medizinische und die juristische, gegliedert, so entwickelte sich die Fächerstruktur im 19. Jahrhundert wesentlich differenzierter. Aus der alten Artisten- bzw. philosophischen Fakultät entstanden die Geisteswissenschaften. Die naturwissenschaftliche Fakultät spaltete sich von der philosophischen ab. Heute sind wissenschaftliche Akademien und Institutionen sowie verschiedene Stiftungen »Orte«, an denen die Philosophie gefördert wird. Philosophie als Beruf findet aber vor allem an den Universitäten in Deutschland, in England, Frankreich, Amerika usw. statt. Oft ist die akademische Philosophie zunächst einmal Geistesgeschichtsschreibung ihrer selbst, die sich um die Aufarbeitung der Philosophiegeschichte und die Aufbereitung der Texte in historisch-kritischen Editionen und Werkausgaben bemüht. Es wäre jedoch ein Missverständnis, dies als reine Selbstbespiegelung zu sehen: Viele »historische« Fragen gewinnen eine erneute systematische Relevanz, und das Denken des Neuen erfolgt stets in Auseinandersetzung mit dem Alten. Oft genug kann auch das Wiedergewinnen eines Alten unter neuen Bedingungen großen Gewinn bedeuten. »Historisch« und »systematisch« sind in der Philosophie jedenfalls keine vollständigen Disjunktionen. Im »Schicksal vergangenen Denkens«, so formulierte etwa Hans Michael BAUMGARTNER, wird der Philosophierende »seiner selbst gewahr«. Und bereits Karl JASPERS meinte: »Ich philosophiere im vergangenen Gedanken, was gegenwärtig angeht. Im Wissen vom Vergangenen, das ich aneigne, ist eine neue philosophische Gegenwart«.[2]

Das äußere Vorgehen des akademische Philosophierens lässt sich weiter über die großen Editionen wie etwa die historisch-kritische Hegelausgabe beschreiben, über von Institutionen wie der Deutschen Forschungsgemeinschaft

(DFG) geförderte Forschungsprojekte, renommierte Forschungsschwerpunkte, herrschende Richtungen, herausragende Debatten und Kontroversen, berühmte, fest institutionalisierte oder neue Lehrstühle und ihre Besetzungen, hin zu Präsentationsformen von Forschungsberichten, *Kürschners Gelehrten Kalender* und unzähligen Internetseiten. Niederschläge des Philosophierens finden sich neben der zahlreichen Fachliteratur auch in den Fachzeitschriften, so in der *Allgemeinen Zeitschrift für Philosophie*, der *Zeitschrift für philosophische Forschung*, dem *Philosophischen Jahrbuch*, dem *Archiv für Begriffsgeschichte* usw. Ähnliches gilt für die Kongresse, vor allem für den in wechselnden Städten stattfindenden »Deutschen Kongress für Philosophie«, der stets unter einem bestimmten Rahmenthema steht und dieses in zahlreichen Untersektionen behandelt, veranstaltet von der »Allgemeinen Gesellschaft für Philosophie in Deutschland«, der wohl wichtigsten von mindestens fünfzig deutschsprachigen philosophischen Vereinigungen (Kant-, Fichte-, Schelling-, Hegel-, Schopenhauer-, Heidegger-Gesellschaften usw.). Eine besonders große und offensive Rolle spielt seit einiger Zeit die Analytische Philosophie (»Gesellschaft für Analytische Philosophie«, GAP).

Akademische Philosophie erfolgt dabei nicht im gesellschafts- und politikfreien Raum. Ein Beispiel hierfür bieten gerade die Bedingungen akademischen Philosophierens in einem System, das sich als Erfüllung einer philosophischen Lehre verstand.[3]

Inzwischen ist eine vermehrte Selbstreflexion der *Akademischen Philosophie zwischen Anspruch und Erwartung* festzustellen. Das gilt etwa der Entwicklung der Rolle der Frauen bzw. einer feministischen Philosophie.[4] Ein gewisses Unbehagen am (mangelnden) alltagsweltlichen Status der Universitätsphilosophie und an manchen inzestuösen Zügen ihrer Theorieproduktion überhaupt artikuliertJürgen Habermas. Die zunehmende »Unterwerfung« unserer

Lebensverhältnisse unter die Imperative des ökonomischen Systems und andererseits die Auswanderung kultureller Potentiale aus der Öffentlichkeit in hoch professionalisierte und »eingekapselte« Expertenkulturen stellen für ihn ein durchaus dramatisches Zusammentreffen dar. Die Folge ist, dass dieselben Zeitgenossen meistens in »Konsumismus und Besitzindividualismus«, »Hedonismus« und kulturellen »Verödungssymptomen« befangen sind, die doch eigentlich von den Orientierungsforen und Sinnangeboten, zu denen die Philosophie beizutragen hätte, profitieren sollten.[5] Die institutionalisierte Philosophie unterliegt den Gesetzen des »Menschlich-Allzumenschlichen« wie alle anderen Unternehmungen unserer Gattung auch. Zwar sollte im Zurückliegenden deutlich geworden sein, welche Faszination in ihr stecken kann und wie in einer Vielzahl von immer neuen Ansätzen und Konstruktionen unsere Orientierung ihre Nahrung zu finden vermag. Wohl fragt man im Prinzip immer wieder: *Warum (noch) Philosophie?* Doch gerade derzeit verstehen manche Fachvertreter die Philosophie – historisch wie ihrem Selbstverständnis nach eigentlich die Metareflexion schlechthin – immer mehr in der Zusammenarbeit mit (und in Art von) Einzel- und Fachwissenschaften, am liebsten in englischer Sprache. Dies gilt noch nach der Seite der universitären Lehre hin für mehr und mehr spezialisierte Masterstudiengänge. Eine solche Transformation mag den Eintritt in Forschungsverbünde (z. B. in der Philosophy of mind) erleichtern – gegenüber einem grundsätzlichen Verständnis der Philosophie scheint aber auch der Präsenzverlust einer Reflexionsform zu drohen, die eine alle Aspektvielfalt und Einzelwissenschaften bündelnde Perspektive anstrebt und die Grundfragen wie die Kantischen immer neu auf uns rückbezieht, in denen sich unser Selbst- und Weltverhältnis gleichsam wechselweise erhellen kann.

Die Vermittlung der akademischen Philosophie mit einer breiteren Öffentlichkeit kann darum als eine vornehmliche

Aufgabe im 21. Jahrhundert angesehen werden, nicht zuletzt angesichts der Frage, welchen Beitrag die Philosophie bei der Mitgestaltung unserer Welt anzubieten haben könnte.

2. Philosophieren in der einen Welt

Philosophiert wurde in der Geschichte und wird heute nicht nur in den bisher vorrangig genannten Ländern, sondern auch in Russland,[6] China (vgl. Kapitel I, Abschnitt 2), weltweit. Obwohl zweifellos in der Philosophie – auch auf anderen Kontinenten – eine Dominanz aus der europäischen Tradition stammender Themen und Denkweisen sowie von Debatten um europäische und amerikanische Philosophen zu konstatieren ist, so ist zugleich deutlich, dass diese westliche Philosophie nicht allein steht. Zahlreiche Namen vergangener und gegenwärtiger nicht-westlicher Philosophie wären hier zu nennen: aus Indien, aus Japan (Kyoto-Schule), auch aus der islamischen Welt usw. Hierbei stellt sich das Problem des Verhältnisses zwischen autochthoner Tradition und der herrschenden westlichen europäisch-amerikanischen Philosophie. Gibt es beispielsweise eine afrikanische Philosophie, etwa in Weisheitslehren, Sprüchen und Mythen, und was kennzeichnet sie? Systematisch ausgearbeitete Weltverhältnisse liegen in den afrikanischen Traditionen nicht vor, vielleicht aber Verständnisse der Welt und des Menschen eigenständiger, evtl. noch zu entwickelnder Art (Ethnophilosophie), ein Philosophieren also, das sich nicht in der Diskussion HEGELS oder DERRIDAS erschöpft, die es in Afrika natürlich auch gibt.[7]

Die Philosophie muss sich im Widerstreit der äußerlich von Globalisierung, Panökonomisierung, Internet und »McDonaldisierung« geprägten Weltgesellschaft und ihrer gleichzeitigen kulturellen Konflikte, Fundamentalismen und Antagonismen platzieren. Die abendländische Kultur hat mit Hilfe der wissenschaftlich-technischen Revolution der Neuzeit Prozesse weltweiter Mobilität in Gang gesetzt, die Fremdbegegnungen und Migrationen verschiedenster Art und Qualität potenziert haben. Das Fremde erzeugt Skepsis, Abwehr und Angst; zugleich fasziniert es und zieht an. Zur Konstitution des »Ich« dient die »Verweigerung des Anderen« ebenso, wie dieses Andere bereichert. Bei Überlegungen zum »Stachel des Fremden« ist generell die Philosophie im Spiel. Die längst etablierte »interkulturelle Philosophie« ist somit nicht nur eine Philosophie über das Faktum und die Auswirkungen der Existenz verschiedener Kulturen – sie findet selbst auf einem sozusagen »interkulturell aufgeklärten« Reflexionsniveau statt und kann sich, wie der Philosoph Ram Adhar Mall (geb. 1937) und die »Gesellschaft für Interkulturelle Philosophie« feststellen, nicht auf einen absoluten, überkulturellen und überhistorischen Stand berufen. Der Blick auf die historisch-kulturelle Rückgebundenheit der eigenen Überzeugungen bedeutet dabei keine simple »Einschränkung« ihrer Geltung, sondern eine Differenzierung im Bewusstsein, einen Aufklärungsfortschritt gegenüber unhistorischen Wahrheitsansprüchen. Viele der »anderen« Perspektiven stellen heute für unsere mittlerweile erreichte oder doch vielfach angestrebte politische und gesellschaftliche Kultur, wie sie mit Begriffen wie Gewaltenteilung, Trennung von Kirche und Staat, Akzeptanz philosophischer und wissenschaftlicher Aufklärungstraditionen, historischem Bewusstsein, Menschenrechten usw. umschrieben wird, eine Herausforderung dar. Die Leistungen »westlicher« Modernisierungsprozesse sind nicht dementiert, wenn sie sich als die Resultate einer spezifisch abendländischen Tradition erweisen, entstanden in zugleich unleugbarer Verknüpfung mit sozialer Ungleichheit und Natur- und Menschenausbeutung.

In der Tradition des HUMBOLDT'schen Humanismus und zugleich mit interkulturellem Anspruch sehen viele Philosophen im Menschen darum mit Recht in der Tradition des Humanismus ein Lebewesen, das über die Gründe seines Handelns moralisch reflektieren und nach diesen handeln kann. Jeder Mensch muss in einem normativen Sinne als Autor seines Lebens begriffen werden, und seine Lebensumstände sollten weltweit so eingerichtet werden, dass er an dieser Autorschaft arbeiten kann (Jörn RÜSEN, Julian NIDA-RÜMELIN).

In der technisch-ökonomischen Beschleunigung bedeutet dabei neben so vielem anderen auch die Entwicklung der *Medien* eine Herausforderung, mancher spricht gar von einer vor unseren Augen anstehenden »Mutation der Menschheit« und von deren »Ende« im humanistischen Sinne. Der Widerstreit phantastischer Visionen und flammender Alarmrufe angesichts der modernen medialen Beschleunigung erreicht auch die Philosophie etwa in der »Dromologie« (d. h. »Lehre von der Geschwindigkeit«) eines Paul VIRILIO (geb. 1932).[8] Wenn sogar am Ende hergebrachte Begriffe von »Wirklichkeit« in »Simulation« (Jean BAUDRILLARD) aufgelöst werden, geben die Medien »die Wirklichkeit« nicht einfach wieder, sondern sie *bestimmen* immer schon das, was in den Blick gerät. Das hat zeitweise als avancierte Informationstechnologie ein avantgardistisch-chices Renommee mit fröhlich-zynischen Untertönen bekommen.[9]

Tatsächlicher Gipfelpunkt dieser Entwicklung könnte aber sein, dass, was in der menschlichen Geschichte immer auch ideelles Projekt und aufklärerisches menschliches Sinnanliegen war, zum bloßen Medienprogress wird.[10] Die warenförmige Subjektkonstitution (Robert KURZ), deren Grundansatz die Sphäre der Medien datenerfassungsperfektioniert fortsetzt, zieht nach grundlegender These – »the medium is the me(a)ssage« – weitere kulturelle Formen des Menschseins mit.

Damit hat Marshall McLuhan (1911–1980) etwas Durchgreifendes gesagt. Aber die mit dem 21. Jahrhundert sich abzeichnende Entwicklung geht noch einmal radikal weiter, wenn wir abschließend als zivilisationsprägende Medienentwicklung eine zweite Schlüsseltechnologie der Zukunft auffassen können: die *Genetik*. Der Mensch wird kaum zögern, technische Zugriffe, die in seine Reichweite gelangen, auch auf die eigene Konstitution anzuwenden. Er wird damit seinerseits zum *Medium*, zum Kommunikationsformat seiner selbst, aber womöglich bald ohne sich selbst, indem er über sich so verhandelt, dass er als Verhandlungssubjekt dabei verloren gehen kann. Mit einem Titel von Francis Fukuyama (geb. 1952) anzusetzen, wird dann »our posthuman future« möglich. Das könnte den Übergang in einen sinnfreien Progress bedeuten, in dem keine Subjekte mehr kommunizieren, weil sie sich selbst in Medien, Ökonomie und Technik aufgelöst haben. Am Schluss der Entwicklung warten womöglich das Ende des Humanen und das Aufkommen eines Transhumanen (z. B. durch Entstehen »genetisch optimierter« Eliten). Modern ist die Idee einer Gerechtigkeit gleicher Lebenschancen, nachmodern könnte das Zerbrechen dieser Basis sein. Während der philosophische Diskurs der Moderne als Humanismus dann immer verzweifelter mit dem Post- und Transhumanismus ringt, sorgt der kapitalistische Zug der Moderne mit Genpatenten bereits für den Menschen, der ihm gemäß ist.

Angesichts solcher Szenarien scheinen wir alle darauf hingewiesen, unsere Selbstfindung und Weltgestaltung möglichst bewusst als Subjekte selbst zu leisten.

3. Für eine neue Vielfalt der Arten und Orte philosophischer Bildung

Menschen suchen einen Zugang zur Philosophie in jedem Lebensalter, innerhalb und außerhalb der Hochschulen, von acht bis achtundneunzig, im Selbststudium mit den verschiedensten alten und neuen Büchern oder mittels des Internet, zu Hause und an den verschiedensten Lernorten. Seit einigen Jahren gibt es gerade in der Philosophie außerhalb der Universitäten vielfältige und faszinierende neue Bestrebungen: z. B. »Kinderbücher«, die Bestseller werden, philosophische Gespräche mit Kindern (nicht nur) an Schulen, eine Wiederentdeckung der von der »männlichen« Philosophiegeschichte vernachlässigten Philosoph*innen*, philosophische Praxen, ein neues Interesse an philosophischer und kultureller Bildung in der »Freizeit-« und (zugleich auch:) »Risikogesellschaft«. Diese Entwicklungen hat der Hannoveraner Pädagoge und Philosoph Detlef Horster geradezu als eine Folge von »Ortswechseln« interpretiert, die bewirken, dass die universitäre Philosophie als alleinige »Institution im Wissenschaftsbetrieb und als besonders bevorrechtigtes Unternehmen der Wahrheitsfindung aufgehoben wird«.[11] Dem angesprochenen »Ortswechsel« korrespondiert ein Standortwechsel: Indem die unterschiedlichen Bühnen des Philosophierens im Kontext betrachtet werden, ergeben sich Konsequenzen für die Rolle, in der die Philosophie selbst sich heute sehen kann: nämlich als der *an vielen verschiedenen Orten* des Philosophierens stattfindende Versuch von Menschen, sich über das eigene Leben und die Welt zu orientieren. Dieser Blick auf wesentliche Gemeinsamkeiten ist nicht selbstverständlich. Das Plädoyer für eine »Mehr« an philosophischer Orientierung in allen Lebensverhältnissen ist jedoch keines gegen die institutionalisierte Philosophie. Auch als universitäre Fachwissenschaft öffnet sich die Philosophie heute einem breiteren interessierten Publikum. Es geht gerade darum, von den »Philosophie-Wissenschaftlern« mehr zu profitieren. Von der akademischen Philosophie bis zum »Philosophieren mit Kindern« – »Freunde der Sophie« sind wir alle – sogar bereits als Kinder.

Da ARISTOTELES als den Anfang aller Philosophie das Staunen und die Verwunderung (thaumázein) bestimmt hat (Met. I,2), hat man in dem unverfälschten Sich-Wundern von Kindern eine besondere philosophische Qualität entdecken können. Die Anfänge der Bewegung des Philosophierens mit Kindern, die diese Aufgabe auf ihre Fahnen geschrieben hat, gehen u. a. auf den deutschen Pädagogen Herman NOHL zurück; das Philosophieren mit Kindern ist dann vor allem in den USA von Gareth B. MATTHEWS und Matthew LIPMAN weiterentwickelt und in Deutschland erneut aufgegriffen worden. Ekkehard MARTENS' einschlägiges Buch trägt den Untertitel *Eine Einführung in die Philosophie.* Nach einer Bemerkung Jostein GAARDERS, des norwegischen Erfolgsautors von *Sofies Welt*, jenes überaus verbreiteten *Romans über die Geschichte der Philosophie* »für Erwachsene ab 14 Jahren«,[12] sind wir als Kinder noch auf alles neugierig. Auch ADORNO und BLOCH haben die Philosophie auf die »Wiederherstellung der eigenen Kindheit« bzw. das »kindliche Staunen« zurückgeführt, kann doch jeder die Erfahrung machen, dass die ganz prinzipiellen Probleme, die »letzten Fragen«, für Kinder häufig die ersten sind. In einer Gesellschaft, in der die traditionelle Formung durch feste Rollenmuster einer immer größeren Vielfalt weicht, sehen sich nicht zuletzt die Schulen mit neuen Aufgaben eines sinn- und wertreflektierenden Unterrichts konfrontiert.

In einem Versuch der Systematisierung des Vorbenannten hat Gernot BÖHME (geb. 1937), akademischer Philosoph, zugleich aber auch Grenzgänger am Rande des universitär Üblichen, drei *Hauptarten* des Philosophierens unterschieden: Philosophie als Weltweisheit, Philosophie als Lebensform und Philosophie als Wissenschaft. Philosophie als Wissenschaft ist diejenige Art und Weise unseres Faches, die an der Universität betrieben wird. Hier behandeln Philosophen in der Regel die Ansichten anderer Philosophen. Traditionell gehören aber auch die beiden anderen Zweige zur Philosophie, mögen sie auch durch die Dominanz der akademischen Philosophie lange Zeit eher verschüttet worden sein. Bei der Philosophie als Lebensform geht es darum, sich selber als Mensch auszubilden und eine philosophische Lebensform in Anknüpfung vor allem an SOKRATES und die Antike zu erreichen. Wie Gernot Böhmes Unterscheidung zeigt, beinhaltet die Tradition der Philosophie sehr wohl, was die Fachwissenschaft Philosophie in der Moderne eher verweigert: Raum »zur Formulierung von Lebensfragen«, für ein »Innehalten«, für die »Arbeit an sich selbst« und die »Ausarbeitung einer Lebenskunst«.[13] Als Autor einer solchen »Philosophie der Lebenskunst« ist vor allem Wilhelm SCHMID aufgetreten. Seine Diagnose erinnert an ältere Einsichten der Kulturkritik, auf deren bleibende wie zugleich bis heute noch gesteigerte Aktualität sie verweist: Unsere Gegenwart hat einen möglichen Lebensstil durch »Lifestyle« ersetzt, durch eine oberflächliche Stilisierung, die keinerlei Mühe macht und in der Konsumgesellschaft käuflich ist.

Individuelle Sinnstiftung kann nur Ergebnis eigener Bildungsbemühung und einer Arbeit an sich selbst sein. Doch kann die Philosophie durch ihre Geschichte und ihre Methoden dazu beitragen, jene Vorstellungen über die Welt und das eigene Ich, mit denen jede(r) von uns durch das Leben geht, bewusst zu machen und zu prüfen.

Von grundsätzlichem Interesse ist dabei abschließend eine Bemerkung des Literaturwissenschaftlers George STEINER, der 1929 in Paris als Sohn einer aus Wien emigrierten jüdischen Familie geboren wurde und in Genf sowie in

Cambrigde und Oxford lehrte. Steiner hatte mitten im herrschenden Dekonstruktivismus damit Aufsehen erregt, dass er, sicherlich nicht ohne konservativen Gestus, von »realer Gegenwart« des Göttlichen gesprochen hatte. In einem Interview mit der Wochenschrift *Die Zeit* erinnerte Steiner nun im Jahre 2000 an »Trotzkijs absurdes herrliches Programm: ›Der durchschnittliche Mensch wird sich bis zum Niveau eines Aristoteles, Goethe oder Marx erheben‹«. Angesichts gegenwärtiger kultureller Entwicklungen ist Steiner da freilich, wie manch andere Gegenwartsdiagnose, skeptisch. Auf Golgatha, so bemerkt er, waren zehn Menschen dabei, bei der Premiere von Hamlet vielleicht 1200 – aber bei der Fußballweltmeisterschaft zweieinviertel Milliarden. Fußball und »Popkultur« (Ausdruck des »Genies der kommerziellen Verwendung«) sind die Medien der Millionen, die von der Kultur genug haben. Bei dieser Skepsis soll es nicht bleiben. Eine *Philosophische Bildung* erscheint ihr gegenüber am Ende unseres Durchgangs durch die Geschichte der Philosophie und nach der für das Verhältnis von Philosophie und Öffentlichkeit entscheidenden These des Philosophen und Didaktikers Ekkehard Martens (geb. 1943) in unserer Gegenwart ebenso wichtig wie die »Kulturtechniken« Lesen, Schreiben und Rechnen. Angesichts rascher wirtschaftlich-gesellschaftlicher Veränderungen, medialer Infantilisierung und womöglich fortschreitender kultureller Amnesie hat die Philosophie Gelegenheit mehr als genug, das humane Denken zu schärfen und ihren Anteil am »uneingelösten Versprechen« (Helmut Peukert) der Bildung für Individuum und Gesellschaft präsent zu halten.

Anmerkungen

Die Zitate im Text wurden behutsam modernisiert.

Einleitung

1 P. Kolmer, *Philosophiegeschichte als philosophisches Problem*, Freiburg 1998; V. Steenblock, *Zur Bildungsaufgabe der Philosophiegeschichte*, in: *Zeitschrift für Didaktik der Philosophie und Ethik* 22 (2000) S. 258–272.

I. Nicht nur Europa! – Hinweis auf die Weisheit des Ostens

1 *Upanischaden. Ausgewählte Stücke*, aus dem Sanskrit übertr. und erl. von P. Thieme, Stuttgart 1994, S. 53.

2 *Indische Weisheit: Bhagavadgita. Des Erhabenen Sang*, übers. von L. von Schröder, Köln 1965, 8;46.

3 Die europäische China-Mode und Sinophilie des 18. Jahrhunderts stellt eher eine Projektion der eigenen Ideale dar, als dass sie eine Rezeptionsleistung verkörperte, zu der erst das historisch-kritische 19. und 20. Jahrhundert fähig waren. – Zur gegenwärtigen Debatte: G. Paul, *Konfuzianismus im 21. Jahrhundert und Huntingtons These vom Clash of Civilizations*, in: P. Nitschke (Hrsg.), *Der Prozess der Zivilisationen*, Berlin 2014, S. 253–281. – Zum Folgenden: F. Jullien, *Die Affenbrücke*, Wien 2012; ders., *Es gibt keine kulturelle Identität. Wir verteidigen die Ressourcen einer Kultur* (*Il n'y pas d'identité culturelle. Mais nous défendons les ressources culturelles*), übers. von E. Landrichter, Berlin 2017.

4 W. Bauer, *China und die Hoffnung auf das Glück*, München 1974, S. 48.

II. Philosophie der Antike

1 Vgl. Heraklit, *Fragmente*, Griech./Dt., hrsg. von B. Snell, München [7]1979, Fragmente 1 und 2; vgl. hierzu W. Schadewaldt, »Heraklit«, in: W. Sch., *Die Anfänge der Philosophie bei den Griechen. Die Vorsokratiker und ihre Voraussetzungen*, Tübinger Vorlesungen, Bd. 1, Frankfurt a. M. 1978, S. 351–433, 356; Fragment 32, vgl. Schadewaldt, a. a. O., S. 372 und E. Kurtz, *Interpretationen zu den Logos-Fragmenten Heraklits*, Hildesheim / New York 1971. – F. Nietzsche, *Die Philosophie im tragischen Zeitalter der Griechen*, in: F. N., *Sämtliche Werke*, Krit. Studienausg., hrsg. von G. Colli und M. Montinari, Bd. 1, München 1980, S. 801 ff., hier S. 830 f., und F. N., *Ecce homo*, in: a. a. O., Bd. 6, S. 255 ff., hier S. 312 f.; M. Heidegger, *Logos* (*Heraklit*, Fragment 50), in: M. H., *Vorträge und Aufsätze*, Pfullingen 1954, S. 207–229, 227 f.

2 Vgl. W. Wieland, *Platon und die Formen des Wissens*, Göttingen 1982 (eröffnet eine Sichtweise auf den Dialog nicht als beliebige Sprachform, sondern als den existentiellen Träger und lebendig-praktischen Vollzug des philosophischen Gedankens). – B. Mojsisch, »Platons Sprachphilosophie im *Sophistes*«, in: B. M. (Hrsg.), *Sprachphilosophie in Antike und Mittelalter*, Bochumer Studien zur Philosophie, Bd. 3, Amsterdam 1986, S. 35–62; R. Rehn, *Der logos der Seele. Wesen, Aufgabe und Bedeutung der Sprache in der platonischen Philosophie*, Hamburg 1982.

3 Etwas hiervon scheint schon den kritischen Prüfungen des Sokrates selbst innezuwohnen, die letztlich im Namen eines fest fixiert gedachten Wesens der Dinge, das sozusagen freizulegen ist, erfolgen. Auf ein solches, verborgen vorhandenes Wesen der Dinge verweist auch der Einspruch des Daimonion.

4 T. Borsche, »Politeia«, in: Th. Kobusch / B. Mojsisch (Hrsg.), *Platon. Seine Dialoge in der Sicht neuer Forschungen*, Darmstadt 1996, S. 96–114, 103 ff.

5 E. Martens, »Platon«, in: G. Böhme (Hrsg.), *Klassiker der Naturphilosophie*, München 1989, S. 30–44, 31. Der »Physis«-Begriff umfasste ein weiter reichendes, normativ aufgeladenes Bedeutungsfeld als unser von den gegenwärtigen Naturwissenschaften geprägter Begriff der Natur.

6 C. F. von Weizsäcker, *Die Tragweite der Wissenschaft*, Bd. 1: *Schöpfung und Weltentstehung. Die Geschichte zweier Begriffe*, Stuttgart 1974, S. 67 f.

7 G. Bien, »Das Theorie-Praxis-Problem und die politische Philosophie bei Platon und Aristoteles«, in: *Philosophisches Jahrbuch der Görres-Gesellschaft* 76 (1968) S. 264–313, 283.

8 E. Voegelin, *Wissenschaft, Gnosis und Politik*, München 1959, S. 23 ff.; ders., *Die neue Wissenschaft der Politik*, Freiburg i. Br. / München [4]1991. Für das Folgende: K. R. Popper, *Die offene Gesellschaft und ihre Feinde*, Bd. 1: *Der Zauber Platons*, München [7]1992.

9 G. Lukács, *Theorie des Romans*, Neuwied/Berlin 1965, S. 28. Vgl. J. Ritter, »Ästhetik«, in: *Historisches Wörterbuch der Philosophie*, Bd. 1, Darmstadt 1971, S. 555–580. – E. Grassi, *Die Theorie des Schönen in der Antike*, Köln 1962 [u. ö.].

10 R. Rehn, »Symposion«, in: Th. Kobusch / B. Mojsisch (s. Anm. 4) S. 81–95, 87.

11 Anal. post., I,2, 71b 9ff.; Vgl. Aristoteles, *Zweite Analytiken*, mit Einleitung, Übers. und Kommentar hrsg. von H. Seidl, Griech./Dt., Würzburg 1984, S. 45–47, vgl. S. 205 f.

12 Vgl. H.-G. Gadamer, *Praktisches Wissen*, in: H.-G. G., *Gesammelte Werke*, Bd. 5, Tübingen 1985, S. 230–248.

13 M. Heidelberger / S. Thiessen, *Natur und Erfahrung. Von der mittelalterlichen zur neuzeitlichen Naturwissenschaft*, Reinbek 1981, S. 31; W. Schadewaldt, *Hellas und Hesperien. Gesammelte Schriften zur Antike und zur neueren Literatur in zwei Bänden*, Zürich/Stuttgart [2]1970, Bd. 2, S. 494, vgl. S. 505, 514; F. Kaulbach, »Erkenntnis, Erkenntnistheorie«, in: G. Krause / G. Müller (Hrsg.), *Theologische Realenzyklopädie*, Bd. 10, Berlin [u. a.] 1982, S. 144–159; ders., *Einführung in die Metaphysik*, Darmstadt [2]1978, S. 117 ff.; ders., *Philosophie der Beschreibung*, Köln 1968, S. 109. Eine aristotelische (deskriptive, teleologische, finalistische) und eine galileische (theoretische, mechanistische, kausale) Tradition in der wissenschaftlichen Forschung unterscheidet auch G. H. von Wright, *Erklären und Verstehen*, Frankfurt a. M. 1974.

14 Aristoteles, *Vom Himmel* II,1 283b 26 ff.; nach: *Vom Himmel. Von der Seele. Von der Dichtkunst*, eingel. und neu übers von O. Gigon, Zürich 1950.

15 *Aristoteles' Physik. Vorlesung über die Natur*, übers., mit einer Einl. und mit Anm. hrsg. von H. G. Zekl, Griech./Dt., Hamburg 1987, II,3, 194b 16 ff.

16 J. Ritter, »Das bürgerliche Leben. Zur aristotelischen Theorie

des Glücks«, in: J. R., *Metaphysik und Politik*, Frankfurt a. M. 1969, S. 57–105, 75f. – Vgl. ders., »Politik und Ethik in der praktischen Philosophie des Aristoteles«, a. a. O., S. 106–132. Vgl. ferner G. Bien, *Die Grundlegung der politischen Philosophie bei Aristoteles*, Freiburg i. Br. / München 1973.

17 Aristoteles, *Politik*, 1337a; Aristoteles, *Poetik*, Griech./Dt., hrsg. von M. Fuhrmann, Stuttgart 1982, S. 25; A. Neschke, *Die »Poetik« des Aristoteles*, 2 Bde., Frankfurt a. M. 1980.

18 Epikur, *Von der Überwindung der Furcht*, hrsg. von O. Gigon, Stuttgart [2]1968, Einl. XII. – M. Hossenfelder, *Epikur*, München 1991.

19 Lukrez, *De rerum natura – Welt aus Atomen*, Lat./Dt., übers. und mit einem Nachw. hrsg. von K. Büchner, Stuttgart 1973 [u. ö.].

20 Vgl. etwa: *Vom glückseligen Leben und andere Schriften*, hrsg. von P. Jaerisch, Stuttgart 1982, S. 70 (»die Natur muss man zur Führerin nehmen«), 75 (Stellungnahme zu Epikur). – G. Maurach, *Seneca. Leben und Werk*, Darmstadt [5]2005; M. Fuhrmann, *Seneca und Kaiser Nero. Eine Biographie*, Berlin 1997.

21 Epiktet, *Handbüchlein der Moral*, Griech./Dt., hrsg. von K. Steinmann, Stuttgart 1992.

22 Marc Aurel, *Selbstbetrachtungen*, übers. und hrsg. von G. Krapinger, Stuttgart 2019, 7,47; 4,32; 12,14; 12,36; 9,29; R. Klein (Hrsg.), *Mark Aurel*, Darmstadt 1979; A. Birley, *Mark Aurel. Kaiser und Philosoph*, München 1987; M. van Ackeren: Die Philosophie Marc Aurels. 2 Bde. Berlin 2011; G. Misch, *Geschichte der Autobiographie*, Bd. I,2, Frankfurt a. M. [3]1950, S. 448–493.

23 Herbert Marcuse, »Zur Kritik des Hedonismus«, in: H. M., *Kultur und Gesellschaft*, Bd. 1, Frankfurt a. M. 1965, S. 128–168, beklagt Epikurs mangelndes politisches und gesellschaftliches Engagement, ihm fehle ein »objektiver« Begriff des Glücks.

24 Diogenes Laertius, *Leben und Meinungen berühmter Philosophen*, Hamburg [2]1967, S. 312ff., 324. Vgl. H. Niehues-Pröbsting, *Der Kynismus des Diogenes und der Begriff des Zynismus*, München 1977, Frankfurt a. M. 1988. Anschließend an den, aber auch differierend zum Kynismus unser moderner Begriff des Zynismus.

25 Vgl. G. Maurach, *Geschichte der römischen Philosophie*, Darmstadt [3]2006.

26 M. T. Cicero, *De re publica* / Vom Staat, übers. und hrsg. von

M. von Albrecht, Stuttgart 2013, S. 199ff. – K. Büchner, *Cicero. Bestand und Wandel seiner geistigen Welt*, Heidelberg 1964; M. Fuhrmann, *Cicero und die römische Republik*, Düsseldorf/Zürich [4]1997; M. Gelzer, *Cicero*, Wiesbaden 1983; ders., *Cicero und Cäsar*, Wiesbaden 1968; P. Grimal, *Cicero. Philosoph, Politiker, Rhetor*, München 1988; R. Harder, »Die Einbürgerung der Philosophie in Rom«, in: K. Büchner (Hrsg.), *Das neue Cicerobild*, Darmstadt 1971, auch in: ders., *Kleine Schriften*, hrsg. von W. Marg, München 1960, S. 330–353, darin auch ders., *Über Ciceros Somnium Scipionis*, S. 314–395; O. Seel, *Cicero. Wort – Staat – Welt*, Stuttgart 1953.

27 M. Hossenfelder, Einleitung zu: Sextus Empiricus, *Grundriß der pyrrhonischen Skepsis*, Frankfurt a. M. 1968, S. 10.

28 Vgl. C. Schneider, *Kulturgeschichte des Hellenismus*, 2 Bde., München 1967–69 (zu Alexandria Bd. 1, S. 528ff., zur hellenistischen Alltagskultur Bd. 2, S. 3–221, zu Wissenschaft und Buchkultur Bd. 2, S. 225ff., zur Religion Bd. 2, S. 765ff.); zur berühmten Bibliothek und ihrem Schicksal vgl. E. A. Parsons, *The Alexandrian Library. Glory of the Hellenic World*, London 1952; M. Clauss, *Alexandria. Schicksale einer antiken Weltstadt*, Stuttgart 2003.

29 Vgl. Marit Rullmann, »Hypatia aus Alexandria«, in: M. R. [u. a.], *Philosophinnen*, Frankfurt a. M. 1998.

30 Boethius, *Trost der Philosophie*, hrsg. von K. Büchner, Stuttgart 1986, S. 129ff.

31 2. Brief an Macedonius, in: *Des heiligen Kirchenvaters Aurelius Augustinus ausgewählte Briefe*, Bd. 2, übers. von A. Hoffmann, München 1917 (Bibliothek der Kirchenväter, Reihe 1, Bd. 30), S. 105f.

III. Philosophie des Mittelalters

1 Vgl. Lotario di Segni (Papst Innozenz III.), *Vom Elend des menschlichen Daseins*, aus dem Lat. übers. und eingel. von C.-F. Geyer, Hildesheim 1990.

2 Vgl. K. Flasch, »Gott jenseits im All. Die Kosmologie des Mittelalters«, in: U. Schultz (Hrsg.), *Scheibe, Kugel, schwarzes Loch*, München 1990, S. 118–129, 120, 129.

3 W. Kluxen, »Maimonides und die Hochscholastik«, in: *Philosophisches Jahrbuch* 63 (1954) S. 151–165.

4 G. Bornkamp, *Paulus*, Stuttgart ^{7}1993, S. 126f., 132f. – Vgl. K. H. Schelkle, *Paulus*, Darmstadt 1981, S. 202–204.; F. W. Horn (Hrsg.), *Paulus Handbuch*, Tübingen 2013.

5 Bornkamp (s. Anm. 4) S. 135; Schelkle (s. Anm. 4) S. 217; vgl. 1. Kor. 9,24–26. Dies ist natürlich nicht nur ein christliches, sondern auch ein generelles Problem patriarchalischer Gesellschaften. Vgl. G. Parrinder, *Sexualität in den Religionen der Welt*, Olten / Freiburg i. Br. 1991; P. Brown, *Die Keuschheit der Engel. Sexuelle Askese, Entsagung und Körperlichkeit am Anfang des Christentums*, München 1991; K. Deschner, *Das Kreuz mit der Kirche. Eine Sexualgeschichte des Christentums*, München 1988.

6 1. Kor. 13. Die Bibel in der Übers. von M. Luther, Stuttgart 1985.

7 C. Dohmen / T. Sternberg (Hrsg.), ... *kein Bildnis machen: Kunst und Theologie im Gespräch*, Würzburg 1987. H. Belting, *Bild und Kult. Eine Geschichte des Bildes vor dem Zeitalter der Kunst*, München 1990, S. 535. W. Perpeet, *Ästhetik im Mittelalter*, Freiburg i. Br. / München 1977, S. 26ff., 65ff. Pseudo-Dionysios Areopagita, *Die Namen Gottes*, eingel., übers. und mit Anm. vers. von B. R. Suchla, Stuttgart 1988, S. 23 (erstes Dionysios-Zitat); ders., *Über die himmlische Hierarchie / Über die kirchliche Hierarchie*, eingel., übers. und mit Anm. vers. von G. Heil, Stuttgart 1986, S. 29 (zweites Zitat). – E. Panofski, »Zur Philosophie des Abtes Suger von Saint Denis«, in: W. Beierwaltes (Hrsg.), *Platonismus in der Philosophie des Mittelalters*, Darmstadt 1969. – H. Sedlmayr, *Die Entstehung der Kathedrale*, Zürich 1950. – G. Bandmann, *Mittelalterliche Architektur als Bedeutungsträger*, Berlin ^{11}1998. – J. van der Meulen / A. Speer, *Die fränkische Königsabtei Saint-Denis*, Darmstadt 1988 (Die Autoren wollen gegen Panofski nachweisen, dass der von ihm gerühmte prototypische Gründungsbau der Gotik – »Stilgeburt der gotischen Kathedrale« – nicht Produkt individuellen Stilwollens und eines Idealentwurfes des 12. Jahrhunderts von Abt Suger, sondern durch kontinuierlichen Umbau entstanden sei).

8 J. Dolch, *Lehrplan des Abendlandes. Zweieinhalb Jahrtausende seiner Geschichte*, Ratingen 1971, S. 71f.; weitere Darstellung der Geschichte der »artes« im Mittelalter S. 99ff.

9 De ver. rel. 39,72. – Vgl. hierzu St. Körner, »Augustinus: Das Grund-Problem der Existenz«, in: J. Speck (Hrsg.), *Grundprobleme der großen Philosophen – Philosophie des Altertums und des Mittelalters*, Göttingen ^{2}1978, S. 129–176.

10 T. Borsche, »Macht und Ohnmacht der Wörter«, in: B. Mojsisch (Hrsg.), *Sprachphilosophie in Antike und Mittelalter*, Amsterdam 1986, S. 121–161; K. Flasch, *Augustin*, Stuttgart [3]2003, S. 126. – Vgl. auch: B. Mojsisch, »Augustin«, in: *Klassiker der Sprachphilosophie. Von Platon bis Noam Chomsky*, hrsg. von T. Borsche, München 1996, S. 63–77, 457–459, sowie: K. Kahnert, *Entmachtung der Zeichen? Augustin über Sprache*, Amsterdam/Philadelphia 2000.

11 E. Peterson, *Theologische Traktate*, München 1950, S. 105.

12 J. B. Metz, »Theologie als Theodizee?«, in: V. Steenblock (Hrsg.), *Philosophie und Religion*, Münster 2001, S. 129–147, 135.

13 Vgl. H. Häring, *Die Macht des Bösen. Das Erbe Augustins*, Zürich/Gütersloh 1979, S. 209; zur »Übertragung« der Erbsünde vgl. S. 230ff.

14 Flasch (s. Anm. 10) S. 422f., 203; *»Logik des Schreckens«. Augustinus von Hippo, De diversis quaestionibus ad Simplicianum I,2*, dt. Erstübers. von W. Schäfer, hrsg. und erklärt von K. Flasch, Mainz 1990, S. 14.

15 Vgl. für das Folgende Flasch 2000, 262ff. und 282ff.; L. Lütkehaus, »Die Philosophie auf der Flucht. Von Salman Rushdie zu Ibn Rushd und wieder zurück oder: der vergebliche Versuch, Aufklärung und Islam zu versöhnen«, in: *Die Zeit*, Nr. 51, 10. Dezember 1998, S. 98. – E. Renan, *Averroes et l'averroisme*, Paris [2]1861.

16 Vgl. Meister Eckhart, *Deutsche Predigten und Traktate*, übers. von J. Quint, München 1963.

17 *Kann Gottes Nicht-Sein gedacht werden? Die Kontroverse zwischen Anselm von Canterbury und Gaunilo von Marmoutiers*, Lat./Dt., übers., erl. und hrsg. von B. Mojsisch, mit einer Einl. von K. Flasch, Mainz [2]1999.

18 Vgl. Ingrid Craemer-Rügenberg, *Albertus Magnus*, München 1980; B. Mojsisch, »Grundlinien der Philosophie Alberts des Großen«, in: *Freiburger Zeitschrift für Philosophie und Theologie* 32 (1985) S. 27–44 – A. de Libera, *Albert le Grand et la philosophie*, Paris 1990.

19 U. Matz, »Thomas von Aquin«, in: H. Maier (Hrsg.), *Klassiker des politischen Denkens*, Bd. 1, München [2]1989, S. 110–130, 113.

20 *Aufklärung im Mittelalter? Die Verurteilung von 1277*, das Dokument des Bischofs von Paris eingel., übers. und erklärt von K. Flasch, Mainz 1989, S. 23. – Vgl. auch: K. Flasch / U. R. Jeck

(Hrsg.), *Das Licht der Vernunft. Die Anfänge der Aufklärung im Mittelalter*, München 1997.

21 Thomas von Aquin, *Von der Wahrheit. De veritate (Quaestio I)*, ausgew., übers. und hrsg. von A. Zimmermann, Hamburg 1986.

22 W. Stürner, *Peccatum und potestas. Der Sündenfall und die Entstehung der herrscherlichen Gewalt im mittelalterlichen Staatsdenken*, Sigmaringen 1987. R. Imbach, »›... dass die Gläubigen Sklaven der Kirche sind.‹ Zur Wiederentdeckung der politischen Philosophie im Mittelalter«, in: *Orientierung* 15/16 (1987) S. 162–165.

23 Zur Kontroverse mit Lutterell vgl. Flasch 1987, S. 149–165, bes. S. 150, 155.

24 *Summa Logicae. Opera Philosophica*, hrsg. unter der Leitung des Institutum Franciscanum. St. Bonaventure, N. Y., I,43.

25 So mit dem Argument, dass sich Allmacht und Freiheit Gottes bei Ockham und im Spätmittelalter nicht auf Kosten der Vernunft konstituieren. – Vgl. J. P. Beckmann, »Allmacht, Freiheit und Vernunft. Zur Frage nach ›rationalen Konstanten‹ im Denken des Mittelalters«, in: J. P. Beckmann / L. Honnefelder [u. a.] (Hrsg.), *Philosophie im Mittelalter. Entwicklungslinien und Paradigmen. W. Kluxen zum 65. Geburtstag*, Hamburg 1987, S. 275–293.

26 Vgl. H. Nette, *Friedrich II. von Hohenstaufen*, Reinbek 1975; E. Kantorowicz, *Kaiser Friedrich II*, Berlin 1928, Quellen-Bd. 1931. – Text des Salimbene zit. nach K. J. Heinisch (Hrsg.), *Kaiser Friedrich II. Sein Leben in zeitgenössischen Berichten*, München 1977, S. 197. Zur Naturwissenschaft und Philosophie vgl. M. Grabmann, Kaiser »Friedrich II. und sein Verhältnis zur aristotelischen und arabischen Philosophie«, in: G. Wolf (Hrsg.), *Stupor Mundi*, Darmstadt [2]1982, S. 32–75.

27 Vgl. W. Breidert, »Spätscholastik (14. Jahrhundert)«, in: G. *Böhme* (Hrsg.), *Klassiker der Naturphilosophie*, München 1989, S. 86–98.

28 Zu Luther vgl. K. Aland, *Die Reformation Martin Luthers*, Gütersloh 1982; M. Brecht, *Luther*, 3 Bde., Stuttgart 1983–87; A. Beutel (Hrsg.), Luther Handbuch, Tübingen [2]2010.

IV. Philosophie der Neuzeit: Renaissance, Humanismus, Barock

1 Vgl. H. Günther, »Neuzeit, Mittelalter, Altertum«, in: *Historisches Wörterbuch der Philosophie*, Bd. 6, Basel 1984, S. 782–798.
2 Vgl. K. J. Heinisch (Hrsg.), *Der utopische Staat. Morus: Utopia, Campanella: Sonnenstaat. Bacon: Neu-Atlantis*, Reinbek 1960 [u. ö.].
3 B. Lovell, *Das unendliche Weltall. Geschichte der Kosmologie von der Antike bis zur Gegenwart*, München 1983, S. 80.
4 Paracelsus, *Vom Licht der Natur und des Geistes*, hrsg. von K. Goldammer, Stuttgart 1983.
5 Ch. Gibbs-Smith, *Die Erfindungen von Leonardo da Vinci*, Stuttgart/Zürich 1978.
6 Nicolaus Copernicus, *Das neue Weltbild. Commentariolus, Brief gegen Werner, De revolutionibus I*, Lat./Dt., übers., hrsg. und mit einer Einl. und Anm. versehen von H. G. Zekl, Hamburg 1990. – E. Zinner, *Entstehung und Ausbreitung der copernicanischen Lehre* (1943), München 1988; Th. S. Kuhn, *Die Kopernikanische Revolution*, Braunschweig 1980.
7 Vgl. K. Fischer, *Galileo Galilei*, Stuttgart 2015.
8 Zit. nach I. Schneider, *Isaac Newton*, München 1988, S. 24.
9 Vgl. W. Schneiders, »Sub specie aeternitatis. Spinozas absoluter Standpunkt«, in: *Theoria cum Praxis. Akten des 3. Internationalen Leibniz-Kongresses*, Bd. 2, Wiesbaden 1981, S. 170ff.
10 Zu Leibniz vgl. auch: Kurt Huber, *Leibniz*, München 1951. Huber (1893–1943), Musikwissenschaftler und Psychologe, war der akademische Mentor der studentischen Widerstandsbewegung der »Weißen Rose« an der Münchener Universität. Nach der Hinrichtung der Geschwister Scholl wurde er verhaftet und gleichfalls hingerichtet.

V. Philosophie der Aufklärung

1 Friedrich von Spee, *Cautio Criminalis oder Rechtliches Bedenken wegen der Hexenprozesse*, München 1982 [u. ö.].
2 Möglichkeiten des Empirismus diskutierten: F. Kambartel, *Erfahrung und Struktur*, Frankfurt a. M. 1968 [u. ö.], und L. Krü-

ger, *Der Begriff des Empirismus. Erkenntnistheoretische Studien am Beispiel John Lockes*, Berlin [u. a.] 1973 (antikritisch wiederum zu Kambartel).

3 Locke, *Zwei Abhandlungen über die Regierung*, 6,47 (Einl. von W. Euchner).

4 Vgl. U. Wesel, *Geschichte des Rechts*, München [4]2014, S. 416.

5 D. Hume, *Ein Traktat über die menschliche Natur*, 2 Bde., Hamburg 1906/1978, Bd. 2, S. 211 f.

6 Sehr lesenswerte sozialgeschichtliche Untersuchungen zu Produzenten und Lesern finden sich bei R. Darnten, »Neue Aspekte zur Geschichte der *Encyclopédie*«, in: H. U. Gumbrecht (Hrsg.), *Sozialgeschichte der Aufklärung in Frankreich*, 2 Bde., München 1981, S. 34–65.

7 C. de Montesquieu, *Vom Geist der Gesetze (L'esprit des lois)*, Auswahl übers. und erl. von F. A. von der Heydte, Berlin 1950, S. 129 (II,6).

8 L. Doormann, *Ein Feuer brennt in mir. Die Lebensgeschichte der Olympe de Gouges*, Weinheim 1993.

9 Condorcet, *Entwurf einer historischen Darstellung der Fortschritte des menschlichen Geistes*, Frankfurt a. M. 1976. – Vgl. D. Thomä, »Condorcets Ratschläge an seine Tochter«, in: E. Martens / E. Nordhofen / J. Siebert (Hrsg.), *Philosophische Meisterstücke*, Stuttgart 1998, S. 56–75.

10 Vgl. V. Steenblock, *Minna von Barnhelm. Inhalt, Hintergrund, Interpretation*, München 1995.

11 Vgl. H. R. Schweizer, *Ästhetik als Philosophie der sinnlichen Erkenntnis. Eine Interpretation der »Aesthetica« A. G. Baumgartens mit teilweiser Wiedergabe des lateinischen Textes und deutscher Übersetzung*, Basel/Stuttgart 1973, S. 107; ders. (Übers. und Hrsg.), *A. G. Baumgarten: Texte zur Grundlegung der Ästhetik*, Hamburg 1983; U. Franke, *Kunst als Erkenntnis. Die Rolle der Sinnlichkeit in der Ästhetik des Alexander Gottlieb Baumgarten*, Wiesbaden 1972.

12 Vgl. hierfür und für das Folgende: »Moses Mendelssohn«, in: K.-D. Ulke, *Vorbilder im Denken. 32 Porträts großer Philosophen*, München 1998, S. 129–135; H. Knobloch, *Herr Moses in Berlin*, Frankfurt a. M. 2001.

13 Vgl. A. Altmann, *Die trostvolle Aufklärung*, Stuttgart 1982.

14 Vgl. G. Holzboog, »Zur Geschichte der Jubiläumsausgabe von Moses Mendelssohns Gesammelten Schriften«, in: *Mendelssohn-*

Studien, Bd. 4, Berlin 1979; hier nach dem Verlagsprospekt des Verlages Fromann-Holzboog.

15 H. Heine, *Zur Geschichte der Religion und Philosophie in Deutschland*, hrsg. von J. Ferner, Stuttgart 1997, S. 93 f.

16 Wenngleich Kant sich des Begriffs »Öffentlichkeit« nicht bedient, sondern nur eingeschränkt von »Publicität« spricht, so ist die theoretische wie die praktische Vernunft nach Kant doch öffentlich verfasst. Vgl. K. Blesenkemper, *»Publice age« – Studien zum Öffentlichkeitsbegriff bei Kant*, Pommersfeldener Beiträge, Sonderband 4, Frankfurt a. M. 1987.

17 Vgl. L. Kreimendahl, *Kant – der Durchbruch von 1769*, Köln 1992. – Das folgende Gedankenspiel verdanke ich meinem Kollegen Klaus Blesenkemper.

18 O. Höffe, *Kants Kritik der reinen Vernunft. Die Grundlegung der modernen Philosophie*, München [5]2011, S. 20 ff., 48, 166 f., 332 f. – H. Tetens, *Kants Kritik der reinen Vernunft. Ein systematischer Kommentar*, Stuttgart 2006, S. 315 ff. Kant war dabei in keiner Weise ein Gegner unseres Bildungsinteresses für die Naturwissenschaften, vgl. U. Hoyer: »Kant und die Naturwissenschaften«, in: W. Greber / V. Steenblock / K. Tesching (Hrsg.), *Schulische Bildung in einer veränderten Gegenwart*, Münster 1999, S. 53–57. Einer Auslieferung unseres – philosophischen – erkenntnistheoretischen und Vernunftstandpunktes an eine je wissenschaftlich behauptete Wirklichkeit ist jedoch mit Kant zu widersprechen.

19 Friedrich Schiller, *Über die ästhetische Erziehung des Menschen in einer Reihe von Briefen*, in: Nationalausgabe der Werke Schillers, Bd. 21/22, hrsg. von B. von Wiese, Weimar 1962/63; B. von Wiese, *Friedrich Schiller*, Stuttgart 1959, K. L. Berghahn, *Schiller – Ansichten eines Idealisten*, Frankfurt a. M. 1986, S. 129; D. Henrich, »Der Begriff der Schönheit in Schillers Ästhetik«, in: *Zeitschrift für philosophische Forschung* 11 (1957) S. 527–547; H.-G. Pott, *Die schöne Freiheit*, München 1980; G. Rohrmoser, »Zum Problem der ästhetischen Versöhnung. Schiller und Hegel«, in: *Schillers Briefe über die ästhetische Erziehung*, hrsg. von J. Bolten, Frankfurt a. M. 1984, S. 314–333, bes. 318, 321.

20 *Immanuel Kants Menschenkunde oder philosophische Anthropologie*, hrsg. von F. C. Starke, Leipzig 1831, Repr. Hildesheim 1976, S. 6.

21 H. Schnädelbach, »Kant – der Philosoph der Moderne«, in: *Zeitschrift für Didaktik der Philosophie* 15 (1993) S. 131–139, 133 f.; ders., *Kant. Eine Einführung*, Stuttgart [2]2018.
22 Etienne de Condillac, *Essay über den Ursprung der menschlichen Kenntnisse* (1746), Leipzig 1977, S. 187 ff.
23 G. Vico, *Prinzipien einer neuen Wissenschaft über die gemeinsame Natur der Völker* (*Principi di una scienza nuova*), übers. von V. Hösle und Chr. Jermann, 2 Bde., Hamburg 1990. – F. Fellmann, *Das Vico-Axiom: Der Mensch macht die Geschichte*, Freiburg i. Br. / München 1976.
24 Vgl. P. Koslowski, »Franz von Baader. Spekulative Dogmatik als christliche Gnosis«, in P. K. (Hrsg.), *Gnosis und Mystik in der Geschichte der Philosophie*, Zürich 1988, S. 243–259; R. Piepmeier, *Aporien des Lebensbegriffs seit Oetinger*, Freiburg i. Br. / München 1978; J. Nettesheim, *Chr. B. Schlüter*, Berlin 1960.
25 O. F. Bollnow, *Die Lebensphilosophie F. H. Jacobis*, Stuttgart [2]1966.
26 Vgl. E. Trunz / W. Loos, *Goethe und der Kreis von Münster*, Münster 1971.

VI. Philosophie des 19. Jahrhunderts

1 L. Geldsetzer, *Die Philosophenwelt in Versen vorgestellt*, Stuttgart 1995, S. 133 ff.
2 J. G. Fichte, *Versuch einer Kritik aller Offenbarung*, hrsg. von H. Verweyen, Hamburg 1983.
3 J. G. Fichte, *Der geschloßne Handelsstaat* (1800), Hamburg 1979, S. 23.
4 C. Jamme / H. Schneider (Hrsg.), *Mythologie der Vernunft. Hegels ältestes Systemprogramm*, Frankfurt a. M. 1984, S. 11 ff.
5 Vgl. R. Haym, *Die romantische Schule. Ein Beitrag zur Geschichte des deutschen Geistes* (1870), Darmstadt 1961; O. Pöggeler, *Hegels Kritik der Romantik*, Diss. Bonn 1956.
6 G. W. F. Hegel, *Wissenschaft der Logik*, hrsg. von E. Moldenhauer und K. M. Michel, *Werke*, Bd. 5, Frankfurt a. M. 1969, S. 13 f.
7 Vgl. das Zitat bei Carl Schmitt, *Ex Captivitate Salus*, Köln 1950, S. 27 f.

8 G. W. F. Hegel, *Einleitung in die Geschichte der Philosophie*, hrsg. und eingel. von W. Jaeschke, Hamburg 1993, S. 6.

9 J. Ritter, »Fortschritt«, in: *Historisches Wörterbuch der Philosophie*, Bd. 3, Basel 1974, Sp. 1032–1059; R. Koselleck [u. a.], »Fortschritt«, in: O. Brunner / W. Conze / R. Koselleck (Hrsg.), *Geschichtliche Grundbegriffe*, Bd. 2, Stuttgart 1975, S. 351–423.

10 O. Pöggeler, *Die Frage nach der Kunst. Von Hegel zu Heidegger*, Freiburg i. Br. 1984, S. 170–219; H. Paetzold, *Ästhetik des deutschen Idealismus*, Wiesbaden 1983; Friedrich Th. Vischer, *Ästhetik oder Wissenschaft des Schönen*, 4 Bde., Reutlingen/Leipzig 1846–57; W. Oelmüller, »Hegel – Der Satz vom Ende der Kunst«, in: W. Oe., *Die unbefriedigte Aufklärung*, Frankfurt a. M. 1979, S. 240–264; ders., *Friedrich Th. Vischer und das Problem der nachhegelschen Ästhetik*, Stuttgart 1959.

11 J. Ritter, »Hegel und die französische Revolution« (1956), in: J. R., *Metaphysik und Politik*, Frankfurt a. M. 1977, S. 183–255. – J. Habermas, »Hegels Kritik der Französischen Revolution«, in: J. H., *Theorie und Praxis*, Neuwied 1963 [u. ö.], S. 89–107, 89. – Vgl. ferner K.-H. Ilting (Hrsg.), *Hegels Vorlesungen über Rechtsphilosophie 1818–1831*, Edition und Kommentar in 6 Bdn., Stuttgart-Bad Cannstatt 1973 ff.; H. Ottmann, »Hegels Rechtsphilosophie und das Problem der Akkomodation. Zu Iltings Hegelkritik und seiner Edition der Hegelschen Vorlesungen über Rechtsphilosophie«, in: *Zeitschrift für philosophische Forschung* 33 (1979) S. 227–243. – Weitere Literatur: M. Riedel (Hrsg.), *Materialien zu Hegels Rechtsphilosophie*, 2 Bde., Frankfurt a. M. 1975; H.-C. Lucas / O. Pöggeler (Hrsg.), *Hegels Rechtsphilosophie im Zusammenhang der europäischen Verfassungsgeschichte*, Stuttgart-Bad Cannstatt 1986. – Vgl. auch V. Gerhardt / R. Mehring / J. Rindert, *Berliner Geist. Eine Geschichte der Berliner Universitätsphilosophie bis 1946*, Berlin 1999.

12 L. Oeing-Hanhoff, »Hegels Religionskritik«, in: A. Schwan (Hrsg.), *Denken im Schatten des Nihilismus. Fs. für W. Weischedel*, Darmstadt 1975, S. 196–211; W. Weischedel, *Der Gott der Philosophen*, Darmstadt 1971, S. 283 ff.; W. Jaeschke, *Die Religionsphilosophie Hegels*, Darmstadt 1983.

13 Dass theistische Auffassungen zwar eine Minderheitsposition, aber eine Option der Philosophie bis heute bleiben, zeigt ein Blick auf R. Swinburne (vgl. Kapitel VII, Anm. 25) oder auf:

H. Tetens, *Gott denken. Ein Versuch über rationale Theologie*, Stuttgart 2015.

14 R. Reuber, *Ästhetische Lebensformen bei Nietzsche*, München 1989, S. IX.

15 Vgl. J. Starbatty (Hrsg.), *Klassiker des ökonomischen Denkens*, 2 Bde., München 2008; ders., *Die englischen Klassiker der Nationalökonomie*, Darmstadt 1985. – A. Smith, *Der Wohlstand der Nationen*, München 2018.

16 J. Rovan, *Geschichte der deutschen Sozialdemokratie*, Frankfurt a. M. 1980.

17 Vgl. François Furet, *Das Ende der Illusion (Le Passé d'une illusion). Der Kommunismus im 20. Jahrhundert*, München/Zürich 1996. – Stephane Courtois, *Schwarzbuch des Kommunismus (Le livre noir du communisme)*, München 1998.

18 K.-H. Brodbeck, *Die fragwürdigen Grundlagen der Ökonomie. Eine philosophische Kritik der modernen Wirtschaftswissenschaften*, Darmstadt [6]2013; vgl. für die hier verfolgten Zusammenhänge S. 188 ff.

19 Vgl. Hannelore Schröder, »Harriet Taylor Mill«, in: Ursula I. Meyer / Heidemarie Bennent-Vahle (Hrsg.), *Philosophinnen-Lexikon*, Leipzig 1997, S. 533–537.

20 Vgl. F. Becker, »Pierre Simon Laplace«, in: *Die Großen der Weltgeschichte*, Bd. 6: *Spinoza bis Laplace*, Zürich 1975, S. 944–955.

21 Vgl. Emil du Bois-Reymond, *Culturgeschichte und Naturwissenschaft. Vortrag, gehalten am 24. März 1877 im Verein für wissenschaftliche Vorlesungen zu Köln*, Leipzig [2]1878.

22 E. Troeltsch, *Der Historismus und seine Probleme*, Aalen 1961, S. 67 ff.

23 E. Rothacker, *Einleitung in die Geisteswissenschaften*, Tübingen 1920, S. 7 f.

24 Vgl. G. Simmel, *Philosophische Kultur*, mit einem Nachwort von J. Habermas, Berlin 1983.

25 W. Windelband, »Geschichte und Naturwissenschaft. Straßburger Rektoratsrede 1894«, in: W. W., *Präludien*, Bd. 2, Tübingen [4]1911, S. 136–160.

26 H. Rickert, *Kulturwissenschaft und Naturwissenschaft*, Tübingen [7]1926, S. 18.

27 M. Weber, »Politik als Beruf«, in: M. W., *Gesammelte politische Schriften*, hrsg. von J. Winckelmann, Tübingen [2]1958, S. 505–560, 551. Seine Auffassung von der Wertfreiheit der Wis-

senschaft vertritt Weber auch in der Schrift *Wissenschaft als Beruf* (1917/18). Die Schriften über Wissenschaft und Politik als Beruf sind hrsg. worden von W. J. Mommsen und W. Schluchter in der Max Weber-Gesamtausgabe, Abt. 1, Bd. 17, Tübingen 1992.

28 M. Weber, »Die Typen der Herrschaft«, in: M. W., *Wirtschaft und Gesellschaft. Grundriß der verstehenden Soziologie*, 5., rev. Aufl., mit textkrit. Erläuterungen hrsg. von J. Winckelmann, 1. Halb-Bd., Tübingen 1976, S. 122–176, 122; das folgende Zitat S. 124.

29 M. Weber, *Gesammelte Schriften zur Religionssoziologie*, 3 Bde., Tübingen 1920/21 [u. ö.], Bd. 1, S. 202 ff.

30 M. Weber, »Wissenschaft als Beruf«, in: M. W., *Gesammelte Aufsätze zur Wissenschaftslehre*, hrsg. von J. Winckelmann, Tübingen [3]1968, S. 582–613, 603, 612 f.

31 E. Husserl, *Philosophie als strenge Wissenschaft*, hrsg. von W. Szilasi, Frankfurt a. M. 1965, S. 39.

VII. Philosophische Richtungen im 20. und 21. Jahrhundert

1 N. Hartmann, *Zur Grundlegung der Ontologie*, Berlin/Leipzig 1935, S. 1 f.

2 N. Hartmann, *Ethik*, Berlin 1926, S. V f. – Vgl. auch M. Scheler, *Der Formalismus in der Ethik und die materiale Wertethik*, Bern [5]1966. – S. Rohm, *Nicolai Hartmann*. In: St. Jordan / B. Mojsisch (Hrsg.), *Philosophenlexikon*, Stuttgart 2009, S. 240 f.

3 H. Arendt, *Elemente und Ursprünge totalitärer Herrschaft*, 3 Bde., Frankfurt a. M. 1975. – E. Ettinger, *Hannah Arendt – Martin Heidegger*, München 1995.

4 M. Heidegger, *Beiträge zur Philosophie (Vom Ereignis)*, Frankfurt a. M. 1989 (1936), S. 503 f.; ders., *Der Ursprung des Kunstwerkes*, Stuttgart 1960, S. 30.

5 Zu Ablauf und Hintergründen der Kontroverse vgl. die Zusammenfassung bei Kurt Wuchterl, *Streitgespräche und Kontroversen in der Philosophie des 20. Jahrhunderts*, Bern/Stuttgart/Wien 1997, S. 135–189. – Vgl. auch K. Gründer in: H.-J. Braun / H. Holzhey / E. W. Orth (Hrsg.), *Über E. Cassirers Philosophie der symbolischen Formen*, Frankfurt a. M. 1988, S. 300 f.

6 Heidegger, *Holzwege*, Frankfurt a. M. [5]1972, S. 50. – Vgl. M. Heidegger, »Die Frage nach der Technik«, in: M. H., *Die Technik und die Kehre*, Pfullingen [4]1978. – R. Maurer, »Thesen zu: Heidegger und die Metaphysik«, in: W. Oelmüller (Hrsg.), *Metaphysik heute?*, Paderborn [u. a.] 1987. – Für eine genaue Interpretation vgl. G. Seubold, *Heideggers Analyse der neuzeitlichen Technik*, Freiburg i. Br. / München 1986; O. Pöggeler, »Wächst das Rettende auch? Heideggers letzte Wege«, in: W. Biemel / F. W. v. Hermann, *Kunst und Technik. Gedächtnisschrift zum 100. Geburtstag von Martin Heidegger*, Frankfurt a. M. 1989.

7 Diese Formulierung bei J. Habermas, *Nachmetaphysisches Denken*, Frankfurt a. M. 1988, S. 35. – Vgl. zu Adorno in diesem Zusammenhang C.-F. Geyer, *Aporien des Metaphysik- und Geschichtsbegriffs der Kritischen Theorie*, Darmstadt 1980.

8 Titel des Gesprächs mit R. Augstein, in: *Der Spiegel* 23 (31. Mai 1976) S. 193–219; vgl. auch nach der Farias-Debatte über Heideggers Verhältnis zum Nationalsozialismus Nr. 48 (23. November 1987) S. 211–220.

9 Martin Heidegger, *Über den Humanismus* (1946), Frankfurt a. M. [o. J.], S. 29, 19.

10 Vgl. O. Pöggeler, »Metaphysik als Problem bei Heidegger«, in: D. Henrich / R.-P. Horstmann (Hrsg.), *Stuttgarter Hegelkongreß 1987: Metaphysik nach Kant?*, Stuttgart 1988, S. 365–380, 378 ff.

11 J.-P. Sartre, *Der Ekel*, Reinbek 1981, S. 66.

12 J.-P. Sartre, *Das Spiel ist aus*, Reinbek 1952, Umschlag.

13 J.-P. Sartre, »Ist der Existentialismus ein Humanismus?«, in: J.-P. S., *Drei Essays*, Frankfurt a. M. 1964, S. 34 ff.

14 D. Bair, *Simone de Beauvoir*, München 1991.

15 J. Monod, *Zufall und Notwendigkeit*, München 1971, S. 211.

16 Nach R. W. Leonhardt, »B. Russell: Zwischen Mathematik und dem Atomtod«, in: *Die Zeit* 49 (27. November 1992).

17 L. Wittgenstein, *Schriften*, Bd. 1, Frankfurt a. M. 1960: *Tractatus*, Sätze 6.53 und 7; *Philosophische Untersuchungen*, Abschn. 109; ders., *Geheime Tagebücher 1914–1916*, hrsg. und dokumentiert von W. Baum, Wien 1991, S. 37, vgl. Nachwort, S. 167, 170 ff. – M. B. Hintikka / J. Hintikka, *Untersuchungen zu Wittgenstein*, Frankfurt a. M. 1990.

18 J. L. Austin, *Zur Theorie der Sprechakte*, hrsg. von E. v. Savigny, Stuttgart 1972.

19 In der *Theorie der Sprechakte*, S. 126.
20 Chr. Demmerling, »Ryle«, in: *Metzler Philosophen-Lexikon*, Stuttgart [2]1995, S. 675–677.
21 G. Ryle, *Der Begriff des Geistes* (*The Concept of Mind*), Stuttgart 1997, S. 5.
22 W. V. O. Quine, *Wort und Gegenstand*, Stuttgart 1980; ders., *Unterwegs zur Wahrheit. Konzise Einleitung in die theoretische Philosophie*, Paderborn 1995.
23 Wichtige Werke des Pragmatismus sind etwa William James, *A pluralistic universe* (dt. *Das pluralistische Universum*, zuletzt Darmstadt 1994) und John Deweys Buch *The Quest for Certainty* (1929; dt.: *Die Suche nach Gewißheit*, Frankfurt a. M. 1998).
24 G. E. Moore, *Principia Ethica*, Stuttgart 1970 (erw. 1996), S. 34; R. M. Hare, *Die Sprache der Moral* (engl. 1952), Frankfurt a. M. 1983, S. 13; ders., *Freiheit und Vernunft* (engl. 1962), Frankfurt a. M. 1983; ders., *Moralisches Denken: Seine Ebenen, seine Methode, sein Witz*, Frankfurt a. M. 1992.
25 R. Swinburne, *Die Existenz Gottes* (*The Existence of God*), Stuttgart 1987; J. L. Mackie, *Das Wunder des Theismus* (*The Miracle of Theism*), Stuttgart 1985; zu Mackie vgl. W. Stegmüller, *Hauptströmungen der Gegenwartsphilosophie*, Bd. 4, Stuttgart 1989, S. 161 ff.; vgl. W.-D. Just, *Religiöse Sprache und analytische Philosophie*, Stuttgart 1975.
26 Vgl. die deutsche Diskussionszusammenfassung in: G. Meggle / A. Beckermann (Hrsg.), *Analytische Handlungstheorie*, 2 Bde., Frankfurt a. M. 1977.
27 D. Davidson, *Der Mythos des Subjektiven. Philosophische Essays*, Stuttgart 1993. – Zu Gemeinsamkeiten und Unterschieden in den Wahrheitstheorien von Dummett und Davidson vgl. N. Schneider, *Erkenntnistheorie im 20. Jahrhundert*, Stuttgart 1998, S. 163 ff.
28 H. Putnam, *Für eine Erneuerung der Philosophie*, Stuttgart 1997.
29 H. Putnam, *Vernunft, Wahrheit und Geschichte*, Frankfurt a. M. 1982, S. 21 ff.; hier nach O. Müller, »Das Gehirn im Tank«, in: *Die Zeit* 32 (2. August 1996). – A. Burri, *Hilary Putnam*, Frankfurt a. M. 1994.
30 Richard Rorty: *Kontingenz, Ironie und Solidarität* (*Contingency, irony, and solidarity*), Frankfurt a. M. 1989, S. 14.
31 R. Brandom, *Expressive Vernunft*, Frankfurt a. M. 2000. –

Th. Nagel, *Was bedeutet das alles? Eine ganz kurze Einführung in die Philosophie*, Stuttgart 1990; ders., *Die Grenzen der Objektivität*, Stuttgart 1991; ders., *Das letzte Wort*, Stuttgart 1999.

32 Vgl. G. Harras, *Handlungssprache und Sprechhandlung*, Berlin 1983, S. 204.

33 Vgl. die Beiträger in: P. Bieri (Hrsg.), *Analytische Philosophie des Geistes*, Weinheim [4]2007. Vgl. weiter Abschnitt 14.

34 R. Carnap, »Überwindung der Metaphysik durch logische Analyse der Sprache«, in: *Erkenntnis* 2 (1931) S. 219–241. – Vgl. zu diesem Text V. Steenblock, »Glanz und Grenzen einer Theoretischen Philosophie – Sprache zwischen Metaphysik und Kritik«, in: *Zeitschrift für Didaktik der Philosophie und Ethik* 22 (1999) S. 274–282.

35 K. Popper, *Objektive Erkenntnis. Ein evolutionärer Entwurf*, Hamburg 1979, S. 54, 60; H. Keuth, *Realität und Wahrheit. Zur Kritik des kritischen Rationalismus*, Tübingen 1978; H. Albert, »Realität und Wahrheit«, in: *Zeitschrift für philosophische Forschung* 33 (1979) S. 567–587; K. Popper, *Logik der Forschung* (1934), Tübingen [6]1976.

36 K. R. Popper, *Die offene Gesellschaft und ihre Feinde*, 2 Bde., Bern 1957/58 [u. ö.]. – Zur Kritik vgl. E. J. Carr, *Was ist Geschichte?*, Stuttgart [u. a.] [4]1974, S. 153. H. Albert, *Plädoyer für Kritischen Rationalismus*, München 1971.

37 T. S. Kuhn, *Die Struktur wissenschaftlicher Revolutionen* (amerik. 1962), Frankfurt a. M. [2]1973; vgl. P. Hoyningen-Huene, *Die Wissenschaftsphilosophie Thomas S. Kuhns*, Braunschweig 1989. – I. Lakatos / A. Musgrave (Hrsg.), *Kritik und Erkenntnisfortschritt*, Braunschweig 1974, darin Lakatos' Aufsätze: »Falsifikation und die Methodologie wissenschaftlicher Forschungsprogramme« (S. 89ff.) und »Die Geschichte der Wissenschaft und ihre rationalen Rekonstruktionen« (S. 271ff.).

38 Vgl. die Artikel »Erlanger Schule« und »Konstruktivismus« in dem von J. Mittelstrass hrsg. Standardwerk *Enzyklopädie Philosophie und Wissenschaftstheorie*, Bd. 1, Mannheim 1980, und Bd. 2, Mannheim 1984, S. 448–453. – Zum Überblick vgl. ferner C. F. Gethmann, »Phänomenologie, Lebensphilosophie und konstruktive Wissenschaftstheorie. Eine historische Skizze zur Vorgeschichte der Erlanger Schule«, in: C. F. G. (Hrsg.), *Lebenswelt und Wissenschaft. Studien zum Verhältnis von Phänomenologie und Wissenschaftstheorie*, Bonn 1991, S. 28–77, und P. Ja-

nich, Vorwort zu: P. J. (Hrsg.), *Entwicklungen der methodischen Philosophie*, Frankfurt a. M. 1992.

39 P. Lorenzen, *Lehrbuch der konstruktiven Wissenschaftstheorie*, Mannheim/Wien/Zürich 1987, S. 11; P. Janich / F. Kambartel / J. Mittelstrass, *Wissenschaftstheorie als Wissenschaftskritik*, Frankfurt a. M. 1974, S. 50; J. Mittelstrass, *Der Flug der Eule*, Frankfurt a. M. 1989, S. 267, 290. – Vgl. W. Stegmüller, *Probleme und Resultate der Wissenschaftstheorie und Analytischen Philosophie*, Bd. 1ff., Berlin 1969ff.; ders., *Rationale Rekonstruktion von Wissenschaft und ihrem Wandel*, Stuttgart 1979.

40 Y. Elkana, *Anthropologie der Erkenntnis*, Frankfurt a. M. 1986, S. 99, 13ff.

41 Die folgenden Zitate: M. Scheler, *Die Stellung des Menschen im Kosmos*, Bern/München [10]1983, S. 36ff.; A. Gehlen, *Anthropologische Forschung*, Reinbek 1961 [u. ö.], S. 69, 54, 71f., 74f.; ders., »Über kulturelle Kristallisation«, in: A. G., *Studien zur Anthropologie und Soziologie*, Neuwied 1963, S. 311–328, 322f.

42 O. Marquard, »Homo Compensator«, in: W. Oelmüller / R. Dölle-Oelmüller / C. F. Geyer (Hrsg.), *Diskurs: Mensch*, Paderborn [u. a.] 1985, S. 317–329, 328.

43 H.-G. Gadamer, *Wahrheit und Methode. Grundzüge einer philosophischen Hermeneutik* (1960), Tübingen [4]1974, S. 41f., 340ff., 439, XIX; ders., *Wahrheit in den Geisteswissenschaften* (1953), in: H.-G. G., *Kleine Schriften* I, Tübingen 1967, S. 39–45, 42.

44 W. Schulz, *Vernunft und Freiheit*, Stuttgart 1981.

45 J. Habermas, *Nachmetaphysisches Denken* (s. Anm. 7), S. 41.

46 M. Frank, »Selbstsein und Dankbarkeit. Dem Philosophen Dieter Henrich«, in: *Merkur* 42 (1988) S. 333–342, 336. – Dieter Henrich, *Selbstverhältnisse*, Stuttgart 1982; ders., *Bewusstes Leben*, Stuttgart 1999.

47 E. Tugendhat, *Probleme der Ethik*, Stuttgart 1984.

48 Zu Ritters Verhalten während des Nationalsozialismus hat Cassirers Frau Toni bemerkt, Ritter sei umgefallen wie ein Zinnsoldat, siehe: T. Cassirer, *Mein Leben mit Ernst Cassirer*, Hamburg 2003, S. 205. – Th. Weber, »Joachim Ritter und die ›metaphysische Wendung‹«, in: W. F. Haug (Hrsg.), *Deutsche Philosophen 1933*, Hamburg 1989, S. 219–243, 220.

49 J. Ritter, »Die Aufgabe der Geisteswissenschaften in der modernen Gesellschaft«, in: J. R., *Subjektivität. Sechs Aufsätze*, Frankfurt a. M. 1974 [u. ö.], S. 105–140, 130. 162f.

50 H. Blumenberg, *Die Genesis der kopernikanischen Welt*, 3 Bde., Frankfurt a. M. 1981, S. 665.

51 H. Blumenberg, »Wirklichkeitsbegriff und Wirkungspotential des Mythos«, in: M. Fuhrmann (Hrsg.), *Terror und Spiel. Probleme der Mythenrezeption*, München 1971, S. 11–65. – Vgl. Marquard im selben Band S. 527.

52 H. Blumenberg, *Paradigmen zu einer Metaphorologie*, Bonn 1960, S. 10; ders., *Arbeit am Mythos*, Frankfurt a. M. 1979; O. Marquard, »Lebenszeit und Lesezeit. Bemerkungen zum Œuvre von Hans Blumenberg«, in: M. Krüger (Hrsg.), *Akzente. Zeitschrift für Literatur* 37 (1990) S. 268–271.

53 K. Hübner, *Die Wahrheit des Mythos*, München 1985. – Chr. Jamme, *Gott an hat ein Gewand. Grenzen und Perspektiven philosophischer Mythos-Theorien der Gegenwart*, Frankfurt a. M. 1991; ders., *Einführung in die Philosophie des Mythos*, Bd. 2: *Neuzeit und Gegenwart*, Darmstadt 1991. – Vgl. schließlich den einführenden Überblick: C. F. Geyer, *Mythos. Formen, Beispiele, Deutungen*, München 1996.

54 J. Habermas, Nachwort zur Neuauflage von: M. Horkheimer / Th. W. Adorno, *Dialektik der Aufklärung*, Frankfurt a. M. 1986, S. 278; vgl. ders., »Die Verschlingung von Mythos und Aufklärung. Bemerkungen zur Dialektik der Aufklärung – nach einer erneuten Lektüre«, in: K. H. Bohrer (Hrsg.), *Mythos und Moderne*, Frankfurt a. M. 1983. – Vgl. hierzu N. Rath, »Habermas' Kritik Adornos«, in: H. Friesen / M. W. Schnell (Hrsg.), *Spannungsfelder der Diskurse. Philosophie nach 1945 in Deutschland und Frankreich*, Münster 1987.

55 Vgl. J. F. Schmucker, *Adorno – Logik des Zerfalls*, Stuttgart 1977, S. 29, 32.

56 *Dialektik der Aufklärung* (s. Anm. 54), S. 15.

57 J. Habermas (s. Anm. 54), S. 288.

58 J. Habermas, *Der philosophische Diskurs der Moderne*, Frankfurt a. M. 1985, S. 136. – Vgl. den Sammelband: Th. W. Adorno [u. a.], *Der Positivismusstreit in der deutschen Soziologie*, Darmstadt/Neuwied 1969 [u. ö.].

59 *Dialektik der Aufklärung* (s. Anm. 54), S. 27.

60 H. Marcuse, *Konterrevolution und Revolte*, Frankfurt a. M. 1973, S. 74 f.; vgl. ders., *Der eindimensionale Mensch*, Neuwied/Berlin 1967; ders., *Triebstruktur und Gesellschaft*, Frankfurt a. M. 1969.

61 Vgl. H. Marcuse, »Ethik und Revolution«, in: H. M., *Kultur und Gesellschaft*, Bd. 2, Frankfurt a. M., [8]1970, S. 130–146.
62 »Marx, Mystik und Karl May«, zit. nach: E. Buhr, *Ernst Bloch*, Berlin 1974, S. 5; das Bloch-Zitat: E. Bloch, *Prinzip Hoffnung*, Frankfurt a. M. 1967, Bd. 1, S. 17.
63 J. Habermas, *Theorie und Praxis*, Frankfurt a. M. 1971, S. 9.
64 J. Habermas, *Technik und Wissenschaft als Ideologie*, Frankfurt a. M. 1968, S. 146ff.
65 J. Habermas, *Theorie des kommunikativen Handelns*, 2 Bde., Frankfurt a. M. 1981.
66 J. Habermas, »Erkenntnis und Interesse«, in: J. H. (s. Anm. 64), S. 163; ders., *Theorie des kommunikativen Handelns*, Frankfurt a. M. 1981; K. O. Apel, *Transformation der Philosophie*, 2 Bde., Frankfurt a. M. 1973.
67 K. O. Apel (s. Anm. 66) 2, S. 359; vgl. ders. in: W. Oelmüller (Hrsg.), *Transzendentalphilosophische Normenbegründungen*, Paderborn 1978, S. 119. – K.-O. Apel / D. Böhler / G. Kadelbach (Hrsg.), *Funk-Kolleg: Praktische Philosophie / Ethik*, Bd. 1, Frankfurt a. M. 1984, S. 40f. – K. O. Apel, »Das Apriori der Kommunikationsgemeinschaft und die Grundlagen der Ethik«, in: K. O. A., *Transformationen der Philosophie*, a. a. O., S. 358–435. – H. Albert, *Transzendentale Träumereien*, Hamburg 1975.
68 Vgl. P. Singer, *Praktische Ethik*, Stuttgart 1984, S. 146, 181; vgl. T. Bastian (Hrsg.), *Denken-Schreiben-Töten. Zur neueren »Euthanasie«-Diskussion und zur Philosophie Peter Singers*, Stuttgart 1990.
69 G. Sorel, *Über die Gewalt* (1906), mit einem Vorwort von G. Lichtheim, Frankfurt a. M. [2]1981, S. 145.
70 C. Schmitt, *Politische Theologie. Vier Kapitel zur Lehre von der Souveränität*, München/Leipzig [2]1934; [4]1985, S. 49; das nächste Zitat a. a. O., S. 11, das dritte C. Schmitt, *Der Begriff des Politischen. Text von 1932 mit einem Vorwort und drei Corollarien*, Berlin 1979, S. 26; ders, *Die geistesgeschichtliche Lage des heutigen Parlamentarismus*, Nachdr. der 1926 erschienen 2. Auflage, Berlin [6]1985, S. 10f., 22f.
71 Vgl. I. Breuer / P. Leusch / D. Mersch, *Welten im Kopf. Profile der Gegenwartsphilosophie*, [Bd. 3:] *England/USA*, Hamburg 1997, S. 110.
72 J. Rawls, *Eine Theorie der Gerechtigkeit* (*A Theory of Justice*),

Frankfurt a. M. 1975, ^{8}1994, S. 29. – Vgl. ders., *Politischer Liberalismus*, Frankfurt a. M. 1998.

73 Rawls, *Eine Theorie der Gerechtigkeit*, ebd., S. 336.

74 R. Nozick, *Vom richtigen, guten und glücklichen Leben*, München 1991.

75 Vgl. N. Piper, »Die gute Gesellschaft. Die Kommunitarier predigen Gemeinsinn, um die liberale Gesellschaft und die Marktwirtschaft zu retten«, in: *Die Zeit* 29 (12. Juni 1996).

76 A. Etzioni, *Die Entdeckung des Gemeinwesens. Ansprüche, Verantwortlichkeiten und das Programm des Kommunitarismus*, Stuttgart 1995, S. 298. – Vgl. auch A. Macintyre, *Der Verlust der Tugend. Zur moralischen Krise der Gegenwart* (*After Virtue. A Study in Moral Theory*), Frankfurt a. M. 1995. – C. Taylor: »Aneinander vorbei. Die Debatte zwischen Liberalismus und Kommunitarismus«, in: A. Honneth (Hrsg.), *Kommunitarismus*, Frankfurt a. M. 1993.

77 Herlinde Pauer-Studer, Einleitung zu: M. Nussbaum, *Gerechtigkeit oder Das gute Leben. Gender Studies*, Frankfurt a. M. 1999. Die Liste 202f. – Zu Nussbaum vgl.: *Kosmopolitismus heute: Tatsächliche Chancen aller auf ein vollauf gutes Leben.* Interview mit Angela Kallhoff, in: *Zeitschrift für Didaktik der Philosophie und Ethik* 23 (2001) S. 5–13.

78 C. Taylor, *Quellen des Selbst. Die Entstehung der neuzeitlichen Identität*, Frankfurt a. M. 1994, S. 25.

79 K. Lorenz, »Kants Lehre vom Apriorischen im Lichte gegenwärtiger Biologie«, in: K. L., *Das Wirkungsgefüge der Natur und das Schicksal des Menschen*, hrsg. von I. Eibl-Eibesfeld, München 1978. – G. Vollmer, *Evolutionäre Erkenntnistheorie*, Stuttgart 1974 [u. ö.], S. 102f.; E. M. Engels, *Erkenntnis als Anpassung? Eine Studie zur Evolutionären Erkenntnistheorie*, Frankfurt a. M. 1989.

80 Vgl. H. v. Foerster / E. v. Glaserfeld [u. a.], *Einführung in den Konstruktivismus*, München 1985. – Der »Radikale Konstruktivismus« ist nicht mit dem Erlanger Konstruktivismus zu verwechseln. Zum Verhältnis der »Konstruktivismen« vgl. P. Janich, »Die methodische Ordnung von Konstruktionen. Der Radikale Konstruktivismus aus der Sicht des Erlanger Konstruktivismus«, in: S. J. Schmidt (Hrsg.), *Kognition und Gesellschaft* 2, Frankfurt a. M. 1992, S. 24–41.

81 H. M. Baumgartner, »Die innere Unmöglichkeit einer evolutionären Erklärung der menschlichen Vernunft«, in: R. Spaemann /

P. Koslowski / R. Löw (Hrsg.), *Evolutionstheorie und menschliches Selbstverständnis*, Weinheim 1984, S. 55–71, 70; vgl. ders., »Über die Widerspenstigkeit der Vernunft, sich aus Geschichte erklären zu lassen«, in: H. Poser (Hrsg.), *Wandel des Vernunftbegriffs*, Freiburg i. Br. / München 1981, S. 39–44.

82 N. Luhmann, *Soziale Systeme. Grundriß einer allgemeinen Theorie*, Frankfurt a. M. 1984, S. 11 ff., 25. – Vgl. D. Käsler, Rez. zu Luhmanns *Sozialen Systemen* in: *Der Spiegel* 50 (1984) S. 184–190. – J. Habermas / N. Luhmann, *Theorie der Gesellschaft oder Sozialtechnologie – Was leistet die Systemforschung?*, Frankfurt a. M. 1971.

83 W. I. Lenin, »Parteiorganisation und Parteiliteratur« (1905), in: F. J. Raddatz (Hrsg.), *Marxismus und Literatur*, 3 Bde., Reinbek 1969, Bd. 1, S. 230 ff.

84 Th. W. Adorno, *Noten zur Literatur*, Neuausg. Frankfurt a. M. 1981, S. 251 ff.; ders., »Resumé über Kulturindustrie«, in: Th. W. A., *Ohne Leitbild. Parva Aesthetica*, Frankfurt a. M. 1967, S. 60–70, 70; ders., *Ästhetische Theorie* (*Gesammelte Schriften* Bd. 7), Frankfurt a. M. 1970.

85 Vgl. P. v. Haselberg, »Benjamins Engel«, in: P. Bulthaup (Hrsg.), *Materialien zu Benjamins Thesen »Über den Begriff der Geschichte«*, Frankfurt a. M. 1975, S. 337–356. – W. Benjamin, *Das Passagen-Werk*, 2 Bde., Frankfurt a. M. 1982.; ders., *Das Kunstwerk im Zeitalter seiner technischen Reproduzierbarkeit*, Frankfurt a. M. 1963.

86 A. C. Danto, *Die philosophische Entmündigung der Kunst*, München 1993. W. Strube, *Sprachanalytische Ästhetik*, München 1981; K. Lüdeking, *Analytische Philosophie der Kunst*, Frankfurt a. M. 1988.

87 J. Dewey, *Kunst als Erfahrung*, Frankfurt a. M. 1988, S. 11; zit. nach: N. Schneider, *Geschichte der Ästhetik von der Aufklärung bis zur Postmoderne*, Stuttgart 1996, S. 216 ff.

88 R. Bubner, *Ästhetische Erfahrung*, Frankfurt a. M. 1989, S. 44.

89 H. R. Jauss, *Literaturgeschichte als Provokation der Literaturwissenschaft*, Frankfurt a. M. 1967; ders., *Ästhetische Erfahrung und literarische Hermeneutik*, Frankfurt a. M. 1977, erw. 1982; ders., *Wege des Verstehens*, München 1994.

90 P. Bürger, *Zur Kritik der idealistischen Ästhetik*, Frankfurt a. M. 1988; ders., *Theorie der Avantgarde*, Frankfurt a. M. 1974, S. 25, 35, 44.

91 H. Kuhn, *Wesen und Wirken des Kunstwerks*, München 1960, S. 21, 42, 93; K. Stierle, »Ästhetische Erfahrung im Zeitalter des historischen Bewußtseins« und »Die Absolutheit des Ästhetischen und seine Geschichtlichkeit«, in: W. Oelmüller (Hrsg.), *Kolloquium Kunst und Philosophie*, Bd. 3: *Das Kunstwerk*, Paderborn 1983, S. 13ff., 231ff.

92 G. Boehm, »Im Horizont der Zeit. Heideggers Werkbegriff und die Kunst der Moderne«, in: W. Biemel / Fr. W. v. Hermann, *Kunst und Technik. Gedächtnisschrift zum 100. Geburtstag von Martin Heidegger*, Frankfurt a. M. 1989, S. 255–287; ders., »Das Werk als Prozeß«, in: W. Oelmüller (Hrsg.), *Das Kunstwerk* (s. Anm. 91), S. 326ff., bes. S. 334f., 343; H. Sedlmayr, *Kunst und Wahrheit*, Hamburg 1958, S. 96ff.

93 O. Marquard, *Aesthetica und Anaesthetica*, Paderborn 1989; Einl. S. 13, ferner S. 116, 119f.

94 W. Welsch, *Ästhetisches Denken*, Stuttgart 1991, S. 76f. – Vgl. ders. (Hrsg.), *Die Aktualität des Ästhetischen*, München 1993; ders., *Vernunft. Die zeitgenössische Vernunftkritik und das Konzept der transversalen Vernunft*, Frankfurt a. M. 1996.

95 J. Früchtl, *Ästhetische Erfahrung und moralisches Urteil. Eine Rehabilitierung*, Frankfurt a. M. 1996; ders., »Wahrheit oder Ereignis? Ästhetik nach Adorno«, in: *Zeitschrift für Didaktik der Philosophie und Ethik* 21 (1999) S. 295–308.

96 F. de Saussure, *Grundfragen der allgemeinen Sprachwissenschaft*, hrsg. von C. Bally und A. Sechehaye, unter Mitwirkung von A. Riedlinger, übers. von H. Lommel, Berlin [2]1967, S. 11ff. – U. Eco, *Zeichen. Einführung in einen Begriff und seine Geschichte*, Frankfurt a. M. 1977, Zitat S. 14f.

97 M. Foucault, *Die Ordnung der Dinge. Eine Archäologie der Humanwissenschaften* (*Les mots et les choses*), Frankfurt a. M. 1971, S. 462. – Zur Kritik vgl. H. Schnädelbach, »Das Gesicht im Sand. Foucault und der anthropologische Schlummer«, in: A. Honneth [u. a.] (Hrsg.), *Zwischenbetrachtungen. Im Prozeß der Aufklärung, J. Habermas zum 60. Geburtstag*, Frankfurt a. M. 1989; C. Levi-Strauss, »Das Feld der Anthropologie« (Inauguralvorlesung am Collège de France von 1959), in: C. L.-S., *Strukturale Anthropologie* II, Frankfurt a. M. 1975, S. 11–44, 27ff.; J. Lacan, *Ecrits*, Paris 1966, dt. *Schriften* I–III, Olten 1973–80; vgl. kritisch K.-H. Götze, »Der Meistertaschenspieler. Ein Porträt Jacques Lacans«, in: *Das Argument* 159 (1986)

S. 678–693; L. Althusser, *Lire le Capital*, Paris 1965, dt. *Das Kapital lesen*, Reinbek 1972; ders., »Bemerkungen zu einer Kategorie: ›Prozeß ohne Subjekt und ohne Ende/Ziel‹«, in: W. Oelmüller (Hrsg.), *Weiterentwicklungen des Marxismus*, Darmstadt 1977, S. 259–265; vgl. die Beiträge in: *Das Argument* 94 (1975); H. Marcuse / A. Schmidt, *Existentialistische Marx-Interpretation*, Frankfurt a. M. 1973.

98 J.-P. Sartre, »Interview mit B. Pingaud«, in: *Alternative* 54 (1967) Jg. 10, S. 13 (Strukturalismus-Diskussion).

99 C. Levi-Strauss, »Das Feld der Anthropologie« (s. Anm. 97), S. 11–44, 27.

100 M. Foucault, *Die Ordnung des Diskurses* (»L'ordre du discours«; Inauguralvorlesung am Collège de France 1970), Frankfurt a. M. 1974, S. 7 ff.; vgl. ders., *Wahnsinn und Gesellschaft* (*Histoire de la folie a l'age classique*), Frankfurt a. M. 1969; ders., *Die Geburt der Klinik* (*Naissance de la clinique*), Frankfurt a. M. 1973; ders., *Die Archäologie des Wissens* (*L'archéologie du savoir*), Frankfurt a. M. 1973; ders., *Überwachen und Strafen* (*Surveiller et punir. La naissance de la prison*), Frankfurt a. M. 1976; ders., *Sexualität und Wahrheit* (*Histoire de la sexualité*), 3 Bde., Frankfurt a. M. 1977, S. 86. – Vgl. H. L. Dreyfus / P. Rabinow, *M. Foucault, Jenseits von Strukturalismus und Hermeneutik* (*Beyond Structuralism and Hermeneutics*), Frankfurt a. M. 1987; C. Kammler, *Michel Foucault*, Bonn 1987; B. Waldenfels, *Michel Foucault. Auskehr des Denkens*, in: M. Fleischer (Hrsg.), *Philosophen des 20. Jahrhunderts*, Darmstadt 1990, S. 191–203.

101 J. Derrida, *Grammatologie* (*De la grammatologie*), Frankfurt a. M. 1974, S. 23 f., 25, 27, 81.

102 H. Kimmerle, *Derrida zur Einführung*, Hamburg 1988, S. 116. – Vgl. auch S. Kofman: *Derrida lesen*, Wien 1988.

103 J. Habermas (s. Anm. 58), S. 192, 218.

104 J. Derrida, *Die Schrift und die Differenz* (*L'écriture et la différence*), Frankfurt a. M. 1972, S. 9.

105 F. Kittler (Hrsg.), *Austreibung des Geistes aus den Geisteswissenschaften. Programme des Poststrukturalismus*, Paderborn [u. a.], 1980, S. 12; J. Hörisch, *Die Wut des Verstehens*, Frankfurt a. M. 1988, S. 67, 75, 96 f.

106 Vgl. J.-F. Lyotard, *Das postmoderne Wissen. Ein Bericht* (*La condition postmoderne*), Graz/Wien 1986; ders., *Der Wider-*

streit (*Le différend*), München 1987. – W. Reese-Schäfer, *Lyotard zur Einführung*, Hamburg 1995; W. Welsch, *Unsere postmoderne Moderne*, Weinheim 1987; ders., *Vernunft*, Frankfurt a. M. 1996.

107 J.-F. Lyotard, »Beantwortung der Frage: Was ist postmodern«, in: *Tumult* 4 (Weinheim 1982) S. 131–142, 142.

108 W. Welsch, *Unsere postmoderne Moderne*, Weinheim 1987, S. 3 ff., 296, 320. – Vgl. auch K. Liggieri, »Ein fröhlicher Tanz auf dem Vulkan?«, in: R. Glitza / K. Liggieri (Hrsg.), Ein Plädoyer für Kultur und Bildung. Die Geisteswissenschaften im Zeitalter des Naturalismus, Freiburg 2018.

109 Das Gespräch mit Günter Grass wurde ausgestrahlt im deutsch-französischen Fernsehsender »Arte« und abgedruckt in: *Die Zeit* 49 (2. Dezember 1999).

110 K. Laermann, »Lacancan und Derridada. Über die Frankolatrie in den Kulturwissenschaften«, in: *Kursbuch* 84 (1986) S. 34–43. – T. Assheuer, »Der Schnee von gestern«, in: *Die Zeit* 34 (13. August 1998); K. H. Bohrer / K. Scheel (Hrsg.), »Postmoderne – eine Bilanz«, in: *Merkur* 594/595 (1998).

111 Interview mit Philippe Nemo; zit. nach: E. Martens, *Ich denke, also bin ich. Grundtexte der Philosophie*, München 2000, S. 248.

112 A. Stephan, »Am Schnittpunkt von Natur und Kultur. Emergenz und Kognitionswissenschaft«, in: *Zeitschrift für Didaktik der Philosophie und Ethik* 39 (2017) S. 47–50.

113 Th. Nagel, »What Is It Like to Be a Bat?«, in: *The Philosophical Review* 83 (1974) S. 435–450 (klassischer Aufsatz; mit Übersetzung »Wie ist es, eine Fledermaus zu sein?«, übers. und hrsg. von U. Diehl, Stuttgart 2016); ders., *The View from Nowhere*, New York 1986; ders., *Mind and Cosmos*, New York 2012. Kritisch zur Hirnforschung als neuer universaler Grundlagenwissenschaft in der Deutung des Menschen auch: B. Falkenburg, *Mythos Determinismus*, Berlin 2012.

114 A. Newen / K. Vogeley, »Paradigmen in der Philosophie des Geistes. Die Grenzen der Transzendentalphilosophie und die Zukunft des Naturalismus«, in: P. Späth (Hrsg.), *Zur Zukunft der Philosophie des Geistes*, Paderborn 2008, S. 93–124.

115 Im verbündeten Schulterschluss mit Darwin (vgl. Kapitel VI, Abschnitt 9) sprechen Naturalisten von einer »genetischen Leine« (»genetic leash«) als Metapher dafür, dass die geistigen und kulturellen Leistungen des Menschen unter der Perspektive ih-

rer biologischen Funktionalität betrachtet werden sollen. E. O. Wilson, *Die soziale Eroberung der Erde. Eine biologische Geschichte des Menschen* (*The Social Conquest of Earth*), München 2013.

116 G. Anders, *Die Antiquiertheit des Menschen*, Ausg. in einem Bd., Gütersloh 1989, Vorw. und S. 432.

117 Vgl. P. Ulrich, *Integrative Wirtschaftsethik. Grundlagen einer lebensdienlichen Ökonomie*, Bern 1997. – O. Höffe, *Demokratie im Zeitalter der Globalisierung*, München 1999.

118 T. Lessing, *Geschichte als Sinngebung des Sinnlosen*, München 1983. – E. Cioran, *Lehre vom Zerfall*, Stuttgart 1978, S. 149; U. Horstmann: *Das Untier*, Frankfurt a. M. 1985, S. 113. Vgl. R. Autze / F. Müller (Hrsg.), *Steintal-Geschichten. Auskünfte zu Ulrich Horstmann*, Oldenburg 2000.

VIII. Philosophie und Lebenswelt

1 J. Hahn, »Philosophy as Socio-Political Upbringing«, in: M. Peachin, *The Oxford Handbook of Social Relations in the Roman World*, Oxford 2011, S. 119–143; ders., *Der Philosoph und die Gesellschaft. Selbstverständnis, öffentliches Auftreten und populäre Erwartungen in der hohen Kaiserzeit*, Stuttgart 1989.

2 H. M. Baumgartner, »Anspruch und Einlösbarkeit. Geschichtstheoretische Bemerkungen zur Idee einer adäquaten Philosophiegeschichte«, in: *Veritas filia temporis? Philosophiehistorie zwischen Wahrheit und Geschichte*, Fs. für Rainer Specht zum 65. Geburtstag, hrsg. von R. W. Puster, Berlin 1995, S. 44–61, 61. – K. Jaspers, *Weltgeschichte der Philosophie. Einleitung*, aus dem Nachlass hrsg. von H. Saner, München/Zürich 1982, S. 45.

3 Von den Philosophen der DDR haben viele die Kriterien eines parteilich organisierten und kontrollierten Philosophierens erfüllt – mit dem von Stalin, der übrigens selbst einen philosophischen Beitrag zur Sprachreflexion geleistet hat, formulierten Ziel, den Praktikern in ihrem Kampf für den Sieg des Sozialismus sozusagen die theoretischen Waffen zu liefern. Hierzu gehörte natürlich auch die Auseinandersetzung mit der »spätbürgerlichen Philosophie« und mit unorthodoxen Abweichlern

wie Ernst Bloch, Robert Havemann und Rudolf Bahro. Einer der bekanntesten »Kaderphilosophen« war wohl Manfred Buhr (1927–2008), Leiter des Zentralinstituts für Philosophie der Akademie der Wissenschaften der DDR. Buhr war auch mit Georg Klaus (1912–1974) Herausgeber des auflagenstarken *Philosophischen Wörterbuchs* der DDR, das in seinen Artikeln ein Musterbeispiel für die Sicht philosophischer Probleme im ehemals real existierenden Sozialismus darstellt; die lexikalische Leistung wurde im Westen durchaus wahrgenommen. Berichte von Guntolf Herzberg, Hans-Ulrich Wöhler und anderen in den ersten Nummern des vormaligen DDR-Periodikums *Deutsche Zeitschrift für Philosophie*, seit es mit breitem Spektrum als philosophische Fachzeitschrift weitergeführt wird, geben Einsicht in die bis hin zum Griff des Ministeriums für Staatssicherheit reichende Abschnürung philosophischen Denkens und Veröffentlichens. Nach der Wiedervereinigung wurden die Lehrstühle in den »neuen Bundesländern« meist mit West-Philosophen besetzt. Die »Abwicklung« rief einen Streit um die philosophische Kultur der DDR hervor. Vgl. Norbert Kapferer (Hrsg.), *Das Feindbild der marxistisch-leninistischen Philosophie in der DDR 1945–1988*, Darmstadt 1990; ders. (Hrsg.), *Innenansichten ostdeutscher Philosophen*, Darmstadt 1994; G. Herzberg, *Abhängigkeit und Verstrickung. Studien zur DDR-Philosophie*, Berlin 1996. – V. Gerhardt, »Philosophieren nach dem Marxismus. Rückblick auf die überwundene Teilung«, in: *Information Philosophie* 24 (1996) S. 5–23.

4 Die Bemühungen um eine Aufarbeitung der Rolle der Philosoph*innen* in der Philosophiegeschichte und um eine *Feministische Philosophie* dürften sich in Zukunft intensivieren. Lange konnte der Eindruck entstehen, Philosophie sei eine patriarchalische Angelegenheit und Sache meist toter weißer europäischer Männer (»dead white European males«, kurz »Dwems«). Mittlerweile aber steigt der Prozentanteil der Frauen in der Universitätsphilosophie.

5 J. Habermas, *Theorie des kommunikativen Handelns*, Frankfurt a. M. 1981, Bd. 2, S. 480 ff.

6 W. Goerdt, *Russische Philosophie*, Freiburg i. Br. / München 2002.

7 J. Hengelbrock, »Afrika«, in: ders. (Hrsg.), *Beiträge zur Unterrichtspraxis Philosophie* 29 (1993)

8 P. Virilio, *Geschwindigkeit und Politik* (*Vitesse et Politique*), Berlin 1980; ders., *Krieg und Kino. Logistik der Wahrnehmung* (*Logistique de la Perception*), München 1986.

9 F. Kittler, *Draculas Vermächtnis. Technische Schriften*, Leipzig 1993.

10 M. McLuhan / Q. Fiore, *The Medium is the Message*, London 1967; F. Fukuyama, *Our Posthuman Future*, New York 2002; Yuval Noah Harari, *Homo Deus*, London 2016.

11 D. Horster, *Philosophieren mit Kindern*, Opladen 1992, S. 14f.

12 J. Gaarder, *Sofies Welt. Roman über die Geschichte der Philosophie*, übers. von G. Haefs, München/Wien 1993.

13 G. Böhme, *Weltweisheit, Lebensform, Wissenschaft. Eine Einführung in die Philosophie*, Frankfurt a. M. 1994. – W. Schmid, *Philosophie der Lebenskunst*, Frankfurt a. M. [3]1999, S. 25, 128.

Literaturhinweise

Das Literaturverzeichnis nennt grundlegende und einführende Literatur zu Epochen, Richtungen und Denkern.

Neben wichtigen Werkausgaben werden auch einzelne Textausgaben angegeben. Dies geschieht entweder, weil auf sie in der Darstellung verwiesen wird (Kurztitel und Seitenzahl, bei Werkausgaben römische Band- und arabische Seitenzahl) oder als Studienempfehlung, wenn Ausgaben sich unter didaktischen Hinsichten anbieten. Weitere Literatur findet sich in den Anmerkungen.

Natürlich kann hier nur eine kleine Auswahl geboten werden, viele der jeweils eingangs genannten Werke geben jedoch weiterführende Auskunft. Generell sei auf die allgemein zugänglichen Einzelausgaben der Klassiker vor allem in der *Philosophischen Bibliothek* (Meiner), in *Reclams Universal-Bibliothek* und bei den Taschenbuch-Verlagen verwiesen. Zu wichtigen Grundtexten bieten interpretierende Bücher die Reihe *Werkinterpretationen* bei der Wissenschaftlichen Buchgesellschaft und die Reihe *Interpretationen. Hauptwerke der Philosophie* in Reclams Universal-Bibliothek; kommentierende Aufsatzsammlungen enthält die Reihe *Klassiker Auslegen* im Berliner Akademie-Verlag.

Hilfsmittel zum Studium der Geschichte der Philosophie

Jordan, Stefan / Nimtz, Christian (Hrsg.): Lexikon Philosophie. Hundert Grundbegriffe. Stuttgart 2009. [2019 vollständig überarbeitet erschienen als: Grundbegriffe der Philosophie.]

Jordan, Stefan / Mojsisch, Burkhard (Hrsg.): Philosophenlexikon. Stuttgart 2009.

Ritter, Joachim (Hrsg.): Historisches Wörterbuch der Philosophie. Basel 1974 ff. [Grundwerk; »Flaggschiff« der deutschen akademischen Philosophie.]

Volpi, Franco (Hrsg.): Großes Werklexikon der Philosophie. 2 Bde.

Stuttgart 1999. [Angaben zu Philosophen, Werken, Ausgaben, Sekundärliteratur.]

*

Bubner, Rüdiger (Hrsg.): Geschichte der Philosophie in Text und Darstellung. 9 Bde. Stuttgart 1978 ff.

Ueberweg, Friedrich: Grundriß der Geschichte der Philosophie. 5 Bde. Nachdr. Basel 1953. – Neu bearb. Ausg. Basel/Stuttgart 1983 ff. [*Der* Klassiker aus dem 19. Jahrhundert. Die Neuausgabe ist noch bei weitem nicht vollständig, stellt aber die wissenschaftlich ambitionierteste und umfangreichste Philosophiegeschichte dar.]

I. Nicht nur Europa! – Hinweis auf die Weisheit des Ostens

1. Indien: Hinduismus und Buddhismus

Knott, Kim: Der Hinduismus. Eine kurze Einführung. Stuttgart 2000.

Mall, Ram Adhar: Der Hinduismus. Seine Stellung in der Vielfalt der Religionen. Darmstadt 1997.

*

Conze, Edward: Der Buddhismus. Stuttgart [9]1990.

Die vier edlen Wahrheiten. Texte des ursprünglichen Buddhismus. Aus dem Pali. Ausw., Übers., Einleitung, Anm. und Glossar von Klaus Mylius. Stuttgart 1998.

Keown, Damien: Der Buddhismus. Eine kurze Einführung. Stuttgart 2001.

2. China: Konfuzianismus und Taoismus

Gan, Shaoping: Die chinesische Philosophie. Die wichtigsten Philosophen, Werke, Schulen und Begriffe. Darmstadt 1997.

Schleichert, Hubert / Roetz, Heiner: Klassische chinesische Philosophie. Frankfurt a. M. [3]2009.

*

Konfuzius: Gespräche (Lun-yu). Aus dem Chinesischen übers. und hrsg. von Rolf Moritz. Stuttgart 1988.

Roetz, Heiner: Konfuzius. München [3]2006.

*

Lao-tse: Tao-Te-King. Das heilige Buch vom Weg und von der Tugend. Übers., Einl. und Anm. von Günther Debon. Stuttgart 1997.

II. Philosophie der Antike

Ackeren, Marcel van / Müller, Jörn (Hrsg.): Antike Philosophie verstehen. Darmstadt 2006.

Erler, Michael / Graeser, Andreas (Hrsg.): Philosophen des Altertums. 2 Bde. Darmstadt 2000.

Heit, Helmut: Der Ursprungsmythos der Vernunft. Zur philosophiehistorischen Genealogie des griechischen Wunders. Würzburg 2007.

Sedley, David (Hrsg.): The Cambridge Companion to Greek and Roman Philosophy. Cambridge 2003.

Steenblock, Volker: Sokrates & Co. Ein Treffen mit den Denkern der Antike. Darmstadt 2005.

Szlezák, Thomas A.: Was Europa den Griechen verdankt. Von den Grundlagen unserer Kultur in der griechischen Antike. Tübingen 2010.

1. Anfänge der griechischen Philosophie

Die Fragmente der Vorsokratiker. Hrsg. von H. Diels und W. Kranz. 3 Bde. Berlin 1903–06. – Reprogr. Nachdr. Berlin 1984.

Die Vorsokratiker. Griech./Dt. Auswahl der Fragmente, Übers. und Erl. von J. Mansfeld. 2 Bde. Stuttgart 1983–86 [u. ö.].

Buchheim, Thomas: Die Vorsokratiker. Ein philosophisches Porträt. München 1994.
Long, Anthony A. (Hrsg.): Handbuch frühe griechische Philosophie. Von Thales bis zu den Sophisten (The Cambridge Companion to Early Greek Philosophy). Übers. von K. Hülser. Stuttgart/Weimar 2001.
Nestle, Wilhelm: Vom Mythos zum Logos. Die Selbstentfaltung des griechischen Denkens von Homer bis auf die Sophistik und Sokrates. Stuttgart 1940 [u. ö.].

2. Sokrates

Platon: Apologie des Sokrates. Kriton. Übers., Anm. und Nachw. von Manfred Fuhrmann. Stuttgart 1987.

Böhme, Gernot: Der Typ Sokrates. Frankfurt a. M. 1988.
Martens, Ekkehard: Die Sache des Sokrates. Stuttgart 1992. 2., erg. Aufl. u. d. T.: Sokrates. Eine Einführung. Ebd. 2004.

3. Platon

Platonis Opera. Griech. hrsg. von J. Burnet. 5 Bde. Oxford 1900–07. – Reprogr. Nachdr. Oxford 1924 [u. ö.].
Platon: Werke in 8 Bdn. Griech./Dt. Hrsg. von Gunther Eigler. Darmstadt 1990.
– Werke. Übers. und Kommentar. Hrsg. von E. Heitsch und C. W. Müller im Auftrag der Akad. der Wiss. und der Literatur zu Mainz. Göttingen 1993 ff.
– Jubiläumsausgabe sämtlicher Werke. 8 Bde. Eingel. von O. Gigon, übertr. von R. Rufener. Zürich/München 1974.
– Werke. Übers. von F. Schleiermacher. Hrsg. von W. F. Otto, E. Grassi und G. Plambök. 6 Bde. Reinbek 1958–60. – Neuaufl. in 4 Bdn. Hrsg. von U. Wolf. Reinbek 1994.

– Phaidon. Übers. von F. Schleiermacher. Nachw. von A. Graeser. Stuttgart 1987.
– Der Staat (Politeia). Übers. und hrsg. von G. Krapinger. Stuttgart 2017.

Platon: Der siebente Brief. Übers., Anm. und Nachw. von E. Howald. Stuttgart 1964.
– Symposion (Das Gastmahl). Griech./Dt. Übers. und hrsg. von Th. Paulsen und R. Rehn. Stuttgart 2006.

Erler, Michael: Platon. München 2006.
Frede, Dorothea: Platons *Phaidon*. Der Traum von der Unsterblichkeit der Seele. Darmstadt 2006.
Friedländer, Paul: Platon. 3 Bde. Berlin ²1954–60.
Horn, Christoph / Müller, Jörn / Söder, Joachim (Hrsg.): Platon-Handbuch. Leben – Werk – Wirkung. Stuttgart ²2017.
Kersting, Wolfgang: Platons ›Staat‹. Darmstadt 1999.
Kobusch, Theo / Mojsisch, Burkhard (Hrsg.): Platon. Seine Dialoge in der Sicht neuer Forschungen. Darmstadt 1996.
Martens, Ekkehard: Platon. Stuttgart 2009.

4. Aristoteles

Aristotelis Opera edidit Academia Regia Borussica ex recensione I. Bekkeri. 5 Bde. Berlin 1831–70. – Reprogr. Nachdr. Berlin 1960.
Aristoteles: Werke in deutscher Übersetzung / Deutsche Aristoteles-Gesamtausgabe. Begr. von E. Grumach. Hrsg. von H Flashar. 20 Bde. Berlin 1958ff.
– Die Werke. Einl. und Übers. Olof Gigon. Zürich 1950ff.
– Philosophische Schriften. 6 Bde. Hamburg 1995.
– Über die Seele (De anima). Griech./Dt. Übers. und hrsg. von G. Krapinger. Stuttgart 2011.

– Metaphysik. Übers. und hrsg. von F. Schwarz. Stuttgart 1980.
– Nikomachische Ethik. Übers. und hrsg. von G. Krapinger. Stuttgart 2017.
– Politik. Übers. und hrsg. von O. Gigon. München 1998.

Detel, Wolfgang: Aristoteles. Stuttgart 2012.
Düring, Ingemar: Aristoteles. Darstellung und Interpretation seines Denkens. Heidelberg 1966.
Flashar, Helmut: Aristoteles. Lehrer des Abendlandes. München 2015.
Höffe, Otfried: Aristoteles. München ⁴2014.

Mesch, Walter: Aristoteles über das gute Leben. Münster 2015.
Rapp, Christoph / Corcilius, Klaus (Hrsg.): Aristoteles-Handbuch. Leben – Werk – Wirkung. Stuttgart 2011.

5. Praktische Philosophie der Spätantike

Epikur: Briefe. Sprüche. Werkfragmente. Gr./Dt. Übers. und hrsg. von H.-W. Krautz. Stuttgart 2000.
Lukrez: De rerum natura / Welt aus Atomen. Lat./Dt. Übers. und hrsg. von K. Büchner. Stuttgart 1986.
Seneca: De brevitate vitae / Von der Kürze des Lebens. Lat./Dt. Übers. und hrsg. von M. Giebel. Stuttgart 2008.

Boethius: Trost der Philosophie. Übers. und hrsg. von K. Büchner. Stuttgart 1997.
Horn, Christoph: Antike Lebenskunst. Glück und Moral von Sokrates bis zu den Neuplatonikern. München [3]2014.
Hossenfelder, Malte: Die Philosophie der Antike: Stoa, Epikureismus und Skepsis. München [2]1995. [Bd. 3 der von W. Röd hrsg. *Geschichte der Philosophie in 12 Bdn.*]
Pohlenz, Max: Die Stoa. Geschichte einer geistigen Bewegung. 2 Bde. Göttingen [3]1964.
Schriefl, Anna: Stoische Philosophie. Eine Einführung. Stuttgart 2019.

6. Religiöser Ausklang der Spätantike

Plotins Schriften. Hrsg. von R. Harder. 6 Bde. Hamburg 1957–73.
Plotin: Ausgewählte Schriften. Übers. und hrsg. von Chr. Torman. Stuttgart 2001.

Beierwaltes, Werner: Das wahre Selbst. Studien zu Plotins Begriff des Geistes und des Einen. Frankfurt a. M. 2001.
Halfwassen, Jens: Plotin und der Neuplatonismus. München 2004.
– Die Unverwüstlichkeit der Metaphysik. In: Philosophische Rundschau 57 (2010) S. 97–124.
Möbuß, Susanne: Plotin zur Einführung. Hamburg 2000.

III. Philosophie des Mittelalters

Beckmann, Jan P.: Mittelalter. In: Karl Vorländer: Geschichte der Philosophie mit Quellentexten. Auf der Grundlage der Bearb. von E. Metzke und H. Knittermeyer und der Auswahl von Quellentexten von E. Grassi und E. Keßler neu hrsg. von Herbert Schnädelbach unter Mitarb. von Anke Thyen. 3 Bde. Reinbek 1990. Bd. 2. S. 13–282.

Flasch, Kurt: Das philosophische Denken im Mittelalter. Stuttgart 2013.

– Wozu erforschen wir die Philosophie des Mittelalters? In: W. Vossenkuhl / R. Schönberger (Hrsg.): Die Gegenwart Ockhams. Weinheim 1990. S. 393–409.

Goetz, Hans-Werner: Leben im Mittelalter. München [7]2002.

Kluxen, Wolfgang: Charakteristik einer Epoche. Zur Gesamtinterpretation der Philosophie des lateinischen Mittelalters. In: Wissenschaft und Weltbild 28 (1975) S. 83–90.

Kobusch, Theo: Philosophie (Mittelalter). In: Historisches Wörterbuch der Philosophie. Hrsg. von J. Ritter und K. Gründer. Bd. 7. Basel 1989. Sp. 637–656.

Schulthess, Peter / Imbach, Ruedi: Die Philosophie im lateinischen Mittelalter. Ein Handbuch mit einem bio-bibliographischen Repertorium. Zürich/Düsseldorf 2000.

Sturlese, Loris: Die Philosophie im Mittelalter. Von Boethius bis Cusanus. München 2013.

1. Judentum – Aufstieg des Christentums

Assmann, Jan: Moses der Ägypter. München 2001.

Simon, Heinrich / Simon, Marie: Geschichte der jüdischen Philosophie, Leipzig 1999.

Solomon, Norman: Judentum. Eine kurze Einführung. Stuttgart [6]2009.

Zenger, Erich: Der Monotheismus Israels. Entstehung – Profil – Relevanz. In: Th. Söding (Hrsg.): Ist der Glaube Feind der Freiheit? Die neue Debatte um den Monotheismus. Freiburg i. Br. 2003. S. 9–52.

*

Brown, Peter: Der Schatz im Himmel. Der Aufstieg des Christentums und der Untergang des römischen Weltreichs. Übers. von M. Bayer und K. Schuler. Stuttgart 2017.

Lauster, Jörg: Die Verzauberung der Welt. Eine Kulturgeschichte des Christentums. München 2014.

2. Kunst und Religion: Vom Bilderverbot zum Bau der Kathedralen

Assunto, Rosario: Die Theorie des Schönen im Mittelalter. Köln 1963.

Balthasar, Hans Urs v.: Herrlichkeit. Eine theologische Ästhetik. 3 Bde. Einsiedeln 1961 ff.

Duby, Georges: Die Zeit der Kathedralen. Kunst und Gesellschaft 980–1420. Frankfurt a. M. 1992.

Perpeet, Wilhelm: Ästhetik im Mittelalter. Freiburg i. Br. / München 1977.

3. Patristik und Augustin

Augustinus. Opera. Corpus Scriptorum Ecclesiasticorum Latinorum (CSEL). Wien 1887 ff.

– Opera. Corpus Christianorum / Series Latina (CCSL). Turnhout 1954 ff.

– Werke. Hrsg. C. J. Perl. Paderborn 1940.

– Opera / Werke. Kritische Gesamtausgabe. Lat./Dt. Hrsg. von W. Geerlings. Paderborn 2002 ff.

– Bekenntnisse. Mit einer Einl. von K. Flasch. Übers., mit Anm. vers. und hrsg. von K. Flasch und B. Mojsisch. Stuttgart 1989.

Flasch, Kurt: Augustinus. Einführung in sein Denken. Stuttgart [2]2013.

Fuhrer, Therese: Augustinus. Darmstadt 2004.

*

Beierwaltes, Werner: Platonismus im Christentum. Frankfurt a. M. [3]2014.

Ivánka, Endre v.: Plato Christianus. Übernahme und Umgestaltung des Platonismus durch die Väter. Einsiedeln 1964.
Markschies, Christoph: Hellenisierung des Christentums. Sinn und Unsinn einer historischen Deutungskategorie. Leipzig 2012.

4. Aristotelesrezeption und arabische Vermittlung – Islam

Cook, Michael: Der Koran. Eine kurze Einführung. Übers. von M. Jendis. Stuttgart 2009.
Freely, John: Platon in Bagdad. Wie das Wissen der Antike zurück nach Europa kam. Übers. von I. Pfitzner. Stuttgart 2012.
Griffel, Frank: Den Islam denken. Versuch, eine Religion zu verstehen. Stuttgart 2018.
Gutas, Dimitri: Greek Thought, Arabic Culture. The Graeco-Arabic Translation Movement in Baghdad and Early Abbasid Society (2nd–4th/8th–10th centuries). London 1998.
– Avicenna and the Aristotelian Tradition. Introduction to Reading Avicenna's Philosophical Works. Leiden [2]2014.
Halm, Heinz: Der Islam. Geschichte und Gegenwart. München [10]2015.
Lerch, Wolfgang G.: Denker des Propheten. Die Philosophie des Islam. Düsseldorf 2000.
Nagel, Tilman: Geschichte der islamischen Theologie. München 1994.
Rudolph, Ulrich: Islamische Philosophie. Von den Anfängen bis zur Gegenwart. München 2004.
– (Hrsg.): Philosophie in der islamischen Welt. [4 Bde. im Rahmen des »Grundrisses der Geschichte der Philosophie« (»neuer Ueberweg«), geplante Darstellung bis zum 20. Jh., bisher erschienen:] Bd. 1: 8.–10. Jahrhundert. Basel 2012.
Strohmeier, Gotthard: Avicenna. München [2]2006.

5. Scholastik und Thomas von Aquin

Grabmann, Martin: Geschichte der scholastischen Methode. 2 Bde. Darmstadt 1961.
– Die Geschichte der katholischen Theologie seit dem Ausgang der Väterzeit. Freiburg 1933.

*

Alberti Magni Opera omnia. Hrsg. vom Albertus-Magnus-Institut Köln, ab 1954 Bonn. Münster 1951 ff.
Thomas von Aquin: Opera omnia iussu Leonis XIII. edita (Editio Leonina). Rom 1882 ff.
– Summa theologica. Hrsg. von J. Bernhardt. (Leipzig 1934.) 3 Bde. Stuttgart 1954.
– Über sittliches Handeln. Lat./Dt. Übers. und hrsg. von R. Schönberger. Stuttgart 2000.

Kluxen, Wolfgang: Thomas von Aquin. Das Seiende und seine Prinzipien. In: J. Speck (Hrsg.): Grundprobleme der großen Philosophen. Göttingen 1972. S. 177–220.
Pieper, Josef: Thomas von Aquin. Leben und Werk. Hrsg. von B. Wald. Kevelaer 2014.

6. Spätscholastik: Ausgang des Mittelalters

Wilhelm von Ockham: Opera Philosophica et Theologica cura Instituti Franciscani. St. Bonaventure (N. Y.) 1967 ff.
– Texte zur Theorie der Erkenntnis und der Wissenschaft. Lat./Dt. Hrsg. von R. Imbach. Stuttgart 1984.
Aicher, Otl / Greindl, Gabriele / Vossenkuhl, Wilhelm: Wilhelm von Ockham. Das Risiko, modern zu denken. München 1986.
Beckmann, Jan P.: Wilhelm von Ockham. München [3]2015.

*

Flasch, Kurt: Nikolaus von Kues. Geschichte einer Entwicklung. Frankfurt a. M. [3]2008.

IV. Philosophie der Neuzeit: Renaissance, Humanismus, Barock

Blumenberg, Hans: Die Legitimität der Neuzeit. Frankfurt a. M. 1966. – Überarb. und erw. Taschenbuchausgabe in drei Teilen: Der Prozeß der theoretischen Neugierde. Frankfurt a. M. 1973; Säkularisierung und Selbstbehauptung. Frankfurt a. M. 1974; Aspekte der Epochenschwelle: Cusaner und Nolaner. Frankfurt a. M. 1976.

– Die Genesis der kopernikanischen Welt. Frankfurt a. M. 1975.

Greenblatt, Stephen: Die Wende. Wie die Renaissance begann. Übers. von K. Binder. München 2012.

Jaeger, Friedrich (Hrsg.): Enzyklopädie der Neuzeit. 16 Bde. Stuttgart 2005–12.

Leinkauf, Thomas: Grundriss Philosophie des Humanismus und der Renaissance (1350–1600). 2 Bde. Hamburg 2017.

1. Renaissance und Humanismus: Von der Wiederkehr der Antike zur Geburt einer neuen Zeit

Pico della Mirandola, Giovanni: Oratio de hominis dignitate / Rede über die Würde des Menschen. Lat./Dt. Übers. und hrsg. von G. von Gönna. Stuttgart 1997.

*

Buck, Günther: Die Rangstellung des Menschen in der Renaissance: dignitas et miseria hominis. In: Archiv für Kulturgeschichte 42 (1960) S. 61–75.

*

Blum, Paul Richard: Giordano Bruno. München 1999.

*

Pietro Pomponazzi, Abhandlung über die Unsterblichkeit der Seele. Lat./Dt. Übers. von B. Mojsisch. Hamburg 1996.

*

Montaigne, Michel de: Essais. Übers. von Hans Stilett. Frankfurt a. M. 1998.
– Die Essais. Ausw., Übers. und Einl. A. Franz. Stuttgart 1984.

Greffrath, Mathias: Vom Schaukeln der Dinge. Montaignes Versuche. Berlin ²1985.

2. Neues politisches Denken bei Machiavelli und Hobbes

Machiavelli, Niccolò: Tutte le opere. Hrsg. von M. Martelli. Florenz 1971.
– Il Principe / Der Fürst. Ital./Dt. Übers. und hrsg. von Ph. Rippel. Stuttgart 1986 [u. ö.].

Münkler, Herfried: Machiavelli. Die Begründung des politischen Denkens der Neuzeit aus der Krise der Republik Florenz. Frankfurt a. M. 2004.

*

Hobbes, Thomas: Opera philosophica quae latine scripsit omnia / The English Works. Hrsg. von W. Molesworth. 5 bzw. 11 Bde. London 1839–45.
– Leviathan. Eine Auswahl. Engl./Dt. Übers. von H. Hanowell. Stuttgart 2013.
– De cive / Vom Bürger. Lat./Dt. Übers. von Andree Hahmann. Stuttgart 2017.

Kodalle, Klaus-Michael: Thomas Hobbes – Logik der Herrschaft und Vernunft des Friedens. München 1972.

Münkler, Herfried: Th. Hobbes. Campus-Einführungen. Frankfurt a. M. 2001.

3. Bacon, Galilei, Newton: Von der spekulativen Naturphilosophie zur modernen Naturwissenschaft

Büchel, Wolfgang: Die gesellschaftlichen Bedingungen der Naturwissenschaft. München 1975.

Dijksterhuis, D. J.: Die Mechanisierung des Weltbildes (De Mechanisering van het Wereldbeeld). Berlin [u a.] 1956.
Zilsel, Edgar: Die sozialen Ursprünge der neuzeitlichen Wissenschaft. Hrsg. von W. Krohn. Frankfurt a. M. 1976.

*

Bacon, Francis: Neues Organon (Novum Organon). Lat./Dt. Hrsg. und eingel. von Wolfgang Krohn. 2 Bde. Hamburg 1990.

Krohn, Wolfgang: Francis Bacon. München 2006.

*

Galileo Galilei: Le opere. Edizione Nazionale. Hrsg. von A. Favaro und I. del Lungo. Firenze 1890 ff.

4. Rationalistische Systeme des 17. Jahrhunderts: Descartes und der Einspruch Pascals – Spinoza – Leibniz

Descartes, René: Œuvres. Hrsg. von C. Adam und P. Tannery. 12 Bde. Paris 1897–1912.
– Meditationes de Prima Philosophia. Meditationen über die Erste Philosophie. Lat./Dt. Übers. und hrsg. von G. Schmidt. Stuttgart 1986.
– Discours de la Méthode / Bericht über die Methode. Frz./Dt. Übers. und hrsg. von H. Ostwald. Stuttgart 2001.

Perler, Dominik: René Descartes. München [2]2006.
Specht, Rainer: René Descartes. Hamburg 1966.

*

Pascal, Blaise: Œuvres. Hrsg. von L. Brunschwicg. 14 Bde. Paris 1904 ff.
– Œuvres complètes. Présentation et notes de Louis Lafuma. Paris 1963.
– Über die Religion und andere Gegenstände (Pensées). Übertr. von Ewald Wasmuth. Heidelberg [8]1978.
– Gedanken. Hrsg. von Jean-Robert Armogathe. Übers. von U. Kunzmann. Stuttgart 1987.

Pascal, Blaise: Das Ich besteht in meinem Denken. Aus den »Gedanken«. Hrsg. von F. J. Wetz. Übers. von U. Kunzmann. Stuttgart ²2017.

*

Spinoza, Benedictus de: Opera. 5 Bde. Hrsg. von C. Gebhardt. Heidelberg 1925 ff.
– Die Ethik. Lat./Dt. Rev. Übers. von Jakob Stern. Nachw. von B. Lakebring. Stuttgart 1977.

Röd, Wolfgang: Benedictus de Spinoza. Eine Einführung. Stuttgart 2002.
Yovel, Yirmiyahu: Spinoza. Das Abenteuer der Immanenz. Übers. von Brigitte Flickinger. Göttingen 2012.

*

Leibniz, Gottfried Wilhelm: Sämtliche Schriften und Briefe. Hrsg. von der preußischen [später: Deutschen] Akad. der Wiss. Darmstadt [später Berlin] 1923 ff.
– Monadologie. Frz./Dt. Übers. und hrsg. von H. Hecht. Stuttgart 1998.
– Die Theodizee. Hrsg. von K.-M. Guth. Berlin 2017.

Hirsch, Eike Christian: Der berühmte Herr Leibniz. Eine Biographie. München 2000.
Schneiders, Werner: Gottfried Wilhelm Leibniz. Das Reich der Vernunft. In: J. Speck (Hrsg.): Grundprobleme der großen Philosophen. Göttingen ²1986. S. 139–175.

V. Philosophie der Aufklärung

Cassirer, Ernst: Die Philosophie der Aufklärung. [1932.] Hamburg 2007.
Geier, Manfred: Aufklärung. Das europäische Projekt. Reinbek 2012.
Koselleck, Reinhart: Kritik und Krise. Eine Studie zur Pathogenese der bürgerlichen Welt. Frankfurt a. M. 1959.
Oelmüller, Willi: Die unbefriedigte Aufklärung. Frankfurt a. M. ²1979.

Rohbeck, Johannes / Holzhey, Helmut (Hrsg.): Grundriss der Geschichte der Philosophie. Die Philosophie des 18. Jahrhunderts. Bd. 2: [Aufklärung in] Frankreich. 2 Halbbde. Basel 2008.
Schalk, Fritz: Aufklärung. In: Historisches Wörterbuch der Philosophie. Bd. 1. Basel 1971. Sp. 620–633.
Schneiders, Werner: Die wahre Aufklärung. Zum Selbstverständnis der deutschen Aufklärung. Freiburg i. Br. / München 1974.
Stollberg-Rilinger, Barbara: Europa im Jahrhundert der Aufklärung. Stuttgart 2000.

1. Aufklärung und Empirismus in England: Locke, Berkeley, Hume

Locke, John: The Clarendon Edition of the Works. Oxford 1975 ff.
– An Essay Concerning Human Understanding / Eine Abhandlung über den menschlichen Verstand. Engl./Dt. Übers. von J. Schulte. Stuttgart 2020 [im Erscheinen].
– Zwei Abhandlungen über die Regierung. Hrsg. und eingel. von Walter Euchner. Frankfurt a. M. 1967.
– Ein Brief über die Toleranz. Hamburg 1957.

Macpherson, C. B.: Die politische Theorie des Besitzindividualismus. Von Hobbes bis Locke. Frankfurt a. M. 1967.
Specht, Rainer: Locke. München 2007.

*

Breidert, Wolfgang: George Berkeley: Wahrnehmung und Wirklichkeit. In: J. Speck (Hrsg.): Grundprobleme der großen Philosophen. Göttingen [2]1986. S. 211–239.

*

Hume, David: The philosophical Works. 4 Bde. London 1874–75.
– Dialoge über natürliche Religion. Übers. und hrsg. von Norbert Hoerster. Stuttgart 1981 [u. ö.].
– Eine Untersuchung über den menschlichen Verstand. Hrsg. von F. Wunderlich. Übers. von H. Herring, vollst. überarb. und erg. von F. Wunderlich. Stuttgart 2016.
– Eine Untersuchung über die Prinzipien der Moral. Übers. und hrsg. von Gerhard Streminger. 2. rev. Aufl. Stuttgart 1996.

Brosow, Frank: Hume. Stuttgart 2011.
Streminger, Gerhard: David Hume. Der Philosoph und sein Zeitalter. München 2011.

2. Aufklärung in Frankreich: Von Voltaire bis Rousseau

Voltaire: Œuvres complètes. Hrsg. von L. Moland. 52 Bde. Paris 1877–85.
– Complete Works. Hrsg. von Th. Besterman. Oxford 1968 ff.
– Candid. Deutsche Übertragung und Nachw. von Ernst Sander. Stuttgart 1971.
– Artikel aus dem Philosophischen Wörterbuch. Hrsg. von K. Stierle. Frankfurt a. M. 1967.

Besterman, Theodore: Voltaire. München 1971.

*

Rousseau, Jean-Jacques: Œuvres complètes. Hrsg. von B. Gagnebin und M. Raymond. Paris 1959 ff.
– Emile oder über die Erziehung. Stuttgart 1976.
– Die Bekenntnisse. Die Träumereien des einsamen Spaziergängers. München 1978.
– Abhandlung über den Ursprung der Ungleichheit unter den Menschen. Stuttgart 1998.
– Du contrat social ou Principes du droit politique / Vom Gesellschaftsvertrag oder Grundsätze des Staatsrechts. Frz./Dt. Übers. und hrsg. von H. Brockard. Stuttgart 1977 [u. ö.].

Spaemann, Robert: Rousseau. Bürger ohne Vaterland. München 1980.

3. Aufklärung in Deutschland: Lessing und Mendelssohn

Lessing, Gotthold Ephraim: Werke. 8 Bde. Hrsg. von G. Göpfert. München/Darmstadt 1970–79.
– Die Erziehung des Menschengeschlechtes und andere Schriften. Stuttgart 1977.

Barner, Wilfried [u. a.]: Lessing. Epoche – Werk – Wirkung. München [5]1987.

*

Mendelssohn, Moses: Über die Frage: was heißt aufklären? In: E. Bahr (Hrsg.): Was ist Aufklärung? Stuttgart 1977.
Knobloch, Heinz: Herr Moses in Berlin. Auf den Spuren eines Menschenfreundes. Frankfurt [4]2001.

4. Kants Kritik der Vernunft

Kant, Immanuel: Gesammelte Schriften (»Akademie-Ausgabe«). Hrsg. von der (Königlich) Preußischen Akademie der Wissenschaften. Abt. I.: Werke. Berlin 1902ff. [Zit. mit röm. Band- und arab. Seitenzahl.]
– Werke in 6 Bdn. Hrsg. von W. Weischedel. Frankfurt a. M. 1956–64. – Auch: Werke. 10 Bde. Darmstadt [5]1983.

Baumgartner, Hans Michael: Kants »Kritik der reinen Vernunft«. Anleitung zur Lektüre. Freiburg i. Br. / München [3]1991.
Burg, Peter: Kant und die Französische Revolution. Berlin 1974.
Henning, Tim: Kants Ethik. Eine Einführung. Stuttgart 2016.
Höffe, Otfried: Immanuel Kant. München [8]2014.
– Kants Kritik der reinen Vernunft: Die Grundlegung der modernen Philosophie. München [5]2011.
Kant, Immanuel: Grundlegung zur Metaphysik der Sitten. Kommentar von Christoph Horn, Corinna Mieth und Nico Scarano. Frankfurt a. M. 2007.
Kaulbach, Friedrich: Immanuel Kant. Berlin 1969. [2]1982.
– Philosophie als Wissenschaft. Eine Anleitung zum Studium von Kants Kritik der reinen Vernunft. Hildesheim 1981.
– Grundlegung zur Metaphysik der Sitten. Interpretation und Kommentar. Frankfurt a. M. [2]1996.
Klemme, Heiner F.: Kants »Grundlegung zur Metaphysik der Sitten«. Ein systematischer Kommentar. Stuttgart 2017.
Kühn, Manfred: Kant. Eine Biographie. München 2003.
Schmidt, Kirsten / Steigleder, Klaus / Mojsisch, Burkhard (Hrsg.): Die Aktualität der Philosophie Kants. Amsterdam 2005.
Steigleder, Klaus: Kants Moralphilosophie. Stuttgart 2002.

Tetens, Holm: Kants »Kritik der reinen Vernunft«. Ein systematischer Kommentar, Stuttgart 2006.

Willaschek, Marcus / Stolzenberg, Jürgen / Mohr, Georg / Bacin, Stefano (Hrsg.): Kant-Lexikon. Studienausgabe. Berlin 2017.

5. Im Zeichen von Sprache und Geschichte: Aufklärungs- und Kantkritik im 18. Jahrhundert

Hamann, Johann Georg: Schriften zur Sprache. Einl. und Anm. von Josef Simon. Frankfurt a. M. 1967.

Bayer, Oswald / Gayek, Bernhard / Simon, Josef (Hrsg.): Hamann. Frankfurt a. M. 1987.

*

Herder, Johann Gottlieb: Sämtliche Werke. Hrsg. von B. Suphan. Berlin 1877–1913.

Maurer, Michael: Johann Gottfried Herder. Leben und Werk. Köln 2014.

Greif, Stefan / Heinz, Marion / Clairmont, Heinrich (Hrsg.): Herder Handbuch. Paderborn 2016.

VI. Philosophie des 19. Jahrhunderts

Fellmann, Ferdinand (Hrsg.): Geschichte der Philosophie im 19. Jahrhundert. Reinbek 1996.

Fleischer, Margot / Hennigfeld, Jochem (Hrsg.): Philosophen des 19. Jahrhunderts. Darmstadt 1998.

Schnädelbach, Herbert: Philosophie in Deutschland 1831–1933. Frankfurt a. M. [4]1991. – Engl.: Philosophy in Germany 1831–1933. Cambridge 2009.

1. Fichte – Schelling – Hegel: Der deutsche Idealismus

Gamm, Gerhard: Der Deutsche Idealismus. Eine Einführung in die Philosophie von Fichte, Hegel und Schelling. Stuttgart 1997.
Hösle, Vittorio / Suarez Müller, Fernando (Hrsg.): Idealismus heute. Aktuelle Perspektiven und neue Impulse. Darmstadt 2015.

*

Fichte, Johann Gottlieb: Gesamtausgabe der Bayerischen Akademie der Wissenschaften. Hrsg. von R. Lauth. Stuttgart-Bad Cannstatt 1962 ff.
– Sämmtliche Werke. Hrsg. von I. H. Fichte. 8 Bde. Berlin 1845 ff. Reprogr. Nachdr. Berlin 1971.
– Über den Begriff der Wissenschaftslehre. Mit einer Einl. hrsg. von E. Braun. Stuttgart 1997.
– Erste Einleitung in die Wissenschaftslehre. In: Bubner, Rüdiger (Hrsg.): Deutscher Idealismus. Stuttgart 1978. S. 126–154. (Geschichte der Philosophie in Text und Darstellung. Bd. 7.)

Rohs, Peter: Johann Gottlieb Fichte. München [2]2007.
Schulz, Walter: Das Problem der absoluten Reflexion. In: W. Sch.: Vernunft und Freiheit. Aufsätze und Vorträge. Stuttgart 1991. S. 6–38.

*

Schelling, Friedrich Wilhelm Josef: Hist.-krit. Ausgabe im Auftrag der Schelling-Kommission der Bayerischen Akademie der Wissenschaften. Stuttgart 1976 ff.
– Werke. Hrsg. von M. Schröter. 7 Bde. 1959 ff.
– Einleitung zu seinem Entwurf eines Systems der Naturphilosophie (1799). Hrsg. und eingel. von Wilhelm Jacobs. Stuttgart 1988.
– Texte zur Philosophie der Kunst. Ausgew. und eingel. von Werner Beierwaltes. Stuttgart 1982.
– Über das Wesen der menschlichen Freiheit. Einl. und Anm. von Horst Fuhrmans. Stuttgart 1995.

Habermas, Jürgen: Das Absolute und die Geschichte. Von der Zwiespältigkeit in Schellings Denken. Diss. Bonn 1954.
Hermanni, Friedrich Wilhelm: Die letzte Entlastung – Vollendung

und Scheitern des abendländischen Theodizeeprojekts in Schellings Philosophie. Wien 1994.

*

Hegel, Georg Wilhelm Friedrich: Gesammelte Werke. In Verb. mit der Deutschen Forschungsgemeinschaft hrsg. von der Rheinisch-Westfälischen Akademie der Wissenschaften. Hamburg 1968 ff.
– Werke. Vollständige Ausgabe durch einen Verein von Freunden des Verewigten. Berlin 1832 ff.
– Sämtliche Werke. Hrsg. von H. Glockner. 26 Bde. Stuttgart 1927 ff.
– Werke. Red. E. Moldenhauer und K. M. Michel. Frankfurt a. M. 1969 ff.

– Differenz des Fichteschen und Schellingschen Systems der Philosophie. Einl. von Werner Marx. Stuttgart 1982.
– Phänomenologie des Geistes. Nachw. von Lorenz Bruno Puntel. Stuttgart 1987.
– Grundlinien der Philosophie des Rechts oder Naturrecht und Staatswissenschaft im Grundrisse. Mit einer Einl. hrsg. von Bernhard Lakebrink. Stuttgart 1970.
– Vorlesungen über die Philosophie der Geschichte. Mit einer Einf. von Theodor Litt. Stuttgart 1961.
– Vorlesungen über die Ästhetik. Mit einer Einf. hrsg. von Rüdiger Bubner. Stuttgart 1971.

Dilthey, Wilhelm: Jugendgeschichte Hegels. In: W. D.: Gesammelte Schriften. Bd. 4. Berlin/Leipzig 1921. Stuttgart/Göttingen 1959.
Hösle, Vittorio: Hegels System. 2 Bde. Hamburg 1987.
Jaeschke, Walter: Hegel-Handbuch. Leben – Werk – Schule. Stuttgart ³2016.
Pöggeler, Otto: G. W. F. Hegel. Philosophie als System. In: J. Speck (Hrsg.): Grundprobleme der großen Philosophen. Göttingen 1976. S. 146–182.
Schnädelbach, Herbert: Hegel zur Einführung. Hamburg 1999.
– (Hrsg.): Hegels Philosophie. Kommentare zu den Hauptwerken. 3 Bde. Frankfurt 2000. [Bd. 1: Ludwig Siep: Der Weg zur Phänomenologie des Geistes; Bd. 2: H. Schnädelbach: Hegels praktische Philosophie; Bd. 3: Herrmann Drüe [u. a.]: Hegels Enzyklopädie der philosophischen Wissenschaften.]
Taylor, Charles: Hegel. Frankfurt a. M. ³1997.

2. Religionsphilosophie nach Hegel: Kierkegaard und Feuerbach

Kierkegaard, Sören: Gesammelte Werke. Hrsg. von Emanuel Hirsch [u. a.]. Düsseldorf/Köln 1950 ff.
- Der Einzelne und sein Gott. Ausgew. und eingel. von W. Rest. Freiburg i. Br. 1961.
- Philosophische Brosamen und Unwissenschaftliche Nachschrift. Hrsg. von H. Diem und W. Rest. München 1976.
- Der Begriff Angst. Übers. von G. Perlet. Nachw. von U. Eichler. Stuttgart 1992.
- Die Krankheit zum Tode. Übers. von G. Perlet. Nachw. von U. Eichler. Stuttgart 1997.

*

Feuerbach, Ludwig: Sämtliche Werke. Hrsg. von W. Bolin und F. Jodl. Stuttgart 1903–11. – Neu hrsg. mit 3 Erg.-Bdn. von H.-M. Sass. Stuttgart 1959–64.
- Gesammelte Werke. Hrsg. von W. Schuffenhauer. Berlin 1967 ff.
- Das Wesen des Christentums. Nachw. von Karl Löwith. Stuttgart 1998.

Winiger, Josef: Ludwig Feuerbach. Denker der Menschlichkeit. Eine Biographie. Berlin 2004.

3. Arthur Schopenhauer

Schopenhauer, Arthur: Sämtliche Werke. Hrsg. von Paul Deussen. München 1911–42.
- Sämtliche Werke. Hrsg. von Arthur Hübscher. Leipzig 1937–41.
- Sämtliche Werke. Textkrit. bearb. und hrsg. von Wolfgang v. Löhneysen. Stuttgart 1960–65.
- Zürcher Ausgabe der Werke in zehn Bänden. Zürich 1977.

Abendroth, Walter: Schopenhauer. Reinbek 1967.
Safranski, Rüdiger: Schopenhauer und die wilden Jahre der Philosophie. München 1987.

4. Friedrich Nietzsche

Nietzsche, Friedrich: Werke (»Großoktavausgabe«). Leipzig 1894ff.
- Gesammelte Werke. Hrsg. von Friedrich Würzbach (»Musarionausgabe«). München 1920–29.
- Werke in 3 Bdn. Hrsg. von Karl Schlechta. München 1954–56.
- Kritische Gesamtausgabe (KGA). Hrsg. von G. Colli und M. Montinari. Berlin 1967ff.

Gerhardt, Volker: Friedrich Nietzsche. München [4]2006.
Lukács, Georg: Nietzsche als Begründer des Irrationalismus. In: G. L.: Die Zerstörung der Vernunft. Werke. Bd. 9. Berlin/Neuwied 1962. S. 270ff.

5. Karl Marx: Nationalökonomie und Sozialismus

Marx, Karl / Engels, Friedrich: Werke (MEW). Berlin 1956–68.
- Gesamtausgabe (MEGA). Berlin 1975ff.

Marx, Karl: Die Frühschriften. Hrsg. von S. Landshut. Stuttgart 1971.

Dath, Dietmar: Marx. 100 Seiten. Stuttgart 2018.
Fleischer, Helmut: Marx und Engels. Die philosophischen Grundlinien ihres Denkens. Freiburg i. Br. / München [2]1974.
Neffe, Jürgen: Marx. Der Unvollendete. München 2017.
Quante, Michael / Schweikard, David P. (Hrsg.): Marx-Handbuch. Leben – Werk – Wirkung. Stuttgart 2016.
Rohbeck, Johannes: Marx. Leipzig 2006.

6. Liberalismus und Konservatismus – Tocqueville

Schoeps, Julius H. / Knoll, Joachim H. / Bärsch, Claus E.: Konservatismus, Liberalismus, Sozialismus: Einführung, Texte, Bibliographien. München 1981.
Steenblock, Volker: Tradition. In: J. Ritter / K. Gründer (Hrsg.): Historisches Wörterbuch der Philosophie. Bd. 10. Basel 1999. Sp. 1315–1329.

*

Tocqueville, Alexis de: Über die Demokratie in Amerika. Ausgew. und hrsg. von J. P. Mayer. Stuttgart 1985 [u. ö.].

7. Positivismus und Utilitarismus: Comte und Mill

Comte, Auguste: Discours sur l'Esprit Positif – Rede über den Geist des Positivismus. Übers., eingel. und hrsg. von I. Fetscher. Hamburg 1956.

Blühdorn, Jürgen / Ritter, Joachim (Hrsg.): Positivismus im 19. Jahrhundert. Beiträge zu seiner geschichtlichen und systematischen Bedeutung. Frankfurt a. M. 1971.

*

Mill, John Stuart: Utilitarianism / Der Utilitarismus. Engl./Dt. Übers. und hrsg. von D. Birnbacher. Stuttgart 1976, 2006.
– On Liberty / Über die Freiheit. Engl./Dt. Übers. von B. Lemke. Mit Anh. und Nachw. hrsg. von B. Gräfrath. Stuttgart 2009.

Gaulke, Jürgen: J. St. Mill. Reinbek 1996.
Höffe, Otfried (Hrsg.): Einführung in die utilitaristische Ethik. Klassische und zeitgenössische Texte. München [5]2013.
Smart, J. J. C.: Utilitarianism. In: P. Edwards (Hrsg.): The Encyclopedia of Philosophy. 8 Bde. New York / London 1967. Bd. 8. S. 206–212.

8. Sigmund Freud

Sigmund Freud: Gesammelte Werke. London 1940–68.
– Studienausgabe. Hrsg. von A. Mitscherlich, A. Richards und J. Strachey. Frankfurt a. M. 1974.
– Gesammelte Werke in 18 Einzelbdn. Frankfurt a. M. 1999.

Gay, Peter: Ein gottloser Jude. Sigmund Freuds Atheismus und die Entwicklung der Psychoanalyse. Frankfurt a. M. 1999.
Heise, Jens: Freud. Eine Einführung. Stuttgart 2019.
Marcuse, Herbert: Triebstruktur und Gesellschaft. Frankfurt a. M. 1967.

9. Der Siegeszug der Naturwissenschaften – Darwin

Bayertz, Kurt (Hrsg.): Weltanschauung, Philosophie und Naturwissenschaften im 19. Jahrhundert. 3 Bde. Bd. 1: Der Materialismus-Streit. Bd. 2: Der Darwinismus-Streit. Bd. 3: Der Ignorabimus-Streit. Hamburg 2007.

König, Gert: Naturwissenschaften. In: J. Ritter (Hrsg.): Historisches Wörterbuch der Philosophie. Bd. 6. Basel/Stuttgart 1984. S. 641–650.

*

Charles Darwin: Die Entstehung der Arten durch natürliche Zuchtwahl. Stuttgart 1980.

Dawkins, Richard: Der blinde Uhrmacher (The Blind Watchmaker). Ein neues Plädoyer für den Darwinismus. München 1996.

Glaubrecht, Matthias: »Es ist, als ob man einen Mord gesteht«. Ein Tag im Leben des Charles Darwin. Ein biografisches Porträt. Freiburg i. Br. [u. a.] 2009.

Gould, Steven Jay: Illusion Fortschritt. Die vielfältigen Wege der Evolution (Full House. The Spread of Excellence from Plato to Darwin, 1996). Frankfurt a. M. 1998.

Wuketits, Franz M.: Naturkatastrophe Mensch. Evolution ohne Fortschritt. Düsseldorf 1998.

10. Croce, Dilthey, Humboldt: Historismus – Bildung – Lebensphilosophie

Scholtz, Gunter: Zwischen Wissenschaftsanspruch und Orientierungsbedürfnis. Zu Grundlage und Wandel der Geisteswissenschaften. Frankfurt a. M. 1991.

Steenblock, Volker: Theorie der Kulturellen Bildung. Zur Philosophie und Didaktik der Geisteswissenschaften. München 1999.

*

Humboldt, Wilhelm von: Werke. Hrsg. von A. Flitner und K. Giel. 5 Bde. Darmstadt 1960.

Borsche, Tilman: Wilhelm v. Humboldt. München 1990.

Maurer, Michael: Wilhelm von Humboldt. Ein Leben als Werk. Köln 2016.

*

Dilthey, Wilhelm: Gesammelte Schriften. Leipzig / [später:] Stuttgart 1914 ff.

Lessing, Hans-Ulrich: Wilhelm Dilthey. Eine Einführung. Köln [u. a.] 2011.

Rodi, Frithjof / Lessing, Hans-Ulrich: Materialien zur Philosophie Wilhelm Diltheys. Frankfurt a. M. 1984.

*

Croce, Benedetto: Die Geschichte als Gedanke und Tat. Bern 1944.

11. Die Neukantianer und Max Weber

Holzhey, Helmut: Der Neukantianismus. In: Anton Hügli / Poul Lübcke (Hrsg.): Philosophie im 20. Jahrhundert. Bd. 1. Reinbek 1992. S. 19–51.

*

Cassirer, Ernst: Gesammelte Werke. Hrsg. von Birgit Recki. Hamburg 1998 ff.

– Philosophie der symbolischen Formen (1923–31). 3 Bde. Darmstadt 1982–87.

Ferrari, Massimo: Ernst Cassirer. Hamburg 2003.

Recki, Birgit: Cassirer. Stuttgart 2013.

*

Weber, Max: Gesamtausgabe (MWG). Hrsg. von H. Bayer. Tübingen 1984 ff.

Hennis, Wilhelm: Max Webers Wissenschaft vom Menschen. Tübingen 1996.

Lübbe, Hermann: Sind Normen methodisch begründbar? Rekonstruktion der Antwort Max Webers. In: W. Oelmüller (Hrsg.): Transzendentalphilosophische Normenbegründungen. Paderborn 1978. S. 38–49.

Schluchter, Wolfgang: Die Entzauberung der Welt. Sechs Studien zu Max Weber. Tübingen 2009.

12. Husserls Phänomenologie

Husserl, Edmund : Husserliana – Gesammelte Werke. Den Haag 1950 ff.

– Die phänomenologische Methode – Phänomenologie der Lebenswelt. 2 Bde. Hrsg. von Klaus Held. Stuttgart 1998.

Orth, Ernst Wolfgang: Edmund Husserls ›Krisis der europäischen Wissenschaften und die transzendentale Phänomenologie‹. Vernunft und Kultur. Darmstadt 1999.

Waldenfels, Bernhard: Einführung in die Phänomenologie. München 1992.

VII. Philosophische Richtungen im 20. und 21. Jahrhundert

Gamm, Gerhard: Philosophie im Zeitalter der Extreme. Eine Geschichte philosophischen Denkens im 20. Jahrhundert. Darmstadt 2009.

Gerhardt, Volker: Die moderne Selbstverleugnung. Zur Philosophie im 20. Jahrhundert. In: Zeitschrift für Didaktik der Philosophie und Ethik 21 (1999) S. 283–296.

Nida-Rümelin, Julian / Özmen, Elif (Hrsg.): Philosophie der Gegenwart in Einzeldarstellungen. Stuttgart 2007.

Wiehl, Reiner (Hrsg.): 20. Jahrhundert. Stuttgart 1981. (Geschichte der Philosophie in Text und Darstellung. Bd. 8.)

Wuchterl, Kurt: Streitgespräche und Kontroversen in der Philosophie des 20. Jahrhunderts. Bern [u. a.] 1997.

1. Neue Metaphysik – neue Ontologie: Hartmann und Heidegger

Heidegger, Martin: Gesamtausgabe. Frankfurt a. M. 1975 ff.
– Sein und Zeit. Tübingen 1976.

Farias, Victor: Heidegger und der Nationalsozialismus. Mit einem Vorw. von Jürgen Habermas. Frankfurt a. M. 1989.
Mörchen, Hermann: Adorno und Heidegger. Untersuchung einer philosophischen Kommunikationsverweigerung. Stuttgart 1981.
Pöggeler, Otto: Der Denkweg Martin Heideggers. Pfullingen [3]1990.
Safranski, Rüdiger: Ein Meister aus Deutschland. Heidegger und seine Zeit. Frankfurt a. M. 1997.
Trawny, Peter: Martin Heidegger. Eine kritische Einführung. Frankfurt a. M. 2016.

2. Existenzphilosophie: Sartre, Camus, Jaspers

Jaspers, Karl: Einführung in die Philosophie. München 2004.
– Vom Ursprung und Ziel der Geschichte. München 1949.

*

Sartre, Jean-Paul: Gesammelte Werke in Einzelausgaben. Hrsg. von T. König. Reinbek 1976 ff.

Thurnherr, Urs / Hügli, Anton (Hrsg.): Lexikon Existentialismus und Existenzphilosophie. Darmstadt 2007.

*

Camus, Albert: Der Mythos von Sisyphos. Reinbek 1959.

Meyer, Martin: Albert Camus. Die Freiheit leben. Stuttgart 2015.

3. Sprachanalytische Philosophie und Pragmatismus: Neue Schlüssel zu alten Problemen?

Glock, Hans-Johann: Was ist analytische Philosophie? Übers. von E. Ammereller. Darmstadt 2014.

Neven, Albert: Analytische Philosophie zur Einführung. Hamburg 2005.
Rorty, Richard (Hrsg.): The Linguistic Turn. Recent Essays in Philosophical Method. Chicago/London 1967.

*

Pragmatismus. Ausgew. Texte von Ch. S. Peirce, W. James, F. C. S. Schiller, J. Dewey. Hrsg. von Ekkehard Martens. Stuttgart 1992.

4. Was ist Wissenschaft? Hempel, Carnap, Popper, Kuhn

Carrier, Martin: Wissenschaftstheorie zur Einführung. Hamburg [4]2017
Charpa, Ulrich: Grundprobleme der Wissenschaftsphilosophie. Paderborn 1996.
Poser, Hans: Wissenschaftstheorie. Eine philosophische Einführung. Stuttgart [2]2012.
Steenblock, Volker: Arbeit am Logos. Aufstieg und Krise der wissenschaftlichen Vernunft. Münster 2000. S. 179–202.

5. Anthropologie: Von Scheler und Plessner zu Gehlen

Landmann, Michael: Philosophische Anthropologie. Menschliche Selbstdeutung in Geschichte und Gegenwart. Berlin [4]1976.
Fischer, Joachim: Philosophische Anthropologie. Eine Denkrichtung des 20. Jahrhunderts. Freiburg i. Br. / München 2008.
Marquard, Odo: Zukunft braucht Herkunft. Philosophische Essays. Stuttgart 2003, 2015.

6. Gadamer, die Hermeneutik und die Kulturwissenschaften/Kulturphilosophie

Grondin, Jean: Einführung in die philosophische Hermeneutik. Darmstadt [2]2001.

Steenblock, Volker: Kulturphilosophie. Der Mensch im Spiegel seiner Deutungsweisen. Freiburg i. Br. / München 2018.

7. Historisch-systematische akademische Philosophie – Ritter-Schule – Hans Blumenberg

Baumgartner, Hans Michael / Sass, Hans-Martin: Philosophie in Deutschland 1945–1975. Standpunkte, Entwicklung, Literatur. Meisenheim 1978.

*

Dierse, Ulrich: Joachim Ritter und seine Schüler. In: Philosophie im 20. Jahrhundert. Hrsg. von Anton Hügli und Poul Lübcke. Bd. 1. Reinbek 1992. S. 237–278.

Schweda, Mark / Bülow, Ulrich von (Hrsg.): Entzweite Moderne. Zur Aktualität Joachim Ritters und seiner Schüler. Göttingen 2017.

*

Blumenberg, Hans: Wirklichkeiten, in denen wir leben. Stuttgart 1981.

– Ein mögliches Selbstverständnis. Aus dem Nachlaß. Stuttgart 1997.

– Lebensthemen. Aus dem Nachlaß. Stuttgart 1998.

*

Marquard, Odo: Abschied vom Prinzipiellen. Stuttgart 1981 [u. ö.].

8. Skepsis und Begründung: Die Frankfurter Schule von Adorno zu Habermas

Geyer, Carl-Friedrich: Kritische Theorie. Freiburg i. Br. / München 1982.

Jay, Martin: Dialektische Phantasie. Geschichte der Frankfurter Schule und des Instituts für Sozialforschung 1923–1950. Frankfurt a. M. 1976.

Wiggershaus, Rolf: Die Frankfurter Schule. München 1986.

*

Adorno, Theodor W.: Gesammelte Schriften in 20 Bdn. Hrsg. von R. Tiedemann. Frankfurt a. M. 1970–86.
Habermas, Jürgen: Politik, Kunst, Religion. Essays über zeitgenössische Philosophen. Stuttgart 1978 [u. ö.].
– Theorie des Kommunikativen Handelns. 2 Bde. Frankfurt a. M. 1981.
– Kommunikatives Handeln und detranszendentalisierte Vernunft. Stuttgart 2001.

Rapic, Smail (Hrsg.): Habermas und der Historische Materialismus. Freiburg i. Br. / München 2015.

9. Ethik ist der Preis der Moderne: Von der Rehabilitierung der praktischen Philosophie bis zur »GenEthik«

Beck, Ulrich: Risikogesellschaft. Auf dem Weg in eine andere Moderne. Frankfurt a. M. 1986.
Düwell, Marcus / Hübenthal, Christoph / Werner, Micha H.: Handbuch Ethik. Stuttgart ^{3}2011.
Düwell, Marcus / Steigleder, Klaus: Bioethik. Eine Einführung. Frankfurt a. M. 2003.
Stoecker, Ralf / Neuhäuser, Christian / Raters, Marie-Luise (Hrsg.): Handbuch Angewandte Ethik. Stuttgart 2011.
Wetz, Franz Josef / Steenblock, Volker (Hrsg.): Kolleg praktische Philosophie. 4 Bde. Stuttgart 2008.
Wesche, Thilo: Adorno. Eine Einführung. Stuttgart 2018.

*

Bayertz, Kurt: Warum überhaupt moralisch sein? München 2004.
Birnbacher, Dieter: Verantwortung für zukünftige Generationen. Stuttgart 1988.
Siep, Ludwig: Ziele und Methoden der Philosophie in Ethik-Kommissionen. In: Norbert Herold / Sibille Mischer (Hrsg.): Philosophie. Studium, Text und Argument. Münster 1997. S. 195–202.

10. Von Carl Schmitt zum Kommunitarismus: Spannungspole politischer Philosophie im 20. Jahrhundert

Balke, Friedrich: Der Staat nach seinem Ende. Die Versuchung Carl Schmitts. München 1996.
Honneth, Axel (Hrsg.): Kommunitarismus. Frankfurt a. M. 1992.

*

Crouch, Colin: Post-Democracy. Cambridge 2005.
Pogge, Thomas: World Poverty and Human Rights. Cosmopolitan Responsibilities and Reforms. Cambridge [2]2008.
Mieth, Corinna: Positive Pflichten. Über das Verhältnis von Hilfe und Gerechtigkeit in Bezug auf das Weltarmutsproblem. Berlin 2012.

11. Evolutionäre Erkenntnistheorie und Systemtheorie

Jahraus, Oliver [u. a.] (Hrsg.): Luhmann-Handbuch. Leben – Werk – Wirkung. Stuttgart 2012.
Schurz, Gerhard: Evolution in Natur und Kultur, Heidelberg 2010.
Vollmer, Gerhard: Im Lichte der Evolution. Stuttgart 2017.

12. Ästhetica und Anästhetica im 20. Jahrhundert

Betzler, Monika / Cojocaru, Maria-Doria / Nida-Rümelin, Julian (Hrsg.): Ästhetik und Kunstphilosophie. Von der Antike bis zur Gegenwart in Einzeldarstellungen. Stuttgart 2012.
Iser, Wolfgang / Henrich, Dieter (Hrsg.): Theorien der Kunst. Frankfurt a. M. 1982.
Kultermann, Udo: Geschichte der Kunstgeschichte. Der Weg einer Wissenschaft. München 1996.
Oelmüller, Willi / Dölle-Oelmüller, Ruth / Rath, Norbert (Hrsg.): Diskurs: Kunst und Schönes. Paderborn 1982.

13. Strukturalismus, Dekonstruktion und Postmoderne

Descombes, Vincent: Das Selbe und das Andere (»Le meme et l'autre«). Fünfundvierzig Jahre Philosophie in Frankreich 1933–1978. Frankfurt a. M. 1981.

Eagleton, Terry: Die Illusionen der Postmoderne. Stuttgart 1997.

Vattimo, Gianni: Das Ende der Moderne. Stuttgart 1990.

Waldenfels, Bernhard: Phänomenologie in Frankreich. Frankfurt a. M. 1983.

14. Szientifizierung und Naturalismus in der »Philosophy of mind«

Beckermann, Ansgar: Gehirn, Ich, Freiheit. Naturwissenschaften und Menschenbild. Paderborn 2008.

Dennett, Daniel: From Bacteria to Bach and Back. The Evolution of Minds. New York 2017.

Dux, Günter: Die Evolution der humanen Lebensform als geistige Lebensform. Handeln, Denken, Sprechen. Wiesbaden 2017.

Lohse, Simon / Reydon, Thomas (Hrsg.): Grundriss Wissenschaftsphilosophie. Die Philosophien der Einzelwissenschaften. Hamburg 2017.

Metzinger, Thomas: Subjekt und Selbstmodell. Die Perspektivität phänomenalen Bewusstseins vor dem Hintergrund einer naturalistischen Theorie mentaler Repräsentation. Paderborn [u. a.] 1993.

Pauen, Michael: Was ist der Mensch? Die Entdeckung der Natur des Geistes. München 2007.

Schlicht, Tobias: Erkenntnistheoretischer Dualismus. Das Problem der Erklärungslücke in Geist-Gehirn-Theorien. Paderborn/Münster 2007.

Sich, Peter: Foucault. Eine Einführung. Stuttgart 2018.

Stephan, Achim: Emergenz. Von der Unvorhersagbarkeit zur Selbstorganisation. Münster [4]2016.

15. Den Tiger reiten: Natur- und Technikphilosophie im Zeitalter des Anthropozän

Jonas, Hans: Das Prinzip Verantwortung. Frankfurt a. M. 1979.
Latour, Bruno: Das terrestrische Manifest. Übers. von B. Schwibs. Berlin 2018.
Leinfelder, Reinhold: Paul Joseph Crutzen's The »Anthropocene«. In: C. Leggewie [u. a.] (Hrsg.): Schlüsselwerke der Kulturwissenschaften. Bielefeld 2012. S. 257–260.
Lübbe, Hermann: Der Lebenssinn der Industriegesellschaft. Über die moralische Verfassung der wissenschaftlich-technischen Zivilisation. Berlin [u. a.] 1990.

16. Ende der Geschichte?

Angehrn, Emil: Geschichtsphilosophie. Basel 2012.
Rohbeck, Johannes: Geschichtsphilosophie zur Einführung. Hamburg 2004.
Rüsen, Jörn: Historik. Theorie der Geschichtswissenschaft. Köln [u. a.] 2013.
Steenblock, Volker: Das Ende der Geschichte. Zur Karriere von Begriff und Denkvorstellung im 20. Jahrhundert. In: Archiv für Begriffsgeschichte 37 (1994) S. 333–351.
Wiersing, Erhard: Geschichte des historischen Denkens. Paderborn 2007.

VIII. Philosophie und Lebenswelt

1. Nicht im luftleeren Raum: Akademische Philosophie

Lohmann, Karl Reinhard / Schmidt, Thomas (Hrsg.): Akademische Philosophie zwischen Anspruch und Erwartung. Frankfurt a. M. 1998.
Müller, Jörn / van Ackeren, Marcel / Kobusch, Theo (Hrsg.): Warum noch Philosophie? Historische, systematische und gesellschaftliche Positionen. Berlin 2011.

*

Golus, Kinga: Abschied von der Androzentrik. Anthropologie, Kulturreflexion und Bildungsprozesse in der Philosophie unter Genderaspekten. Berlin/Münster 2015.

Hagengruber, Ruth (Hrsg.): Klassische philosophische Texte von Frauen. München 1998.

2. Philosophieren in der einen Welt

Elberfeld, Rolf: Philosophieren in einer globalisierten Welt. Wege zu einer transformativen Phänomenologie. Freiburg i. Br. / Berlin 2017.

Mall, Ram Adhar: Philosophie im Vergleich der Kulturen. Interkulturelle Philosophie – eine neue Orientierung. Darmstadt 1995.

Weidtmann, Niels: Interkulturelle Philosophie. Aufgaben – Dimensionen – Wege. Tübingen 2016.

*

Nida-Rümelin, Julian: Philosophie einer humanen Bildung. Hamburg 2013.

Rüsen, Jörn / Laass, Henner (Hrsg.): Interkultureller Humanismus. Menschlichkeit in der Vielfalt der Kulturen. Schwalbach a. Ts. 2009.

3. Für eine neue Vielfalt der Arten und Orte philosophischer Bildung

Martens, Ekkehard: Philosophieren mit Kindern. Eine Einführung in die Philosophie. Stuttgart 1999.

Steenblock, Volker: Philosophie und Lebenswelt. 2 Bde. Hannover 2012, 2018.

Personenregister